Elmar Römpczyk
*Klondike Baltikum*

Elmar Römpczyk

# Klondike Baltikum

oder der reale Transformationsprozeß

HAAG + HERCHEN

*Das Titelfoto zeigt eine Burgruine im Südosten von Estland (Region Võru).*

**Bibliografische Information der Deutschen Nationalbibliothek**

Die Deutsche Nationalbibliothek verzeichnet diese Publikation in der Deutschen Nationalbibliografie; detaillierte bibliografische Angaben sind im Internet über http://dnb.d-nb.de abrufbar.

ISBN 978-3-89846-593-9

© 2010 by HAAG + HERCHEN Verlag GmbH,

Schwarzwaldstraße 23, 63454 Hanau

Alle Rechte vorbehalten

Produktion: Herchen + Herchen & Co. Medien KG

Satz und Umschlaggestaltung: ES

Herstellung: dp

Printed in Germany

Verlagsnummer: 3593

# INHALT

# LEITGEDANKEN

Der Gold Rush zum Klondike startete Mitte 1897.

Gut 100 Jahre später hatten Einzelne im sogenannten Baltikum das Gefühl, es könnte sich bei ihrer Region auch um eine moderne Goldmine handeln. Schließlich flossen seit der Unabhängigkeit viele Millionen DM und Euro von West nach Ost und wer die richtige Spürnase besaß und die Zeichen der Wende und Transformation zu lesen verstand, konnte einen großen claim abstecken und durch die Privatisierung von Staats- und Kommunalvermögen plus den Mitteln der europäischen Hilfsfonds zum neuen Oligarchen mutieren. Die Eliten der sogenannten Übergangsgesellschaften – wie die baltischen – wurden angehalten, dem alten Europa nachzueifern. Dabei sucht man im alten Europa längst verzweifelt nach neuen, tragfähigen Zukunftsszenarien – allerdings mit angezogener Handbremse. Denn Deutschlands Handelsliberalismus und Frankreichs Staatsprotektionismus stehen einer *europäischen* Wirtschaftspolitik im Wege, dazu wehrt sich Großbritannien heftig gegen eine *geregelte europäische* Finanzpolitik und trotz der konservativen schwedischen Regierung ist der Abstand der skandinavischen Staaten in der Sozialpolitik zum sonstigen Europa schon erheblich etc.[1]

In Westeuropa führt sich die sogenannte liberale Marktwirtschaft als Entwicklungsziel tagtäglich ad absurdum mit Prekarisierung, Umweltzerstörung, dramatischer Klimaschädigung; bei unerträglicher Vernichtung von Finanzkapital und Wirtschaftspotenzial ohne Verantwortlich-Gemachte – kompensiert durch Steuer-Subventionen und damit Staatsverschuldung in nie gesehenen Dimensionen. Euro-Europa hilft allerdings den früheren sozialistischen Sowjet-Republiken nicht, den Fall in dieselbe Systemkrise und Schuldenfalle zu vermeiden. Aufwendige Mittel der Strukturfonds, der Kohäsionsfonds, der

---

1     Ein Beispiel für die Suche nach den neuen Entwicklungszielen bot die Dahrendorf-Kommission, die im Auftrag der Landesregierung von NRW ihre Projektion »Innovation und Solidarität« zur Gestaltung der unmittelbaren Zukunft bis 2025 vorgelegt hat (Düsseldorf, April 2009) .

Twinning- und Phare-Projekte wurden und werden weiterhin in die obsoleten Systembedingungen der Wirtschafts-, Sozial- oder Energiepolitik der Transformationsländer kanalisiert. Ein Großteil versickert dort unkontrolliert, was aber die EU-Kommission und die Ausschüsse im Europaparlament wenig zu interessieren scheint.

Die drei baltischen Länder sind überschaubare Beispiele dieser Transformation. Ihre Unabhängigkeit von der Sowjetunion erlangten sie im selben Jahr 1991, in dem die SU selbst sich auf das heutige Russland reduzierte. im Mai 2004 wurden die drei baltischen Staaten Mitglieder der Europäischen Union. Fünf Jahre später lässt sich legitimerweise fragen, was von wo nach wo transformiert werden sollte, mit welchem Anspruch, mit welchem Aufwand, mit welchen bisherigen Ergebnissen. Dazu ist mehr als nur der Blick von »Brüssel« erforderlich. Die Innensicht der baltischen Staaten und Gesellschaften gehört dazu. Die aktuelle Große Finanz- und Wirtschaftskrise ist nicht der Anlass, den Transformationsprozess genauer zu hinterfragen, aber ein starker Beschleuniger. Im vorliegenden Text stützen sich die Beobachtungen und Einschätzungen auf so wichtige Schwerpunktbereiche wie die baltische Energiepolitik, das Verhältnis zu Russland und zur EU, aber vor allem auch auf die Qualifizierung der staatlichen und der nicht-staatlichen Akteure der Region. Das wenig entwickelte Zusammenspiel von Staat und Zivilgesellschaft darf als eines der zentralen Hindernisse auf dem Weg zu einer neuen politischen Kultur mit weniger Korruption, dafür mehr Demokratie und Teilhabe verstanden werden. Dabei liegen noch zwei weitere große Stolpersteine im Weg: korrupte Eliten ohne gesellschaftspolitische Selbstverpflichtung, aber mit viel Klondike-Mentalität zum einen und zum anderen verunsicherte und vereinzelte Bürger ohne Vertrauen in gemeinschaftliches Handeln (Gewerkschaften, NGOs, engagierte Kirche etc.). Die Verhältnisse sind in jedem einzelnen der 27 EU-Mitglieder unterschiedlich und sie sind in jedem der baltischen Länder weitaus unterschiedlicher, als von außen meist wahrgenommen wird. Natürlich schwebt über allen Themen gegenwärtig das Damokles-Schwert der Großen Krise, die eigentlich jede vernünftige Politik unmöglich macht. Wobei der Krise in Westeuropa wie in Osteuropa zu wenige konkrete Namen gegeben werden. Es sind konkrete Politiker und Unternehmer und Banker und Gewerkschafter und wissenschaftliche Vordenker, die für die hohen sozialen Kosten dieser Krise Verantwortung übernehmen müssten. Sie tun es äußerst selten und tun es vor allem mit der falschen Zielsetzung, das alte System reparieren zu wollen. Dabei ist radikale Änderung bei den Entwicklungsparametern angesagt. Die großen Herausforderungen, um zukünftige Krisen zu vermeiden, waren auch vor der Großen Krise schon bekannt. Sie heißen Klimaschutz, Erhalt der biologischen Vielfalt, Sicherung sauberen Trinkwassers und sauberer Meere, Sicherung einer Nahrungsmittelversorgung, die nicht aus chemischen Labors stammt, Auflösung des Popanz Globalisierung und vor allem Integration des vagabundierenden Finanzkapitals in nachhaltige Wirtschaftspolitiken. Für alle diese vor uns stehenden Herausforderungen wären Billionen von Dollar oder Euro als Investitionen (auch Subventionen) sinnvoll gewesen. Stattdessen wurden diese Steuergelder ohne die Steuerzahler mit einzubinden, zu vergoldeten Krücken eines moribunden Kapitalismus, der nur weitere Krisen produziert. Die unprofessionelle Hektik der deutschen Regierung im Fall des Insolvenzkandidaten Opel und seiner Muttergesellschaft GM vor den Herbstwahlen 2009 wurde geradezu zum Lehrbeispiel für politische Perspektivlosigkeit einer führenden EU-Regierung.

Das Buch ist ein Beitrag für die Diskussion, die uns über die großen und generellen Aussagen der Europa-Politiker hinweg auf deren Wirkung in den Ländern und Gesellschaften der EU schauen lässt. Denn bisher bewirken die groß-dimensionierten Aussagen der EU-Spitzen, dass die konkreten »kleinen« Dinge – die aber den Menschen wichtig sind – allzu leicht übersehen werden. Für die nationalen politischen und wirtschaftlichen Eliten auch der Transformationsgesellschaften sind die großen übergreifenden Aussagen durchweg hilfreich, weil sie sich oft genug dahinter verstecken und keine örtlich nachvollziehbare Begründung für ihr Handeln liefern müssen.

Das Buch ist ein immer noch grober Versuch, solche Innen- und Außensichten zusammenzubringen, und zwar mit dem Blick auf die sehr große Mitgliedergruppe, die seit 2004 der EU beigetreten ist. Jedes einzelne der Transformationsländer gehörte in diese Arbeit einbezogen. Das kann von mir allein leider nicht geleistet werden. Dafür wäre ein größeres Forschungsprojekt erforderlich. In diesem Buch beschränke ich mich aus pragmatischen Gründen auf die Gruppe der drei baltischen Länder.

Über dem Text steht als Klammer die Frage, was endogene Faktoren der aktuellen Großen Krise sind, die auch die baltischen Länder hart im Griff hält; welche Probleme hängen direkt mit dem EU-Integrationsprozess zusammen, so wie er von Westeuropa her geführt wird und welche Potenziale sind auch in diesen Transformationsländern trotz allem erkennbar, die genutzt werden können, um zu einem alternativen Entwicklungsweg zu finden – ein Weg über die Merkel'sche *Charta für nachhaltiges Wirtschaften* hinaus in Richtung *nachhaltiger Entwicklung*. Welche Akteure und welche Instrumente stehen dafür in einer Transformations-Region wie der baltischen zur Verfügung? Es mag ambitiös klingen: aber auch die Frage nach den Möglichkeiten für einen *Green New Deal* im Baltikum und für die EU insgesamt muss auf den Prüfstand des realen Transformationsprozesses.

Die Erfahrungen mit der Transformations-Region Baltikum zeigen deutlich, dass eine kritisch prüfende Grundhaltung der »europäischen Zahlmeister« (die steuerzahlenden Bürger) gegenüber jeder einzelnen Empfängerregierung der jüngsten 12 EU-Mitglieder sehr angeraten ist. Denn bei der neoliberalen Mehrheit des Europäischen Rates und bei den Spitzen der NATO standen europäische Markterweiterung und das militärisches *containment* Russlands im Vordergrund, nicht ein gesellschaftspolitischer Integrationsprozess unterschiedlicher Kulturen und Ordnungen. Es wurde allzu schnell darüber hinweggesehen, dass

▶ nach der Unabhängigkeit der baltischen Republiken 1991 die Privatisierung von Staats- und Kommunaleigentum in Form von Vouchers in vergleichbarer Weise im Mittelpunkt der Wirtschaftsreformen stand wie in Russland 1992 und mit vergleichbaren Folgen der Akkumulation des Finanzkapitals in wenigen Händen

▶ dieser Prozess von mangelhaftem entwicklungspolitischem Interesse, dafür von überdimensionierten Finanzzuflüssen der EU begleitet und stabilisiert wurde (gerade auch wegen der NATO-Zielsetzung). Die diversen EU-Programme waren nicht sensibilisiert für die fehlenden Strukturen in Staat und Gesellschaft der Transformationsländer, um vor allem die Finanzmittel sinnvoll und nachhaltig einzusetzen.

▶ bis heute der Eindruck von Verschleierungs-Statistikern in den einzelnen Abteilungen der EU-Kommission besteht, da überzeugende Wirkungsanalysen der EU-Strukturhilfen eher kaschiert als offengelegt werden – fatal für die neuen Mitgliedsländer selber, die einem gewaltigen (neoliberalen) Paradigmen-Wechsel unterworfen wurden, das zwangsläufige interne Chaos aber wegen unzureichender Datenlage nicht kritisch analysieren müssen und häufig auch nicht analysieren wollen.[2]

Ideale Bedingungen also für eine immer größer gewordene Ablehnung oder Gleichgültigkeit in den Bevölkerungen gegenüber »Europa«. Ideale Bedingungen auch zum Ausbau einer *Klondike-Mentalität* in der kleinen, agilen Elite, die sich aus der Sowjetzeit herübergerettet hatte oder eilig aus dem Exil zurückfand. Aber zugleich auch ein wichtiges Element für den Absturz der »baltischen Tiger« in die aktuelle Krise, die mehr ist als nur ein (schwerer) finanz- und wirtschaftspolitischer Ausrutscher. Sie ist vor allem eine Krise der politischen Kultur und der gesellschaftlichen Perspektivlosigkeit. Hierher gehören viele Fragestellungen, auf die der Transformationsprozess keinerlei Antworten gibt: Welche neue gesellschaftliche (nationale) Identität ist angestrebt? Wie viel gesellschaftliche Zeit wird dem Transformationsprozess eingeräumt: eine Generation oder zwei oder mehr? Wie sehen die sozialen und kulturellen Korsettstangen aus, die das Abrutschen der neuen Gesellschaft in einen oberflächlichen Konsumismus vermeiden helfen? Oder zusammengefasst: Worin besteht eigentlich die Win-win-Situation für die Bevölkerungsmehrheiten in den Transformationsländern und für die EU als solche?

Bis 2006/2007 sprachen Beobachter der baltischen Staaten noch von den »Kleinen Tigern« und bezogen sich dabei in erster Linie auf die statistischen Zuwächse des Bruttoinlandsprodukts dieser Länder. Diese lagen jahrelang um ein Vielfaches über denen Westeuropas. Eine bekannte Schwellenland-Situation. Seit 2008 wird vom Ende des Wirtschaftsbooms im sogenannten Baltikum offen gesprochen. Dabei kann sich nur der über das rasante Auf und Ab der wirtschaftlichen Entwicklung wundern, dem das Fehlen entwicklungspolitischer Zielsetzungen und das Fehlen nationaler Wirtschaftspoliti-

---

2    Versucht man eine Zusammenstellung der Geldtransfers aus den diversen EU-Fonds beispielsweise an Lettland, besteht die größte Schwierigkeit darin, verlässliche oder überhaupt Daten zu finden. Das ist keine Frage von zugänglichen Statistiken, sondern gerade das Gegenteil: Es gibt zu viele Zahlen-Agglomerationen von zu vielen kompetenten Stellen der EU-Administration mit zu geringer oder gar keiner Vergleichbarkeit. Noch schlimmer ist das fragwürdige Verfahren einiger EU-Einrichtungen, jährlich ihre Erhebungsmethode zu ändern. Meist werden diese Änderungen erst nutzbar durch ausführliches Studium des Fußnotenapparats und durch umständliches Umrechnen. Manche Aufwendungen bleiben aber auch dann noch intransparent, z.B. Personalaufwendungen (besonders Experten-Kosten) oder die Aufwendungen des PHARE-Programms für das Beispielland Lettland. (vgl. auch die Studie von Ulla Reiß: EU payments for Latvia 1992-2013, vorgelegt bei FES-Lettland (Riga), Januar 2008).

ken, Gesundheitspolitiken, Bildungspolitiken in den Ländern entgangen ist. Sogar Estland, geschweige denn Lettland haben die Boom-Zeit verstreichen lassen, ohne etwa in die Bildungspolitik oder die Stabilisierung des sozialen Netzes oder die Entwicklung einer Verarbeitungsindustrie oder generell einer Industriepolitik und Landwirtschaftspolitik zu investieren. Folglich traf sie die US-Bankenkrise und in Folge die europäische Krise des Finanzkapitals und wiederum infolgedessen die heftige wirtschaftliche Abkühlung sowie die Konfusion der Preisentwicklungen für Energie und Lebensmittel schwer und verwandelte die baltischen Tiger in graue Kätzchen. Sie verlangen jetzt – angesichts des volatilen Spannungsverhältnisses zwischen NATO/EU und Russland – noch stärker nach Unterstützung durch »Brüssel«, begleiten gleichzeitig aber zu wenig konstruktiv den Dialog EU – Russland oder die Entwicklung der »Nördlichen Dimension« (Ostseeraum) – und zwar gerade auch jenseits des Energie-Themas.

Erkennbar ist, dass die herrschenden baltischen Eliten liberale Marktwirtschaft mit staatlicher Verantwortungslosigkeit gleichgesetzt haben. Maßgebliche Teile dieser Eliten haben sich in den letzten 17 – 18 Jahren als hochgradig korrupt erwiesen und als schlechte Makler ihrer Gesellschaften während des Erweiterungsprozesses. Ihnen muss daher die Legitimation abgesprochen werden, alleinige Sprecher ihrer Länder auf europäischer Ebene zu sein. Diese kleinen Eliten haben nach innen hinein eigentlich alles getan, um ihre Zivilgesellschaften an professioneller und organisatorischer Stärkung zu hindern und damit einen gesellschaftlichen Dialog zum Transformationsprozess unterdrückt.

Der Blick auf die baltischen Staaten kann den alten kapitalistischen Ländern in der EU wie ein aufgeblendeter Scheinwerfer den Blick für die gesellschaftspolitischen Probleme anderer ex-sowjetischer Staaten schärfen – solcher, die schon EU- und NATO-Mitglieder sind und anderer, die es gerne werden wollen.

Es ist in der aktuellen Phase einer schweren System- und Sinnkrise des modernen Kapitalismus daher für die kleinen baltischen Transformationsländer kaum erkennbar, wie sie den Herausforderungen begegnen sollen, auf die sie seit 1991 nicht vorbereitet wurden und wie tief die kritische Selbstreflektion »in Brüssel« eigentlich reicht, um nicht weiterhin politische und ökonomische Probleme durch das Auflegen von Geld-Pflastern zu kurieren oder in nationalistischen Protektionismus zurückzufallen (Frankreich unter Sarkozy) oder gar in den mafiösen Faschismus, den Berlusconi ausstrahlt. Unvermeidbar erscheint daher, dass Kommission und EU-Parlament einsichtige und sinnvolle Entwicklungsziele für das große Europa erarbeiten müssen. Nur: Transparente Entscheidungen beziehen die Zielgruppen mit ein, d.h. die Regierungen und Parlamente der Mitgliedsländer und deren Organisationen der Zivilgesellschaft und nicht nur die gut organisierten Lobbyisten der Unternehmer und Banker.

Zusammengenommen wird der baltischen Region ihre touristische Attraktivität in Sommer und Winter voll zugesprochen, aber zugleich wird sie in diesem Buch als politisch ziemlich prekäres Beispiel für den bisherigen Verlauf der europäischen Erweiterung skizziert. Einige wenige kamen in der Region auf fragwürdige Weise zu großem individuellen Wohlstand; aber die große Mehrheit verzweifelt an ihren Visionen vom sozialen und ökonomischen Aufschwung – so ähnlich wie damals am Klondike. Vor allem fühlt sich das Gros der Bevölkerung von seinen politischen Führern allzu häufig dupiert. Die neue estnische konservative Minderheitsregierung will alles tun, um ab 2011 Mitglied der Euro-Zone zu werden. Es sieht so aus, dass dieser ökonomische Ehrgeiz für die Menschen im Lande sehr teuer wird. In Lettland erhielten die Oligarchen-Parteien bei den letzten Kommunalwahlen eine deftige politische Ohrfeige und mussten zum ersten Mal die »ewige Opposition« der russisch-sozialen Parteien in Riga an die Regierung lassen. In Litauen sind die Hoffnungen, die dort auf die neue Präsidentin Grybauskaite gesetzt wurden, vielleicht schon dadurch gerechtfertigt, dass sie keiner der Oligarchen-Parteien angehört, dafür aber als bisherige Kommissarin gut versteht, wie viele Chancen »Brüssel« dem Land tatsächlich bietet,

- ▶ um verantwortungsvoller mit der Integration des neuen in das alte Europa umzugehen
- ▶ um die politische Kultur im neuen Europa demokratischer zu gestalten
- ▶ um eine zukunftsfähige Energie- und Klimapolitik im gesamteuropäischen Interesse auf den Weg zu bringen (und nicht bei der Finanzkrise stecken zu bleiben)
- ▶ um einen kritisch konstruktiven Dialog zwischen Staat und Zivilgesellschaft als Normalität zu verstehen.

Das gemeinsame neue Europa benötigt die Umsetzung solcher politischen Ziele, nicht zuletzt, um aus seiner Integrationsfalle herauszufinden. Denn tatsächlich dürfte die Transformation nicht ein nachholender Prozess sein, sondern sollte proaktiv zur Überwindung der obsoleten nordatlantischen Entwicklungs-Paradigmen beitragen. Für die baltischen Staaten bedeutet das u.a., dass sie ihre Sicht auf Russland erheblich überdenken müssen und sich deutlicher als Teil der europäischen Gemeinschaft in diesen Prozess der multipolaren Neuordnung einbringen sollten. Das Thema heißt: Europas lange Transformation zu sich selbst ...

# AUSSENSICHT

## NORDMITTELOSTEUROPA: ATTRAKTIVE REGION

*Lange bevor das »Baltikum« erfunden wurde, trafen die deutschen Ordensritter
auf ethnische Vielfalt*

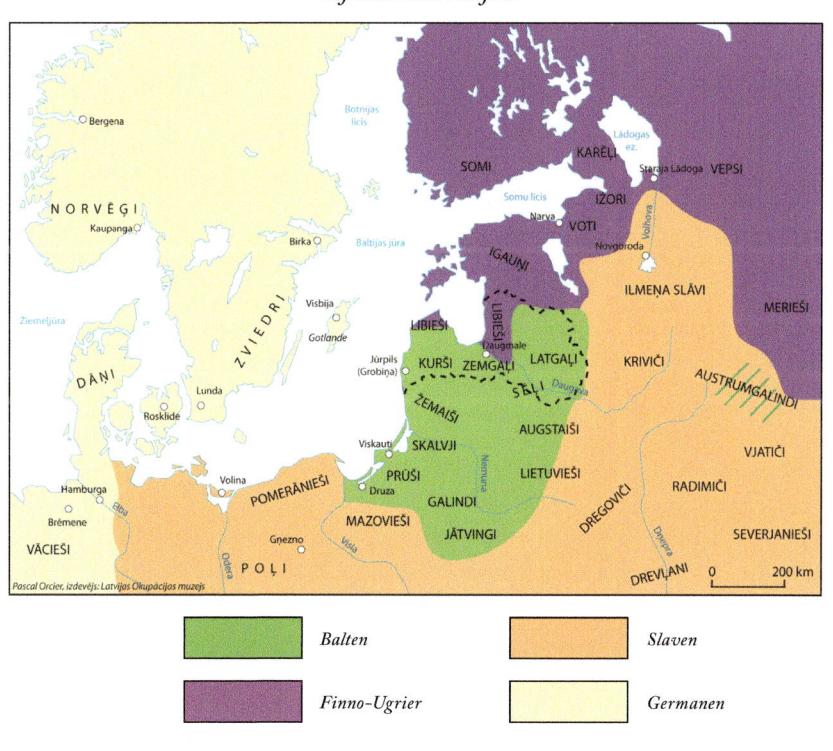

| | | |
|---|---|---|
| ■ Balten | | ■ Slaven |
| ■ Finno-Ugrier | | ■ Germanen |

– – – – – *heutige Grenze Lettlands*

Heute reden wir leichtfertig von Ostmitteleuropa, Osteuropa, der Osten – alles Begriffe, die die Ost-West-Dichotomie sprachlich weiterführen, die sich seit dem 19. Jahrhundert über die Nord-Süd-Differenzierung innerhalb Europas gelegt hatte. Davon ist bis heute erhalten geblieben, dass auch in Zeiten der 27 EU-Mitglieder weiterhin unterschiedliche Verständnisse bzw. Definitionsversuche zu »Osteuropa« vorherrschen, die sich in historische, politische, ethnisch-kulturelle, geographische und ökonomische Ansätze gruppieren lassen. Es lässt sich in dem Zusammenhang über die These diskutieren, dass der baltische Raum auch heute noch als »Zwischenraum« zwischen Westeuropa und Russland empfunden wird, dass die baltischen Länder als »Zwischenraumländer« zwischen Westeuropa und Russland einen Puffer bilden. Der reale Interessenmangel an den realen gesellschaftlichen Entwicklungen in den Ländern Estland, Lettland, Litauen, der sich auch nach dem 1. Mai 2004 in Brüssel und Straßburg erkennen ließ und sich in der großen Systemkrise seit Ende 2008 weiterhin zeigt, würde die »Zwischenraumländer-These« jedenfalls stützen.

Die weitere Verfolgung dieser Gedanken steht nicht im Mittelpunkt des Buches. Es geht vielmehr darum, einige Schlaglichter auf dieses EU-Nordosteuropa zu werfen – den baltischen Raum, der in Westeuropa noch immer irgendwie verschwommen wahrgenommen wird, was derzeit den baltischen Gesellschaften nicht gut tut und langfristig für Westeuropa ein Problem darstellt.

Der gemeine Westeuropäer sieht »das Baltikum« auch heute noch überwiegend durch die Brille der urwüchsigen Ostseestrände, der Sonnenuntergänge am Kurischen Haff, der alten Hansestadt-Zentren von Tallinn und Riga, der europäischen Kulturhauptstadt Vilnius (2009), der erschwinglichen Preise unterwegs auf dem Lande, der Sauberkeit und vielleicht sogar der Unaufdringlichkeit und Kühle der Menschen in diesem Raum. Und nicht zu vergessen: Die Unaufdringlichkeit des Baltikums hat bisher auch noch keine Terroristen eingeladen. Ein gewaltiges Plus für den Sommer- und Wintertourismus dort oben. Das sind alles gute und richtige Argumente für die Attraktivität der baltischen Region. Sie werden inzwischen in dicken Reiseführern und Spiegel-Berichten und Geo- und Merian-Heften bildreich präsentiert. Die Attraktivität verhüllt allerdings zu viele Schatten, mit denen die Menschen der so genannten Übergangsgesellschaften sich abfinden (müssen?). Den wohlwollenden Präsentationen der baltischen Attraktivität wird hier ein wenig Innensicht hinzugefügt, die ein sympathisch-kritisches Interesse an diesem Transformationsraum wecken soll, weil die offen gebliebenen Fragen zur Transformation europäische Fragen sind.

Frühgeschichtlich ist der baltische Raum durch die Unverbundenheit seiner Völker und Stämme charakterisiert, die hier bis ins 12. Jahrhundert nebeneinander und gegeneinander siedelten. Es waren Finnen, Esten, Liven, Letten unterschiedlicher Stämme, Litauer und zu der Zeit auch noch Prussen. Sie kannten keinen übergreifenden Staat – außer beim litauisch-polnischen Großfürstentum Litauen. Im Mittelalter existierte als politisches Gebilde nur die Livländische Konföderation, der vor allem die Gebiete des Deutschen Ordens und vier weitere geistlich-militärisch-ökonomische Territorien angehörten, ein über die Jahrhunderte von Konflikten und Auseinandersetzungen geprägtes Gebilde. Seine Grundlage war das ökonomische Interesse an der Ausdehnung des Hanse-Handels und der Kolonialisierung des Ostens durch die Deutschen Ordenritter. Im 12. Jahrhundert entwickelte sich allerdings auch ein ebenso aggressives Interesse an katholischer Expansion, um einer Westwanderung der orthodoxen Kirche zuvorzukommen. Die christlichen Ritter – auf den Spuren von Heinrich dem Löwen – fanden für ihre Kreuzzüge über die Düna hinaus ebenso viel päpstliche Anerkennung, wie für die Kreuzzüge ins Heilige Land. 1180 schaffte es der Augustiner Meinhard, 50 km von der Düna-Mündung flussaufwärts die erste Kirche in dieser Region bauen zu lassen. Ihre Ruine steht noch heute beim Städtchen Uexküll mitten im Fluss Düna, der heute Daugava heißt und schon den Wikingern als Schnellstraße zum Schwarzen Meer diente. Diese Kolonialisierung vom Kurischen Haff bis zur Bucht von Tallinn und hinauf nach Narva sind der Einstieg in ein mühsam zusammengehaltenes wirtschaftliches und politisches Imperium, das über Jahrhunderte vom deutschen, schwedischen, russischen Adel und den Kaufmanns-Gilden unter dem Namen *Livland* genutzt wurde. Erst Ende des 19. Jahrhunderts sprechen die Deutschen zum ersten Mal vom Baltikum. Eigene Staaten gibt es erst nach dem Ersten Weltkrieg. Und bis heute gibt es keine baltische Identität.

## LITAUEN

2009 feiern Litauen und seine Hauptstadt Vilnius die erste schriftliche Erwähnung des Namens Litauen in den Quedlinburger Annalen vor 1000

Jahren. Mit Vilnius trägt zum ersten Mal die Metropole einer ehemaligen Sowjetrepublik den Titel »Kulturhauptstadt Europas«. Litauen lebt stärker als seine beiden Nachbarn *europäische* Geschichte, gerade auch durch die Person des Großfürsten Gediminas, der von 1316 bis 1341 regierte. Er begann eine lange währende Expansion in die Gebiete der Ostslawen und gründete die heutige Hauptstadt Vilnius. Von ihm stammt auch die Dynastie der Gediminaici ab. Einer seiner Nachfolger war Großfürst Jagiello. Er heiratete 1386 Hedwig, die Königin von Polen. Als Władisław II. nahmen er und sein Volk den katholischen Glauben an.

Władisław II. vereinte Litauen mit Polen. Auf dem Höhepunkt seiner Macht reichte der Herrschaftsbereich des litauischen Großfürstentums bis zum Schwarzen Meer. Aus heutiger EU-Sicht ist daran interessant, dass dieses Großfürstentum bunt zusammengesetzt war aus Litauern, Ost-Slawen, Polen, Juden, Deutschen, Tataren und damit ein Nebeneinander der entsprechend unterschiedlichen Religionen und Werteordnungen bedeutete. Nach dem Holocaust in Vilnius ist diese Vielfalt verschwunden; heute präsentiert jeder Reiseführer vor allem die rund 50 katholischen Kirchen jeglicher Form, Größe, jeglichen Alters und baulichen Zustands als Tresor der Hauptstadt.

Die polnische Kultur und der Katholizismus haben Vilnius geprägt. Aber die Hauptstadt galt vor dem Zweiten Weltkrieg auch als das »Jerusalem Litauens«. 240.000 Juden lebten da in der Stadt – es war eine der größten jüdischen Gemeinden Osteuropas. Von den 100 Synagogen ist nur eine einzige übrig geblieben. Und sie ist inzwischen wieder Mittelpunkt von etwa 4.000 Menschen jüdischen Glaubens.

In den Außenbezirken der Hauptstadt Vilnius wird der Reisende allerdings zunächst von der steinernen Armee der Plattenbauten aus der Sowjetzeit begrüßt. Aber einmal über die Brücken der Neris auf dem Weg in die Altstadt, bietet die 580.000-Einwohner-Metropole dem Besucher einen spannenden Altstadtkern mit viel Barock und viel Klassizismus.

Seit der Unabhängigkeit wird überall restauriert und neu gebaut und zahllose Barockfassaden der Wohn- und Handelshäuser und der Kirchen leuchten frisch in den klassischen Gelb-Farben mit gehörigem Goldglanz. Kein Wunder also, dass die Alt-Stadt seit 1994 zum Weltkulturerbe zählt. Zur weltlichen Attraktivität für den Litauer und die Litauerin, wie den angereisten Touristen trägt in Vilnius die »Freie Republik Uzupis« bei, in der die Bewohner sich von der »normalen« Stadt und von Litauen insgesamt losgesagt haben, im Bürgerkonsens eine Verfassung mit 41 Artikel verabschiedet haben und mit all dem in den Augen vieler Normalbürger zunächst als asoziales Viertel eingestuft wurden.

Die Zeiten haben sich allerdings schnell gewandelt. Uzupis gehört inzwischen zu den begehrtesten Wohnvierteln von Vilnius. Es ist »in« dort über die Brücke der kleinen Vilnia und den Hügel aufwärts zu wohnen – auch wenn noch sehr vieles an das alte Künstlerviertel und die renovierungsbedürftigen Fassaden und Hinterhöfe aus der Zeit vor der Wende erinnert.

Auffälliger als bei den baltischen Nachbarn zeigt sich ein breit gefasster Synkretismus in Litauen. Das demonstrieren ein politisch-religiöser Wallfahrtsort wie der Kreuzberg im Nordwesten[3] bei Siauliai ebenso wie die einträchtige hölzerne Dreieinigkeit aus mittelalterlichen Heerführer Vytautas, animistischem Priester Vaidilia und Christus vor dem Eingang der Peter-und Paul-Kirche in Siauliai.[4]

Dabei ist nicht allein dieser Synkretismus interessant, der an mancher Weggabelung und neben mancher Kirche den jahrhundertelangen Weg kennzeichnet, den Christentum und Volkstum in Litauen miteinander gehen.

Mitte Januar 2008 konnte man im *Baltic News Service* ein Zeugnis dafür lesen, dass der liberale Katholizismus der meisten Litauer Nährboden für manchen religiösen Spuk sein kann: *mit Billigung der katholischen Kirche* – hieß es da – *werde in Kürze eine Vereinigung aller litauischen Exorzisten ihre Aktionen starten*. Zitiert wurden führende Stimmen der katholischen Hierarchie in der Tageszeitung Lietuvos Zinios, die hofften, dass die Exorzisten Litauens sich bald mit denen anderer Länder zusammentäten, um gemeinsam an Stärke zu gewinnen. Ob hier Papst Benedikt schon seine Schatten vorausgeworfen hatte?

---

3   Die Bedeutung des Kreuzbergs wird ihm eigentlich vom Besucher gegeben: Für den einen sind die archäologischen Ausgrabungen von Anfang der 90er Jahre mit den Hinweisen wichtig, dass sich dort einst eine vorchristliche Holzburg befunden haben muss. Für andere ist er eine heroische Gedenkstätte aus den 60 er Jahren gegen die sowjetische Besatzung, wo die tagsüber von den Militärs zerstörten Holzkreuze in nächtlichen Aktionen immer wieder und immer zahlreicher neu aufgerichtet wurden.

4   Vytautas wurde Anfang des 15. Jhs. der Vereiniger des litauischen und des polnischen Adels im gemeinsamen Kampf gegen die Deutschen Ordensritter. In der litauischen Geschichte ist er daher Der Große. Vaidila wurde die Oberpriesterkaste der heidnisch-prussischen Religion in Ostpreußen genannt. Das prussische Wort »waidint« bedeutet »zeigen« und erfuhr im Laufe der Christianisierung die Bedeutung »zaubern, beschwören«. Mit Eintreffen der Ordensritter wurde die Ausübung der Naturreligion von diesen zwar verboten und unter Todesstrafe gestellt, aber bis ins 18. Jh. dennoch heimlich weitergeführt.

Die **Kirche von Kurtubenai**, nahe der nördlichen Provinzmetropole Siauliai, ist ein solcher Ort, zu dem jeden Monat diverse »Besessene« pilgern, um sich durch den Priester Kestutis Daknevicius von den bösen Geistern befreien zu lassen. *Denn der ist einer der sechs anerkannten Exorzisten Litauens.*

*Und die litauische Bischofskonferenz hat dem ganzen Phänomen dadurch weiteren Vorschub geleistet, dass von dort ebenfalls im Januar 2008 der Hoffnung Ausdruck verliehen wurde, die konstruktive Zusammenarbeit zwischen katholischer Kirche und Exorzisten werde zur Festigung der religiösen Grundlagen und zur erfolgreichen Missionierung neuer Gläubiger beitragen.*[5]

Und dann gibt es natürlich den Bernstein, der sich vor allem im Herbst an den langen Ostseestränden und am Kurischen Haff suchen und finden lässt. Manche der deutschen Touristen lassen sich besonders leicht auf die Kurische Nehrung locken, direkt an die russische Grenze mit Kaliningrad, in das touristisch gut entwickelte Nidda. Sie erinnern sich, dass Thomas Mann dort manchen Sommer pünktlich von acht bis halb zwölf über seinen Manuskripten saß. Vielleicht wollen sie auch die größte Wanderdüne der Region sehen, die vom Wind immer weiter in das Haff hineingeschoben wird.

---

5  BNS, Vilnius, 21.1.2008: Litjuanian exorcists join forces.

# LITAUEN AKTUELL

*Agrarland im Osten*

*Wallfahrtsort Kreuzberg bei Siauliai*

*Zentrum Vilnius: alte und ganz alte Zeit stehen zusammen*

# LETTLAND

Imposante Villen, sauberes Wasser und ein endlos langer Strand: **Jurmala** ist das exklusivste Ostseebad im ganzen Baltikum. Vor den Toren der lettischen Hauptstadt Riga hat sich hier eine Insel des Reichtums inmitten eines armen Landes entwickelt – so ist die gewöhnliche Sicht etwa auf die lettische Realität. Es ist der Sommerblick in jeglicher Hinsicht.[6] Jurmalas gepflegter Sandstrand, an der Mündung der Lielupe, ist eine 40 Kilometer lange Halbinsel mit einer Ansammlung ursprünglicher Fischerhütten und -dörfchen. Aber auch der Sommerpalast des Staatspräsidenten blickt über diesen Strand und tausende Holz-Villen aus der Dekade 1900–1910 und immer mehr supermoderne Multimillionärsanwesen mit Dutzenden von Kameras und scharfen Dobermännern zum Schutz von wie auch immer erlangtem Vermögen.

An diesem Strand hört man einige deutsche, französische, italienische, finnische, aber vor allem russische Sprachfetzen, die das Lettisch gar nicht immer als Hausherrensprache erscheinen lassen. In Jurmala gilt strenger Natur- und Denkmalschutz. Kein Baum darf gefällt werden, keines der historischen Häuser darf verschwinden. Da aber Jahrzehnte der Vernachlässigung unter dem kommunistischen Regime an der Holzsubstanz genagt haben und bei manchem Häuschen bis heute die Besitzverhältnisse nicht geklärt sind, lässt man den Zahn der Zeit an so mancher Villa weiternagen oder sie wird »warm saniert« – und manchmal nach den alten Plänen wieder aufgebaut. Meist stammt das Geld dafür aus russischen Quellen.

In der Zarenzeit war es der russische Geburtsadel, der regelmäßig in Jurmala und benachbarten Bädern kurte. Heute sind es die Geldadeligen aus der Jelzin-Periode und auch die Energie-Millionäre aus Vladimir Putins beiden präsidialen Amtszeiten. Anders als in jeder anderen balti-

*Jurmala, 100-jährige Holz-Villen hinterm Strand*

6   SPIEGEL ONLINE, 27. Juli 2006: www.spiegel.de/reise/kurztrip/0,1518,428729,00.html

schen Stadt stört nur sehr selten eines der einförmigen Kalksteingebäude aus der sowjetischen Zeit diese bebaute Strand-Kiefer-Idylle.

**In der Johannisnacht** klingt es über jeden Radiosender, aus jedem Landhaus und von jedem Feuer im ganzen Land »*Ligooo, ligooo...*«. Es ist die Nacht der Nächte, so lang wie keine andere im Jahr, meist mit ein bisschen Regen, aber vor allem mit viel innerer Wärme, die jetzt jeder Lette, jede Lettin abstrahlt. Jeder fasst den Nächststehenden unter, tanzt um die riesigen Feuer, weit in die Nacht hinein. Viel Wodka hilft und viel Gegrilltes, um auch noch die Mutsprünge über die lodernden Flammen zu schaffen und dann mit der Freundin im Wald unter dem jungen Farn nach neuen Verheißungen zu suchen. Der Legende nach blüht der Farn nur in dieser Nacht und soll den Menschen Glück bringen. Besonders in Lettland und Estland wird so der Namenstag von Johannes dem Täufer gefeiert. Tatsächlich hat hier ebenso viel vorchristliches Denken und Fühlen überlebt wie in den einsamen Wäldern Skandinaviens oder wie bei den reitenden Hexen der Walpurgisnacht hoch oben am Brocken. Am stärksten im lutherischen Lettland, weniger im eher calvinistischen Estland und am wenigsten im katholischen Litauen halten heute noch jüngere Menschen an diesen alten Riten fest. Über die Zeiten der Fremdherrschaft unter deutschen Ordensrittern und Landadeligen, unter der schwedischen, der polnischen, der russischen Krone und durch die sowjetische Okkupation hinweg stiftete das Ligo-Fest am stärksten nationale Identität.

Identitätsstiftend waren die vertonten volksepischen Verse, von denen Lettlands Dichter Krisjanis Barons alleine um die 200.000 gesammelt hat und die zur Sommersonnenwende mit verwechslungsgefährdender Melodie von Alt und Jung gesungen werden. Offiziell sind beim Lettischen Institut für Volkskunde 1,2 Millionen dieser sogenannten *Dainas* registriert. Bei den Jungen gerät allmählich in Vergessenheit, dass diese Lieder in der russischen Zeit bis 1991 vor allem den Charakter von politischen Protestsongs besaßen.

**Riga:** Kaum eine andere Stadt an der Ostsee kann auf eine so wechselvolle Geschichte zurückblicken. Durch die Jahrhunderte wechselten ständig Kriege und Eroberungen, Unterjochung, Völkermord und Deportation. Riga behielt bis heute seinen kosmopolitischen Charakter und seinen Charme bei. Riga saugte alle Einflüsse auf. Es wurde zu einem Schmelztiegel, in dem sich die verschiedenen Völker und ihre Kulturen ergänzen. In der Altstadt vermischen sich bohemehafte Prager Gemütlichkeit mit kleinen Pariser Boutiquen; die Weltläufigkeit Berlins und aggressive Geschäftigkeit von Moskau stehen hart im Raum. Es gibt Stimmen, die von Riga als *Miss Balticum* sprechen. Das hängt mit Rigas Altstadt zusammen. Dort winden sich noch einige mittelalterliche Gassen, führen Stiegen in ebenso alte Kaufmanns-Keller und Lagerräume hinunter – und einige davon sind inzwischen aufwendig restauriert und verwöhnen den verwöhnten Touristen und die Touristin – trotz Großer Krise – mit einheimischer und internationaler Küche. Nicht jeder von ihnen will so genau wissen, dass Riga nach der Eroberung durch das schwedische Heer 1621 die größte Stadt Schwedens war; oder dass auch nach Einzug der Russen im Jahr 1710 Deutsch wichtigste Sprache in Lettland blieb. Im 19. Jahrhundert war Riga dann nach Moskau und St. Petersburg wichtigster Industrie- und Bildungsstandort des Russischen Reiches. Noch vor der neuzeitlichen Industrialisierung erlebte die Stadt so viel Zuzug, dass die alten Befestigungsanlagen bald neuen Wohnvierteln weichen mussten, der kleine Fluss Riga zugeschüttet und entlang der alten Stadtmauern Grüngürtel für das neue Bürgertum angelegt wurden. Erst kurz vor dem Ersten Weltkrieg entstanden dann die mehr als 800 Jugendstil-Bauten, die nun sommers und winters jeden Vormittag zahlreiche Touristengruppen aus Westeuropa staunen lassen. Der Stilkundige wird von Zweifeln bewegt, ob der Wiener Jugendstil oder der von Riga ausdruckstärker und manchmal auch skurriler ist.

In Riga hat die Verbindung nach Deutschland eine gut 800-jährige Geschichte. 1201 wurde die Stadt unter dem Bremer Bischof Albert von Buxhoeveden gegründet. Nach Besuchen in Dänemark und verschiedenen norddeutschen Regionen segelte er mit 23 Schiffen im Sommer 1200 der livländischen Küste entgegen. Den Verteidigungs-Angriffen der dortigen Einwohner begegnete er trickreich und mit Gewalt.

Beraten durch die Kaufleute eignete er sich den Grund und Boden für den Bau einer Stadt an: Riga. Die neue Stadt entstand damit an eben der Flussmündung, die schon die Wikinger genutzt hatten, um stromauf Richtung Dnjepr zu segeln und auf diesem hinunter zum Schwarzen Meer, um ihren Bernstein gegen arabisches Silber zu tauschen.

Riga entwickelte sich rasch zum wichtigen Zentrum für den Handel zwischen Russland und Westeuropa.

*Erste deutsche Kirche von 1170 in Üxküll, heute mitten im Fluss Daugava*

Die zugewanderten deutschen Kaufleute und Handwerker bestimmten jahrhundertelang durch ihre Gilden die Stadtpolitik. Die stummen Zeugen des einstigen Einflusses sind heute noch überall sichtbar, z. B. das Schwarzhäupterhaus am Rathausplatz. Die hansische Geschichte schaffte Verbindungen, die noch über Jahrhunderte hinweg hielten, auch als die große Zeit der Hanse längst vorbei war. Weniger präsent – außer anlässlich kleiner Sonderausstellungen – ist die kurze Geschichte der Unabhängigkeitskämpfe während der ersten zehn Jahre nach Ende des Zweiten Weltkriegs. In seinem Roman *Auftrag in Tartu* hat Ulrich Knellwolf mit kurzen Strichen die Atmosphäre beim Kampf der sogenannten Waldbrüder (Partisanen) skizziert. Die Politikwissenschaftlerin Dzintra Bungs und andere haben in jüngster Zeit in mühevoller Kleinarbeit Kartenmaterial zu diesem Thema erstellt und im Okkupationsmuseum in Riga ausgestellt:

# Letzte Runde im Kampf um nationale Souveränität: Lettlands Partisanengebiete

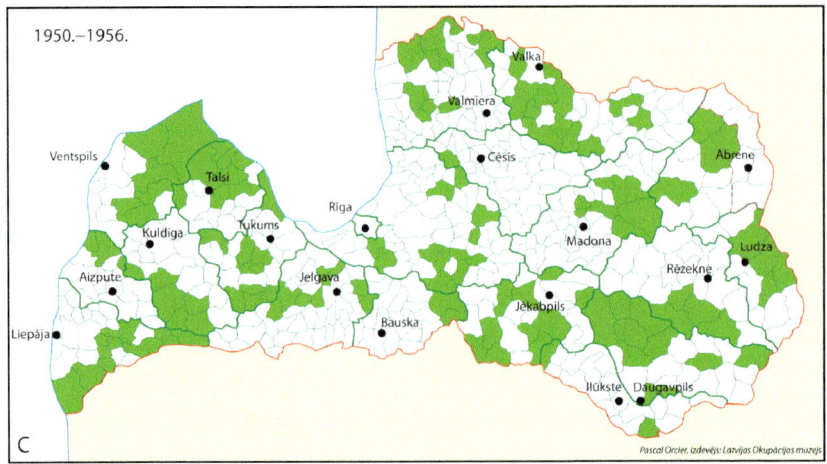

*Die grün markierten Flächen entsprechen den lettischen Gemeinden mit aktiven Partisanen-Bewegungen noch*

*um 1956*

# LETTLAND AKTUELL

*Lettlands Osten: Kreisstadt Kraslava in Latgalien*

*Einer der zahlreichen ehemaligen deutschen Herrensitze: Straupe*

*Lettlands Osten: wasserreichster, fischreicher See Razna in Latgalien*

*Lettlands Westen: Wasserwandern am breitesten Wasserfall Europas, bei Kuldiga*

# ESTLAND

Genauso attraktiv wie in Vilnius und Riga, aber gleichzeitig sehr anders, präsentiert sich Estlands Hauptstadt Tallinn. Auch dort zählen das Schwarzhäupterhaus und die Große Gilde aus dem Jahr 1410 zu den historischen Schätzen der Altstadt. Auch dort ist ein unübersehbares Wahrzeichen der Altstadt der »deutsche« Dom. Tallinn hat allerdings nie seine Stadtmauern geschliffen. Die Unterteilung in die Oberstadt der (deutschen) reichen Kaufleute und des Adels und die Unterstadt der Handwerker und lohnabhängigen lokalen Bevölkerung ist nach wie vor sichtbar. Und ein bisschen davon ist geblieben: Auch heute noch wohnt der deutsche Botschafter ganz oben auf dem Domberg, neben anderen Exzellenzen und in guter Nachbarschaft zum Parlament. Von hier oben, vom Domberg, lässt sich leicht in die Küche der unteren Stadtbewohner schauen. So heißt dann auch einer der mächtigen Türme der Tallinner Stadtmauer bis heute »Kiek in de Kök«. Jeder Besucher der Stadt kann das nachmachen, denn in dem dicken Turm ist inzwischen ein Museum zur Stadtgeschichte untergebracht. Die dreiteilige Ordensburg in Villandi, die erfrischend junge Universitätsstadt Tartu (das alte Dorpat) mit den gegenübersitzenden steinernen Dichtern Oscar Wilde und Eduard Vilde (einig nur im Namen und ihrer Männerliebe), der alte Badeort Otepää mit seinem Kurhotel im Sommer und den internationalen Langlaufpisten im Winter oder die frühere russische Intelligenzstadt Sillamäe nahe der russischen Grenze mit ihren klar getrennten Baustilen aus der Kruschtschew-, der Stalin- und der Breschnew-Epoche, – sie sind alle ihren Besuch und den Rundgang wert. Aber auch so manches orthodoxe Kloster, wie das Frauenkloster von *Kuremäe*. Nicht alle diese Hinweise finden sich im landläufigen Reiseführer. Für den interessierten Besucher bleibt daher noch einiges aus der verwickelten Geschichte des EU-Landes zu entdecken, dessen Schengen-Grenze nur 150 km vor St. Petersburg entlang der Narva verläuft. Die Entdeckungsreisenden aus Westeuropa sind hier bisher nur im Sommer unterwegs, mit dem Pkw, dem Wohnwagen, einzelne mit dem Fahrrad und sogar mit einem Segelschiff kann man bis direkt an die russische Grenze bei Narva reisen, wie es 20 junge Leute aus allen Ostsee-Nationen im Sommer 2008 von Greifswald aus durchgeführt haben.

Sie hatte die gemeinsame und wachsende Sorge um den ökologischen Zustand der Ostsee bis in diese äußerste Ecke der EU geführt, wo die Menschen vor allem russisch sprechen und viele vom Schmuggel russischer Waren nach Estland leben.

*Orthodoxes Nonnenkloster Kuremäe*

*Estlands ökologischer Osten: Region Võru*

*Wasserfall Jägala bei Tallin*

*Tallinn, mittelalterliche Altstadt*

# NORDMITTELOSTEUROPA

## STRATEGISCHE REGION
## UND BRÜCKE NACH RUSSLAND ...

In dem Maße, in dem der Ostseeraum als konstruktive und dynamische Synergie aus skandinavischer Demokratie und Sozialpolitik mit deutscher Wirtschaftskraft und baltischen Naturpotenzialen anerkannt und der politische Wille zur Überlebenssicherung der Ostsee sichtbar wird, muss es konstruktive und enge Zusammenarbeit mit St. Petersburg und Kaliningrad geben. Innerhalb der EU-Außenpolitik – die es immer noch nicht als konsistenten politischen Ansatz gibt – herrschen aber noch die erratischen Beziehungen zwischen einzelnen EU-Staaten und Russland vor und fördern ungleichgewichtige Abhängigkeiten. Sobald Russland WTO-Mitglied ist (was auch nach 16 Verhandlungsjahren immer noch mit Fragezeichen versehen wird[7]), wird sich wahrscheinlich auch der Handelsaustausch zwischen den baltischen Ökonomien und Russland auf dem aktuellen Niveau verstetigen bzw. wieder zunehmen. Wegen der Großen Krise 2008/2009 und weil gleichzeitig eine russlandfreundliche Parteienkoalition in Riga die Macht übernommen hat, haben sich die Handelsbeziehungen mit Russland deutlich verbessert. Für den Ausbau einer regionalen Ostsee-Zusammenarbeit, die die imperialen Interessen Russlands nüchtern einzuschätzen weiß, stehen grundsätzlich die Zielvorstellungen der Northern Dimension zur Verfügung.[8]

Unmittelbar relevant ist allerdings die Frage, ob nicht und wenn doch, wie und wo, die Gas-Pipeline *Nord Stream* auf dem Ostseegrund verlegt wird. Denn darauf besitzen die baltischen und die skandinavischen Staaten einen

---

7 Russland-Beobachter vermuten einen Machtkampf zwischen Präsident Medwedjew und Ministerpräsident Putin auch in der Frage des WTO-Beitritts, dessen Verhandlungen sich schon über 16 Jahre hinziehen, aber seit 2007 kein wirkliches Interesse mehr bei Vladimir Putin erkennen ließen.

8 Das Konzept der nördlichen Dimension der EU wurde von Finnland im Jahre 1997 vorgelegt und u.a. aktuell diskutiert in: Nordeuropaforum, Heft 1 (2008): The EU's Northern Dimension – Blurring frontiers between Russia and the EU North? Vgl. auch www.ec.europa.eu/external_relations/north_dim/#The%20Northern%20Dimension%20Geo

vergleichsweise starken Einfluss – sowohl mit ihren Stimmen im Europäischen Rat als auch mittels der Risikoanalysen einer solchen Pipeline, die über jahrzehntealte Munitions-Deponien auf dem Ostseegrund geführt werden muss. Dieses russisch-deutsche Projekt ist tatsächlich eine gemeinschaftliche Herausforderung aller Anrainer, um zu einer *europäischen* Energiepolitik beizutragen, die gleichzeitig das europäische Binnenmeer vor dem Kollaps schützt.

Auf der Ebene der wirtschaftlichen Zusammenarbeit mit Russland, mehr als im Rahmen der europäischen Nachbarschaftspolitik, könnten die baltischen Staaten als kenntnisreiche Nachbarn Russlands und mit hohem russischen Bevölkerungsanteil ein strategisches Brückenelement für die Beziehungen EU – Russland abgeben. Allerdings wird dieses Potenzial keineswegs immer konstruktiv genutzt, wie etwa die Reaktionen der baltischen Regierungen auf den Georgien-Krieg im August 2008 erkennen ließen.[9] Politisch äußerst törichte Profilierungsversuche, wie der des georgischen Präsidenten Saakaschwili, der die russischen Armeen im August 2008 geradezu zur Demonstration ihrer militärischen Stärke nach Südossetien und Abchasien einlud, zwingen natürlich gerade auch die Balten zu anti-russischen Solidaritätsbekundungen. Sie leben durchaus noch in der Furcht, auch selber Ziel russischer Militäraktionen werden zu können. Dennoch war diese Form der Solidarität mit Georgiens Regierung nur bedingt ein selbstbestimmtes Element der baltischen Außenpolitik gegenüber dem gewaltigen Nachbarn Russland. Es war mehr die Zwangsläufigkeit der NATO-Mitgliedschaft seit 2004, die sich hier zeigte. Nachdem Präsident Obama auf neue Akzente gegenüber Russland setzt und im weiteren Sinne Entspannung predigt, erhebt auch in Georgien selbst die Opposition wieder deutlicher die Stimme. Hier erkennt man, dass die US-Unterstützung für Präsident Saakaschwili bröckelt.[10] Wichtig ist daher, wie sich die Beziehungen der Balten zu Russland unterhalb offizieller NATO- und EU-Direktiven entwickeln; welche Tragfähigkeit die bilateralen Beziehungen

---

9  Hierzu auch der Beitrag von Elmar Römpczyk: »Zwischen symbolischer Solidarität und echter Sorge – die Sicht aus dem Baltikum«, in Krieg um Südossetien : Analysen und Perspektiven aus Hauptstädten der Welt / Friedrich-Ebert-Stiftung, Internationale Politikanalyse. Pia Bungarten ... (Hrsg.) Berlin, (Okt.) 2008. Wichtige Konflikt-Indikatoren sind vor allem die Proteste Zehntausender im Frühjahr 2009 gegen einen Michail Saakaschwili, der 2003 durch die friedliche »Rosenrevolution« erst an die Macht gelangt war. Die wirtschaftlichen Spätfolgen des Krieges mit Russland, aber vor allem die intransparenten Entscheidungsprozesse in engstem Kreise werden Saakaschwili inzwischen als Demokratiefeindlich und als Bürgerfern vorgehalten.

10  Dazu mehr im Kapitel »Staat im Übergang«.

zwischen Moskau und den baltischen politischen und ökonomischen Eliten besitzen. Trotz der Annäherung zwischen Obama und Medwedjew erscheint es dem russischen Präsidenten weiterhin opportun, vor allem die politischen Spannungen mit Estland und mit Lettland aufrecht zuerhalten.

*Einbindung der baltischen Region in das transeuropäische Gas-Netz*

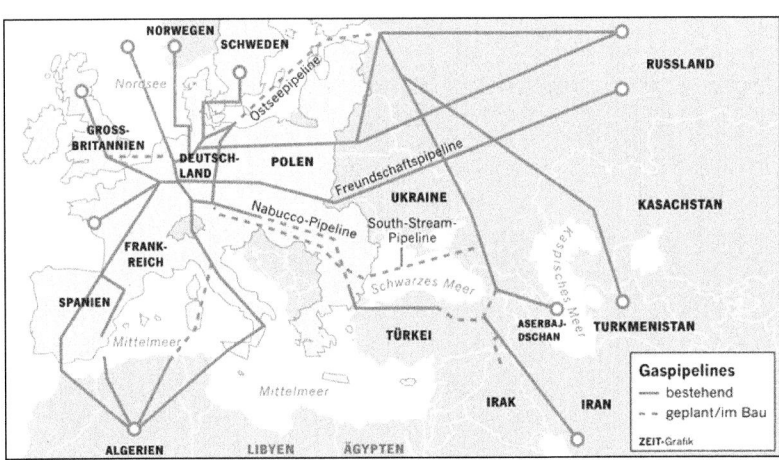

Die deutsche Außenpolitik macht angesichts der stockend angelaufenen und wieder unterbrochenen zweiten PCA-Verhandlungsrunde deutlich, dass man durchaus den langfristigen Blick behalten will, dass es keineswegs immer nur um Russlands Energielieferungen an die westlichen Nachbarn geht, sondern auch um die Unterstützung für Russland, das zwanzig und mehr Jahre technologische und Management-Defizite gegenüber Westeuropa aufweist und ohne Westeuropa den Konkurrenzkampf gegen China und Japan nicht bestehen wird.[11] Durch diesen anderen Blickwinkel unterscheiden sich die außenpolitischen Strategien der Balten von den westeuropäischen Industrienationen. Unter anderem wurde deswegen in 2004 zwischen EU und Russland der Dialog über *Vier Räume* eingeleitet: Wirtschaft (inkl. Umwelt und Energie), innere Sicherheit, äußere Sicherheit, Bildung/Kultur.[12] Die deutsche Wirtschaft

11   PCA = Partnership and Co-operation Agreement bzw. der »Beschluss des Rates und der Kommission« vom 30. Oktober 1997 über den Abschluss des Abkommens über Partnerschaft und Zusammenarbeit zwischen den Europäischen Gemeinschaften und ihren Mitgliedstaaten einerseits und der Russischen Föderation andererseits (1) (97/800/EGKS, EG, Euratom).

12   Ergebnis des Russland-EU-Gipfels, Moskau, 21.5.2004.

weist als Ergebnis der Ost-Politik schon seit Jahrzehnten gute wirtschaftliche Beziehungen zu Russland aus. Die allgemeinen Erfahrungen mit diesem Dialog wie auch mit den vorausgegangenen Kommunikationsplattformen sind allerdings alles andere als euphorisch zu sehen. So außerordentlich wichtige Themen wie Klimaschutz oder eine starke partizipative Zivilgesellschaft besitzen in Russland leider noch keinen angemessenen Stellenwert.[13] Weshalb die baltischen Außenpolitiker in diesem Prozess keine aktivere Rolle übernehmen, um eine strategische Partnerschaft mit Russland (Vier Räume; PCA) zu stabilisieren, hängt in erster Linie mit den innenpolitischen Widersprüchen zusammen. In den baltischen Gesellschaften selbst sind die Vier Räume noch keine Wirklichkeit. Darauf geht der größere Teil dieses Buches im Folgenden ein.

## ... ABER DIE BALTISCHEN TIGER OHNE SPRUNGKRAFT

*sozio-ökonomische Länderprofile*

| Land (Km²) | Fläche (Km²) | Einwohner (Mio) | Währung | Inflation | BIP/Kopf (in €) | BIP Veränderung (in %) |
|---|---|---|---|---|---|---|
| | | | | I/2008 | | X/2009:2008[14] |
| Estland | 43 432 | 1,3 | Est. Krone | 8,5 | 5 070 | - 15 % |
| Lettland | 64 589 | 2,3 | Lats | 13,2 | 3 740 | - 18 % |
| Litauen | 65 300 | 3,4 | Litas | 8,1 | 3 980 | - 14 % |
| | | | | | | |
| Dänemark | 43 094 | 5,4 | Dän. Krone | 2,4 | 34 060 | % |
| Finnland | 304 530 | 5,2 | Euro | 2,0 | 26 890 | % |
| Deutschland | 357 023 | 82,5 | Euro | 1,3 | 25 580 | - 4,5 % |

Bis 2006/2007 sprachen manche Beobachter der baltischen Staaten noch von den »Kleinen Tigern« und bezogen sich dabei in erster Linie auf die statistischen Zuwächse des Bruttoinlandsprodukts dieser Länder. Diese lagen jahrelang zwangsläufig um ein Vielfaches über denen Westeuropas. Seither mehrten sich die Anzeichen der wirtschaftlichen Instabilität und – erheblich durch die globale Krise verschärft – ist seit 2008 das Ende des Wirtschaftsbooms im sogenannten Baltikum für jedermann sichtbar. Hier muss an die

---

13  E. Römpczyk/Atis Lejins: The Baltic Sea Regional Dimernsion and EU-Russia Relations. Interests-Perceptions-Perspectives, Riga, April 2008 (zugänglich auf www.FES-baltic.lv).
14  Die Planungsdaten der Regierungen werden i.d.R. aus den IWF-Vorgaben übernommen.

Eingangsbemerkung erinnert werden: Der Einstieg in die baltische Krise ist im Fehlen einer nationalen Wirtschaftspolitik dieser Transformations-Staaten zu suchen. Nach der Unabhängigkeit 1991 stand die Privatisierung von Volksvermögen, von Staats- und Kommunaleigentum im Mittelpunkt, begleitet von überdimensionierten Finanzzuflüssen der diversen Förderungsprogramme der EU, für die keine nachhaltigen Strukturen in Staat und Gesellschaft vorhanden waren. Selbst Estland, und besonders Lettland haben die Boom-Zeit verstreichen lassen, ohne die Strukturanpassungen einzuleiten, die den Transformationsprozess erst nachhaltig gemacht hätten: Stabilisierung des sozialen Netzes, Entwicklung einer Verarbeitungsindustrie, Modernisierung von Bildung, Ausbildung und Forschung. Diese Einschätzung verleugnet keineswegs den enormen gesellschaftlichen Aderlass, den die baltischen Länder durch die sowjetischen »Säuberungen« und die Vernichtungsaktionen des Dritten Reiches erleiden mussten. Allein Lettland verlor zwischen 1914 und 1920 etwa 25 % seiner Bevölkerung durch Krieg und dessen Folgen und weitere 30 % zwischen 1940 und 1955/56 – wiederum durch Krieg, Terror, Deportationen, Flucht, einschließlich der Partisanenkämpfe gegen die Rote Armee. Diese Menschenverluste haben Lettland und seine Nachbarn zu »geköpften Nationen« gemacht.[15] Und genau das ist eine der maßgeblichen Belastungen für die politische Kultur des sogenannten Baltikum, gegen die seine Gesellschaften heute anzukämpfen haben.

Nur dürfen diese Härten der baltischen Geschichte des vergangenen Jahrhunderts nicht für die Verweigerung dringender Reformen zugunsten mehr Demokratie, staatlicher Regulierungsverantwortung und sozialer Sicherungspolitik sowie der Dialogbereitschaft zwischen Staat und Zivilgesellschaft herhalten. Damit beschäftigt sich der weitere Teil des Buches.

15   Prof. Detlef Henning benutzt diesen Ausdruck in seinem Festvortrag in der Landesvertretung Bremen in Berlin am 18. November 2008, anlässlich des 90. Jahrestages der Proklamation der Republik Lettland: »Vom Cordon Sanitaire zur Europäischen Union – Lettlands europäischer Weg im 20. Jahrhundert».

# INNENSICHTEN

# DEMOKRATIE IM WERDEN

Es gibt den Dreischritt für den Entwicklungsprozess der Transformationsländer. Danach starteten diese Länder – also auch die baltischen – mit der
*Liberalisierungsphase*, die als *Demokratisierungsphase* weitergeführt wird und
dann in einer *Konsolidierungsphase* zur Stabilisierung des neuen politischen
Systems beitragen sollte. Liberalisierung hieß in der Praxis ab 1991: Privatisierung von Gesellschaftsvermögen in wenigen Händen oder wenigen Familien.
Demokratie-Entwicklung in den baltischen Ländern ist ein bis heute nicht
abgeschlossener Prozess, wenn das Ziel lautet, die Instrumente westlicher
Demokratie zuzulassen, auszubauen und im gesellschaftlichen Alltag anzuwenden. Konsolidierung von (sozialer) Marktwirtschaft und mitbestimmter
Demokratie bleibt daher das Zukunftsprojekt der nächsten Generation – im
günstigen Fall.

Bei einem minimalistischen Ansatz lässt sich Demokratie in einem Land
dann als konsolidiert ansehen, »wenn die meisten Konflikte mit Hilfe demokratischer Institutionen ausgetragen werden, wenn niemand die Resultate
des demokratischen Prozesses nachträglich manipulieren kann, die Resultate nicht von vornherein feststehen, sie innerhalb bestimmter vorhersehbarer
Grenzen Gewicht haben und die relevanten politischen Kräfte sich danach
richten«.[16]

Eine Mehrheit unter den politischen Analytikern vertritt die Auffassung,
dass die Voraussetzungen für diese Demokratie-Kriterien in den baltischen
Staaten gegeben seien, weil die Transformationsphase mit dem EU-Beitritt
für beendet erklärt wurde und nunmehr »lediglich« die Konsolidierung des

---

16 Przeworski 1990, 190. PRZEWORSKI, Adam (1990): Spiel mit Einsatz – Demokratisierungsprozesse
   in Lateinamerika, Osteuropa und anderswo. Transit, Heft 1, 190-124. FREEDOM HOUSE (2004):
   Nations in Transit 2004, Country Reports, Estonia. Unter: www.freedomhouse.org/research/nitran-
   sit/2004/index.htm, 11.08.2005.
   FREEDOM HOUSE (2004a): Nations in Transit 2004, Country Reports, Lithuania.

demokratischen Prozesses zu erfolgen habe.[17] Dieser Sichtweise kann hier keineswegs gefolgt werden. Denn wovon ist die Rede, wenn in der baltischen Region von Demokratie die Rede ist?

Ausgangspunkt ist der EU-Erweiterungsprozess bis 2004 und die Ausrichtung der zuvor sowjetisch geprägten Länder auf die Bedingungen der nordatlantischen Demokratien. Der besondere Blick richtet sich dabei auf die Konditionen der EU für neue Beitrittsländer und die systemischen Auswirkungen auf diese neuen EU-Mitglieder. Es geht daher um die Instrumente der EU und ihr Regelwerk wie auch um die Reaktion darauf bei den Regierungen und anderen Akteuren in den Transformationsländern selbst. Festzustellen ist, dass die Aufnahmebedingungen zur Konsolidierung neuer demokratischer Verhältnisse beigetragen haben – allerdings vor allem auf der institutionellen und formal-demokratischen Ebene, mit zu wenig gesellschaftlichem Tiefgang. Als beinahe kontraproduktiv muss vor allem der *top-down*-Ansatz der EU und der hohe Stellenwert von rein bürokratischer Erfüllung der Auflagen bei Projektentwicklungen und -durchführungen angesehen werden; also der sehr geringe Grad an Mitbestimmung der Transformationsgesellschaft, in der alte sowjetische Strukturen und vor allem ehemalige Funktionsträger weiterhin dominant blieben. Die Verhältnisse waren nie vergleichbar denen in Kroatien unter Tudschman oder in Serbien unter Milosevic oder unter den rumänischen Mafia-Banden, aber sie blieben auch im sogenannten Baltikum extrem widersprüchlich. In den 90er Jahren schwebte über den baltischen Ländern die große Angst vor einer militärischen Intervention Russlands (die man sich ähnlich wie den russischen Einmarsch 2008 in Georgien ausmalte). Daher erhielt die militärische Sicherheitspolitik oberste Priorität. Sicherheit schien nur durch eine volle NATO-Mitgliedschaft garantiert. 2004 erfolgten dann entsprechend zuerst der NATO-Beitritt und danach der EU-Beitritt.

Die neuen Beitrittskandidaten mussten zunächst die Brüsseler Auflagen erfüllen, die 1993 in Kopenhagen formuliert worden waren, wonach der Kandidat »stabile Einrichtungen geschaffen haben muss, die die Demokratie sicherstellen, ein funktionierendes Rechtssystem, die Praktizierung der Menschenrechte und den Schutz von Minderheiten«. Zumindest musste der Weg in diese Richtung erkennbar beschritten sein, auch wenn noch nicht alles funktionierte.

---

17 So lauteten die Berichte und der Tenor z.B. bei der Landeszentrale für Politische Bildung Baden-Württemberg, Heft 2/3, 2004 (»Die baltischen Staaten«).

Anders formuliert: die Transformationsländer hatten das doppelte Paket zu schnüren, sich auf die Gemeinschaft der EU-15 und deren wirtschaftspolitische Spielregeln auszurichten (»funktionierende Marktwirtschaft«) und gleichzeitig nach innen Nationbuilding zu betreiben.

Gehen wir konkret der Frage nach: Wie hat der EU-Beitritt die Demokratieentwicklung in den baltischen Transformationsländern unterstützt? Wie hilfreich waren die Konditionalitäten der EU während des Erweiterungs-Prozesses?

## BALTISCHE DEMOKRATIE UND BALTISCHE TRANSFORMATION

Die formelle Einführung neuer demokratischer Prozeduren musste in den baltischen Ländern einhergehen mit der »Implantierung« der westeuropäischen demokratischen Werte und ihrer Anwendung auf den unterschiedlichen Ebenen von Staat und Gesellschaft. In den baltischen Ländern sollte ein radikaler Paradigmen-Wechsel in kürzester Zeit durchgesetzt werden: weg von autoritativen Verhaltensweisen und Entscheidungswegen, hin zu Partizipation und Transparenz. Das musste in mindestens vier Feldern geschehen. Ein Prozess mit Widersprüchen und Widerständen:

**(1) Einübung demokratischer Verfahren**
Die Durchführung von Wahlen, Aufstellung von Entwicklungsplänen, Struktur des Staatshaushaltes etc. ließen sich in den baltischen Ländern nach ihrer Unabhängigkeit problemlos auf der Regierungsebene festlegen – aber ohne demokratische Rückkopplungen zwischen Zivilgesellschaft und Staat, u.a. weil es bis heute ein sehr anderes Verständnis von politischen Parteien, von Gewerkschaften, von Verbänden und weiteren sozialen Akteuren gibt als in Westeuropa. Der neue Staatsapparat wurde sehr schnell aus Seilschaften aufgebaut. Die organisierte Zivilgesellschaft hatte keinen Vorläufer und blieb marginalisiert oder wurde von der (neuen/alten) politischen Elite gar bekämpft.[18]

**(2) Parteien als Transmissionsriemen politischer Interessen**
Die Einführung westlicher Demokratie nach Russlands Anerkennung der baltischen Unabhängigkeiten am 21.8.1991 ist die unendliche Geschichte ständiger

---

18  Die immer wieder beschworene Menschenkette über 600 km zwischen Vilnius und Tallinn, an der wahrscheinlich 1 Mio. Erwachsene und Kinder teilnahmen, ist die große Einmaligkeit einer gemeinsamen baltischen Handlung der Gesellschaften gegen den (russischen) Staat geblieben. Im August 2009 hat sich dieser symbolische Akt »Baltischer Weg« zum zwanzigsten Mal gejährt.

Regierungswechsel.[19] Seit März 2009 gibt es in Lettland die 15. Regierung seit der Unabhängigkeit. In Estland und Litauen verhält es sich ähnlich.

| Regierungen Lettlands seit der Unabhängigkeit (Mai 1990) bis heute | |
|---|---|
| MP: Valdis Dombrovskis | 12. März 2009 - |
| MP: Ivars Godmanis | 20. Dez 2007 – März 2009 |
| MP: Aigars Kalvītis | 7. Nov 2006 – 20. Dez 2007 |
| MP: Aigars Kalvītis | 2. Dez 2004 – 7. Nov 2006 |
| MP: Indulis Emsis | 9. März 2004 – 2. Dez 2004 |
| MP: Einars Repše | 7. Nov 2002 – 9. März 2004 |
| MP: Andris Bērziņš | 5. Mai 2000 – 7. Nov 2002 |
| MP: Andris Šķēle | 16. Juli 1999 – 5. Mai 2000 |
| MP: Vilis Krištopāns | 26. Nov 1998 – 16. Juli 1999 |
| MP: Guntars Krasts | 7. Aug 1997 – 26. Nov 1998 |
| MP: Andris Šķēle | 13. Feb 1997 – 7. Aug 1997 |
| MP: Andris Šķēle | 21. Dez 1995 – 13. Feb 1997 |
| MP: Māris Gailis | 15. Sep 1994 – 21. Dez 1995 |
| MP: Valdis Birkavs | 3. Aug 1993 – 15. Sep 1994 |
| Vorsitzender Ministerrat: Ivars Godmanis | 7. Mai 1990 – 3. Aug 1993 |

Jede neue Regierung rekrutierte sich aus derselben kleinen politischen Elite und legitimierte sich durch ihre *Caudillo-Parteien*. Diese Parteien haben einen »Besitzer«, der sie rechtzeitig vor einer Wahl registriert oder umbenennt, die wenigen hundert notwendigen Unterschriften organisiert, die Spaltung anderer Parteien finanziell beschleunigt ebenso wie eine gewünschte Fusion mit freigewordenen »Dissidenten«. Zum Instrumentarium gehört genauso der finanziell geförderte häufige Wechsel von Abgeordneten zwischen den Fraktionen mit folglichen Veränderungen der Mehrheitsverhältnisse im Parlament. Gelegentlich kursierten »Tarife« für einen solchen Fraktionswechsel. In Lettland hatte sich eine überwiegend konservative, national plutokratische Elite festgesetzt, deren führende Köpfe während der Liberalisierungsphase auf wenig transparente Weise zur neuen Unternehmer-Elite mutierten.

19  Aus lettischer Sicht ist zunächst der 4.Mai 1990 der wichtige Tag der lettischen Unabhängigkeitserklärung. Vor allem auf diesen Tag sind die Letten besonders stolz, gerade weil zwischen diesem Tag einschließlich der darauf folgenden, von sowjetfreundlicher Seite angezettelten Unruhen (Stichwort »schwarze Barette«, »Putsch in Moskau«) und der tatsächlichen internationalen Anerkennung der lettischen Unabhängigkeit im August 1991 noch einiges erkämpft werden musste.

## (3) Checks and balances oder Regierung ohne Opposition

Für die Fortschrittskontrolle in der Phase der Demokratie-Konsolidierung ist es erforderlich, die Demokratie-Indikatoren länderbezogen zu formulieren und sie länderbezogen mit der Wirklichkeit abzugleichen. Ein wichtiger Indikator für den demokratischen Tiefgang der Transformation ist die Herausbildung von ernstzunehmenden *Oppositionsparteien* in den neuen Parlamenten und die systematische Beteiligung von Organisationen der *Zivilgesellschaft* an politisch, auch ökonomisch relevanten Entscheidungsprozessen. In den baltischen Ländern gehören zu den wichtigsten politischen Feldern, in denen man über Alternativen diskutieren können muss, die Wohnungs-, die Energie-, die Gesundheits-, die Bildungs-, die Verkehrspolitik. Genau hier aber liegen die *bad points*. Besonders schwach entwickelt ist das demokratische Verständnis von oppositioneller Teilhabe bei der Debatte an diesen Schwerpunktthemen, sei es in Form alternativer Zielsetzungen für den Staatshaushalt oder durch zielführende Anhörungen der Zivilgesellschaft. Politische Opposition, aber vor allem die Aufdeckung von starken privaten Interessenverflechtungen im Regierungslager, wird schnell in die Nähe von Staatsfeindschaft gerückt, diffamiert oder gar physisch verfolgt. Diese Schwächen des politischen Systems sind bis heute besonders in Lettland sehr sichtbar geblieben und erinnern gelegentlich an Moskauer Verhältnisse.

Gleichzeitig werden die prinzipiell möglichen Plattformen für oppositionelle Kräfte immer kleiner. Das dafür wichtigste Indiz war 2009 der wirtschaftliche Zusammenbruch der führenden lettischen Tageszeitung *Diena*, die wegen des weggebrochenen Anzeigenteils an die in London ansässige Firma *Blackfish Capital* verkauft wurde. Wer genau hinter Blackfish steht, blieb dabei unklar.

## (4) Wertewandel

Westeuropäische Demokratie lebt durch ihre politische Kultur, durch transparente Entscheidungsfindungen und durch die Ahndung von Verstößen gegen dieselben – auch wenn solche Verstöße zu häufig vorkommen. Der langjährige Transformationsprozess mit dem Ziel, die baltischen Länder unter den Bedingungen der EU-15 in Westeuropa zu integrieren, weist einen enormen Schwachpunkt auf, dessen Folgen weitere zehn oder gar zwanzig Jahre zu spüren sein werden: Die Beitrittsverhandlungen wurden begleitet von einem für Gesellschaft und Staat gewaltigen Kapitalzufluss, für den es im sogenannten Baltikum keine ausreichende Absorbtionskapazität gab. Dadurch wurde während der Erweiterungsphase durch die Hilfsgelder und Hilfsprogramme der EU eindeutig die ohnehin vorhandene Korruption russischer Provenienz in den neuen Mitgliedsländern außerordentlich gefördert und demokratische Transparenz nachhaltig behindert. Die Programmkomponenten der EU-Erweiterung dienten der Erweiterung des westeuropäischen Kapitalmarktes (Euro-Zone[20]). Der EU-Erweiterungsprozess unterstützte aber auch maßgeblich die Erweiterungsinteressen der NATO. Er fragte dagegen viel zu wenig nach den Standorten der Menschen, von denen sie abgeholt werden wollten (oder nicht), um eines Tages in einem neuen Europa anzukommen. Ein behutsamer Wertewandel nach menschlichem Maß fand nicht statt. Das geringe und teilweise noch sinkende Interesse an »Europa« bei der Bevölkerungsmehrheit dieser Region ist zumindest *ein* wichtiger Indikator für die bisher misslungene Heranführung an eine neue europäische Wertegemeinschaft. Die baltischen Transformationsländer fallen weiterhin auseinander in Pro-Europäer (politische und wirtschaftliche Eliten der Region) und Europa-Skeptiker (deutliche Mehrheit der Gesellschaft). Wie sich in den letzten Jahren gezeigt hat, stehen die baltischen Länder nicht allein in diesem politischen Spagat. Die ablehnenden Diskussionen zum EU- oder Euro-Beitritt oder zum europäischen Verfassungsvertrag in Norwegen, Dänemark, Frankreich, Island oder der Tschechischen Republik sind noch in guter Erinnerung. Ein ähnlicher Spagat gilt im Übrigen in der NATO-Frage. Die Spaltung der baltischen Gesellschaften wurde zuletzt anhand der Diskussionen zum Georgien-Krieg 2008 deutlich (vgl. dazu den Abschnitt »*Georgien-Krieg als imperiale Machtsicherung*«, S. 227).

Schwierig ist der Weg zu den neuen demokratischen Verhältnissen, wie sie die Aufnahmebedingungen in die EU theoretisch vorsehen, vor allem durch demokratische Stolpersteine, denen bei der EU-Kommission entschieden zu wenig Beachtung geschenkt wird:

---

20  Estland hatte vor dem Auftreten der Großen Krise noch vorgeschlagen, dass alle drei baltischen Staaten gemeinsam 2011 oder 2012 der Euro-Zone beitreten sollten – was eine entsprechend abgestimmte Wirtschafts- und Finanzpolitik der drei Regierungen voraussetzt. Mitte 2009 beobachten sich die baltischen Nachbarn, etwa in der Steuerpolitik, um auf die Maßnahmen der Nachbarregierung so zu reagieren, dass für sie selber Stabilisierungseffekte entstehen. Besonders Estland tut alles, um so schnell wie möglich der Euro-Zone beitreten zu können.

## STOLPERSTEIN »POLITISCHE KULTUR«

Als »politische Kultur« soll hier der politische Raum verstanden werden, in dem sich das gesellschaftliche Individuum zum aktuellen politischen System aktiv verhalten kann. Dabei schließt dieses Verhältnis auch den Widerstand gegen die aktuellen politischen »Spielregeln« des politischen Systems ein, also z.b. Kritik an oder Ablehnung der Verfassung oder der Rechtsprechung (z.b. in Zusammenhang mit ethnischer Diskriminierung oder sozial ungerechten Steuergesetzen oder vernachlässigtem Umweltschutz). Größere Teile der Bevölkerung müssen nicht automatisch dieselben Beziehungen zum politischen System besitzen wie die politischen Funktionäre.

Politische Kultur ist damit nicht etwas ehern Beständiges, sondern historischem Wandel unterworfen. Die dominierende politische Kultur in den baltischen Ländern hat notwendigerweise zunächst mit der eigenen politischen und sozialen Geschichte dieser Region zu tun, die über viele Jahrhunderte von deutscher, schwedischer, polnischer, russischer Kolonialherrschaft geprägt ist; sodann insbesondere mit der sowjetischen Phase (Juni 1940 – August 1991), die noch intensiv nachwirkt, und schließlich mit den aktuellen Transformationsansprüchen der Westeuropäer.

Erst nach den blutigen Freiheitskämpfen 1919 werden die drei protestantischen lettisch-sprachigen Regionen Vidzeme, Zemgale und Kurzeme und das katholische Latgalien zum Staat Lettland vereinigt und Lettland ab 1940 (mit der kurzen Unterbrechung während des deutschen Nationalsozialismus) bis 1991 zu einer sozialistischen Republik der Sowjetunion geformt. Dabei ist für die heutige politische Kultur und den gesamten Transformationsprozess wichtig, dass während der sowjetischen Okkupation hunderttausende von Russen nach Lettland umgesiedelt wurden und hunderttausende von Letten nach Sibirien deportiert wurden oder sich ins Exil flüchten konnten. Erst Gorbatschows Perestroika (1987) ermöglichte in Lettland die Gründung der beiden Unabhängigkeitsbewegungen: die *Lettische Volksfront* und die radikalere *Lettische Bewegung der Nationalen Unabhängigkeit*. Die Volksfront war charakterisiert durch gorbatschownahe Reform-Kommunisten und gewann die 1989er Wahlen zum SU-Volkskongress und auch die Wahlen zum Lettischen Obersten Sowjet 1990. Die Nationale Unabhängigkeitsbewegung hatte diese Wahlen boykottiert. Im Mai 1990 stimmte das lettische Parlament mehrheitlich für die Wiederherstellung der nationalen Unabhängigkeit Lettlands. Perestroika und Glasnost erlaubten dann tatsächlich bis 1991 ein paralleles russisch-lettisches Staatsmanagement und am 21. August 1991 wurde die Unabhängigkeit der Lettischen Republik auch international anerkannt. 1993 richtete die lettische Regierung ihre eigenen staatlichen Institutionen ein, erklärte die lettische Verfassung von 1922 für weiterhin gültig und ergänzte sie lediglich um die Garantie der Menschenrechte und die allgemeinen Bürgerrechte. Zehn Jahre später (2004) wurde die lettische Sprache als die verbindliche Staatssprache festgelegt und hat sich in den staatlichen Institutionen seither weitgehend durchgesetzt. Als Alltagssprache ist das Russische in den östlichen Regionen Estlands und Lettlands, in der Hauptstadt Riga und als Lingua franca zwischen den drei baltischen Bevölkerungen allerdings sehr präsent und wird sich schon aus demographischen Gründen langfristig weiter festigen.

Zur Einschätzung der aktuellen Transformationsphase liegen externe Bewertungen vor, wie etwa der Bertelsmann Transformations-Index (BTI) von 2008. Dort heißt es zu Lettland u.a.:[21]

---

There are no constraints on free and fair elections. ...
**Free and fair elections**

Elected rulers have the effective power to govern. There are no formal veto powers, but the interests of individual power groups have become rooted in political parties, thanks in large part to Latvian society's political passivity. Political parties are in effect lobbying organizations that can easily realize their interests. The freedom of association and a ssembly is unrestricted within the basic democratic order.
**Effective power to govern**

---

21  BTI 2008: Latvia Country Report, Gütersloh 2007; www.bertelsmann-transformation-index. de/37.0.html.

Dann wird schlussfolgernd festgestellt: *Es gibt keine Einschränkungen bei den politischen Grundfunktionen der Gewaltenteilung, insbesondere der checks and balances. Das Verfassungsgericht überwacht wirkungsvoll die Verfassungsmäßigkeit der Gesetze, der Regierung, der Verwaltung. Das Parlament ist ausreichend unabhängig von der Exekutive.* Wer das allerdings mit Landeskenntnis liest, fragt verblüfft, ob im Bertelsmann Transformations-Index möglicherweise ein ganz anderes Lettland bewertet wurde. Denn: Im Lande selber besteht ein sehr klares Bewusstsein bei den Bürgern, dass die Wahlen *nicht* fair ablaufen, sondern durch Korruption und Manipulationen stark belastet sind. Die den einzelnen Machtzentren nahe stehenden Medien berichten entsprechend über die Vergehen der jeweils anderen Seite. Aber durchgehend beschuldigt selbst die staatliche Antikorruptionsbehörde die Regierungsparteien wegen erheblicher finanzieller Manipulationen und Machenschaften bei der Wahlkampffinanzierung.[22] Wegen Bestechlichkeit und Käuflichkeit von Kandidaten und von Wählerstimmen gab es bisher nach jeder Wahl genügend viele Fälle, um dieser Wertung im BTI-2008 zu widersprechen. Deutsche Unternehmer verweisen neben der allseitigen Korruption zudem auf die intransparente und hartleibige Bürokratie als wichtigste Hemmschwelle für stärkeres wirtschaftliches Engagement in Lettland.

Es ist daher längst gängige Interpretation geworden, dass die hohen bürokratischen Hemmschwellen auch aufgebaut sind, um die zuständigen Beamten durch »Freundlichkeiten« um die beschleunigte Behandlung der anstehenden Angelegenheiten ersuchen zu können. Die *Bakschisch-Mentalität* findet sich auf allen Ebenen der öffentlichen Verwaltung, in den Krankenhäusern, selbst beim Lehrkörper der Schulen und Universitäten und belastet erheblich die unteren Sozialschichten – nicht als Auswirkung der aktuellen Großen Krise, sondern als Teil der politischen Kultur.

Neben dem BTI-2008 versucht auch der Demokratie-Index der *Economist Intelligence Unit* eine politische Einstufung der baltischen Staaten vorzunehmen. Wenn der BTI-2008 im vorhergehenden Abschnitt die Verhältnisse in Lettland zu optimistisch abgebildet und interpretiert hat, so verzerrt der De-

---

22  »The Corruption Prevention Bureau instructed five political parties to pay into the national budget a total of LVL 1.055 million that they overspent for their election campaigns in 2006. The People's Party is to pay LVL 1.027 million into the national budget. The amount includes spending on campaigns that were organized by several legal entities to promote popularity of the party, and donations that exceeded the official limit of LVL 10,000. People's Party Chairman Aigars Kalvitis told reporters that the party disagrees with the fine and has already filed an appeal. The Greens/Farmers Union must pay LVL 11,626, while the left-wing Homeland Party – LVL 9,810«. (LETA, Riga 25.4.2008)

mokratie-Index die Verhältnisse in Estland in die andere Richtung. Im Verhältnis zum Bezugsland Schweden (10 Punkte) räumt der Demokratie-Index Estland bei der *politischen Mitbestimmung* gerade einmal 5 Punkte ein und den Nachbarländern Lettland 6.11 sowie Litauen sogar 6.67. Estland ist damit eindeutig demokratisch unterbewertet.

### Demokratie -Index Baltikum im Vergleich[23]

| Land | Rang | Gesamt Punkte | Wahlverfahren & Pluralismus | Regierungsleistung | Politische Mitbestimmung | Politische Kultur | Bürgerliche Freiheiten |
|---|---|---|---|---|---|---|---|
| | | | | Kategorien | | | |
| Schweden | 1 | 9.88 | 10.00 | 10.00 | 10.00 | 9.38 | 10.00 |
| Island | 2 | 9.71 | 10.00 | 9.64 | 8.89 | 10.00 | 10.00 |
| Niederlande | 3 | 9.66 | 9.58 | 9.29 | 9.44 | 10.00 | 10.00 |
| Estland | 33 | 7.74 | 9.58 | 7.50 | 5.00 | 7.50 | 9.12 |
| Litauen | 39 | 7.43 | 9.58 | 6.43 | 6.67 | 5.63 | 8.82 |
| Lettland | 43 | 7.37 | 9.58 | 6.43 | 6.11 | 5.63 | 9.12 |

Insgesamt kann man eher dem Demokratie-Index des Economist folgen. Aus der Innensicht der drei baltischen Länder lässt sich sogar festhalten, dass Estland als zuvor führender neoliberaler »Tiger« unter den drei Staaten weiterhin der Staat mit der größeren politischen Innovationskraft ist.

Die Unterschiede zwischen Bertelsmann-Index und dem Economist-Index legen allerdings nahe, den Transformationsprozess der Balten empirisch und aus seiner inneren Logik heraus anzugehen, um die bestehenden Diskrepanzen zu Westeuropa zu erkennen und gemeinsam zu überwinden. Dieses differenziertere Verständnis ist dringend erforderlich, um die EU-Kommission zur Änderung ihrer bisherigen Integrationspolitik anzuhalten, die in erster Linie unter der Überschrift *Finanzhilfen* behandelt wird. Ohne eine Änderung der Integrationspolitik von Seiten der EU-Kommission erhöhen die bisher unzureichenden wirtschaftlichen, sozialen und politischen Neuerungen in den baltischen Ländern die Gefahr, dass diese in eine Kategorie abrutschen, die sehr nahe an *failed states* liegt. Die wirtschaftlichen und finanzpolitischen Einbrüche seit der zweiten Jahreshälfte 2008 sind nur die Eisbergspitze eines widersprüchlichen Transformationsprozesses.

23  Auszug aus : The Economist Intelligence Unit's index of democracy : The world in 2007.

Während das viel später in die EU aufgenommene Slowenien deutliche Reformschritte beim politischen System, bei der Reform der Volkswirtschaft und gerade auch hinsichtlich der organisierten Zivilgesellschaft geleistet hatte, *bevor* es in die EU aufgenommen wurde, weisen sich die baltischen Länder bis heute (2009) durch bemerkenswert schwach organisierte Zivilgesellschaften aus. In allen drei Republiken sind Mitbestimmungsprinzipien auf dem Papier zu finden, werden aber öffentlich und nachdrücklich von der politischen Elite und von der teils identischen ökonomischen Elite de facto stark behindert. In Estland erheblich weniger als in Lettland. Am direktesten hatte sich im Februar 2006 der vormalige lettische Ministerpräsident und zu diesem Zeitpunkt schon Vorsitzende des Nationalen Sicherheitsrates geäußert: Indulis Emsis. Er sprach sich offiziell gegen ein Verbot von NGOs aus, setzte sich aber ausdrücklich dafür ein, dass diese sich nicht in die Politik einzumischen hätten. Wer das wolle, müsse eine NGO in eine politische Partei umwandeln.[24]

Zum Entwicklungsstand der politischen Kultur in diesem Zeitraum um 2005 herum – also ein Jahr nach EU-Beitritt – heißt es in einem Bericht der Friedrich Ebert Stiftung:

**Dritter Regierungswechsel in 12 Monaten**
Seit dem 24.11.2004 verfügt Lettland wieder über einen ernannten Ministerpräsidenten, *Aigars Kalvitis*, von der rechtsgerichteten Volkspartei. Es ist die dritte Regierung innerhalb von zwölf Monaten und die zwölfte seit 1991. Sie stützt sich auf die Achse *Volkspartei – Neue Zeit* und die bisherige Regierungspartei *Grüne/Bauernunion* sowie auf die *Vereinigung für Vaterland und Freiheit/Lettische Unabhängigkeitsbewegung (LNNK)* .

Bei all diesen Parteien handelt es sich um konservative, national orientierte politische Gruppierungen. Damit findet keine qualita-

---

24  Emsis als Vorsitzender der lettischen Grünen am 1.2.2006 (LETA, Riga). Derselbe Emsis hatte auch versucht, seine Parteifreundin Ingrida Udre, die in Lettland wegen ihrer Finanzmanipulationen schon mit heftigen Korruptionsvorwürfen durch die Antikorruptionsbehörde KNAB belegt war, als Kommissarin für Steuern und Zollunion nach Brüssel zu entsenden – was allerdings vom Europarlament verhindert wurde.

tive Neuorientierung in der lettischen Innen- oder Außenpolitik statt. Insbesondere ist keine Veränderung bei der maladen Anti-Korruptionspolitik durch den neuen Ministerpräsidenten zu erwarten.

Der neue MP Kalvitis war bisher Fraktionsvorsitzender der Volkspartei und hat als solcher Ende Oktober für den Sturz der Regierung Emsis gesorgt, indem er gegen den Staatshaushalt 2005 votierte, der von seinem eigenen Parteikollegen und Finanzminister Spurdzins vorgelegt worden war.

Signifikant für die **politische Kultur** in den baltischen Staaten, aber besonders in Lettland, ist, dass es nur wenige inhaltliche Punkte in den Regierungsvereinbarungen gibt, die zwischen diesen rechten und konservativen Gruppierungen zu politischem Streit führen könnten. Die potentiellen Konfliktlinien ziehen sich an der Verfügungsmacht über den Regierungsapparat entlang. Die Regierung hatte in den letzten Monaten von 2004 über die letzten Bereiche der Privatisierung (Immobiliensektor), Aufhebung der Mietbindung, Steuerpolitik, Privatisierung von gesellschaftlichen Dienstleistungen, wie Krankenhauswesen, Bildungseinrichtungen uam. zu entscheiden – und wird daran auch in 2005 arbeiten müssen. Und zahlreiche Regierungsmitglieder sind unmittelbare private Nutznießer der anstehenden Entscheidungen.

Aufgrund der inhärenten Konflikte zwischen »starken Männern« der nutznießenden Regierungsmitglieder ist es daher nicht ausgemacht, dass diese Regierung das Ende der Legislaturperiode (Okt. 2006) tatsächlich erreicht.

Aus: Friedrich Ebert Stiftung Riga, *Jahresbericht 2004* vom 15.1.2005

Ende 2007 wird der genannte Aigars Kalvitis als Ministerpräsident abgesetzt, vor allem wegen seiner unhaltbaren Wirtschafts- und Finanzpolitik. Er war zudem Ende 2007 selbst im korrupten Lettland wegen seines extrem begrenzten Verständnisses moderner Demokratie politisch nicht mehr haltbar. Sein Versuch, auf die Antikorruptionsbehörde KNAB mit falschen Beschuldigungen massive einzuwirken, hatte ihm eine deutliche juristische Ohrfeige des Generalstaatsanwaltes eingebracht. Kalvitis musste gehen, blieb aber zunächst bis Mitte Oktober 2008 seiner Volkspartei als Vorsitzender erhalten – und nutzte das im April zu massiven Drohungen gegen den Generalstaatsanwalt: *Sollte dieser nicht den Leiter der Antikorruptionsbehörde unter Anklage stellen, müsse der Generalstaatsanwalt ernsthaft um seinen Stuhl fürchten.*[25]

Solche Beispiele lassen die Versuchung bei der politischen Elite erkennen, Politik ohne Gesellschaft zu betreiben. Dabei machen einige der einflussreichen politischen Köpfe des Landes zumindest gedankliche Anleihen bei der aktuellen politischen Kultur Russlands (vgl. Abschnitt *»Russlands politische Kultur bleibt baltische Bezugsgröße«*, S. 250). Die Elite ist sich dabei allerdings nicht immer einig.

## POLITIK GEGEN DIE GESELLSCHAFT

Ministerpräsident Ivars Godmanis (Dez. 2007 – März 2009) warnte noch als Innenminister seine Regierung im Dezember 2007 vor einer gefährlichen Bande Krimineller, die sich aus Mitgliedern des parlamentarischen und des präsidentiellen Sicherheitsdienstes ebenso rekrutierten wie aus früheren sowjetischen Offizieren und früheren KGB-Agenten. Godmanis schränkte damals vor dem Nationalen Sicherheitsrat allerdings ein, dass die Verwicklung in kriminelle Akte einer Reihe festgenommener Verdächtiger erst noch nachgewiesen werden müsse. Der damals noch im Amt befindliche MP Kalvitis hatte weniger Zweifel und konnte schon Namen (Edgars Gulbis) und einen »eindeutig terroristischen Akt« benennen (Autobombe gegen den Chef der Zollbehörde). Der zu dem Zeitpunkt frisch ernannte Staatspräsident Zatlers sprach derweil noch offen aus, was als strukturel-

---

25  Hintergrund: Am 16. Oktober 2007 hatte Premierminister Kalvitis den Direktor der staatlichen Anti-Korruptions Behörde KNAB suspendiert – ein eindeutiger Gesetzesverstoß, wie Generalstaatsanwalt Janis Maizitis und andere Rechtsexperten in Lettland sofort öffentlich kommentierten. Bei KNAB wurden zu der Zeit mindestens 15 Fälle erheblicher Korruptionsvergehen von Parlamentariern und anderen öffentlichen Persönlichkeiten verfolgt. Die Abberufung des KNAB-Direktors sollte die laufenden Untersuchungen zu einem abrupten Stillstand bringen, bevor sie in die Öffentlichkeit gelangten. Kalvitis (Vorsitzender der Volkspartei), Godmanis, sein Nachfolger als Ministerpräsident und zugleich Vorsitzender der Partei Lettischer Weg, sowie Transport-Minister Šlesers (Vorsitzender der Ersten Partei Lettlands ) wurden von KNAB und vom Obersten Gerichtshof für schuldig befunden, im letzten Parlamentswahlkampf (2006) massiv gegen das Parteienfinanzierungsgesetz verstoßen zu haben.

les Problem im Sicherheitsbereich fortbesteht: Die einzelnen Machtgruppen in Lettland halten sich »ihren« Sicherheitsapparat und verwickeln die Sicherheitsdienste entsprechend den Interessenlagen ihrer Souveräne in Machtkämpfe untereinander.[26]

Die an Präsident Bush und Guantanamo erinnernde Schnelligkeit in der Beschuldigung störender Personen, wie sie MP Kalvitis zu eigen war, wurde allerdings an anderer offizieller Stelle deutlich kritisiert: Ombudsman Romans Apsitis zog im konkreten Fall des genannten Edgars Gulbis eine ganz andere Facette des stabilen Autoritarismus in Lettlands ans Licht der Öffentlichkeit. Er beschuldigte die Polizei in Riga des massiven Verstoßes gegen die Menschenrechte und damit auch gegen lettisches Gesetz. Er bezog sich dabei im Fernsehen auf die offensichtliche schwere Folterung des ehemaligen Geheimdienstagenten Edgars Gulbis, die ihm in den Kellern der lettischen Staatspolizei während seiner 4-wöchigen Inhaftierung beigebracht wurde. Als er dann in einem Polizeifahrzeug in einen anderen Stadtteil Rigas transportiert wurde, fiel er beim Überqueren der vielbefahrenen Brücke über die Daugava in selbige. Ob seine Handschellen noch geschlossen waren oder nicht, wie es überhaupt zu einem solchen Vorfall kommen konnte, ließ sich durch die eingeschaltete Polizei nie klären (!). Jedenfalls hatte er zwei große Chancen, als er aus dem fahrenden Polizeiwagen fiel: Er hätte leicht von einem der vorbeifahrenden Busse, Lkw oder Pkw überrollt werden können; er schaffte es aber quer über die Fahrbahnen und stürzte sich in den Fluss. Dort bestand die zweite Chance im Ertrinken. Er überlebte auch das, wurde gerettet und im Krankenhaus wieder zusammengeflickt.

Die Anschuldigungen aus dem Innenministerium gegen Gulbis lauteten, wie von MP Kalvitis vorgetragen: er sei verantwortlich für eine Autobombe, die gegen den Chef der Anti-Schmuggel-Einheit, Vladimirs Vaskevics, gezündet worden war.

Andere Stimmen im Land sahen eine größere Wahrscheinlichkeit dafür, dass Gulbis als früherer Sonderagent des sowjetischen Geheimdienstes gute Kontakte zum aktuellen Sicherheitsdienst der lettischen Präsidentschaft unterhält und zu viele Kenntnisse über illegale Geldtransaktionen auf Regierungsebene gesammelt hat, die »in falsche Hände« hätten geraten können. Dabei wurde auch an wenig transparente, dafür millionenschwere Grund-

---

26  BNS, Riga, 3.10.2007: Latvian president says cooperation among law enforcement agencies in critical state

stücksgeschäfte erinnert, die die ehemalige Frau des Leiters der Anti-Schmuggel-Einheit in Rigas Nobelgegend *Mezaparks* durchgeführt hatte. Der Agent Gulbis hatte wohl auch darüber Detailkenntnisse und wurde nicht mehr als ausreichend zuverlässig eingestuft.

Die Menschen in Riga ziehen bei solchen Geschichten Parallelen zum Umgang mit unliebsamen Bürgern in Moskau und fühlen sich unwohl. Sie fühlen sich auch deswegen zunehmend unwohler, weil z.b. der Leiter der Anti-Korruptionsbehörde KNAB, Aleksejs Loskutovs, gleich zweimal aus seinem Amt entlassen wurde (Okt. 2007 und Juni 2008).[27] KNAB hatte seit Jahren Unterlagen über Unregelmäßigkeiten im großen Stil bei der Verwendung öffentlicher Gelder (einschliesslich EU-Mittel) gesammelt und inzwischen dem Generalstaatsanwalt zukommen lassen. Rechtzeitig vor der möglichen Eröffnung eines Verfahrens wurden allerdings gegen den KNAB-Leiter selbst Korruptionsvorwürfe von höchster Regierungsstelle vorgebracht, um unter allen Umständen die am stärksten betroffene Regierungspartei – Volkspartei – aus der politischen Schusslinie zu nehmen.[28] Denn am 6. Juni 2009 mussten die wichtigen Kommunalwahlen zeitgleich mit den Europawahlen abgehalten werden und die Rating-Daten wenige Monate vor diesen Wahlen ließen die Volkspartei nicht einmal mehr ins Parlament einziehen.[29] Die späteren Wahlergebnisse endeten für die Volkspartei dann auch in genau diesem Desaster. Sie blieb deutlich unter der Fünf-Prozent-Marke. Dazu mehr im kommenden Abschnitt **»Stolperstein Korruption«** (S. 76).

27  Im September wurde dann der vormalige Vorsitzende des Obersten Gerichtshofes – Andris Gulans – als neuer Leiter von KNAB vom Ministerpräsidenten vorgeschlagen. Wobei er allein, der MP, die Ernennung vornimmt.

28  Aleksejs Loskutovs erklärte in der TV-Talkshow »Kas notiek Latvija?« (Was ist los in Lettland), 25.9.2007: »… The bureau [KNAB] has conducted and is still conducting a great many investigations, and these affect numerous people. What's more, the bureau also monitors political party financing, and it has punished parties in the governing coalition on more than one occasion. This is an issue which, perhaps, must be considered in relation to what is happening on the large stage of politics and behind the scenes. Perhaps there are serious changes brewing in the state or the government, and the moment of confusion is being used to make the bureau as harmless as possible.«

29  Die Beliebtheit der führenden Regierungspartei Volkspartei fiel im Oktober auf ein Rekord-Tief von 2,9 % – also deutlich unter die für Lettland geltende 5 %-Klausel.

## HERRSCHAFTS-ELITE UND
## TRANSFORMATIONS-OLIGARCHEN

Der Skandal war filmreif: Ein bestechlicher Arzt wird auf den Präsidenten-stuhl bugsiert, damit eine korrupte kleine Elite das Land weiter ausbeuten und sich demnächst »nach Südamerika« absetzen kann. Vielleicht stimmt an dem Bild das Abtauchen nach Südamerika nicht. Der Rest spielt nicht in einer Ba-nanenrepublik, sondern in einem EU-Staat, der zudem noch an der sensiblen Nordost-Grenze zu Russland liegt.

Als Kandidaten für die turnusmäßige Nachfolge der ersten Präsidenten-Frau im sogenannten Baltikum präsentierte die dominierende konservative Regierungspartei Volkspartei Anfang 2007 den Arzt Valdis Zatlers. Dr. Zat-lers hatte bis dahin keinerlei politische Schlagzeilen gemacht, wohl aber für negatives Aufsehen gesorgt, da er als leitender Arzt einer großen staatlichen Rigaer Klinik die Behandlung der Patienten unter anderem von »freiwilligen« Geldzahlungen abhängig machte. Dr. Zatlers gestand in Medien-Interviews nach seiner Wahl diese illegalen Praktiken ein, ohne jedoch Schuldbewusst-sein erkennen zu lassen. Gegen den Kandidaten konnte der formaljuristische Vorwurf der Steuerhinterziehung wegen nicht deklarierter Einnahmen nicht verhindert werden. Aber unmittelbar vor Amtsübernahme als neuer Staats-präsident wurde aus der Steuerhinterziehung eine Nachlässigkeit, die Dr. Zat-lers per Gerichtsbeschluss durch Zahlung von 250 Lats (375 Euro) ausräu-men konnte. Damit war der Kandidat für das höchste Staatsamt wieder ein »Saubermann«. Und als neuer Präsident wollte er allen ärztlichen Kollegen durch Gesetzesänderung helfen, dass die ihnen übergebenen »Geschenke« in Zukunft nicht mehr anstößig sind.[30]

**Interview mit Dr. Valdis Zatlers, Staatspräsident Lettlands**[31]

<u>Diena</u>: Herr Zatlers, Sie haben erklärt, unrechtmäßige Zahlungen für Ihre medizinischen Dienstleistungen von den Patienten akzep-

---

30  Ausführliches Interview mit dem Chefredakteur der größten Tageszeitung Lettlands, Diena.
31  Interview in der größten lettischen Tageszeitung Diena, vom 25.5.2007; durchgeführt u.a. vom Chef-redakteur Sarmite Elerte.

tiert zu haben. Können Sie uns sagen, wann und von wem?

Zatlers: Ich habe nie versucht, mich an meine Patienten zu erinnern und in welcher Form sie ihr *Dankeschön* ausgedrückt haben.

Diena: Haben Sie dieses Jahr (2007) Geld genommen?

Zatlers: Ich habe dieses Jahr Danksagungen in allen möglichen Formen erhalten.

*Diena:* Wie groß sind diese Danksagungen gewesen – 150 Euro, 200, 500?

Zatlers: Für mich gab es keinen Grund, diese Dinge aufzuzeichnen. Ich verstehe, dass Sie zurzeit nichts Besseres zu recherchieren haben [Zatlers war zur Zeit des Interviews noch Kandidat für die Präsidentschafts-Ernennung].

*Diena:* Das Geld, das Sie erhalten haben, ist Einkommen. Sie haben eine offizielle Steuererklärung abgegeben. Sind die Danksagungen darin aufgenommen?

Zatlers: Es ist schwierig, die Danksagungen genau zu erfassen

*Diena:* Zahlen Sie Steuern für die Danksagungen oder nicht?

Zatlers: Sie müssen verstehen, dass es weit höhere moralische und ethische Fragen gibt.

*Diena:* Sind Sie wirklich überzeugt, dass jemand, der in der offiziellen Steuererklärung lügt, jemand der nicht seine Steuern zahlt, dass der Präsident Lettlands sein kann?

Zatlers: … Die Präsidentschaft ist mein Ziel, um eine dynamische Gesellschaft zu formen, die Art demokratischer Gesellschaft, wie sie die Verfassung definiert. … Ich denke auch, dass wir in mancherlei Form unser Vokabular abändern müssen. Wir sollten vielleicht nicht von »Integration« sprechen, sondern von »Konsolidierung«. Wir sollten vielleicht nicht von »Theater« sprechen, sondern von »demokratischem Prozess« …

*Diena:* Wie kann es sein, dass Sie nichts über Oligarchen wissen, obwohl Sie doch in Lettland leben und beobachten, was passiert. Ist Aivars Lembergs ein Oligarch?

Zatlers : So nennen Sie ihn.

*Diena:* Ist Andris Šķēle ein Oligarch?

Zatlers: So nennen Sie ihn … Heute Morgen wurde ich vom russischen Fernsehen interviewt. Die haben solche Probleme nicht.

Unsere zweitgrößte ethnische Gruppe hat keine Probleme mit der Frage, wer ist ihr Oligarch.

Lettlands Bevölkerung erinnerte sich nach diesem Interview an ein früheres, das Transparency International mit Dr. Zatlers zum selben Thema geführt hatte, und fragte sich zwangsläufig: Auf wie viel Ethik darf ein lettischer Präsident eigentlich verzichten? Denn schon 2001 erklärte Dr. Zatlers sehr eindeutig, dass das »Briefumschlag-System« ihm perfekt entgegenkomme, denn es verschaffe ihm einige tausend Lats pro Monat extra. Darüber hinaus zeigte Dr. Zatlers keinerlei Interesse an der Legalisierung dieser Einnahmen, da sie dann ja versteuert werden müssten (!).[32] Obwohl es ein paar verhaltene Kommentare von einigen Journalisten und einigen politischen Analysten zu Zatlers politischer Ethik gab, hatte der Staatspräsident auch nach den ersten 1 ½ Jahren im Amt sein Verhältnis zu öffentlichen Geldern nicht geändert. Mitten in der Finanz- und Wirtschaftskrise sickerten im Januar und Februar 2009 erste Daten durch, das Präsident Zatlers hunderttausende von Lats an teilweise nicht einmal registrierte Unternehmen für diverseste Dienstleistungen (Filmproduzenten, Event-Organizer, Büro-Ausstatter) hatte auszahlen lassen. Besonders seine zahlreichen Auslandsreisen hatten außerordentlich zu Buch geschlagen.[33] Ebenso wenig hatte sich in der Zeit allerdings auch die medizinische Alltagspraxis geändert: Der normale Patient, der nichts als seine Gesundheits-Pflichtversicherung vorzuweisen hat, muss erstens mit wochenlangen oder gar monatelangen Wartezeiten rechnen, bis er überhaupt einen Arzttermin erhält; dann hängt die Gründlichkeit der Untersuchung allzu häufig vom Umfang der mit Lats angereicherten Briefumschläge ab, die der Patient der Arzthelferin oder dem Arzt persönlich überreicht. Das EU-Mitglied Lettland hat es mit demselben massiven Phänomen von Sektor-Korruption zu tun wie die anderen MOE-Staaten, in denen die Praxis der sowjetischen Ärzte ungebrochen fortgesetzt wird. Für den Patienten erweist sich diese Praxis als Klassen-Medizin; dem Staat entgehen viele Millionen an Steuereinnahmen, mit denen das morbide öffentliche Gesundheitssystem leistungsfähiger gemacht werden könnte.[34]

32  Aus einem Bericht von Transparency International Lettland vom 24.5.2007.
33  LETA, 25.2.2009: Zatlers was overspending throughout 2008.
34  Das Volumen dieser Schwarzgelder ist nur schwer zu schätzen. Für das gut viermal so große Ungarn liegen Schätzwerte von 113 bis 370 Millionen Euro vor. Auf Lettland umgerechnet, könnte das einen Jahresbetrag von bis zu 90 Mio. Euro ergeben.

Lettland ist kein Einzelfall unter den MOE-Staaten. In Ungarn etwa fließen zwischen 30 und 100 Milliarden Forint (113 bis 370 Millionen Euro) in die Taschen ungarischer Mediziner und Krankenschwestern. Es ist wie bei Dr. Zatlers ein »Dankgeld«. Acht von zehn Medizinern nehmen es an, und manch einer fordert es unverblümt. Denn es macht einen beträchtlichen Anteil des Einkommens aus. Keine Regierung hat das Problem bisher in den Griff bekommen. Im Gegensatz zu Lettland – so scheint es – deklarieren die ungarischen Ärzte wenigstens das Dankesgeld in der Steuererklärung.

Der 31. Mai 2007 war Wahltag für den lettischen Präsidenten. Das Parlament wählt das neue Staatsoberhaupt. Neben dem Chirurgen Zatlers gab es nur noch einen weiteren Kandidaten, einen honorigen Juristen. Gemeinsam war beiden, dass sie ganz kurz vor der Wahl wie Kaninchen aus dem Zylinder gezaubert wurden und den Charakter von Spielkarten in einem höher aufgehängten politischen Poker besaßen. Zatlers Wahl war gesichert, denn die 4 Regierungsparteien verfügten im Parlament über 58 Sitze von 100. Für die Nominierung sind lediglich 51 Abgeordnetenstimmen erforderlich. Eine demokratisch äußerst dünne Basis, aber in Einklang mit der lettischen Verfassung.

Was besagt diese politische Szenerie über die politische Kultur des Transformationsstaates Lettland? Wozu benötigt die autokratische kleine Gruppe lettischer Oligarchen einen Präsidenten wie Valdis Zatlers? Ein symptomatischer Vorgang verdeutlicht die Zusammenhänge:

Die lettische Noch-Präsidentin Vaira Vike-Freiberga hatte am 10.3.2007 öffentlich erklärt, dass sie gemäß ihrer Fakultäten aus Art. 72 der Verfassung die Veröffentlichung der Gesetzes-Novelle über Nationale Sicherheit »… um zwei Monate verschieben werde«. Was war passiert? Die Novellierung des Nationalen Sicherheitsgesetzes würde dem Ministerpräsidenten die Rolle des Vorsitzenden des Nationalen Sicherheitsrates einräumen. Dabei ist bei ihm ohnehin schon der Informations-Auswertungsdienst (interne Geheimdienst) angesiedelt. Das alleine macht manchen Bürger in Lettland sehr misstrauisch. Das Misstrauen hat seine Basis in der Konzentration der politischen Macht, an der die konservative Regierungskoalition seit der Wiederwahl im Oktober 2006 zielstrebig arbeitet.

Die Nicht-Unterzeichnung der überaus hastig vorbereiteten Gesetzes-Novelle zur Reorganisation der diversen Sicherheitsorgane des Landes durch Präsidentin Vike-Freiberga hatte die Oligarchen beunruhigt. Dafür gab es zwei völlig unterschiedliche Gründe, die aber beide unter Ausschluss der Öffentlichkeit von der kleinen politischen Elite Letttlands geregelt werden sollten:

Vike-Freiberga und die US-Regierung hatten Sorge, dass die Sicherheitsdienste der lettischen Regierung mit ihren vielen persönlichen Russland-Beziehungen NATO-relevantes Material kaum kontrollierbar auch direkt z.b. an den militärischen Abwehrdienst Russlands, GRU, gelangen lassen könnten. Eine Befürchtung, die genau so ein Jahr später in Estland aufgedeckt wurde (vgl. den Abschnitt *»Cyber-Krieg gegen Estland und Spionage gegen NATO«*, S.246)

Die intendierte neue Schaltstelle der Sicherheitsdienste könnte neben militärischen Informationen auch alles über politische Opponenten der staatstragenden Elite und über die unternehmerische Konkurrenz der Oligarchen und ihre Pläne zusammentragen. Wer diese Informationen kontrolliert, ist in jeder Beziehung immer einen Schritt voraus.

Nach Beendigung des präsidialen Mandats von Vike-Freiberga sollte keiner der von der Volkspartei vorgeschlagenen präsidialen Kandidaten ein politisches Hindernis für den Oligarchen Andris Šķēle darstellen, von dem auch MP Kalvitis abhing. Dr. Zatlers schien dafür eine gute Wahl zu sein. Die Aufmerksamkeit, die die Präsidentenwahl und der Interessenkonflikt um die Neuordnung der Geheimdienste in der Öffentlichkeit fand, beförderte die Erinnerung an ein wichtiges Instrument der gesellschaftspolitischen Mitbestimmung, das die lettische Verfassung vorsieht: ein Referendum.

Am Tag, als Präsident Zatlers sein Amt übernahm, wurde dieses Instrument genutzt und in Form einer Unterschriftenaktion zu der intendierten Novellierung der Sicherheitsgesetze durchgeführt. Anstelle der erforderlichen 450.000 gültigen Stimmzettel wurden nur 380.000 gezählt.

Die Volkskritik an der beabsichtigten Geheimdienstreform war damit zwar formal gescheitert. Von den 380.000 Bürgern hatten aber mehr als 90% gegen die Novellierung gestimmt. Und das war die eigentliche politische Aussage: eine Misstrauens-Botschaft gegen die aktuelle Regierung. Das Misstrauen bezog sich allerdings weniger auf die Reorganisation der Sicherheitsdienste. Das Thema bleibt für den Großteil der Bevölkerung undurchsichtig und unverständlich. Die Kritik an der Regierung zielte auf sehr konkrete Entwicklungen, unter denen alle litten, die ihr Privatkapital nicht schon ins Ausland transferieren konnten: ein galoppierender Kaufkraftverlust und eine Inflationsrate, die im Juni 2008 bis auf rd. 18 % schnellte. Erst danach setzte der zusätzliche Vertrauensverlust durch die international induzierte Bankenkrise ein.

Zwei Drittel der lettischen Bevölkerung profitieren nicht von den bis dahin hohen statistischen Wachstumsraten des BIP (2007: 11 %). Absolute und relative Armut sind nach wie vor ein drängendes, stetig zunehmendes Problem, wie im Abschnitt *»Handicap: Gesellschaftliche Zerrissenheit«* (S. 140) gezeigt wird. Nach wie vor gelten zwischen 20 und 25 % der Bevölkerung offiziell als arm. Und auch diese Bürger sahen in der Unterschriftenaktion die kleine Chance, ihrem politischen Unmut sichtbar Ausdruck zu verschaffen. Allerdings reichte es bis dahin nur zur Drohgebärde.

## DIE MACHT DER TRANSFORMATIONS-OLIGARCHEN

Besonders aus den USA, aber auch aus Deutschland kennen wir das *Drehtür-Phänomen* als Instrument der Machtsicherung der wirtschaftlichen und politischen Elite: politische Führer wechseln auf einflussreiche Positionen in Großunternehmen und umgekehrt (prominente Beispiele: Bundeskanzler Schröder geht zu Nord-Stream [Gazprom]; der Universitäts-Rektor Kurt Biedenkopf wird Mitglied der Geschäftsführung bei Henkel, wird CDU-Generalsekretär und Ministerpräsident von Sachsen; Wirtschaftsminister Müller wird Vorstandsvorsitzender der RAG AG; der vormalige Superminister Wolfgang Clement wird in den Aufsichtsrat der RWE-Kraftwerkstochter RWE Power AG gewählt); der ehemalige Außenminister Fischer wird Berater bei BMW und für das Gas-Pipeline-Projekt Nabucco.[35] In den baltischen Ländern ist die politische und ökonomische Macht bei einer kleinen Personengruppe in Personalunion verfestigt, wobei das nationale Großkapital nicht ständig selber auf der politischen Bühne erscheint, sondern auch politische Stellvertreter einsetzt. Prominente Beispiele für politisch-ökonomische Personalunion: Großunternehmer und Parteichef und Bürger-

---

35 LobbyControl – Initiative für Transparenz und Demokratie e.V. hat mit Hilfe der Autoren Heidi Klein und Tillmann Höntzsch eine Kurzstudie zum Thema vorgelegt: »Fliegende Wechsel – die Drehtür kreist. Zwei Jahre danach – Was macht die Ex-Regierung Schröder II heute?«, Köln, Nov. 2007.

meister der wichtigen lettischen Hafenstadt Ventspils Aivars Lembergs; der russische Großunternehmer und vormalige litauische Wirtschaftsminister und nun EP-Abgeordneter Uspaskich. Für Großkapital im Hintergrund mit politischem Stellvertreter stehen wiederum der lettische Großunternehmer Andris Šķēle und »sein« Ministerpräsident Kalvitis (bis Ende 2007) bzw. »sein« Präsident Zatlers (seit 7.7.2007), aber auch der Großunternehmer und Parteichef Ainars Slesers, seit 2009 stellvertretender Bürgermeister von Riga, davor vielfacher Minister.

Wenn in Lettland von Regierung und Opposition die Rede ist, dann besteht der Gegensatz zwischen ihnen nicht in programmatischen Differenzen, sondern in der Frage: Wer bewegt die Drehtür? Die ehemalige US-Botschafterin Todd Bailey hatte sich ungewöhnlich direkt in die inneren Angelegenheiten ihres Gastlandes eingemischt, als sie in einer öffentlichen Rede für Lettland eine freie und engagierte Presse ebenso forderte wie starke und unabhängige Gesetzeskontrollen, eine glaubwürdige Rechtssprechung, aber vor allem auch engagierte und aktive Bürger, die sich für den politischen Prozess im Lande interessieren.[36]

Gerichtet waren diese Bemerkungen gegen das intransparente Justizwesen, aber insbesondere gegen die drei lettischen Oligarchen. Sie sind die Hüter der Drehtür und beherrschen innenpolitisch das Land: allen voran die drei genannten Unternehmer, Multimillionäre und vielfachen Minister und Parteichefs Ainars Slesers, Andris Šķēle und Aivars Lembergs. Hierzu eine kurze Oligarchen-Skizze:

### Oligarch Ainars Šlesers

Ainars Slesers hat sich seinen Platz in der politischen und wirtschaftlichen Elite Lettlands durch Ministerämter in zahlreichen Kabinetten seit 1998 gesichert. Bis 2008 war er zum wiederholten Male Verkehrsminister. Er entschied damit über viele Millionen teure Investitionsvorhaben im Infrastrukturbereich (Flughafenausbau Riga, Autoschnellstraße Via Baltica als Hauptverbindung zwischen Riga und Tallinn bzw. Riga und Vilnius und zahlreiche andere Großprojekte). Für ihn waren seine frühen Beziehungen zur norwegischen Ölindustrie der wesentliche Steigbügel

---

36   Todd Bailey trug diese Forderungen am 16.10.2007 in einer öffentlichen Rede in Lettlands Universität vor und erntete zwangsläufig viel Unmut bei der politischen Elite (MP Kalvitis: »diese Dame wird manipuliert ...«).

in die nationale Politik.[37] Durch die große Finanz- und Wirtschaftskrise wird die nationale Regierung jetzt auch international (IWF) stärker in die Verantwortung genommen. Das mag ein Grund sein, weshalb Ainars Slesers nicht mehr im Kabinett sitzt, sondern sich im Juni 2009 als Bürgermeister von Riga beworben hat, dabei Zweiter blieb und folglich versuchte, dem eigentlichen Wahlgewinner – Nils Usakovs vom Harmonie-Zentrum – den Bürgermeisterposten abzukaufen. Es gelang nicht direkt, weil seine konservativ-christliche Partei bei den Kommunalwahlen nur auf dem dritten Platz landete. Aber es ist kein Geheimnis, dass Slesers den jungen Bürgermeister in seine neuen Russland-Geschäfte einzubinden weiß und weitestgehenden Einfluss auf die wirtschaftlichen Entscheidungen der Stadt Riga nimmt. Slesers – genannt *Bulldozer* – arbeitet mit allen Mitteln daran, die Nummer Eins in Riga zu werden oder aber nach den Parlamentswahlen 2010 zum ersten Mal Ministerpräsident zu werden.

### Oligarch Andris Šķēle

Andris Šķēle hat unmittelbar nach der Unabhängigkeit sehr erfolgreich Unternehmen der lettischen Nahrungsmittelindustrie übernehmen können, war Besitzer oder zumindest der starke Mann der mächtigen Mischgruppe *Ave Lat Grupa*, hat – während er geschäftsführender Landwirtschaftsminister war – zahlreiche weitere Nahrungsmittel-Unternehmen gegründet oder erworben und war mit einer Consulting-Firma gleichzeitig Berater der Regierung. Hilfreich waren dabei auch die Offshore-Gesellschaften, die er zumindest auf der Isle of Man registrierte (*Quainton Ltd.*), auf den Channel Islands und in Irland.[38] Ende der 90er war A. Šķēle dann der unbeliebteste Politiker in Lettland, belastet mit zahllosen Korruptions- und Betrugsvorwürfen staatlicher Kontrollorgane und der Staatsanwaltschaft, aber auch befleckt durch einen Pädophilie-Skandal. In den 90er Jahren sicherte er sich insgesamt dreimal das Amt des Ministerpräsidenten. Seine konservative Volkspartei fiel bei den Wahlen im Juni 2009 ins Bodenlose. Dennoch

---

37  Als 22-Jähriger konnte Slesers den Posten des »President of Latvian-Norwegian joint venture – Latvian Information and Commerce Centre« einnehmen (in Norwegen 1992 – 96). Seine genauen Aktivitäten dabei sind aber öffentlich nicht bekannt geworden.

38  Der Versuch, Šķēles Geschichte als Politiker und Unternehmer im Detail nachzuzeichnen, ist auch für erfahrene lettische Journalisten äußerst schwierig. Vgl.: Olga Pavuk: Šķēle's Empire – from rise to fall, in: Baltic Course, 30.11.2006.

bereitet er seit Herbst 2009 zielstrebig seine eigene Kandidatur als erneuter Regierungschef nach den Wahlen 2010 vor und tritt damit als wichtigster Konkurrent zum Oligarchen Slesers an.

## Oligarch Aivars Lembergs als pars pro toto

Der ehemalige KP-Funktionär Lembergs hat sich in seinen zwanzig Bürgermeister-Jahren zum »König von Ventspils« aufgebaut. Er beherrscht alles, was sich wirtschaftlich und finanziell in der Hafenstadt Ventspils bewegt. Zudem bewegt er sehr viel

*Aivars Lembergs*

in Riga. Und das ist vor allem das Öl- und Gas-Geschäft. Lembergs finanzielle Beteiligungen an diversen verschachtelten Hafen-, Öl- und Transportgesellschaften und die Überschreibungen an diverse Familienmitglieder sind für kaum jemanden durchschaubar.

Immerhin gibt es verschiedene Investigationspfade, über die lettische Journalisten der Wahrheit näher zu kommen versuchen. Darin spielt die Grundlage des Lemberg'schen Vermögens eine wichtige Rolle: 1997 verstarb ein sogenannter guter Freund von A. Lembergs plötzlich und unerklärt, Vitalis Lejins. Zumindest verschwand er spurlos. Lejins hinterließ ein Testament, in dem A. Lembergs ein attraktives Erbe übertragen wurde: hohe Bargeld-Beträge, Versicherungsansprüche, Immobilien in Riga, Jurmala und vor allem das Unternehmen Inter Riga, ein Büromöbel-Ausstatter. 1998 wurde das Testament für rechtskräftig erklärt. 1999 wurde Inter Riga an eine Firma Bureau Projects Ltd. mit Sitz in Grossbritannien für etwa 1,7 Mio. Dollar verkauft. Das entsprach dem 40-fachen des Grundkapitals. Laut lettischem Unternehmensregister Lursoft besitzt Bureau Projects bereits seit dem 29.12.1998 einhundert Prozent der Inter Riga Anteile (also schon vor dem Verkaufsdatum). Im Jahr 2000 kam bei der Staatsanwaltschaft der Verdacht auf, dass die Besitzer von Bureau Projects A. Lembergs selbst und seine Kinder Anrijs und Liga sind. Demnach hätte Lembergs seine Firma Inter Riga an sich selbst verkauft. Er hätte damit die klassische Form von Geldwäsche exerziert.

In seiner Person vereinigen sich umfassend die Möglichkeiten und das Instrumentarium, die der Transformations-Elite in den bisherigen 18 Jahren seit der Unabhängigkeit zur Verfügung standen, weil sie weder von der eigenen Zivilgesellschaft noch von den tradierten Demokratien Westeuropas strittig gemacht werden. Dennoch konnte auch der Caudillo und vor der Wende wohlwollend beurteilte KP-Funktionär Aigars Lembergs vorübergehend zum Störfaktor werden, als er in den Energiegeschäften mit Moskau einen falschen Zug machte.

Moskaus langer Arm reicht leicht bis in die lettische Regierungsspitze und machte erheblichen Druck auf MP Kalvitis und andere, um Lembergs Öl- und Gasgeschäfte wieder stärker an den russischen Exportinteressen auszurichten. Lembergs konnte eine Zeitlang alle Avancen und alle Drohungen, auch die der Staatsanwaltschaft, erfolgreich abwehren.

Aber dann wurde er Knall auf Fall am 14. März 2007 unterwegs im Lande mit der Begründung verhaftet, im großen Stil bestechlich zu sein (genannt wurden konkret ca. 360.000 Euro), im großen Stil erpresst zu haben, Geld in erheblichen Ausmaßen (rd. 7,5 Mio. Euro) auf den Cayman Islands, in der Schweiz und andernorts gewaschen und falsche Steuererklärungen abgegeben zu haben. Anschuldigungen, wie sie u.a. Transparency International seit Jahren erhebt. Außerdem wurde er angeklagt, die Regierungsweisung nicht befolgt zu haben, 2005 den Regierungsvertreter Ojars Grinbergs in den Aufsichtsrat seines Unternehmens Ventspils Freeport aufzunehmen.

Nach seiner Verhaftung am 14. März 2007 verbrachte A. Lembergs, der von allzu vielen Menschen in Lettland – wie bei der Camorra – »Papa« genannt wird, fast vier Monate in einem Rigaer Gefängnis. Anschließend genoss er bis Februar 2008 die Erleichterung des Hausarrests in seiner Stadt Ventspils. Einerseits ein revolutionärer Akt der lettischen Justiz gegen einen der drei lettischen Oligarchen. Andererseits stehen große Fragezeichen im Raum: Es wurde Lembergs und seinen Anwälten von der Staatsanwaltschaft untersagt, sich über Einzelheiten des Verfahrens zu äußern. Allzu viele Funktionsträger müssten möglicherweise mit Verfahren rechnen, wenn das ganze Ausmaß der Lemberg'schen Vernetzung und der Umfang der von ihm abhängigen Politiker, Richter, Wissenschaftler, Journalisten offen gelegt würde. Das wäre der Fall, wenn die Justiz der Hoffnung der Staatspräsidentin Vaira Vike-Freiberga nachgekommen wäre und die sogenannte »Stipendiaten-Liste« Lembergs aufgearbeitet hätte.[39] Trotz all der Anschuldigungen und Verurteilungen blieb Lembergs als Bürgermeister von Ventspils im Amt. Und mehr noch: Zur Jahresmitte 2008 hatte er den lettischen Staat auf Schadensersatz für die nicht nachgewiesenen Anschuldigungen im Falle des Regierungsvertreters Grinbergs verklagt. Der Richter hatte zumindest teilweise zu seinen Gunsten entschieden. Der Justizminister aber erklärte, der Staat könne die zugesprochenen 2.400 Lats (3.500 Euro) an Schadensersatz wegen der Finanzkrise nicht auszahlen. Durch diesen grundsätzlichen Anspruch gestärkt, sah A. Lembergs sich ermutigt, seine anfänglich bescheidene Forderung sofort auf eine Million Lats zu erhöhen (knapp 1,5 Mio. Euro), denn er sieht sich längst wieder auf der Gewinner-Seite gegenüber der lettischen Justiz. Die lettische Bevölkerung im Allgemeinen, aber selbst Unternehmerkreise sind mehr als empört über die extrem schwache Justiz in Lettland: Ein Unternehmer aus dem führenden IT-Sektor äußerte sich gegenüber der internationalen baltischen Zeitung *Baltic Times*: »Our court system is completely powerless against all these Lembergs, Slesers and Šķēles. They can get through anything with the help of their fancy lawyers and helpers.« Und weiter: in Lettland sind die Menschen zu a-politisch: »Sie kümmern sich nicht darum, wer die Macht hat und wie er sie erlangt hat.«[40] Und dann fädelten eben diese mit allen lettischen Wassern gewaschenen Anwälte das ein, was der interessierte Beobachter so oder ähnlich schon lange erwartet hatte:

Im Herbst 2008, im Schatten der Gedenken an 90 Jahre lettischer Staat, kommt der Vorschlag auf den Tisch der Regierungsparteien, eine Amnestie für alle zu erlassen, die am Befreiungskampf Lettlands Ende der 1980er Jahre gegen die russische Okkupation beteiligt waren. Davon sollen einige aktive lettische Bürger profitieren; insbesondere sollen aber Funktionäre der KPdSU, wie Lembergs, dadurch gewissermaßen zum unangreifbaren letti-

---

39  Anfang August 2008 wurde eine sogenannte »Stipendiaten-Liste« bekannt und der Staatsanwaltschaft übergeben, in der in Dutzende (möglicherweise mehrere hundert) Personen und Institutionen aufgeführt sind zusammen mit den Geldbeträgen, die ihnen A. Lembergs im Laufe der Jahre zukommen ließ. Die Beträge bewegen sich auf sehr unterschiedlichem Niveau, von 10.000 Euro bis 300.000, von karitativen Einrichtungen bis zu den verschiedenen politischen Parteien. Die vorherige Staatspräsidentin, Vaira Vike-Freiberga, sprach in dem Zusammenhang von einem »Damokles-Schwert«, das über der politischen Landschaft Lettland schwebe und von dem sie am Ende ihrer Amtszeit schon in einer Rede vor dem Parlament gewarnt hatte. Jetzt hoffe sie, dass die Justiz die Courage besitze, endlich konsequent zu sein, weil die »Gesellschaft insgesamt sonst in tiefe Verzweiflung stürzen würden« (LETA, Riga, 4.8.2008).

40  The Baltic Times, Sep. 10, 2008: ›We are not crooks‹ by Monika Hanley

schen Freiheitskämpfer hochstilisiert werden. Das Bezirksgericht der Region Riga hatte schon verschiedene Verfahren gegen Lembergs zu einem einzigen Fall verdichtet. Die Staatsanwaltschaft konnte sich auf 147 Ordner mit Belastungsmaterial stützen, aber den Beobachtern war schnell klar, dass die Finanz- und Wirtschaftskrise und die damit verbundenen internen Probleme der Regierungsparteien überaus schnell vom Fall Lembergs ablenken mussten – einschließlich dem Rücktritt des Ministerpräsidenten Godmanis (Ende Februar 2009) sowie die im Raum stehenden Forderungen des Präsidenten nach Staats- und Verwaltungsreformen.

In gewisser Weise hält die Große Krise damit Lembergs den Rücken frei. Er, der seit zwei Jahrzehnten herrschende Oligarch, wird seine ganze Aufmerksamkeit auf die Bewältigung der Finanz- und Wirtschaftskrise konzentrieren müssen, nachdem sogar die mächtige Parex-Bank im November 2008 in die Knie gegangen ist und unter staatliche Kontrolle gestellt wurde.[41]

Vielleicht ist Lembergs durch seine undurchsichtigen Unternehmensschachtelungen besser abgesichert als die große Parex-Bank. Das estnische Wirtschaftsmagazin BBN hat ein finanzielles Manöver der Lembergs-Unternehmensgruppe in Ventspils offengelegt. Es ist nicht leicht zu durchschauen:

41 Mitte April 2009 hatte die Europäische Bank für Wiederaufbau (EBRD) endgültig 25 % plus 1 Aktie von der Parex-Bank übernommen, um sie gemeinsam mit IWF- und EU-Kommissions-Mitteln vor der Insolvenz zu retten. Mitte Juli fragt allerdings der lettische Finanzminister den Generalstaatsanwalt, weshalb die beiden vorherigen Privateigentümer der Parex noch immer Geldzuweisungen von der inzwischen verstaatlichten Bank erhalten (!); s. LETA Riga, 21.7.2009. Vgl. auch das Kapitel »Entwicklungsräume« mit mehr Informationen zum Fall Parex

## Before privatization of Ventspils Nafta a secret agreement between Vitol and Lembergs grouping was drawn

A secret deal was made between *Vitol group* and Ventspils mayor Aivars Lembergs group *Black Gold Trust* just before privatization of Ventspils Nafta – says Rudolf Meroni- board chairman of *Ventbunker* and former lawyer of Aivars Lembergs.

The deal meant that Vitol would buy Ventspils Nafta shares for Aivars Lembergs, but he would sell oil terminal to Vitol dirt cheap.

According to Meroni, Vitol bought Ventspils Nafta shares in the interests of the above mentioned Lembergs-group. But it had been promised that in exchange Vitol would be able to purchase oil terminal »Ventspils nafta terminalis« dirt cheap with a provision that majority of shares would be given over to »big man's« grouping (= Lembergs). There were signed also secret agreements in which such goals were set, Meroni says.

To Meroni mind, Vitol today is not happy anymore to be together with the grouping against participants of which investigation has been launched and who are charged with corruption-, fraudulence-, money laundering- etc. crimes.

Meroni is explaining: »It is the same old *Ventbunkers* and JSC *Latvijas Naftas tranzits* game. First of all it is achieved by illegal means (..) Then, in the *Ventspils Nafta* Council and daughter companies a majority of »big man's« ( = Lembergs) henchmen work, in order to fulfill his wishes. Vitol loftily restrains from getting majority in the Council – because the secret agreement provides that.«

## OLIGARCHEN KÖNNEN AUCH KOOPERIEREN

An anderer Stelle bestehen große gemeinschaftliche Initiativen zwischen den drei lettischen Oligarchen Lembergs, Šķēle und Slesers. So bestimmen sie eines der interessantesten innerstädtischen Entwicklungsprojekte in Riga über ihre jeweiligen Mittelsmänner: das zwischen Altstadt und Hafen liegende Gelände der Andrea-Insel. Für das Gebiet wurde die Andrea-Insel-Entwicklungsgesellschaft – JAU – gegründet. Ihr Besitzer ist offiziell die in Norwegen registrierte Firma PortPro. In dieses besondere Entwicklungsprojekt JAU sind allerdings auch andere einflussreiche Bürger der Hauptstadt eingebunden, wie vor allem der ehemalige Ministerpräsident und heutige Star-Architekt und Stadtplaner Maris Gailis. Zwischen Lembergs und Gailis werden immer wieder Namen einer österreichischen Investitionsgesellschaft und Liechtensteiner Banken als zusätzliche Bindeglieder genannt. [42]

Bei JAU handelt es sich um ein Multimillionengeschäft: Teile des Projekt-Gebietes fallen unter die Schutzmaßnahmen des EU-Programms *Natura 2000* und erfordern daher eine äußerst sorgfältige umweltbewußte Planung für jeglichen Eingriff in das Gelände und andere Infrastrukturmaßnahmen. Die entscheidende Handvoll von Politikern/Unternehmern im Rigaer Stadtrat wie in der lettischen Regierung (vor allem der bisherige Transportminister und Transportunternehmer Ainārs Šlesers und der frühere Ministerpräsident und entscheidende Mann hinter der regierenden Volkspartei, Andris Šķēle) haben deswegen versucht, Teile des Hafengebietes aus dem Kataster herauszulösen. Seit Jahren wird über dieses Vorhaben nicht-öffentlich nachgedacht, aber bis heute konnten keine schlüssigen Planungen oder gar Umweltverträglichkeitsprüfungen vorgelegt werden, die Voraussetzungen für die Bewilligung aller JAU-Planungen. Das Verfassungsgericht hat das gesamte Vorhaben daher bisher untersagt! Das ist gewissermaßen die gute Nachricht, weil es eine wachsende Unabhängigkeit der Gerichtsbarkeit vorstellbar macht.

JAU ist ein Beispiel dafür, dass Konkurrenzkämpfe zwischen den Oligarchen Lembergs, Šķēle und Slesers sie nicht daran hindern, bei solchen Großprojekten auch gegen die Interessen einer nachhaltigen Stadtentwicklung zu-

---

42   DIENA, Riga, 23.2.2008: Lembergu biznesi

sammenzuarbeiten. Amnesty International bzw. der lettische Zweig DELNA sieht aufgrund seiner tiefer gehenden Recherchen im JAU-Projekt vor allem wieder einen Fall großdimensionierter Korruption, in den aktuelle wie vormalige Mitglieder des Stadtrates wie der Landesregierung verwickelt sind, da sie sich als Privatleute oder als Unternehmer schon längst die in Aussicht gestellten neuen Hafen-Territorien gesichert haben – ohne dass es auch nur die Idee von Ausschreibungen gegeben hätte.

Besonders hervorgetan hatte sich dabei – laut DELNA – 2006 das Transportministerium unter der Führung des Transportunternehmers und Transportministers Ainārs Šlesers.[43] Seit Juni 2009 ist Šlesers nun stellvertretender Bürgermeister von Riga und als Verwaltungschef der Stadt hat er einen Parteifreund eingesetzt. Großprojekte wie JAU werden jetzt mit weniger Schwierigkeiten zu kämpfen haben.

## MEDIEN SICHERN OLIGARCHEN-EINFLUSS

Der lettische Markt der Printmedien wird von zwei Gruppen kontrolliert: der schwedischen Bonnier Gruppe auf der einen Seite und Zeitungen, die an die Ventspils Unternehmensgruppe Ventspils Nafta angebunden sind[44], die ihrerseits mehrheitlich vom Unternehmer-Politiker Aivars Lembergs kontrolliert wird.[45]

Lembergs stabile Machtposition als Bürgermeister von Ventspils wie auch auf nationaler Ebene wird in der Meinung fachkundiger Beobachter medial vor allem durch die Tageszeitung *Neatkariga Rita Avize* abgesichert. Der an der Berliner Humboldt-Universität promovierte lettische Journalist und Hochschullehrer Ainars Dimants hält dazu fest: »Von den Journalisten der *Neatkariga Rita Avize* wird nicht bestritten, dass es direkte Einflussnahme der

---

43  Transparency International Latvia (Riga): ausführliche Pressemiteilung vom 25.1.2008. Darin heißt es u.a. auch:« The Constitutional Court overturned the city's plans specifically because the Riga City Council had refused to conduct an environmental impact study or to think about how the plans would affect the city's development and the everyday lives of the city's residents. The City Council's behaviour was arbitrary and obviously unlawful, and that was so despite the fact that various institutions, local residents and NGOs made objections in a very timely way.«

44  Nagle, Kehre: Media ownership 2004, p.256.

45  Dieser Abschnitt stützt sich auf eine noch in Gang befindliche Untersuchung von Carolin Kaufhold, Universität Chemnitz, Stand Juni 2008: »The Media's 18th birthday» (Arbeitstitel). Sie nutzt u.a. als wichtige Quelle: Dimants, A.: Editorial Censorship 2005, p. 122.

Besitzer auf die editoriale Ausrichtung und sogar auf die Tagesarbeit gibt.«[46] Diese Beobachtung bestärkt ein in Lettland bekannter Journalist, Dainis Lemesonoks, indem er daran erinnert, dass die Unternehmensgruppe Ventspils Nafta das Verlagshaus Preses nams (Pressehaus) nicht aus purer Philanthropie vor dem Bankrott gerettet hat. »Vielmehr ist es logisch, dass Ventspils etwas dafür zurückhaben möchte – und sie wollen es sofort.«[47]

*Vermuteter Medieneinfluss von Lembergs Unternehmen auf den lettischen Mediensektor*[48]

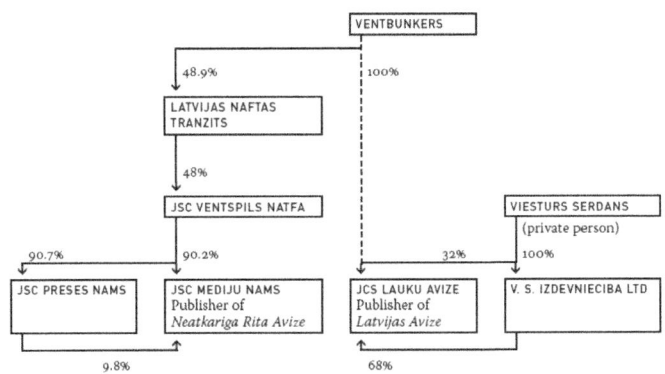

Da bisher keine wirkliche Transparenz im Medienbereich ermöglicht wurde, bleibt auch die Frage nach Lembergs Einfluss auf die weitere überregionale Tageszeitung, *Latvijas Avize*, als Frage bestehen. Für die Besitzer des Pressehauses reicht ihr Einfluss auf die öffentliche Meinung allerdings auf jeden Fall weit über *Latvijas Avize* hinaus, denn neben dem Pressehaus kontrolliert die Gruppe Ventspils Nafta auch das Verlagshaus Mediju Nams (Medienhaus). Mittels beider Verlagshäuser kontrolliert Lembergs – so die fachliche Meinung – insgesamt zwei Tageszeitungen (*Neatkariga Rita Avize*, *Rigas Balss*), eine Boulevardzeitung (*Vakara Zinas*), ein Sport-Magazin (*Sporta Avize*), ein kulturelles Wochenblatt (*Forums*), ein Monats-Magazin (*Junisports*), eine rus-

---

46  Dimants, A.: Editorial Censorship 2005, p. 126.
47  Dimants: Editorial Censorship 2005, p. 137.
48  Übernommen aus Caroline Kaufhold, op. cit.

sischsprachige Monatszeitschrift (*Baltijskij kurs*) und drei Regionalzeitungen (*Jelgavas Avize, Ogres Vestis, Tukuma Zinotajs*).[49]

Damit sichert sich A. Lembergs die Möglichkeit, jederzeit in die öffentlichen Debatten einzugreifen und auf die öffentliche Meinungsbildung einzuwirken (wenn auch weniger brutal als Italiens MP Berlusconi, der für das politische Image der EU nur noch eine peinliche Figur abgibt, wie El País darlegen konnte[50]). Nachdem die Strafverfolgung für A. Lembergs an Drohpotenzial verloren hat, nutzt er seine Medienmacht wieder direkter zur politischen Beeinflussung öffentlicher Meinung. Er warnt direkt vor einem starken Staat, wie er derzeit fast überall in Europa zur Krisen-Bewältigung gefordert wird, und erinnert die Letten an die bisher einzige »Diktatur« unter Karlis Ulmanis in den 30er Jahren. Im Mai 1934 hatte der erste Ministerpräsident in der erst jungen unabhängigen lettischen Republik das Parlament aufgelöst und 1936 dann sein Amt mit dem des Staatspräsidenten in Personalunion verschmolzen. Alles gegen die Verfassung. Und dennoch war Ulmanis Popularität sehr groß, denn der Diktator verfolgte erfolgreich klare politische Ziele in der Bildungspolitik, in der Agrarpolitik, in der Außenhandelspolitik. Lettland überstand die damalige Weltwirtschaftskrise und die Folgen in beeindruckend guter Verfassung. Politiker wie Lembergs sehen in der erneuten Diskussion um Ulmanis zwangsläufig eine starke Gefährdung ihrer eigenen bisherigen Machtposition.

Bislang üben alle drei Oligarchen erheblichen Einfluss auf die nationale Politik aus, auf die Gesetzgebung, auf die Rechtsprechung und auf die Medien im Lande. Wenn sie zusammenarbeiten, hat keine Opposition den Hauch einer Chance. Bei den letzten Parlamentswahlen im Oktober 2006 hatten sie sich zusammengetan. Ihre Parteien hatten die unangreifbare Abgeordnetenmehrheit erzielt. Sie formten eine Koalitionsregierung und drängten schnell und konsequent die einzige bürgerliche Oppositionspartei aus allen wichtigen Ämtern im Lande. Diese Oppositionspartei – Neue Zeit – ist dabei nicht weniger unternehmerfreundlich als die der Oligarchen, aber sie stört, weil sie deutliche US-amerikanische Sympathien genießt und insgesamt vielleicht weniger korrupte Bürgermeister, Abgeordnete, Minister in ihren Reihen hat. Seit 2009 geraten die Verhältnisse etwas ins Rutschen. Seit Mitte März 2009 stellt die

---

49  Halliki, H.: The Baltic and Norwegian journalism market 2005, p. 108.
50  El País, 6.6.2009 im Leitartikel: EDITORIAL: Berlusconi al desnudo. Las imágenes no desvelan la privacidad del primer ministro, sino su deriva autoritaria.

Neue Zeit wieder den Ministerpräsidenten (V. Dombrovskis) und zugleich in Gestalt des ehemaligen Ministerpräsidenten Einars Repše auch den aktuellen Finanzminister – also den entscheidenden Krisenmanager.

Bei den Europawahlen und den gleichzeitigen Kommunalwahlen im Juni straften die Wähler die Oligarchen-Parteien deutlich ab und setzten die zahlreichen Protestaktionen der letzten zwei Jahre an den Wahlurnen fort. Die Oligarchen-Parteien können jetzt gar nicht anders als sich ganz schnell neu aufzustellen, eventuell eine große konservativ-nationale Allianz zu bilden, um bei den Parlamentswahlen im Herbst 2010 nicht auch auf nationaler Ebene entscheidend geschwächt zu werden.

## RISSE IM MACHTGEFÜGE DER OLIGARCHEN

Trotz der ökonomischen und der medialen Macht der Oligarchen oder Caudillos treten erkennbar Risse in ihrem Machtgefüge auf. Der vielleicht wichtigste Indikator dafür ist die Atomisierung der Parteienlandschaft. 17 Parteien hatten sich bis Mitte April 2009 zur Teilnahme an den Europawahlen eingetragen (vgl. den Abschnitt »*Lettland: Parteien in Auflösung und Wiedergeburt und Inkompetenz*«). Darunter waren eine gänzlich neue und eine bisher nur als Opposition wirkende Partei die beiden wichtigsten. Andere Parteien errangen viel Aufmerksamkeit, weil sie als Caudillo-Partei oder als Traditionspartei katastrophale Niederlagen erlitten. Einen überraschend großen Erfolg bei der Europawahl 2009 erreichte zunächst die neue Partei Bürger-Union mit über 24 % der Stimmen. Ihr folgte das ewige Oppositions-Bündnis aus Sozialisten, Sozialdemokraten, russischorientiertem Harmonie-Zentrum mit über 19 % der Stimmen. Was sich für Lettland allerdings weitaus wichtiger als die Europawahl auswirken wird, ist das Ergebnis der Kommunalwahl vom selben Tage. Hier gewann eindeutig das Harmonie-Zentrum mit 26 der 60 Sitze im Rigaer Stadtrat, gefolgt von 14 Sitzen für die Bürger-Union. Erst an dritter Stelle folgte die Caudillo-Partei des Oligarchen Slesers mit 12 Sitzen. Slesers hatte alles daran gesetzt, Rigas neuer Bürgermeister zu werden. Da das nicht gelang, setzte er dort wieder an, wo zu Anfang 2000 schon einmal erfolgreich die damals führende Sozialdemokratische Partei zerstört wurde: gezielte finanzielle Angebote an einzelne Gewinner, damit die Gewinner-Partei Harmonie-Zentrum sich spalten möge und durch

Überläufer doch noch der Amtssitz für Ainars Slesers möglich würde. Der Vorsitzende von Harmonie-Zentrum, Nils Usakovs, ließ sich nicht »kaufen«, aber er ließ sich auf den Handel ein, daß es anstelle der bisherigen drei Stellvertreter des Bürgermeisters nur noch einen gibt, Ainars Slesers. Der ethnische Russe Usakovs und Slesers, Oligarch und Vorsitzender der erzkonservativen christdemokratischen Ersten Partei Lettlands sitzen jetzt ganz eng nebeneinander an einer der wichtigsten Schaltstellen des Landes. Mindestens so wichtig ist die Tatsache, dass die beiden anderen Oligarchen mit ihren Parteien gar nicht mehr im Stadtparlament der Hauptstadt vertreten sind.

Risse im Machtgefüge der Caudillos werden nicht zuletzt durch ein ausgeprägtes lettisches Charakteristikum bewirkt: mangelnde Konfliktfähigkeit und mangelndes Konfliktmanagement. Beispiel dafür sind die beiden wichtigen Minister Artis Pabriks (Äußeres) und Aigars Stokenbergs (Regionalentwicklung). Sie gerieten 2008 in Dissens zu ihrem Parteivorsitzenden und Noch-Ministerpräsidenten Kalvitis über dessen Wirtschaftspolitik und Demokratieverständnis. Der eine wurde aus der Partei ausgeschlossen (Stokenbergs), der andere verließ sie daraufhin freiwillig (Pabriks). Sie nahmen aus ihrer bisherigen Volkspartei etliche Anhänger mit und gründeten rasch die neue Partei Gesellschaft für eine andere Politik. Über das »Spaltpilz-Phänomen« hinaus weist dieser Fall auf eine zusätzliche Dimension im Transformationsprozess hin: der *Appropriations-Kapitalismus* mit der massiven Privatisierung von Volksvermögen in wenigen geschickten Händen gelangt an sein Ende. Die neue Phase – auch weil die EU-Kommission nun mitredet – muss der Legalisierung der großen Vermögen, muss der Transparenz der rechtlichen Verfahren (Ausschreibungen, Kataster-Eintragungen, transparente Finanzierung politischer Parteien etc.) gelten und weitsichtigere Politiker erkennen, dass die kleine politische Elite schon sehr bald der Zivilgesellschaft Mitbestimmungsmöglichkeiten einräumen muss, die bisher negiert wurden. Diese Erkenntnisse bestimmen heute die Auflösung der bisherigen Parteien und Partei-Neugründungen erheblich mit.

Dabei werden auch die Neugründungen weitgehend von Teilen der bisherigen Elite gestaltet, bieten aber eben auch Raum für neue Mitglieder, die hier die Chance erhoffen, ihre politische Frustration überwinden zu können. Dieser Aspekt wird erneut in den Abschnitten zur Parteieninnovation (S. 102–110) behandelt.

## STOLPERSTEIN KORRUPTION

*»Corruption must be vigorously addressed if aid is to make a real difference in freeing people from poverty.«* [51]

Diese wichtige Erfahrung formulierte der Deutsche Peter Eigen, ein vormaliger Abteilungsleiter der Weltbank, die er verlassen hatte, um als Vorsitzender von Transparency International eben die Korruption offener zu bekämpfen. Und die Kanadierin Huguette Labelle, seine Nachfolgerin bei TI, bekräftigt diese Ausrichtung auch im jüngsten Global Corruption Report 2008, wenn sie in der Präsentation an erster Stelle betont, dass die weltweite Korruption nach wie vor ein entscheidendes Hemmnis für demokratische Selbstbestimmung und Durchsetzung von Rechtsprechung in einem Land sei. Die größten Einflussnehmer auf die internationale Systementwicklung, Weltbank und IWF, hatten zwar bei ihrer Frühjahrstagung im April 2008 Korruptionsbekämpfung, Armutsbekämpfung und soziale Gerechtigkeit oben auf die Agenda gesetzt. Aber Peter Eigen und Huguette Labelle sehen dafür innerhalb der Weltbank zu wenige reale Chancen. Sie wurden in ihrer Wahrnehmung u.a. durch den Senatsausschuss für Auswärtige Angelegenheiten des US-Kongresses im Jahr zuvor bestärkt, als der Ausschussvorsitzende, Senator Richard Lugar, im Rahmen einer Anhörung festhielt, dass nach seinen Informationen zwischen fünf und 25 Prozent der durch die Weltbank seit 1946 vergebenen Darlehen in Höhe von insgesamt 525 Milliarden Dollar veruntreut, gestohlen oder falsch verwendet worden seien.

Ferner zitierte der Republikaner Lugar den US-Professor Jeffrey Winters, der den Korruptionsschaden seit Gründung der Weltbank auf mindestens 100 Milliarden Dollar schätzt. [52]

James Wolfensohn, der von Präsident Clinton nominierte Weltbankpräsident, hatte daraufhin den Kampf gegen Bestechung und Bestechlichkeit

---

51  So der vormalige Präsident von Transparency International, Peter Eigen, am 18.10.2005 in London.
52  SPIEGEL ONLINE – 20. Mai 2004, 9:26, www.spiegel.de/wirtschaft/0,1518,300715,00.html.

zu einer zentralen Aufgabe seiner zweiten Amtszeit erklärt. Denn das Problem ist gigantisch: Jedes Jahr verschwinden weltweit eine Billion US-Dollar in dunklen Kanälen. »Mehr als eine Milliarde Menschen auf der Welt müssen mit einem US-Dollar am Tag auskommen, und Korruption bedroht ihre Hoffnung auf ein besseres Leben«, hatte Wolfensohn erkannt.

Mit Hilfe der neuen Strategie zur Korruptionsbekämpfung sollen bei allen Kreditprogrammen und Projekten der Weltbank die Geldflüsse noch stärker überwacht werden. Sie können auch gestoppt oder verzögert werden, wenn Regierungen nicht scharf genug gegen das Versickern von Mitteln vorgehen. Die Bank machte schon Ernst: Im Tschad wurde die Mitfinanzierung einer Ölpipeline ausgesetzt, Kredite für Kenia wurden blockiert. Ähnliches bekamen auch Indien, Usbekistan und der Kongo zu spüren. Die Anti-Korruptions-Überlegungen in der Bank trafen allerdings nur auf wenig Begeisterung im engeren Beraterstab von Präsident Bush. Wolfensohn wurde Mitte 2005 durch den Staatssekretär im Verteidigungsministerium, den »Falken« Paul Wolfowitz abgelöst. Die Entscheidung war eine der dümmsten Ohrfeigen, die G.W. Bush der Weltgemeinschaft verpasste. Denn Wolfowitz wurde weltweit als absolute Fehlbesetzung markiert und am Ende auch noch der Vetternwirtschaft überführt und war selbst für G.W. Bush nach zwei Jahren nicht mehr zu halten.[53] Seit Juni 2007 steht zwar ebenfalls ein »Bush-Mann« an der Spitze der Bank. Aber mit dem früheren US-Vizeaußenminister Robert Zoellick kehrte zumindest Professionalität an die so einflussreiche Entwicklungsinstitution zurück. Für das Thema Korruptionsbekämpfung ging durch diese Bush-Manöver allerdings wertvolle Zeit verloren. Wo die Weltbank-Strategie zur Korruptionsbekämpfung bei allen Kreditprogrammen und Projekten die Geldflüsse noch stärker überwachen will, muss gleiches von der Europäischen Kommission gefordert werden. Denn die verlorene Zeit und Peter Eigens Junktim zwischen Korruption und Armut zeigt sich sehr nachhaltig auch in den baltischen Transformationsländern. Die Kommission muss die milliardenschwere Verschwendung nationaler Steuergelder aus den »alten«

---

53  Die New York Times schrieb dazu am 21.3.2005 u.a.: »Wolfowitz, a former professor of political science who has become one of the masterminds behind the American conservative movement, will find it more difficult to dispel most other concerns. It seems almost inconceivable that one of the most resolute hawks in the Bush administration, a man Time magazine awarded the well-deserved title of »intellectual godfather of the (Iraq) war,« could be the right man to lead the Bank in combating hunger and poverty in the Third World. In Berlin, German Development Minister Heidemarie Wieczorek-Zeul sarcastically commented »The enthusiasm (over the nomination) in old Europe is not exactly overwhelming.«

Mitgliedsländern durch die Eliten der »neuen« Mitglieder endlich stoppen, Projekte unterbrechen oder einstellen und nicht gerechtfertigte Auszahlungen rückfordern, um das Versickern von Mitteln der diversen Entwicklungsfonds einzustellen. Die baltische Realität ist nur ein kleiner Ausschnitt dieser großen europäischen Kalamität, aber ein sehr konkreter und anhaltender.

### KORRUPTION IN ZEITEN DES NEOLIBERALISMUS

Auf dem *Corruption Perception Index* erreicht Lettland 4,5 von 10 möglichen Punkten. Dabei wird jeder Wert unterhalb von 5 Punkten als kritisch betrachtet. Wegen Korruption mussten Regierungschefs und Minister gehen. Das hohe Korruptionsniveau müsste eigentlich ein Ausschlusskriterium aus der EU sein. Zuletzt erklärte die oberste Rechnungsprüferin Lettlands, Inguna Sudraba, dass Millionen Lats durch Regierungsstellen verschleudert und vergeudet wurden, ohne dass irgendeine Untersuchung der Fälle durchgeführt würde. Und das ergibt sich, während die Regierung auf dem Höhepunkt der Großen Krise gleichzeitig um viele neue Millionen bei der EU-Kommission, beim IWF und bei Nachbarländern bittet. Sudraba vertraut dennoch auf die lettische Generalstaatsanwaltschaft, dass Anklage gegen mehrere Ministerien und andere Institutionen erhoben wird. Ihr Bericht für das Jahr 2008 enthielt dafür die notwendigen Belege.[54]

Der Fall, der im Jahr 2009 die Nation am meisten schockierte, war die »Privatisierung« von rund einer Million Euro aus Spendenmitteln und öffentlichen Zuweisungen an das Kinderhospital in Riga. Die lettische Dependance von Transparency International, DELNA, und die lettische Anti-Korruption-behörde KNAB machten öffentlich, dass lediglich fünf Personen sich diese Summe aufteilten, darunter zwei Verwaltungsratsmitglieder des Hospitals.

DELNA und KNAB forderten von der Regierungsspitze ein eindeutiges Signal. Ministerpräsident Dombrovskis war geneigt, den gesamten Aufsichtsrat des Kinderhospitals zu entlassen. Die Gesundheitsministerin hielt allerdings

---

54  Total sum of money squandered in state institutions amounts to several million lats, LETA Riga, 19.5.2009.

die Suspendierung eines einzigen Aufsichtsratsmitglieds für ausreichend, um den Skandal dadurch zu beenden.

Dabei ist der Skandal um das Kinderhospital nur einer in einer endlos langen Liste von Korruptions- und Bestechungsfällen, die die politische Kultur in Lettland prägen:

- ▶ dem Vorsitzenden der Nationalen Wahlkommission, Arnis Cimdars, wird von der Antikorruptionsbehörde im April 2009 vorgeworfen, sich und den Kommissionsmitgliedern zwischen 2002 und 2006 (letzte nationale Wahl) umfangreiche »Bonus-Zahlungen« zugeschanzt zu haben.

- ▶ Im April 2009 stellen die staatlichen Rechnungsprüfer fest, dass die Ende 2008 eingeweihte größte Autobrücke des Baltikums, die Rigaer Süd-Brücke, mit mindestens 40 Mio. Euro überzahlt wurde. Ermittelt wird deswegen gegen mehrere Mitglieder des Rigaer Stadtrates.

- ▶ Im Februar 2009 wird eine weitere dubiose Geschichte zur Steuerhinterziehung des Staatspräsidenten bekannt. Er ließ sich von seiner Frau als deren Angestellter ohne Bezahlung führen und sie konnte dadurch Steuervorteile für ihre Firma verbuchen. Wie bei Dr. Zatlers selbst, so wird auch der Fall seiner Frau wegen Geringfügigkeit nicht strafrechtlich verfolgt.

- ▶ Der Direktor der städtischen Entwicklungsbehörde in Riga, Peteris Strancis, wurde im März 2008 zunächst durch die Anti-Korruptionsbehörde unter dem Vorwurf der Bestechlichkeit in Haft genommen, dann Anfang Juli aber wieder ohne weitere Konsequenzen freigelassen. Begründung: Strancis habe doch Familie (!) und es bestehe nur eine geringe Wahrscheinlichkeit, dass er die Ermittlungen behindere.[55]

- ▶ Im März 2007 wurde Oligarch Aivars Lembergs, der Bürgermeister von Ventspils der Bestechung, Geldwäsche und des Steuerbetrugs bezichtigt. Er saß deswegen beinahe vier Monate lang

---

55  LETA, Riga, 6.7.2008: » Strancis released from custody. Peteris Strancis, former director of the Riga City Council's City Development Department, was released from custody yesterday. The Corruption Prevention Bureau decided to apply a lighter security measure for Strancis due to the fact that he has a family and that there is less of a chance that he can hamper the investigation. Strancis was detained on March 27 on suspicion of taking bribes. «

in Untersuchungshaft und befand sich anschließend bis Februar 2008 unter Hausarrest – wobei er allerdings die ganze Zeit über weiterhin sein Amt als Bürgermeister der wichtigen Hafenstadt Ventspils und seine diversen anderen Aktivitäten ausübte.

▶ Sein Parteikollege und Parlamentspräsident Indulis Emsis musste im September 2007 zurücktreten, nachdem gegen ihn ein Verfahren wegen falscher Zeugenaussage in einem schweren Kriminalfall eröffnet worden war. Ihm war im Parlament Geld gestohlen worden, mit dem Emsis angeblich einen Traktor hatte kaufen wollen. Wahrscheinlicher ist jedoch, dass das Geld mit der Verhaftung Lembergs und mit illegaler Parteienfinanzierung in Zusammenhang stand.

▶ Die Kriminalpolizei hatte gegen die staatliche Post eine Untersuchung wegen Geldwäsche zwischen September und November 2007 im Umfang von mindestens 1,5 Mio. Euro eingeleitet. Verantwortlich: Verkehrsminister und Oligarch A. Slesers. Es gab eine sehr lettische Lösung: Eine Putzfrau der Post wurde als Hauptverdächtige bezeichnet und konsequenterweise von ihrem Arbeitsplatz entlassen.[56] Für sie gibt es keine gewerkschaftliche Interessenvertretung und niemand würde ihre Anwaltskosten übernehmen.

Hoffnung stiftend war an diesen und zahlreichen weiteren Korruptionsvorwürfen[57], dass deutlicher als je zuvor die Justiz reagierte und dass schließlich im Oktober 2007 sogar seit vielen Jahren zum ersten Mal auch das Volk gegen die Machenschaften des politischen Apparats auf die Straße ging. Zunächst hatte Ministerpräsident Kalvitis unter der fadenscheinigen Begründung von Unregelmäßigkeiten in der Buchführung des Anti-Korruptionsbüros KNAB dessen Direktor Aleksejs Loskutows suspendiert. Er wollte damit offenbar die weitere Verfolgung von etwa 15 laufenden Untersuchungen über erhebliche Korruptionsvergehen von Parlamentariern und anderen öffentlichen Persön-

56 LETA, Riga, 03.12.2007: Money-launder charges eyed against »Latvia Post«.
57 Ein etwas ausführlicherer Überblick über markante Korruptionsfälle in den baltischen Ländern findet sich bei E. Römpczyk: Gribam Ilgtspejigu Attistibu [Wir wollen nachhaltige Entwicklung], Riga 2007 (besonders Kap. 4)

lichkeiten vor allem aus seiner eigenen Partei unterbinden.[58] Das misslang ihm nicht nur wegen des standhaften Generalstaatsanwalts Janis Maizitis, der dem Ministerpräsidenten Kompetenzüberschreitung vorwarf und seinen Akt für illegal erklärte. Der Rechtsbruch kam Kalvitis vielmehr politisch teuer zu stehen: Er verlor sowohl seinen Außenminister Artis Pabriks, der am 19. Oktober zurücktrat, als auch den Minister für regionale Entwicklung, Aigars Stokenbergs, der zur gleichen Zeit aus der Partei ausgeschlossen wurde, weil er sich gegen die Anti-KNAB-Aktionen stellte. Nebenbei kam auch der Wirtschaftsminister abhanden. Das Chaos in der Regierung in Kombination mit den wirtschaftlichen und sozialen Missständen des Landes trieb in der Folge die Menschen zu mehreren Demonstrationen erst vors Parlament und schließlich am 03. November auf den Domplatz, um dort »Für ein rechtsstaatliches Lettland« zu demonstrieren. Vier Tage später kündigte Kalvitis seine Demission für den 05. Dezember an. Am 08. November wurde KNAB-Direktor Loskutows wieder eingesetzt. Am 20. Dezember stellte Ivars Godmanis als neuer Ministerpräsident sein neues/altes Kabinett vor. Die Erwartungen der Bevölkerung, im neuen Kabinett Godmanis vielleicht doch endlich neue Gesichter und besser qualifizierte Amtsträger vorzufinden, konnte/wollte Godmanis jedoch nicht erfüllen. Es gab lediglich drei neue Minister mit teilweise sehr fragwürdigem Hintergrund, wie besonders beim jungen Minister für Regionalentwicklung – Edgars Zalans –, der sich seine Persönlichkeit vom pseudo-psychologisch-religiösen Institut *Liderisma Akademija* in Riga aufbauen ließ, um dann öffentlich stolz zu verkünden, dass er keine Zeitung lese und alles, was er für sein Ministeramt wissen müsse, schon in sich selbst trage. Ende Februar 2009 hatte diese Kuriosität dann einen gewaltigen Impuls erhalten, indem Godmanis als Ministerpräsident nach drei Monaten zurückgetreten wurde und die Volkspartei eben diesen Edgars Zalans als neuen Ministerpräsidenten präsentierte. Die Beschleunigung der extrem kurzen Verweildauer der Regierung Godmanis (drei Monate) durch die Interventionen von Staatspräsident Zatlers gehört allerdings weniger unter diese Kapitelüberschrift »Korruption….« als vielmehr in den Bereich der unqualifizierten

---

58  Aleksejs Loskutovs erklärte in der TV Talkshow »Kas notiek Latvija?« (Was ist los in Lettland), 25.9.2007: »The bureau [KNAB] has conducted and is still conducting a great many investigations, and these affect numerous people. What's more, the bureau also monitors political party financing, and it has punished parties in the governing coalition on more than one occasion. This is an issue which, perhaps, must be considered in relation to what is happening on the large stage of politics and behind the scenes. Perhaps there are serious changes brewing in the state or the government, and the moment of confusion is being used to make the bureau as harmless as possible.«

Staatsführung durch fahrlässige politische Entscheidungen. Aber jede lettische Regierung müsste allmählich politische Betroffenheit zeigen. Denn 65 % der Bevölkerung erklären in Umfragen, dass »es unmöglich ist, durch ehrliche Arbeit reich zu werden«. Damit ist der neue ostentative Reichtum der »Fettaugen-Elite« gemeint, die auf der sozialen Soljanka« schwimmt und mit mehr neuesten Mercedes-, BMW- oder Porsche-SUV in Riga unterwegs ist als es der Geldadel in Hamburg oder München zeigt.[59] In ihrer Untersuchung »*Latvia. An Overview on nation's development. Human capital: is my nation my gold?*« präsentieren die Autoren weitere aufschlussreiche Daten zum Wertewandel in der Transformationsgesellschaft: 39 % der Bevölkerung halten betrügerisches Handeln für eine wesentliche Voraussetzung, um heute in Lettland erfolgreich zu sein. Diese Grundhaltung erklärt die heute von nationalen wie von ausländischen Investoren beklagte Ineffizienz der lettischen Arbeitskräfte.

Denn aus ihrer fatalistischen Systembewertung heraus sind allzu viele nur daran interessiert, als Leistung bringende Arbeitskräfte *zu erscheinen*, es de facto allerdings bei dem geringsten möglichen geistigen und körperlichen Energieaufwand am Arbeitsplatz zu belassen. Es handelt sich daher nicht um ein Problem von Arbeitsunfähigkeit, sondern von Unfähigkeit des politischen Systems, vom bisherigen Casino-Kapitalismus auf eine moderne Leistungsgesellschaft umzustellen, die langfristig nur mit erheblich geringerer Korruption, dafür mit deutlich mehr Mitbestimmung, Kompetenzeinsatz und Demokratie funktionieren kann.

Während Ex-MP Godmanis also wenig Neues zu bieten hatte, durfte Ex-MP Kalvitis noch bis Oktober 2008 Vorsitzender der Volkspartei bleiben und mobilisierte als solcher bis zur Jahresmitte 2008 alle Kräfte, um die Anti-Korruptionsbehörde KNAB doch noch aus dem Spiel zu nehmen. Denn inzwischen waren auch andere wichtige Politiker seiner Partei ins Schussfeld von KNAB geraten: So wurde das Büro des obersten Stadtentwicklers von

59   International Internet Magazine Tuesday, 01.04.2008 : Almost 40% of Latvian workers consider that dishonesty plays important role in success; www.baltic-course.com/eng/analytics/?doc=474.

Riga – Edmunds Krastins –, wo hohe Millionenaufträge für Großbauten vergeben werden, von KNAB-Beamten am 17.6.2008 nach Schmiergeldbelegen durchsucht. Die Regierung konnte KNAB daran hindern, offiziell Anzeige gegen Krastins zu erstatten, was wiederum den Rigaer Stadtrat in die Lage versetzte, Krastins nicht suspendieren zu müssen.

Und so blieb er denn im Amt. Stattdessen wurden sehr genaue Zahlen über entwendete Bargelder innerhalb von KNAB selbst veröffentlicht, um KNAB-Direktor Loskutovs diesmal durch das Parlament seines Amtes entheben zu können.[60] Nur wenige in Riga waren daher überrascht, als ein halbes Jahr später eine erneute Initiative der Volkspartei gegen KNAB-Direktor Loskutovs erfolgreich war: An einem Sonntag (!) im Ferienmonat Juni hatte die Volkspartei zu einer Sondersitzung des Parlaments gerufen, um den Vorsitzenden von KNAB durch das Parlament absetzen zu lassen. Das gelang zwar gegen alle Oppositionsstimmen in der Saeima, aber draußen vor der Tür waren trotz Sommerferien wieder viele Bürger zusammengekommen, um deutlich für ein anderes Verständnis von politischer Kultur zu demonstrieren.

Die Reaktion der Oppositionsparteien ließ nicht lange auf sich warten: Loskutovs wurden sowohl von der Partei Neue Zeit als auch von dem stark russisch orientierten Bündnis Harmonie-Zentrum eine Einladung zur Parteimitgliedschaft überbracht. Wobei letztere ihm auch gleich einen Sitz im Europaparlament in Aussicht stellte.

Neben KNAB gehört die lettische Vertretung von Transparency International, DELNA, zu den ganz wenigen, dafür umso wichtigeren Anti-Korruptions-Instanzen.[61]

DELNA dämpft in seinem Jahresüberblick (veröffentlicht Ende 2007) und vor allem in seinen wöchentlichen Aufdeckungen die oben vorsichtig geäußerte Hoffnung auf Korruptions-Abbau. Es gibt aber dennoch indirekt auch Hinweise auf die allmählich deutlicher werdende Konfliktlinie zwischen Rechtssystem und dem politischen System mit seinen sehr eng gefassten Elite-Interessen. Als aktuelles Beispiel wird das weiter oben zitierte Beispiel des Stadt-Entwick-

60  Meldung der Baltic Times vom 28.5.2008:
»RIGA – The prosecutor's office has revealed that nearly 130,000 lats (170,745 euro) have gone missing from the anti-corruption bureau's coffers in a growing scandal that may cost the organization's head his job. Prosecutor General Janis Maizitis told journalists on May 20 that the missing money included 89,868 lats, 38,445 euros and 27,287 dollars. The news sparked a flurry of activity among politicians, KNAB officials and the media. »[KNAB head Aleksejs] Loskutovs sees this as a big blow. …«

61  Latvian Chapter of Transparency International, Bruṇinieku iela 27-38, Riga LV1011, Latvia, Tel +371-728-5585, Fax +371-728-5584, ti@delna.lv

lungsprojekt JAU in Riga zitiert. Angesichts der Kommunalwahlen von Anfang Juni 2009 kam es im Rigaer Stadtrat (Anti-Korruptions-Komitee) Ende März des Jahres sogar zu einer ersten Initiative zur Erfassung aller in Riga tätigen Lobbyisten mit dem Ziel, diese Übersicht sogar öffentlich zu machen. Über die Wirkungen eines solchen Instruments gehen allerdings selbst bei den professionellen Anti-Korruptionsbekämpfern die Meinungen auseinander.

## PRIVATE ANEIGNUNG ÖFFENTLICHER MITTEL

In die Untersuchungskommission gegen KNAB-Direktor Aleksejs Loskutovs hatte der vorige Ministerpräsident Aigars Kalvītis außer den vorgeschriebenen Generalstaatsanwalt ihm eng verbundene Minister oder Parlamentarier eingesetzt. Aber selbst diese Kommission konnte keine stichhaltigen Argumente gegen die Anti-Korruptionsbehörde bzw. ihren Leiter zusammentragen.

Bei der schlagartigen Entlassung von Loskutovs im Oktober 2007 ging es daher in Wirklichkeit um das Wichtigste in der lettischen Politik, und das sind die Zuflüsse von EU-Geldern und die Verfügungsgewalt über dieselben. Wie in jedem anderen Land mit hoher Korruption so kommt auch in den baltischen Staaten, gerade auch in Lettland, den Zuflüssen externer Finanzmittel deswegen großes innenpolitisches Gewicht zu, weil sie den Schwund der öffentlichen Mittel auszugleichen helfen. Das gegenwärtige Staatsbudget beläuft sich auf rund 4,5 Mrd. Euro p.a. Dem stehen aus den vier unterschiedlichen EU-Programmen Zuflüsse in der Größenordnung von mindestens 6,5

| Year | Financial Support in € |
|---|---|
| 1992 | 15.000.000 |
| 1993 | 18.000.000 |
| 1994 | 29.500.000 |
| 1995 | 32.500.000 |
| 1996 | 37.000.000 |
| 1997 | 43.000.000 |
| 1998 | 32.500.000 |
| 1999 | 44.500.000 |
| 2000 | 103.721.936 |
| 2001 | 106.973.602 |
| 2002 | 106.097.531 |
| 2003 | 126.128.615 |
| 2004[5] | 408.602.042 |
| 2005 | 392.478.992 |
| 2006 | 388.257.942 |
| 2007 | 508.251.651 |
| 2008 | 554.225.772 |
| 2009 | 603.897.967 |
| 2010 | 655.705.281 |
| 2011 | 709.339.722 |
| 2012 | 765.395.661 |
| 2013 | 823.567.165 |
| Sum | 6.504.643.879 € |

Mrd Euro für den Zeitraum 1992–2013 gegenüber[62] (vgl. dazu auch den Abschnitt *»EU-Finanzzuflüsse als politisches Movens«*). Die sachgemäße Verwendung der EU-Zuflüsse wird von Fachleuten außerhalb des Regierungslagers mit großen Fragezeichen versehen. Deutsche Geschäftsleute in Lettland erklären offen ihre Unzufriedenheit mit der mangelhaften Anti-Korruptionspolitik der Regierung – vor allem, weil Korruption einhergeht mit ineffizienter öffentlicher Verwaltung, niedrigem Ausbildungsstand am Arbeitsmarkt sowie undurchsichtigen öffentlichen Ausschreibungen und Auftragsvergaben – wobei auch hier übertriebene bürokratische Hürden meist intendiert sind und die Kehrseite von Bestechung und Vetternwirtschaft darstellen.

Um nach außen ein Zeichen zu geben, war in Lettland ein Mini-Ministerium für EU-Angelegenheiten eingerichtet worden. Die EU-Mittel sollten hier transparent verwaltet werden. Der zuvor schon angesprochenen harten Kritik im Kabinett Kalvitis an dessen Wirtschafts- und Finanzpolitik verschloss sich auch der EU-Minister nicht. Normunds

»Politischer Salon« zum Thema Korruption, Riga

Broks wollte sich nicht widerspruchslos dem Diktum des Ministerpräsidenten unterwerfen, geriet in eine Abseitsstellung und sein Mini-Ministerium fiel schnell den Sparmaßnahmen im Herbst 2008 zum Opfer. Die Kompetenz der EU-Mittel-Bewirtschaftung ging wieder an das Ministerium für Regionalentwicklung und Verwaltungsreform. Als interessierter ausländischer Beobachter konnte ich in einer kleineren öffentlichen Veranstaltung den inzwischen zurückgetretenen Landwirtschaftsminister Martins Roze in folgender Szene erleben: Der Minister legte dem Publikum dar, dass eine von der EU-Kommission erbetene Konzeption zur lettischen Migrationspolitik im Kabinett deswegen wieder auf Eis gelegt worden war, weil das Kabinett sich zunächst darauf konzentrieren wollte, »die Lettland zustehenden« EU-Gelder ins Land zu holen.

62  Aktuelle Zusammenstellung durch FES-Riga (Ulla Reiss, Dez. 2007)

Mein Einwand an den inzwischen entlassenen Roze: Die EU-Fonds werden erst durch die Netto-Beiträge nur weniger Mitgliedsländer möglich gemacht und die steuerzahlenden Bürger eben dieser Länder wüssten schon sehr gerne, für welche Regierungspläne die EU-Mittel tatsächlich eingesetzt werden sollen.

Die Veranstalter ermöglichten es, dass der Minister darauf nicht antworten musste. Die Szene zeigte aber auch anderen Teilnehmern, wie viel selbstverständliche Klondike-Mentalität die lettische (baltische) Politik bestimmt.

## EU-KOMMISSION MIT BESCHÄDIGTER LEGITIMATION

Das Thema Korruption in den neuen Beitrittsländern war kein Tabu-Thema in der EU. Die Kommission forderte den Aufbau von Anti-Korruptionsbehörden und von Anti-Korruptionsgesetzen. Damit sahen die Dinge auf dem Papier schon einigermaßen geregelt aus. Nur, die Realität hielt sich nicht daran. Das stellen die Kommission und ihre Institute inzwischen längst selber fest. Eine der jüngsten Untersuchungen, die nicht zuletzt auf Anregung des Estlandstämmigen Kommissars Siim Kallas (zuständig u.a. für Betrugsbekämpfung) durchgeführt wurde, legte überraschende Erkenntnisse über berufsethische Regeln und Normen für Inhaber öffentlicher Ämter in der EU vor[63]:

Zum einen, dass weiterhin nur oberflächliche Kenntnisse über die Wirksamkeit der verschiedenen nationalen Ethik-Normen und Durchsetzungsinstrumente für die Inhaber öffentlicher Ämter in der EU vorliegen. Das sei zum Teil der geringen Transparenz der Arbeitsweisen der jeweiligen nationalen Ethik-Kommissionen geschuldet. Hier müsse die Bekämpfung der Korruption ansetzen, nämlich bei der Professionalisierung neutral zusammengesetzter Institutionen und bei der Unabhängigkeit von Selbstregulierungs-Instanzen (eher nicht bei den Parlamenten, lieber paritätische Gruppierungen). Zudem müsse über ihre Arbeit und die Umsetzung ihrer Änderungsvorschläge öffentlich und allgemein zugängig berichtet werden.

63  Regulating Conflicts of Interest for Holders of Public Office in the European Union. A Comparative Study of the Rules and Standards of Professional Ethics for the Holders of Public Office in the EU-27 and EU Institutions (C. Demmke/M. Bovens/T. Henökl/K. van Lierop/T. Moilanen/G. Pikker/A. Salminen). A study carried out for the European Commission Bureau of European Policy Advisers (BEPA) European Institute of Public Administration, Brüssel 2007.

Zum anderen präsentiert dieselbe Untersuchung eine völlig gegensätzliche Erkenntnis: Wenn Pro-Ethik-Regelungen erfolgreich sein sollen, dann sollten sie auf die Besonderheiten der administrativen Kultur und des politischen Kontextes eines Landes zugeschnitten sein. »Eine zentrale Schlussfolgerung der Studie lautet daher, dass eine neue Ethik-Politik (der EU) in Respekt vor und in Anerkennung der gültigen Spielregeln des Landes und seiner Institutionen formuliert werden soll.« Ich bin nicht sicher, ob man einen Freibrief für die nationalen Korruptionsformen und -dimensionen noch einladender formulieren kann.[64]

Es hat allerdings etwas von politischer Ironie, dass derselbe Siim Kallas als Präsident der estnischen Nationalbank in den 90er Jahren einer der radikalsten Neoliberalen seines Landes war und während seiner Präsidentschaft bei Spekulationsgeschäften der Zentralbank 10 Mio. Dollar verloren gingen. Für ein so kleines Land viel Geld.

Anti-Korruptions-Arbeit im Beispielland Lettland war und ist insbesondere deswegen so schwierig, weil die unglaublich kleine politische Elite nahezu identisch mit der unglaublich kleinen ökonomischen Elite des Landes ist (vgl. die Erläuterungen zu *Aivars Lembergs als pars pro toto* im Abschnitt *»Die Macht der Transformations-Oligarchen«*, S. 62). Die wirtschaftliche Elite hat – wie zuvor schon dargestellt – ihre konservativ-national-liberalen Parteien selbst kreiert, damit die Koalitionsregierungen gebildet und sich eine angenehme nationale Gesetzeslage mit genügend juristischer Unschärfe geschaffen, um die fallbezogene Auslegung zu erleichtern. Die Weltbank, die Europäische Entwicklungsbank, Transparency International und mancher Journalist haben im Laufe der Jahre vor 2004 wie auch danach über diese Realität berichtet.[65]

Was hinderte die EU-Kommission also, sich konkreter und massiver dafür einzusetzen, dass die vielen Milliarden DM und dann Euro nicht in so wenigen Taschen versickerten?

Es sieht sehr danach aus, als könne nicht nur vom Erbe alter sowjetisch-russischer Gepflogenheiten gesprochen werden, sondern auch von einer ziemlich fragwürdigen Vorbildfunktion durch die Kommission selbst, einschließ-

---

64  Dort in der Ergebniszusammenfassung (summary), Abschnitt 12.
65  2006 unterstützte die Friedrich Ebert Stiftung in Lettland die nationale Vertretung von Amnesty International bei einer Sequenz von »Politischen Salons« unter Beteiligung honoriger Wissenschaftler, Politiker, Bürger aus Riga. Die Reihe konnte danach aus technischen Gründen nicht fortgesetzt werden

lich ihrer zentralen Mitgliedsländer, wie Italien oder auch Deutschland.[66] Das betrifft zum einen die Instrumentarien der Maßnahmenfinanzierung während des Erweiterungsprozesses, für die es aufwendige bürokratische Abrechnungsvorschriften gab. Aber gab es auch nur *eine* kritisch-konstruktiv durchgeführte Wirkungsanalyse? Das kam einer Einladung zur Verschleierung der real abgeflossenen Mittel gleich, scheint aber kaum jemanden in der Brüsseler Bürokratie näher interessiert zu haben. Ähnlich wie in der so genannten Entwicklungshilfe, lässt sich der überwiegende Teil der Hilfsprogramme der EU als selbstreferenzielle Systeme benennen: die Hilfsprogramme sind ineffizient, besitzen als Apparat aber einen gewaltigen Finanz- und Personalbedarf, der sich wegen der nicht gelösten Probleme in den neuen Mitgliedsländern mit traumwandlerischer Sicherheit ständig vergrößert und den Hilfsprogrammen einen immer weiter wachsenden Legitimationsschub verschafft. Die westeuropäischen Steuerzahler müssten dringend auf die Barrikaden gehen![67] Vom Handeln der Kommission und der Anwendung ihrer Programme konnten nicht wirklich Impulse zur Korruptionsbekämpfung in den labilen neuen Demokratien ausgehen – spätestens seit die EU-Kommission genötigt wurde, die Antikorruptions-Einheit gegen sich selbst einzurichten: OLAF. Aber ...

## OLAF ALLEIN GENÜGT NICHT

Noch während des Erweiterungsprozesses waren die Korruptions-Praktiken in der Kommission auf einem Niveau angekommen, dass im März 1999 die gesamte Kommission zurücktreten musste. Im selben Jahr wurde die BETRUGSBEKÄMPFUNGSEINHEIT OLAF gegründet. Im Mai 2003 kam dann der nicht mehr tolerierbare *Eurostat-Skandal* hinzu. Bekannt geworden war, dass bei Eurostat Gelder in Millionenhöhe veruntreut und Aufträge ohne Ausschreibung vergeben wurden. Als Konsequenz wurden leitende Beamte

---

66  Hier ist nicht der richtige Ort, um sich über die enormen Bestechungs- und Steuerhinterziehungs- und Schwarzgeld-Skandale der politischen Parteien in Deutschland auszulassen (von der »Flick-Affäre« bis zu den Lichtenstein-Konten der hessischen CDU). Weltkonzerne wie Siemens oder Telekom haben dabei das deutsche Unternehmer-Image nachhaltig geschädigt. Vieles erinnert jedenfalls an die sehr ähnlichen Verhaltensweisen einer von der Bevölkerung völlig getrennt operierenden Elite, wie sie hier für die ehemaligen sowjetischen Republiken dargestellt wird.

67  Vielleicht hat das irischen »Nein« zum Lissabon-Vertrag im Juni 2008 auch mit solchen Wahrnehmungen zu tun.

versetzt und schnelle Aufklärung versprochen. Doch die Untersuchungen zogen sich hin. Überzeugend klare Konsequenzen waren nicht erkennbar. Das belastet grundsätzlich das Vertrauen in die EU. Das Vertrauen in die Kompetenz von OLAF scheint dagegen zu wachsen. Die erfolgten Hinweise auf intransparente Vorgänge führten dazu, dass OLAF sich mit einer steigenden Zahl von Delikten beschäftigen muss. Deren Zahl ist schrittweise von 529 neuen Hinweisen im Jahr 2002 auf 886 im Jahr 2007 angestiegen. 2007 wurden auf der Grundlage eingegangener Hinweise 543 Beschlüsse gefasst (im Vergleich zu 2006 ein Anstieg von 15 %). Dabei ist außerordentlich wichtig, dass OLAF ausreichend viel Offenheit in seinen Jahresberichten praktiziert, um bei der Bevölkerung insgesamt Vertrauen für die EU-Einrichtungen zurückzugewinnen.[68] Die präventive Wirkung der Untersuchungsarbeit von OLAF kann nicht in Zahlen gefasst werden, doch wurden 2006 mehr als 450 Mio. Euro im Zusammenhang mit OLAF-Fällen wieder eingetrieben. 2007 wurden im Zusammenhang mit Untersuchungen von OLAF über 478 Mio. Euro eingezogen. Insgesamt wird der Umfang aller von OLAF seit 1999 untersuchten Fälle auf mehr als 7,3 Mrd. Euro geschätzt.[69] Die Anti-Korruptionsbehörde KNAB in Lettland hat auf nationaler Ebene theoretisch die Funktion eines OLAF. Gegen eine zumindest ähnlich effiziente Anti-Korruptionsarbeit wehrt sich die Elite in der baltischen Republik – wie gezeigt – mit beinahe allen Mitteln. Gerade deswegen sollte das Mandat von OLAF auch Prüfrechte in den Mitgliedsländern dort beinhalten, wo es um den Schutz der EU-Steuermittel geht, um deren zweckgebundene und nachweisbare Verwendung sicherzustellen.

---

68    Der schnellste Zugriff auf die Berichte erfolgt über: http://ec.europa.eu/dgs/olaf/.
69    Kommission, Dok 390 (2007) vom 6.7.2007: Bericht der Kommission an das Europäische Parlament und den Rat. Schutz der finanziellen Interessen, Interessen der Gemeinschaften – Betrugsbekämpfung. Jahresbericht 2006.

# STOLPERSTEIN POLITISCHE PARTEIEN [70]

## ÜBERBLICK BALTISCHE PARTEIENLANDSCHAFT

### *Estland*

| | |
|---|---|
| *Sozialdemokraten (bis Anf. 2004 unter dem Namen: die Moderaten/*Mõõdukad*)* | Seit 1990 gab es zwar eine sozialdemokratische Partei, die verband sich jedoch mit einer der Bauernparteien zu den Moderaten. Die Partei entstand im Wesentlichen durch die Unzufriedenheit mit der Regierung Savisaar nach der Unabhängigkeit. Sowohl von 1992 bis 1995 als auch von 1999 bis 2001 waren die Moderaten an der Regierung von Mart Laar beteiligt, die von Politologen als dogmatisch freimarktwirtschaftlich bezeichnet wurde. Sie verstanden sich zwar als das soziale Gewissen der Reformregierung, trugen aber deren liberale Wirtschaftpolitik mit. Erst nach dem Sturz der Regierung versuchte sich die Partei unter dem zweimaligen Außenminister Toomas-Hendrik Ilves zur inhaltlich bestimmten Sozialdemokratie zu wandeln. Seit 7. 2.2004 trägt sie den offiziellen Namen Sozialdemokratische Partei Estlands (SDE) und zählt rd. 3.500 Mitglieder. Ihren ersten Erfolg verzeichnete sie bei den Europawahlen Mitte Mai 2004, als es Toomas-Hendrik Ilves gelang, durch seine außerordentliche persönliche Zugkraft gleich für zwei weitere SDE-Mitglieder die erforderlichen Stimmen für einen Sitz im Europaparlament zu sichern. Inzwischen ist Ilves Staatspräsident und die SDE war bis Mai 2009 Juniorpartner in der aktuellen Regierung unter MP Andrus Ansip (liberale *Reformpartei*). Wegen der akuten Regierungskrise mussten die drei SDE-Minister ihre Ämter abgeben und selbst in die Opposition gehen. |

70   Dieser Abschnitt stützt sich auf ein Papier, welches für das FES-Büro Tallinn durch Alina Gumpert im Nov. 2005 erstellt wurde

| | |
|---|---|
| **Die Zentrumspartei (Keskerakond)** | Gegründet 1991 als Nachfolger der Volksfront, die als Sammelbecken von Reformkommunisten und gemäßigten Oppositionellen Ende der 80er Jahre zur Unterstützung von Gorbatschow gegründet worden war. Die Partei ist über Jahre fixiert auf ihren Vorsitzenden Edgar Savisaar, der von 1990 – 1992 erster Ministerpräsident nach der Unabhängigkeit war. Die Partei artikulierte sich durchgehend populistisch und besetzt wegen des Fehlens einer starken Linken sowohl soziale Themen als auch das Themenfeld »Minderheiten« (in Estland sind das de facto die rd. 30 % ethnischer Russen. Savisaar ist daher besonders unter der nicht-estnischen Bevölkerung beliebt. Nach der Fusion mit der Partei der Rentner im April 2005 ist sie die größte Partei mit ca. 9500 Mitgliedern. Seit Juni 2009 stellt sie einen EU-Abgeordneten. |
| **Bauernpartei (Volksunion)** | Spielt nach wie vor im agrarischen Estland keine geringe Rolle. Der vorherige Staatspräsident Arnold Rüütel kam aus der Landwirtschaft und war lange bedeutendster Politiker jener Bauernpartei, die in der Allianz-Partei aufging. Insgesamt gibt es nicht weniger als sechs Bauernparteien, die jedoch zumeist nicht ohne Partner bei Wahlen antreten. Allen diesen Parteien ist ihre aus der Zwischenkriegszeit überkommene Einstellung gemein, als die Landwirtschaft noch der wichtigste Sektor war. Heute erwarten die oft ums Überleben kämpfenden Bauern viel staatliche Unterstützung, für die diese Parteien jedoch nicht sorgen können, da sie kaum an Regierungen beteiligt waren. Aktuell Oppositionspartei. |
| **Res Publica** | Die Partei trat erst 2002 auf die politische Bühne als Folge der extrem niedrigen Popularität der neoliberalen Laar-Regierung. Der Exil-Este und Politologe Rein Taagepera konnte als Gründungsvorsitzender gewonnen werden. Die Partei erlebte bei den Wahlen 2003 einen kometenhaften Aufstieg, auch wenn sie die Zentrumspartei nicht zu überflügeln vermochte. Taagepera selbst war 1992 noch selbst als Präsident für die Zentrumspartei angetreten. Vom April 2003 bis März 2005 stellte Res Publica den Ministerpräsidenten in der Person des Parteivorsitzenden Juhan Parts. Aktuell Regierungspartei in Parteiallianz mit Vaterlandsunion. |

| | |
|---|---|
| **Vaterlandsunion** | In den Jahren 1992-1995 waren Vaterlandsunion und ERSP (Nationale Unabhängigkeitspartei) die führenden Kräfte der ersten verfassungsmäßigen Regierungskoalition nach der Wiederherstellung der Republik Estland. Unter Führung dieser Parteien wurden die radikalen Wirtschaftsreformen durchgeführt, Privatisierung und Eigentumsreform in Gang gesetzt und die Basis für die Sozialreform geschaffen. Es wurde eine feste Basis für das nationale Bankwesen, für die nationale Währung und für die ausgeglichene staatliche Fiskalpolitik geschaffen. Nach den Parlamentswahlen im März 1999 bildete die Vaterlandsunion mit der Reformpartei und den Moderaten (Sozialdemokraten) die Regierungskoalition und stellte den Ministerpräsidenten Mart Laar.<br>Aktuell in Parteiallianz mit Res Publica unter der Abkürzung IRL und nur in dieser Gemeinsamkeit auch Regierungspartei. |
| **Reformpartei** | Die Partei entstand infolge einer Spaltung der Vaterlandsunion zu Beginn der 90er Jahre, die letzlich auch zum Sturz der Regierung Mart Laar 1994 führte. Sie wurde vom früheren Präsidenten der estnischen Nationalbank und aktuellen EU-Kommissars, Siim Kallas, mit einem Teil der von der Vaterlandsunion abgespalten politischen Kräfte gegründet und ist unter den wirtschaftspolitisch liberal eingestellten Parteien Estlands die radikalste. Dass in seiner Amtszeit als Präsident der Nationalbank bei einem Spekulationsgeschäft zehn Millionen US-Dollar verloren gingen, hat der weiteren Karriere von Kallas nicht geschadet. Der Reformpartei hat sich mittlerweile eine der einflussreichsten »russischen« Parteien angeschlossen, die westlich orientierte Russisch-Baltische Partei (Vene Balti Erakond Eestis) mit ca. 4.000 Mitgliedern.<br>Aktuell führende Regierungspartei mit 30% der Parlamentssitze, stellt den Ministerpräsidenten Andrus Ansip und vier Minister. Dazu einen Sitz im EP und den EU-Kommissar für Verwaltungsangelegenheiten, Rechnungskontrolle und Antikorruption, Siim Kallas. |
| **Grüne Partei** | Die erst Ende 2006 offiziell gegründete Partei bekam gleich genug Stimmen, um mit sechs Abgeordneten und damit in Fraktionsstärke ins Parlament einzuziehen. Ihr wichtiger Sprecher und Mitglied des Auswärtigen Ausschusses ist Valdur Lahtvee, der vom Leiter des privaten Umweltinstituts SEI ins Parlament wechselte und sehr viel internationale Erfahrung mitbringt. Die Grünen konzentrieren sich besonders auf die estnische Energiepolitik, die sie atomfrei sehen wollen.<br>Aktuell Oppositionspartei mit relativ großer Toleranz gegenüber der regierenden konservativen Minderheitskoalition. |

| Wahlen zum Europa-Parlament 2009 | |
|---|---|
| **Parteien > 5%**<br><br>Zentrums-Partei<br>Reform-Partei<br>Union aus Vater-<br>landsunion mit Res<br>Publica<br>Sozialdemokraten | 43.2% oder 392.494 Bürger und Bürgerinnen nahmen ihr Wahlrecht wahr und verteilten ihre Sympathien auf diese Parteien oberhalb der 5%-Marke:<br>Zentrums-Partei (größte parlamentarische Opposition): 103.525 Stimmen<br>Reform Partei (Regierung): 60.899 Stimmen<br>Union aus Pro Patria und Res Publica (Regierung): 48,489 Wähler<br>Sozialdemokraten (bis kurz vor der Wahl noch Regierung): 34.554 Stimmen.<br>Indrek Tarand, als die unabhängige Personifizierung des bürgernahen Systemkritikers und Parteienkritikers, der durch eine Fernsehshow in Estland bekannt ist, verfehlte nur knapp die absolute Stimmenmehrheit mit 102.509 Stimmen. |

| | |
|---|---|
| **Sozialdemokratische Partei: LSDSP** | 1904 gegründet. Als Sozialdemokratische Vereinigung gelangte 1998 erstmals eine Koalition aus Lettlands Sozialdemokratischer Arbeiterpartei und Lettlands Demokratischer Partei der Arbeit ins Parlament, die nur aus der Einsicht in die Notwendigkeit der Zusammenarbeit entstand. Seit 2002 gibt es offiziell zwei Sozialdemokratische Parteien in Lettland. Die größere davon heißt Lettische Sozialdemokratische Arbeiterpartei (LSDSP) und deren Abspaltung wurde zur Sozialdemokratischen Union (SDS), inzwischen Sozialdemokratische Partei (SDP). LSDSP verfügte bis Mitte 2009 über rd. 800 Mitglieder. Etwa 300 Mitglieder waren um 2002 zur SDS abgewandert. Fünf Parlamentarier verließen ebenfalls die LSDSP-Fraktion und bildeten die neue SDS-Fraktion. Beide Parteien beteiligten sich getrennt an den Wahlen zum nationalen Parlament (2002) und zum Europaparlament (2004) sowie an den Kommunalwahlen (2005). Aufgrund der Spaltung war keine der beiden bei einer der Wahlen erfolgreich. Bei der letzten Parlamentswahl im Oktober 2006 blieben beide Parteien unterhalb der 5%-Hürde. Bis zur Kommunalwahl, Juni 2009, war LSDSP noch mit einigen Beigeordneten in der Stadtverwaltung von Riga politisch vertreten. Sie fiel aber bei den Kommunalwahlen im Juni 2009 glatt durch und müsste einen radikalen personellen und konzeptionellen Umbau durchführen – aber selbst der dürfte sie nicht mehr vor der Auflösung als eigenständige Partei bewahren. |
| **SDS/SDP (Sozialdemokratische Partei)** | Als Abspaltung der LSDSP war sie seit 2002 immer der kleine sozialdemokratische Bruder. Im Vorfeld der Europa- und der Kommunalwahlen vom Juni 2009 hatte sie sich dem bunten sozialistisch-nationalen-russischen Parteibündnis Harmonie-Zentrum angeschlossen und überlebt auf diese Weise seither in einigen Kommunalparlamenten, darunter in Riga. |
| **Harmonie-Zentrum oder Zentrum für Volksharmonie (HZ)** | Das ganze Jahr 2008 über und ebenso bei den letzten Umfragen im April 2009 hatte Volksharmonie bei der Sonntagsfrage mit Abstand die meisten Stimmen erhalten; für die Kommunalwahlen im Juni 2009 sogar über 32%. HZ ist de facto ein Bündnis aus vier unterschiedlichen Parteien, deren gemeinsamer Nenner im positiven Bezug zu Russland besteht. |

| | |
|---|---|
| | HZ ist größte Oppositionspartei im Nationalparlament, stellt aber vor allem seit der Kommunalwahl im Juni 2009 den Bürgermeister von Riga. Durch den massiven Vertrauensverlust der Wähler in die bisher dominierenden konservativen, neoliberalen Parteien kann HZ sich darauf vorbereiten, im Herbst 2010 auch auf nationaler Ebene den Regierungschef zu stellen. Zwei Abgeordnete im Europaparlament |
| Erste Partei (Christdemokraten) | 2002 als zentristisch-konservativ und christlich gegründet. Sie erklärt aus dieser Christlichkeit heraus ihren Respekt vor den diversen Minderheiten im Land und sie befürwortet die Schattenwirtschaft. Sie gilt aufgrund zahlreicher Mutationen als besonders chaotische politische Orientierung. Stimmenanteil in der Saeima: 9,58 % oder 10 Parlamentssitze. Bis März 2009 Regierungspartei. Danach bemühte sich ihr Vorsitzender und Oligarch, A. Slesers, um das Bürgermeisteramt von Riga. Wegen des nur 3. Platzes bei den Wahlen konnte Slesers nur stellvertretender Bürgermeister werden. Erste Partei und Lettlands Weg unterstützen Slesers gemeinsam. |
| Lettlands Weg | Die Partei ging aus einem Diskussionsclub hervor, in dem sich Intellektuelle und Wirtschaftsexperten mit Exil-Letten trafen, um schon zur Zeit der Volksfrontregierung über die Zukunft des Landes zu debattieren. Die Partei war immer auch Regierungspartei und stellte mit Valdis Birkavs, Maris Gailis, Vilis Kristopans und Andris Berzins bereits vier Ministerpräsidenten. Lettlands Weg gilt im Lande als eng mit der Wirtschaft verbundene Oligarchen-Organisation. Bis März 2009 Mitglied der nationalen Regierungskoalition. Stellt einen EP-Abgeordneten |
| Bauernunion/Grüne | Die Bauernunion war die Partei des nach der ersten Unabhängigkeit mit diktatorischen Vollmachten regierenden Karlis Ulmanis. Zu ihrer Unterstützung gewann die Partei nach der zweiten Unabhängigkeit den Neffen des kinderlosen Übervaters, Guntis Ulmanis, für ihre Partei. Er regierte sogar zwei Amtszeiten als Staatspräsident. Dennoch verschwand die Bauernunion nach dem Rückzug aus der Koalition mit Lettlands Weg 1994 wenigstens auf nationaler Ebene in die Bedeutungslosigkeit, woran auch die Verbindung mit den Christdemokraten nichts zu ändern vermochte. Die Partei gilt als Beispiel für den Misserfolg sog. historischer Parteien, die an historische Erfolge anzuknüpfen versuchten, ohne sich zeitgemäß weiterzuentwickeln. In der Allianz mit der Grünen Partei erfährt sie heute die Unterstützung des Oligarchen A. Lembergs und ist als Bündnis Bauernunion-Grüne aktuell Mitglied der nationalen Regierungskoalition. |

| Volkspartei | 1998 vom zurückgetretenen parteilosen Premierminister Andris Šķēle aus Protest gegen Unfähigkeit der politischen Elite gegründet. Rechtsliberale Unternehmerpartei. Wichtigster Protagonist weiterhin: der Oligarch Andris Šķēle. Stimmenanteil in der Saeima 2006: 16,71% oder 21 Parlamentssitze. Aktuell noch stärkste Regierungspartei im Parlament, allerdings wird der Regierungschef seit März 2009 von der Partei Neue Zeit gestellt (Ministerpräsident Dombrovskis). Bei der Kommunalwahl im Juni 2009 blieb sie unter der 5%-Marke und gewann auch keinen Sitz für das Europaparlament. |
|---|---|
| Neue Zeit | 2002 als rechtsliberale Unternehmerpartei vom ehem. Zentralbankpräsidenten Einars Repše als Konkurrenzorganisation zur Volkspartei gegründet. Plädiert (theoretisch) für Korruptionsbekämpfung und Partizipation des Volkes bei Staatshaushaltsentscheidungen. Musste sein Amt allerdings wegen undurchsichtiger Finanzgeschäfte aufgeben. Bekleidet in der aktuellen Regierung das aufgewertete Amt des Finanzministers. Neue Zeit stellt seit März 2009 den Ministerpräsidenten Dombrovskis; ist seit Juni 2009 eine der beiden Oppositionsparteien in Riga und stellt einen Europaabgeordneten. |
| Für Menschenrechte in einem geeinten Lettland | 1993 als pro-russisch unter dem Namen Interfront gegründet. Besteht auf Staatsbürgerschaft für alle Ethnien in Lettland sowie auf Russisch als zweiter Amtssprache. Sie ist de facto eine Untergruppe der Partei der Volksharmonie, die theoretisch alle Minderheiten Lettlands vertritt. Stimmenanteil: 18,94% oder 24 Parlamentssitze. Dazu einen Sitz im EP Aktuell Oppositionspartei |
| Vaterland und Freiheit/LNNK | 1993 als national-konservativ unter dem Motto »Lettland für Letten« gegründet. Stimmenanteil: 5,39% oder 7 Parlamentssitze: stellt einen EU-Abgeordneten Aktuell Oppositionspartei |
| Bürger-Union | Gegründet von der ehemaligen Außenministerin Sandra Kalniete durch Abspaltung von der Partei Neue Zeit. Parteiführung zusammen mit dem bisherigen EP-Abgeordneten Girts Valdis Kristovskis Oppositionspartei in der Saeima wie auch im Stadtrat Riga |

| Wahlen zum Europa-Parlament 2009 | |
|---|---|
| Für Vaterland und Freiheit/LNNK<br>Bauernunion und Grüne<br>Bürger-Union<br>Neue Zeit<br>Lettlands Sozialdemokratische Arbeiter -Partei<br>Gesellschaft für andere Politik<br>Volkspartei<br>Partei für das Vaterland!<br>Lettlands Wiedergeburts-Partei<br>Lettlands Erste Partei/Lettischer Weg<br>Harmonie-Zentrum<br>Libertas. LV<br>Partei der Aktion<br>Für Menschenrechte in einem vereinten Lettland<br>Christdemokratische Union<br>Alles für Lettland! | Diese 16 Parteien haben für die Europawahlen 2009 insgesamt 186 Kandidaten benannt. Für die Europawahlen 2004 hatten 16 Parteien 245 Kandidaten benannt. Manche der Parteien sind in Wirklichkeit ein Parteienbündnis. Die beiden großen Gewinner der Wahl vom 6.6.2009 waren die klaren Oppositionsparteien Bürger-Union mit 24,3% und Harmonie-Zentrum mit 19,35%. Mit deutlichem Abstand folgten oberhalb der 5%-Marke:<br>Für Menschenrechte in einem Vereinten Lettland mit 8,8%<br>Lettlands Erste Partei / Lettischer Weg mit 7,5%<br>Für Vaterland und Freiheit /LNNK mit 7,5% und<br>Neue Zeit mit 6,6% der Stimmen |

| Sozialdemokratische Partei | Nach wechselvoller Vorgeschichte fusionierte 2001 die Sozialdemokratische Partei Litauens mit der Demokratischen Arbeiterpartei Litauens. Nach der Fusion wurden die Sozialdemokraten zur stärksten politischen Partei. Algirdas Brazauskas wurde 2001 Parteivorsitzender.<br>Nach den Parlamentswahlen 2004 wurde die Sozialdemokratische Partei wieder Regierungspartei mit Gediminas Kirkilas als Parteivorsitzendem und Ministerpräsidenten. Anfang 2008 hat er die erneute Zusammenarbeit mit den Sozialliberalen in der Regierung gesucht, insbesondere, um eine Mehrheitsregierung zugunsten des Atomenergie-Projekts Ignalina zu ermöglichen. Im Oktober 2008 unterlag die Partei allerdings der konservativen christdemokratischen Vaterlandsunion mit 44 zu 26 Parlamentssitzen und ist seither in der Opposition.<br>Die Sozialdemokraten verfügen seit Juni 2009 über drei Europaparlamentarier – bekannte Persönlichkeiten in Litauen, darunter der Gründer der Sozialdemokratischen Partei Justas Paleckis. |
| Vaterlandsunion-Litauische Christdemokraten | Mitte Mai 2008 fusionierten die konservativ nationale Partei der Vaterlandsunion mit den litauischen Christdemokraten. Dadurch entstand die größte politische Kraft des Landes. Diese Fusion hatte strategische Bedeutung mit Blick auf die Parlamentswahlen im Oktober 2008. Die neue Union gewann denn auch deutlich die Parlamentswahlen und stellte ab Dezember 2008 die Regierung. Bei den Europawahlen, Juni 2009, gewann die Union vier Sitze. |
| Litauens Neue Union / Sozialliberale | Die Partei war lange eine Splitterpartei ohne Bedeutung, was sich 1999 schlagartig im Rahmen des Streits um die Privatisierung der Ölgesellschaft Mažeikiu Nafta änderte (die inzwischen zu 100% dem polnischen Staatskonzern ORLEN gehört). Rolandas Paksas, damals Ministerpräsident von der regierenden *Heimatunion*, lehnte den Verkauf von Mažeikiu Nafta an eine amerikanische Gesellschaft ab, stellte sich damit gegen die eigene Partei und wurde dadurch sehr populär. Er trat als Regierungschef zurück und übernahm die Liberalen, die er mit großem Erfolg in die Wahlen 2000 führte.<br>Im Gegensatz zu den Liberalen wurde die Neue Union (Sozialliberale) vom früheren Generalstaatsanwalt, Arturas Paulauskas, neu organisiert, nachdem er bei der Stichwahl um die Präsidentschaft 1998 Adamkus knapp unterlegen war. Die Partei verfügt programmatisch und personell über eine dünne Plattform. Ideologisch |

| | steht die Partei den Sozialdemokraten näher, mit denen sie unter Brazauskas schon in einer Koalition zusammenarbeitete. Sie waren auch Mitglied der letzten Regierungskoalition unter dem sozialdemokratischen MP Kirkilas. |
|---|---|
| Arbeitspartei | 2004 als linkspopulistisch und Russlandfreundlich gegründet, mit einem Wähleranteil von 29%. Der in Russland geborene Parteivorsitzende Viktor Uspaskich war zunächst Wirtschaftsminister, musste aber 2006 vor der Staatsanwaltschaft wegen Betrugs flüchten und setzte sich nach Moskau ab. 2007 wurde er in Vilnius verhaftet. Bei den Europaparlamentswahlen 2004 erlangte die Partei fünf Mandate. Bei den Europawahlen 2009 erlangte sie nur ein Mandat, das Uspaskich ausüben wird.<br>Aktuell Oppositionspartei |
| Christdemokraten | Die Partei fusionierte im Mai 2008 mit der konservativen Vaterlandsunion. Sie war 1990 nach der ursprünglichen Gründung 1904 wieder gegründet worden. Sie war anfangs Teil der Litauischen Volksfront (Sajudis) und beteiligte sich an Koalitionsregierungen unter MP Landsbergis. Bis 2008 spielte diese Partei im politischen Leben Litauens keine große Rolle.<br>Aktuell Regierungspartei und durch das Bündnis mit Vaterlandsunion mit vier Abgeordneten im Europaparlament |
| Bauernpartei und Partei der Neuen Demokratie | Die Partei wurde 2001 von Kazimiera Prunskienė gegründet. Ihr Vater wurde vom russischen Geheimdienst NKWD 1943 ermordet, wodurch sie in der litauischen Freiheitsbewegung (Sajudis) zu einer engagierten Persönlichkeit wurde. Sie war Ministerpräsidentin der ersten Regierung nach der Unabhängigkeitserklärung.<br>Die Partei hat eine linkszentristische Orientierung, was es erleichterte, sich 2004 an der Koalition aus Sozialdemokraten, Sozialliberalen und Arbeitspartei zu beteiligen. Sie war dort Landwirtschaftsministerin.<br>Aktuell Oppositionspartei |

| Wahlen zum Europa-Parlament 2009 | | | |
|---|---|---|---|
| **Parteien > 5%** | Vaterlandsunion-Christdemokraten: | 26,80% | 4 EP-Sitze |
| Vaterlandsunion-Litauische | Sozialdemokraten: | 18,62% | 3 EP-Sitze |
| Christdemokraten | Recht und Ordnung: | 12,24% | 2 EP-Sitze |
| Sozialdemokraten | Arbeitspartei: | 8,81% | 1 EP-Sitz |
| Partei Recht und Ordnung | Wahlaktion litauischer Polen: | 8,46% | 1 EP-Sitz |
| Arbeitspartei | Liberale Bewegung: | 7,35% | 1 EP-Sitz |
| Wahlaktion litauischer Polen | | | |
| Liberale Bewegung | Wahlbeteiligung: | 20,91% | |

Seit der Unabhängigkeit existiert in den baltischen Staaten eine relativ große Anzahl politischer Parteien. Wenn man die Funktionen und Rollen politischer Parteien zugrunde legt, wie sie in Westeuropa verstanden werden, decken sie sich allerdings keineswegs mit Rollen und Funktionen in den Transformationsländern.

Als Funktionen politischer Parteien werden in Westeuropa im Wesentlichen verstanden:

▶ Interessenformulierung von Teilen der Gesellschaft mit der Absicht, diese innerhalb des politischen Systems durchzusetzen

▶ Programmvorlage zu den als zentral und als ergänzend verstandenen Aufgaben von Staat und Gesellschaft für einen überschaubaren Zeitraum (mindestens eine Wahlperiode). Das Programm soll konsensstiftend wirken für die Anhänger der eigenen Partei und andere, die sich noch im Meinungsbildungsprozess befinden

▶ Träger politischer Bildung/Weiterbildung für interessierte Bürger, um eine aktive Beziehung zwischen Gesellschaft und Staat zu sichern und zu konsolidieren

▶ Transmissionsriemen der gesellschaftlichen Partizipation an politischen Entscheidungsprozessen im Staat

▶ Bereitstellung von befähigtem Personal, das auf der Basis demokratischer Wahlen politische Ämter besetzen kann.

Die politischen Parteien in den baltischen Staaten lassen sich nur ausnahmsweise mittels der genannten Kriterien beschreiben. Die das politische Geschehen bestimmenden Parteien sind überwiegend Oligarchen- oder Caudillo-

Parteien. Damit ist das in allen drei Ländern gültige Muster gemeint: Die Führer oder entscheidenden Hintermänner der lettischen Volkspartei oder des Lettischen Wegs oder der litauischen Arbeitspartei oder der estnischen Zentrumspartei sind jeweils die zentrale Führungsfigur einer Partei, die zu recht als »ihre« Partei bezeichnet wird. Die Oligarchen Saavisar (Estland), Šķēle (Lettland), Lembergs (Lettland), Uspaskich (Litauen) zeigen nicht den Despotismus eines Robert Mugabe in Simbabwe oder eines Alexander Lukaschenko in Weißrussland; eher die Instrumentalisierung formal-demokratischer Institutionen, wie bei Hugo Chavez in Venezuela.[71] Die Caudillo-Parteien haben ihren millionenschweren Chef an der Spitze, der außer als Unternehmer auch großen Einfluss auf die Medienlandschaft seines Landes hat und damit intensiv öffentliche Meinungsbildung betreibt. Es ist nicht anzunehmen, dass sich diese ehemaligen KP-Funktionäre, wie Saavisar oder Lembergs oder Uspaskich, intensiver mit der spanischen Conquista beschäftigt haben, eher vielleicht mit Karl Marx' *18. Brumaire und Bonaparte*. Dennoch beherzigen sie die Maxime der spanischen Conquista: *»Teile und herrsche – aber wenn du schon herrschst, dann teile nicht.«*

Die politischen Parteien in den baltischen Staaten, gerade auch die Caudillo-Parteien sind jetzt offenbar – durch die Finanz- und Wirtschaftskrise beschleunigt – an eine Sollbruchstelle geraten. Die aktuelle Lage kann als Einstieg in eine dritte Entwicklungsphase verstanden werden. Die erste begann mit der Unabhängigkeit 1990/91; die zweite mit dem EU-Beitritt und den EP-Wahlen 2004; die dritte – etwa seit Ende 2007/Anfang 2008 – bringt viel Unruhe und Verwerfungen in die Parteienlandschaft, weil die bisherigen herrschenden Parteien keine Programme anbieten, schon gar keine überzeugenden, um den frappanten Auseinanderfall der Transformationsgesellschaft aufzuhalten und diesen Prozess vielleicht umzukehren.

Zwei Fragen sind in dieser Situation von Interesse: (a): Schaffen es die untereinander in Konkurrenz stehenden konservativen Parteien in dieser dritten Phase die bisherige Klondike-Mentalität ihrer Führer abzulegen und ein gemeinsames zukunftsfähiges Entwicklungskonzept für ihre Gesellschaften zu formulieren? Dann haben sie eine gute Chance, den Transformationsprozess

---

71  Uspaskich: Viktor Uspaskich aus dem russischen Archangelsk, der 2003 die litauische Arbeitspartei (Darbo Partija) gründete, wegen Betrugsvorwürfen 2005 das Land in Richtung Moskau sehr plötzlich verlassen musste, aber 2009 als Europaabgeordneter für Litauen gewählt wurde. Auf Lembergs und Šķēle wurde schon weiter oben mehrfach eingegangen.

als anti-russischen Prozess über eine oder zwei Wahlperioden weiterzuführen. Oder (b): Schaffen die zersplitterten »Links-Parteien« um die sozialdemokratischen Organisationen und Elemente der Zivilgesellschaft herum, sich ihrerseits auf eine gemeinsame Grundlage der gesellschaftlichen Entwicklung zu verständigen? Dann hätten sie wahrscheinlich bessere Chancen, den Transformationsprozess in eine demokratischere Zukunft zu führen.

## INNOVATIONSKRAFT DER AM SYSTEMERHALT INTERESSIERTEN KONSERVATIVEN PARTEIEN

Die hier konservativ genannten Parteien umfassen die neoliberalen und christdemokratischen und nationalistischen Parteien, also etwa die Union aus Vaterlandspartei und Res Publica unter dem Namen IRL in Estland (aktuelle Regierungspartei), die Erste Partei in Lettland (aktuell nicht Regierungspartei, aber beteiligt an der Führung der Hauptstadt Riga), die Union aus Vaterlandsunion und Christdemokraten in Litauen (aktuell Regierungspartei). Die eingangs erwähnte Atomisierung der Parteienlandschaft zeigte sich an der spontanen Neugründung von Parteien mit Blick auf die Kommunalwahlen im Juni 2009. Die neuen Parteien gehören politisch gesehen alle in dasselbe konservativ-nationale Lager, zersplittern also eher die dominierende rechte Parteienszene. In Lettland liegt ein wesentlicher Grund dafür in der Ungeübtheit, politische Argumente zu entwickeln und zu vertreten. Bei Dissens entsteht sehr schnell eine neue Gruppierung, auch wenn der politische Sinn der Spaltung dem Beobachter verschlossen bleibt. Ein neues Argument könnte eine Rolle bei der Parteienvermehrung spielen: Bisher gibt es keine staatliche Parteienfinanzierung. Das wird sich in bescheidenem Maße ab 2010 ändern. Denn sie wird sowohl von der EU-Kommission gefordert als auch von den kleineren Parteien, die nicht einem Oligarchen gehören. Den kleineren Parteien winkt also eine Geldquelle. Gleichzeitig macht die Große Krise es wiederum unwahrscheinlich, dass Wahlkampfkosten erstattet werden können, so dass manche kleine Partei für die Parlamentswahlen 2010 fusionieren muss, um irgendwie weiter zu bestehen.

Angesichts der gewaltigen sozialen Verwerfungen im vereinten Europa lässt sich die Analyse der konservativen Parteien in der Transformationsregion Baltikum zwar weiter ausdifferenzieren. Spannender für die Bevölkerungsmehr-heiten ist allerdings die Frage nach politischen Alternativen. Das hat sich an den Ergebnissen der Kommunalwahlen in Lettland gezeigt, aber sehr deutlich auch bei den Europawahlen und beim Streit um die Besetzung des Postens des Kommissions-Präsidenten. Die reformwilligen Kräfte im Europaparlament sa-hen sehr deutlich die Risiken eines profillos lavierenden Präsidenten Barroso während dessen erster Amtszeit. Dennoch wurde nicht nur J.M. Barroso erneut von der europäischen Christdemokratie in seiner Funktion belassen, sondern zugleich ein weiterer Konservativer in Straßburg zum neuen EP-Präsidenten ge-wählt, Polens früherer Regierungschef Jerzy Buzek. Hinter der Wahlentschei-dung der EP-Abgeordneten stand die Überlegung, durch einen Osteuropäer die Spaltung in West und Ost in der europäischen Politik zu überwinden. Diese Zielvorstellung muss sich mit dem offenen Blick für die Innovationskräfte und die Innovationspotenziale in Osteuropa verbinden. Daher im Folgenden eine grobe Einschätzung der Innovationspotenziale der baltischen Reformkräfte.

## INNOVATIONSKRAFT DER REFORMWILLIGEN »LINKEN PARTEIEN«

In Westeuropa besteht allzu häufig der Eindruck, dass die früheren Regime-Parteien (KP, Sozialisten) sich im Transformationsprozess quasi automatisch in Links- oder Mitte-Links-Parteien umwandeln. Dafür spräche die große personelle Kontinuität auf der Führungsebene dieser Parteien von vor -1990 und nach -1990/91.

Definitiv sind diese ehemaligen Regime-Parteien aber eher national aufge-stellt als etwa sozialistisch-europäisch oder als international-sozialdemokra-tisch. Ihre Führungskader erweisen sich nicht als besonders engagiert in den anstehenden sozialpolitischen Fragen oder in Fragen einer weniger ausbeute-rischen Arbeitsmarktpolitik oder generell bei Themen der sozialen Gerech-tigkeit. In dieser Führungsgruppe bestehen weiterhin politische Bindungen an Russland – nur hat das nichts mehr mit Kommunismus zu tun, der ja auch in Moskau abhanden gekommen ist. Vielmehr geht es auch in den größeren baltischen Parteien um eine Staatsräson wie im aktuellen Russland und um parteigebundenen Klientelismus. Die aktuellen Entwicklungen der Innovati-

onskräfte in beiden politischen Lagern lassen sich schlecht summarisch verdeutlichen. Sie erfolgen für die drei baltischen Länder getrennt:


## ESTLAND: NEUE PARTEIEN MIT ALTEN WURZELN

In Estland finden sich in stärkerem Maße programmatisch definierte Parteien
als etwa im Nachbarland Lettland. Im Oktober 2005 waren 17 Parteien in
Estland registriert.[72] Fast alle Parteien haben in der 1988 gegründeten Unabhängigkeitsbewegung *Volksfront* auf die eine oder andere Weise ihren Ur-
sprung, denn die Volksfront bildete die Plattform für politische Aktivitäten
in Opposition zur sowjetischen KPdSU. Viele der derzeitigen führenden Politiker haben ihre politische Karriere im »neuen« Estland während dieser Zeit
begonnen und initiierten zu Beginn der 90er Jahre die Gründung eigenstän-
diger Parteien. Zu den wichtigsten Parteien in Estland zählen Res Publica,
Vaterlandsunion (Isamaaliit), beide bilden derzeit die Minderheitsregierung,
Zentrumspartei (Keskerakond), Reformpartei (Reformierakond), Volksunion
(Rahvaliit), Sozialdemokratische Partei (Sotsiaaldemokraatlik Erakond) und
Die Grünen (*Eestimaa Rohelised*).

Bis 2003 war auch die auf die russischsprachige Bevölkerung zugeschnitte-
ne Estnische Vereinigte Volkspartei mit sechs Abgeordneten im Parlament vertreten, scheiterte bei den Parlamentswahlen 2003 allerdings an der 5%-Klau-
sel. Die Nachfolgepartei der KPdSU, die Sozialdemokratische Arbeiterpartei
(seit Frühling 2005 »Linkspartei«), erhielt bei allen Kommunal- und Parlamentswahlen kaum Stimmen und spielt deshalb keine große politische Rolle.
Bis zu den Märzwahlen 2007 hatte eine Koalitionsregierung aus Reformpartei, Volksunion und Zentrumspartei regiert.[73] Die Sozialdemokraten spielten
die undankbare Rolle der Opposition im Parlament. Als Ergebnis der Märzwahlen 2007 konnte die Sozialdemokratische Partei ihren Stimmenanteil von
vormals 6% auf nun gute 10% erhöhen und war somit stärker vertreten als im
vorherigen Parlament. Auch die erst Ende 2006 offizielle gegründete Grüne

---

72  Vgl. e-riik: Internetportal mit einem Verzeichnis aller estnischen staatlichen Organe und Behörden,
    www.riik.ee./et/, Link »Poliitika-Erakonnad«.
73  Vgl. Artikel »Regierungswechsel in Estland« vom 30.05.2005, Europa-digital, Artikel unter www.
    europa-digital.de/laender/est/nat_pol/wechsel.shtml.

Partei bekam gleich genug Stimmen, um mit sechs Abgeordneten und da-mit mit Fraktionsstatus ins Parlament einzuziehen. Neben diesem politischen Ruck zugunsten des rot-grünen Spektrums im estnischen Riigikogu gab es auch eine für Estland typische technische Innovation bei diesen Wahlen: zum ersten Mal war die Stimmabgabe über das Internet möglich.

## ESTLAND: LIBERAL EINGEBUNDENE SOZIALDEMOKRATEN

Nach den Parlamentswahlen vom März 2007 kam es zunächst zur Bestäti-gung der starken konservativen und neoliberalen Traditionsparteien und der zwangsläufigen Übernahme der Regierungsverantwortung durch die Reform-partei in Kooperation mit dem aus der Not gebildeten Parteienbündnis aus Res Publica und Vaterlands-Union (genannt IRL). Diese konservative Regie-rungskoalition benötigte allerdings als Mehrheitsbeschaffer und Juniorpartner die Sozialdemokratische Partei. Dieses konservativ-liberale-soziale Bündnis hielt bis Mai 2009.

▶ Reformpartei (31 Parlamentssitze, den Ministerpräsidenten und 5 Minister)

▶ Union von Vaterland und Res Publica, genannt IRL (19 Sitze, 5 Minister) und

▶ Sozialdemokratische Partei SPE (10 Sitze, 3 Minister).

Die politischen Kräfte im Parlament zeigten aber schon, dass rechnerisch auch eine andere Koalition möglich gewesen wäre, eine mit insgesamt stärker ausgeprägten sozial- und umweltpolitischen Zielsetzungen: Zentrumspartei + Sozialdemokraten + Volksunion + Die Grünen.

*Sitzverteilung im Parlament*

| Reformpartei (Liberale) | 31 | Sozialdemokraten (gemäßigt, liberal) | 10 |
|---|---|---|---|
| Zentrumspartei (Linkspopulisten mit sozialdemokratischen Themen) | 29 | Volksunion (Linkskonservative, agrarisch geprägt) | 6 |
| Union von Vaterland und Res Publica (IRL) (Rechtsliberale, Unternehmer) | 19 | Grüne (Umwelt, alternative Energie, Öko-Steuer) | 6 |

Der Zusammenschluss der rechtsliberalen Parteien Res Publica und Vaterlandsunion zur Union von Vaterland und Res Publica (IRL) hatte zur Konsolidierung des Parteienspektrums auf dem rechten Flügel geführt und hat diesem Zusammenschluss ins Parlament verholfen, nachdem vor der Fusion im Juni 2006 alle Analysten den politischen Absturz von beiden konservativen Einzel-Parteien prognostiziert hatten.

In dieser Situation war die Stärkung der liberalen, gemäßigten Sozialdemokratischen Partei nur zum Teil überraschend. Die Vermehrung von 4 auf 10 Abgeordnete resultiert aus einer Mischung von *Ilves-Bonus*[74], aus Frustration über die Machtspiele der bisherigen Regierungskoalition und aus der wachsenden Bedeutung vieler sozialpolitischer Themen – von der Migrationsfrage bis hin zur Sozialversicherung –, die von der SPE am deutlichsten artikuliert wurden. Die Sozialdemokratische Partei ist dabei unter den parlamentarischen Parteien – außer dem Neuzugang Die Grünen – auch die einzige, die in keinen politischen Skandal verwickelt ist und somit ein »sauberes« und »ehrliches« Gesicht hat. Dennoch stand die Partei seit Januar 2002 in der Opposition und spielte auch davor in der Regierung neben der Reformpartei und der Vaterlandsunion keine tragende, vielmehr eine sich selbst suchende Rolle zwischen Liberalität und skandinavischer Sozialdemokratie.

Die Sozialdemokratische Partei war 1990 aus der Fusion von Demokratischer Arbeiterpartei, Sozialdemokratischer Unabhängigkeitspartei, der Russischen Sozialdemokratischen Partei in Estland und der Exil-Sozialdemokratischen Partei hervorgegangen. 1996 vereinigten sich dann Sozialdemokratische Partei und Landes-Zentrums-Partei zur Partei Moderate (Mõõdukad). Seit Ende der neunziger Jahre treten die Moderaten nicht mehr als Koalition, sondern als Partei auf, in welcher die winzige Volkspartei des Exil-Esten Toomas Hendrik Ilves aufging. Die Partei trug nun offiziell den Namen Volkspartei Moderate (Rahvaerakond Mõõdukad). Mõõdukad arbeitete mit der konservativen Vaterland-Partei in der zweiten Regierung des MP Mart Laar von 1999 bis 2001 zusammen und war auch schon 1992 – 94 Teil einer Regierungskoalition mit neoliberalem Zuschnitt. Erst seit Februar 2004 nennt sich die Partei nun Sozialdemokratische Partei

---

74  Estlands Präsident Toomas Hendrik Ilves ist vormaliger Parteivorsitzender der Sozialdemokratischen Partei, war Außenminister und Europa-Abgeordneter; in Schweden geboren, nach der Unabhängigkeit der estnische Botschafter in den USA.

Estlands (SPE) und nähert sich in kleinen Schritten der Idee einer westeuropäischen sozialdemokratischen Partei mit schwedischen und auch deutschen Elementen.[75]

Die SPE hatte sich in der Koalitionsregierung 2007 – 09 drei Ministerien gesichert, darunter das Innenministerium (Juri Pihl) und das Finanzministerium (Ivari Padar). Sie hatte daher gute Chancen, maßgeblichen Einfluss auf die aktuelle Entwicklung des Landes zu nehmen. Die SPE traf im Kabinett von Anbeginn auf erheblichen Widerstand bei einigen sozialpolitischen Positionen, u.a. weil sie sich bemühte, den Erhalt des klassischen Bündnis zu den Gewerkschaften zu sichern. So haben sich ihre Minister im Kabinett erfolgreich dagegen gewehrt, dass die Arbeitsgesetzgebung weiter liberalisiert wird und wichtige Errungenschaften, wie Kündigungsschutz, noch stärker aufgeweicht werden (»flexibilisiert«, wie es in der Gesetzesnovellierung heißt). Dennoch bleibt die politische Bedeutung der Gewerkschaften in Estland außerordentlich schwach und bedarf sozialdemokratischer Unterstützung für den notwendigen Modernisierungsprozess. Denn

▶ ein Sozialdialog fand wegen der Struktur der Gewerkschaften meistens nur auf der betrieblichen Ebene statt, auf der die meisten Vereinbarungen und Tarifverträge abgeschlossen werden. Seitens der Arbeitgeberorganisationen vertritt der Zentralverband der Arbeitgeber die Mehrzahl der estnischen Unternehmen. Daneben vertritt die Assoziation der Klein- und Mittleren Unternehmen rund 400 Unternehmen. Der Zentralverband der Arbeitgeber ist aber als Einziger berechtigt, die Arbeitgeber bei den bilateralen und tripartiten Verhandlungen als Sozialpartner zu vertreten und bei Entscheidungen zum Thema Krankenkassen und Arbeitslosenversicherung mitzureden.

▶ tripartite Verhandlungen, die eine unmittelbare Beteiligung der Regierung verlangen, fanden auch bisher selten statt – nur zwei- bis dreimal im Jahr. Etwas häufiger sind gegenseitige Konsultationen – 2007 überwiegend zu notwendigen Änderungen der Arbeitsgesetzgebung. Die bilateralen Verhandlungen mit dem

---

75 Axel Reetz: Die Entwicklung der Parteiensysteme in den baltischen Staaten – Vom Beginn des Mehrparteiensystems 1988 bis zu den dritten Wahlen, 2004, u.a. S. 57.
www.infobalt.de/reetz/36-Dissertation.pdf

Zentralverband der Arbeitgeber bezüglich der Erhöhung des Mindestlohnes kamen 2007 noch zustande, verliefen nicht ohne Probleme, hatten aber letztendlich am Jahresende zur Vereinbarung einer 20%-igen Erhöhung des Mindestlohnes geführt. Begann das Jahr 2007 mit einem kollektiven Arbeitsstreik im Gesundheitswesen, so endete es mit kollektivem Arbeitsstreik und Streikdrohungen im Transportsektor. Beide Fälle bedurften der Einmischung des staatlichen Schlichters und eines mühsamen Schlichtungsverfahrens. Im Gesundheitswesen wie auch im Transportwesen wurde schließlich ein Konsens zwischen den Sozialpartnern gefunden und ein jeweils zweijähriger überbetrieblicher Tarifvertrag abgeschlossen.

Diese Modernisierung hat zwangsläufig durch die Große Krise einen einschneidenden Dämpfer erhalten. Denn Ende Mai 2009 verzichteten die beiden konservativen Parteien auf die SPE als Bündnispartner, ihre Minister wurden entlassen.

Das vordringliche Ziel der nunmehr rein konservativ-neoliberalen Minderheitskoalition lautet: Bis Anfang 2011 soll Estland zur Euro-Zone gehören. Die dabei anfallenden sozialen Kosten (Arbeitslosigkeit, Kaufkraftverluste, deutliche Kürzungen bei allen sozialen Diensten und »Flexicurity«) haben kein politisches Gewicht. [76]

## ESTLAND: INNOVATIVE ÖKO-SOZIALE PARTEI

Der wachsenden Sensibilität bei Estlands Bürgern für die sozialen und die ökologischen Schwächen des Entwicklungsweges entsprechend konnte nicht nur die SPE an Zuspruch gewinnen, sondern auch die Grüne Partei konnte 2007 auf Anhieb mit 7,1 % der Stimmen ins Parlament einziehen. Trotz sehr günstiger Vorhersagen war ihr gutes Abschneiden letztlich doch für manchen

76  Damit hat auch die Einführung des dänischen »Goldenen Dreiecks« keine Chance in Estland, denn auf dem dänischen Arbeitsmarkt werden Flexibilität und Sicherheit miteinander kombiniert. Es handelt sich um ein flexibles Arbeitsrecht mit relativ schwachem Kündigungsschutz, aber einem gut ausgebauten System der sozialen Sicherung und vor allem mit den intensiven Bemühungen der staatlichen Stellen um lebenslanges Lernen und einer aktiven Arbeitsmarktpolitik.

Esten die größere Überraschung als das gute Abschneiden der SPE. Für eine neu gegründete politische Kraft, die dazu noch über kein ausführliches Programm verfügte und wegen ihrer bescheidenen finanziellen Situation keine aufwendige Wahlkampagne betreiben konnte, war es nicht einfach, in die schon ausgeprägte politische Landschaft einzudringen. Ein Teil der Erklärung liegt in den vielen Proteststimmen gegen die alten Parteien (vor allem gegen die Volksunion); sodann bei den Wählern, die außer Protest zu artikulieren auch eine konkrete Alternative zu den bisherigen Parteien suchten. Aber ein größerer Anteil der grünen Wähler stimmte aus wachsender Umwelt-Besorgnis für die Grünen. Wahrscheinlich läßt sich daran auch die größere Nähe der Esten zum skandinavischen Kulturkreis erkennen als etwa bei Letten oder Litauern. Der Protest gegen die etablierte konservative Parteiendominanz setzte sich im übrigen bei den Europawahlen im Juni 2009 fort, als ein einzelner Systemkritiker – Indrek Tarand – nur knapp die größte Wählerunterstützung verpasste.

Ähnlich wie in den 70er Jahren in Deutschland hat es ab etwa 2000 in Estland die Institutionalisierung eines bis dahin diffusen Umweltbewusstseins in der Bevölkerung gegeben.

In Deutschland hatten sich 1980 Die Grünen als politische Partei auf den Weg in den Bundestag und später in die Regierungen gemacht und dabei auch einen Teil der grünen Sozialdemokraten und grüner Bürgerinitiativen aufgenommen. Vergleichbares passierte im Herbst 2006 in Estland und führte noch vor Jahresende zur Gründung der Grünen Partei Estlands. Da die Sozialdemokratische Partei sich selber mehr zur politischen Mitte hin positioniert, sind auch hier grüne sozialdemokratische Wählerstimmen der neuen Partei zugeflossen, ebenso wie zahlreiche Mitstreiter von Bürgerinitiativen und aus akademischen Instituten.

Anders als die lettischen Grünen sind die estnischen programmatisch ähnlich aufgestellt wie die deutschen: Sie drängen auf alternative und regenerative Primärenergien und lehnen vehement eigene estnische Nuklearenergie ab. Dadurch stimulierten die Grünen Anfang 2008 auch in den estnischen Medien und bei Veranstaltungen die öffentliche Debatte über Atomenergie, die zuvor trotz des baltischen AKW in Litauen (Ignalina) und angesichts der unmittelbaren nuklearen russischen Nachbarschaft im Oblast St. Petersburg nie geführt wurde. Als Parlamentspartei mit 6 von 101 Abgeordneten konnten sie jedenfalls genug Druck auf den zuständigen Wirtschaftsminister ausüben,

um ihn zum Entwurf eines ersten Entwicklungsplans der estnischen Energiewirtschaft zu nötigen.


## LETTLAND: SEINE CAUDILLO-PARTEIEN

Seit den Parlamentswahlen vom 7.10.2006 wurde Lettland zunächst weiterhin von der Mitte-Rechts-Regierung unter Ministerpräsident Aigars Kalvitis geführt, 2008 gab es eine leichte kosmetische Änderung unter MP Godmanis und ab März 2009 durfte die bisherige Oppositionspartei Neue Zeit
die Staatsführung übernehmen, um unter MP Drombrovskis einen Ausweg
aus der lettischen Krise innerhalb der globalen Großen Krise zu suchen. An
dem Wahlergebnis von 2006 war bemerkenswert, dass die Mitte-Rechts-Ko-
alitionsregierung seit Dezember 2004 mit dem überwiegend unveränderten
Kabinett im Amt bleiben konnte und mit diesem Wahlergebnis zum ersten
Mal so etwas wie politische Stabilität im politischen System Lettlands eintrat.
Denn es hatte seit der Unabhängigkeit noch nie eine Wiederwahl gegeben.
Die durchschnittliche Verweildauer der Regierungen seit der Unabhängigkeit
lag vielmehr bei unter anderthalb Jahren.

*Wahlergebnis Parlament Okt. 2006s*

| Parteien | Stimmen | % Anteil | Sitze | Regierungs-koalition |
|----------|---------|----------|-------|----------------------|
| Tautas Partija VOLKSPARTEI | 176935 | 19.49 | 23 | X |
| Zaļo un Zemnieku Savieniba GRÜNE / BAUERNUNION | 151531 | 16.69 | 18 | X |
| Jaunais Laiks NEUE ZEIT | 148739 | 16.38 | 18 | X |
| Saskaņas Centrs HARMONIE-ZENTRUM | 130946 | 14.42 | 17 | |
| Latvijas Pirmās Partijas un Latvijas Ceļa vēlēšanu apvieniba LETTLANDS ERSTE PARTEI / LETTISCHER WEG | 77957 | 8.59 | 10 | Ø X |

| | | | | |
|---|---|---|---|---|
| Tēvzemei un Brīvībai/LNNK VATERLAND UND FREIHEIT | 63081 | 6.95 | 7 | X Ø |
| PCTVL FÜR MENSCHENRECHTE IM VEREINTEN LETTLAND | 54666 | 6.02 | | |
| *5%- Klausel* | | | | |
| Latvijas Sociāldemokrātiskā Strādnieku partija (Sozialdemokratische Arbeiterpartei LSDSP) | 31746 | 3.50 | | |
| Politiskā patriotiskā apvienība Dzimtene | 18945 | 2.09 | | |
| Partija Visu Latvijai | 13493 | 1.49 | | |
| Jaunie Demokrāti | 11459 | 1.26 | | |
| Pensionāru un Senioru Partija | 7128 | 0.79 | | |
| Māras Zeme | 4899 | 0.54 | | |

Sieben Parteien nahmen die Fünf-Prozent-Hürde zum Einzug in die Saeima. Wahlsieger wurde die Volkspartei von Aigars Kalvitis mit 19,5 Prozent, dicht gefolgt von der Bauernunion/Grüne (16,7) und der wirtschaftsliberalen Partei Neue Zeit (16,4). An der Regierungsbildung waren die drei großen Caudillo-Parteien beteiligt (X). Zusammen verfügten sie im Parlament allerdings nur über die Mehrheit von einer Stimme. Sie nahmen daher eine weitere, kleine, nationalkonservative Partei mit ins Kabinett auf (XØ). Anfang 2009 schied eine der Oligarchen-Parteien (Lettischer Weg) aus der Koalition aus (ØX) und eine weitere kleine konservative Partei kam ins Boot (Vaterland und Freiheit). Die Macht der Caudillo-Parteien war somit weiterhin gesichert. Drei Dinge waren an diesem Wahlergebnis besonders auffällig:

▶ Die Kontinuität im Regierungslager bot die Chance, die Widersprüche eines Transformationsprozesses von der sowjetischen Republik in den westeuropäischen Turbokapitalismus durch zunehmende politische Stabilität zu mindern.

▶ Die gegenüber der letzten Saeima-Wahl von 2002 noch einmal um 10 % gesunkene Wahlbeteiligung war allerdings weiterhin Ausdruck politischer Frustration der ⅔ Verlierer-Gesellschaft des neoliberalen Entwicklungsweges, die mit dem Durchschnittsverdienst von 300 – 350 Euro (2006) ungebremst in die Armutsfalle liefen und sich von den konservativen und korrupten Regierungsparteien keine Besserung erhoffen konnten.

▶ Der Konsum-Exhibitionismus der 10 % Oberschicht hatte nicht geholfen, den monadischen Grundcharakter der Letten aufzubrechen. Jedermann war weiterhin damit beschäftigt, seinen Überlebenskampf individuell zu organisieren: Die mobilsten 100.000 Bürger hatten inzwischen schon das Land in Richtung Westeuropa verlassen auf der Suche nach Arbeit mit besserer Bezahlung.

## LETTISCHE PARTEIEN VERHINDERN INNOVATION

Zwei, drei Jahre nach dieser Saeima-Wahl wurde der Einstieg in die o.g. dritte Entwicklungsphase sichtbar (s. S.102). Es bildeten sich deutliche Risse im Gefüge der bisher siegreichen konservativen Parteien. Seither stehen die Caudillo-Parteien in den Meinungsumfragen teilweise katastrophal schlecht da:

### *Sympathie-Umfrage 2008 – 2009: Lettische Parteien*[77]
### *1.4.2008 27.11.2009*

| Partei | Ausrichtung | Zuspruch in % | Zuspruch in % | Caudillo-Partei |
|---|---|---|---|---|
| Harmonie-Zentrum | national, russ.-orientiert | 11,0 | 14,8 | |
| Grüne/Bauern | konservativ, business | 7,0 | 6,6 | X |
| Bürgerliche Union *(Kalniete/Kristovskis)* | national, anti-russisch | 6,5 | 4,0 | |
| Volkspartei | konservativ, business | 5,5 | 2,7 | X |
| Gesellschaft für eine andere Politik *(Pabriks/Stockenbergs)* | national, liberal | 5,5 | 2,6 | |
| Für Menschenrechte im vereinten Lettland | | 4,5 | 2,6 | |

---

77  Latvijas Fakti pollster, Riga, 1.4 2008 und ders. 2.9.2008 (veröff. in LETA, Riga); Latvijas fakti (27.11.2009).

| Erste Partei/Lettischer Weg | national, klerikal, anti-russisch | 3,5 | 2,9 | X |
|---|---|---|---|---|
| Neue Zeit | liberal, business | 3,5 | 5,4 | |
| TB/LNNK | rechts-konservativ | 3,5 | 2,4 | |
| Sozialdemokraten | national, Profilsuche | 3,5 | ? | |

Unter den national-konservativen Regierungsparteien führt die Union aus Bauernpartei und (konservativen) Grünen. Sie ist eine der Caudillo-Parteien, abhängig von dem Unternehmer und Bürgermeister von Ventspils, Aivars Lembergs. Deutlich schwächer steht die andere Caudillo-Partei, die Volkspartei, da. Sie ist allerdings seit den Parlamentswahlen von 2007 noch immer stärkste Regierungspartei. Ihr Absturz wurde bei den Kommunalwahlen 2009 überdeutlich, als sie die 5 %-Hürde nicht mehr erreichte. In den Zeiten der wirtschaftlichen und der sozialpolitischen Notstände scheint dagegen die bürgerliche Opposition Neue Zeit (Opposition bis Anfang 2009, seither Regierungspartei) wieder zu früherer Stärke zurückzufinden. Sie stellt seit März 2009 den aktuellen Ministerpräsidenten Dombrovskis und den zum ersten Mal wirklich geforderten Finanzminister Einars Repše. Mit Spannung schauen die politischen Beobachter auf die Entwicklung der beiden neuen bürgerlich konservativen Parteien mit ihren prominenten Führungspersönlichkeiten, die Partei Gesellschaft für eine andere Politik (Abspaltung der Volkspartei) sowie die Bürgerliche Union (Abspaltung der Neuen Zeit). Man fragt sich, ob die Große Krise endlich auch das politische Feld zugunsten stärker sozialpolitisch, umwelt- und klimabewusster Parteien und solcher mit Interesse für modernere Bildungs- und Wissenschaftspolitik öffnet. Wie aus westeuropäischen Ländern bekannt, waren bis Juni 2009 von den Regierungsparteien vor allem Wahlkampfsprüche zu hören sowie die Bereitschaft zur Übernahme der IWF-Sanierungsbedingungen und die Hoffnung auf finanzielle Hilfen aus Brüssel.[78] Im Umfeld dieser

78 Das IMF-Team führte seine letzte Einschätzung der lettischen Entwicklung im Febr. 2009 durch und kam darin – unberührt vom Zusammenbruch des bisherigen »Washington-Consensus-Gebäudes« – zu dem üblichen Schluss: »Lohnsenkungen im Privatsektor scheinen stattzufinden. Lohn- und Gehaltskürzungen im öffentlichen Sektor werden umgesetzt – allerdings müssen die Gemeindeverwaltungen diese Umsetzung konsequenter durchführen; die Erfüllung der fiskalpolitischen Ziele wird jedoch eine extreme Herausforderung bedeuten. Die Schwere des wirtschaftlichen Einbruchs wirkt sich auf die Steuereinnahmen aus und – obwohl zur Verbesserung der Staatseinnahmen Instrumente vorgeschlagen wurden – müssen wohl vor allem auf lokaler Ebene erhebliche zusätzliche Maßnahmen und strengere Ausgabenkontrollen vorgegeben werden.« – (IMF/Regierung von Lett-

Parteien fehlte es dagegen vollständig an wirtschaftspolitischer Information und Aufklärung der Bevölkerung über die nationalen und internationalen Zusammenhänge der Großen Krise. Der Bevölkerung wurde lediglich in Tagesabständen mitgeteilt, um wie viele Prozentpunkte das nationale Budget eingebrochen war und wie hoch die staatlich verordneten Kürzungen bei den einzelnen Lohngruppen ausfallen müssten. Das Vertrauen in die nationale politische Elite sank seit dem Frühjahr 2009 auf einen absoluten Tiefstand. Erneut suchten viele Bürger nach Migrationszielen im westeuropäischen Ausland oder in Übersee. Nur wurden auch dort inzwischen die Aufnahmebedingungen erheblich verschärft.

Umfragewerte wie die hier zusammengestellten sind äußerst volatil und daher noch kein starker Beweis für den Beginn einer neuen politischen Bewusstseinsphase. Die Mehrheit der Bevölkerung hat immer noch sehr wenig politische und parteipolitische Erfahrung, um die meist kurzfristigen Ziele der Parteigründungen, Parteiumbenennungen, Parteienfusion nüchtern genug einzuschätzen. Die Parteien selber zeigen kaum Interesse an politischer Fortbildung der Gesellschaft. Auch dadurch ist das gesellschaftliche politische Gedächtnis so kurz, dass immer wieder Hoffnungsprojektionen in dieselben politischen Persönlichkeiten erfolgen, auch wenn diese einen mehr als zweifelhaften politischen oder moralischen Rucksack mit sich tragen. Der aktuelle Finanzminister Einars Repše ist nur ein Beispiel dafür. Als vormaliger Zentralbank-Präsident hatte er die Partei Neue Zeit 2002 gegründet und sie dabei auf das sehr schmale Gleis der Korruptionsbekämpfung gesetzt – ein wichtiges Wahlkampfthema, aber kein Ersatz für ein Regierungsprogramm. Die Parteiführung hat es bis heute nicht geschafft, klare Positionen in der Wirtschaftspolitik, in der Sozialpolitik, in der Außenpolitik zu entwickeln – weder, solange sie Regierungspartei war, noch, als sie von der Volkspartei in die Opposition gedrängt wurde oder seit der erneuten Regierungsbeteiligung ab März 2009. Zur Zeit ihrer Gründung war Neue Zeit ein außerordentlicher Hoffnungsträger für die Menschen im Land. Sie erreichte in den Wahlen 2002 auf Anhieb 24% der Wählerstimmen. An-

land: Stand-By Arrangement – Interim Review under the Emergency Financing Mechanism, Washington April 2009. IMF Country Report No. 09/125)
Dem hat die lettische Regierung in ihrem Letter of Intent vom 27.7.2009 an dem IMF noch einige weitere Ausgabenkürzungen hinzugefügt, hat dabei aber namentlich für die Parex-Bank Sonderbehandlung angesprochen. Vgl. dazu die Anmerkungen zur Parex-Bank im Kapitel Entwicklungsräume – Reale Wirtschaftspolitiken.

fang 2008 war sie schon längst wieder Oppositionspartei und fiel gegenüber den Caudillo-Parteien in der Regierung auf unter 5 % zurück. Nur ein Jahr später (Frühjahr 2009) zeigten die Umfragen wieder gut 20 % Zustimmung. Diese Zustimmungswerte enthalten ohne Zweifel ein erhebliches Maß an Verzweiflung darüber, dass die Caudillos mit ihren Regierungs-Parteien überhaupt keinen Blick für die schon seit 2007 aufkommende Wirtschafts- und Finanzkrise hatten. Da könnten ein ehemaliger Landesbankpräsident (Einars Repše) und seine Partei vielleicht doch wieder eine bessere Alternative abgeben. Bei etwas mehr Langzeitgedächtnis hätten sich die Bürger allerdings daran erinnern müssen, dass der Parteiführung nicht einmal ihr politisches Kern-Thema »Korruptionsbekämpfung« in all den Jahren leicht und überzeugend über die Lippen kam.

Noch weniger nutzte Neue Zeit die Oppositionszeit, um belastbare wirtschafts- und finanzpolitische Analysen vorzutragen[79] oder gar in Kombination mit einigen wirtschaftspolitischen Zielsetzungen notwendige Neuerungen in der Kredit- und Steuerpolitik bis hinein in die Arbeitsmarkt- und Ausbildungspolitik zu fordern.

Stattdessen gab es interne Streitereien und die endemische lettische Reaktion: keine Aufarbeitung von Konfliktpositionen. Eine wichtige Repräsentantin der Partei, die frühere Außenministerin Sandra Kalniete, versammelte dementsprechend einige Neue-Zeit-Parlamentarier um sich und startete 2007 die Gründung einer neuen Partei. Sie fand dabei in dem erfahrenen konservativen Europaabgeordneten Girts Valdis Kristovskis[80] und bei Mitgliedern der konservativ-nationalistischen lettischen Vaterlandspartei TB/LNNK weitere Unterstützung. Das neue Partei-Produkt ist die patriotische, antirussische Bürgerliche Union (s.o. Sympathie-Umfrage), die zum Gründungszeitpunkt (April 2008) über rd. 400 zahlende Mitglieder verfügte. Damit war wieder ein »neuer Hoffnungsträger« aus alten vertrauten Köpfen geschaffen. Aber wieder gab es keine *lesson learnt*, wie (politische) Konflikte aufgearbeitet und produktiv gewendet werden könnten.

Zu den Hoffnungsträgern einer neuen Politik zählte etwa zeitgleich auch

---

79  E. Römpczyk: Baltische Tiger in der Wachstumsfalle oder Lettlands missverstandene Marktwirtschaft; Politische Kurzanalyse No. 28, Riga, 9.8.2007 (für FES Berlin).

80  Kristovskis gehört zur Union für ein Europa der Nationen (UEN). Diese Fraktion des Europaparlaments umfasst Mitglieder nationalkonservativer und euroskeptischer Parteien, die zwar nicht für den Austritt ihres Landes aus der EU sind, jedoch auf Souveränität ihrer Länder bestehen. Sie besteht aus sieben Ländern und ist das neue Produkt der Fusion zwischen der ›Union für Europa‹ und der ›Fraktion der Unabhängigen für das Europa der Nationen.‹

das Duo des Ende 2007 geschassten Ministers für Regionalentwicklung – Stokenbergs – und des gleichzeitig präventiv zurückgetretenen Außenministers Pabriks. Sie stehen mit ihrer Ende 2007 gegründeten Partei Gesellschaft für eine andere Politik für etwas Ähnliches wie eine konservative Sozialdemokratie, wollen aber nicht mit der in ihren Augen zu unscheinbaren sozialdemokratischen Partei LSDSP zusammengehen. Dabei könnte das gesamte Spektrum der irgendwie sozialdemokratisch definierbaren Parteien gemeinsam leicht auf 25 – 30 % der Wählerstimmen kommen – wenn sie die Souveränität besäßen, sich aufeinanderzuzubewegen und personenbezogene und historische Konflikte aufzuarbeiten.

Pabriks und Stokenbergs wird ausreichend Ausstrahlung, Intelligenz und politisches Fingerspitzengefühl zugeschrieben, um für lange Zeit die lettische Politik mit prägen zu können. Man nimmt ihnen allerdings nicht ihr persönliches Engagement als weitblickende Modernisierer der Entwicklung und als interessiert an der »Masse der lettischen Gesellschaft« ab, die zu den Verlierern des Transformationsprozesses gehört. Pabriks war einer der strategischen Köpfe seiner bisherigen Partei, der Volkspartei des Großunternehmers Andris Šķēle. Stokenbergs hat sich eher als erfolgreicher Geschäftsmann und Immobilienmakler einen Namen gemacht denn als sozial sensibler Politiker. Ihrem politischen Neuerungsprozess haftet daher der Aufkleber »Opportunismus« an. Daran ändert auch wenig die Tatsache, dass sie sich eine starke Klientel in der Bewegung der Rentner gesucht haben, indem sie sich öffentlich zum Sprecher von dynamischen Rentenerhöhungen machten.

Während die nationalen und konservativen politischen Kräfte sich weiterhin spalten und mit Blick auf die Europawahlen 2009 und die nationalen Wahlen 2010 neue Parteien gründeten, ohne dass sich dadurch ihr politisches Projekt erkennbar verändert, bieten sie den Parteien mit dem »sozialen« Namen außerordentlich viel Freiraum für deren Neuorganisation. Die »sozialen« Parteien müssten diesen Freiraum nur noch nutzen, um (wieder) zueinanderzufinden, um mit Lösungsabsicht für einige gesellschaftspolitische Schlüsselfragen ihre Kräfte zu bündeln. Ansätze dafür sind erkennbar, allerdings in den drei baltischen Ländern in sehr unterschiedlicher Form.

## LETTLAND: RUSSISCH-LETTISCHE INNOVATIONEN

In Lettland sorgen nicht die Sozialdemokraten und noch weniger die konservativen Grünen für politische Innovationen. Vielmehr hat das Versagen der politischen Kultur und das Agieren der regierenden Caudillo-Parteien zu derartiger politischer Verdrossenheit in der Bevölkerung geführt, dass bei den Kommunalwahlen im Juni 2009 die bisher stärkste Oppositionspartei mit deutlichem Vorsprung gewinnen konnte und der Bürgermeister der Hauptstadt Riga seit Anfang Juli 2009 daher Nils Usakovs, Vorsitzender von Harmonie-Zentrum, heißt. Harmonie-Zentrum (HZ) war bisher das oppositionelle Bündnis russisch orientierter Parteien. Die niedrige lettische Wahlbeteiligung in Riga und der mehrheitliche Anteil russischer Stadtbewohner sind wichtige Bedingung des Wahlsiegs von HZ. Aber vor allem die nunmehr fast 20-jährige Intransparenz der politischen Entscheidungen im Rigaer Stadtrat, die teilweise extrem hohe Korruption und Nicht-Ahndung derselben bis in die jüngste Gegenwart, die Vernachlässigung strategisch wichtiger Sektoren der Gesellschaft (Ärzte, Lehrer …) und viele weitere Defizite in der Rigaer Entwicklungspolitik waren eindeutig die entscheidenden Gründe dieses radikalen politischen Wechsels. Nur vier Parteien erreichten die 5 %-Marke:

| Partei | | Stimmen | Riga-Regierung |
|---|---|---|---|
| Harmonie-Zentrum | (Saskaņas centrs) | 33.52 % | X |
| Bürgerunion | (Pilsoniskā savienība) | 19.17 % | |
| Erste Partei/Lettischer Weg | (LPP/LC) | 15.23 % | X |
| Neue Zeit | (Jaunais laiks) | 11.36 % | |

## Rigas neuer Bürgermeister seit Juli 2009

*Nils Ušakovs wurde 1976 geboren, verbrachte seine Kindheit haupt-sächlich im Rigaer Hochhaus-Vorort Imanta. Die Mutter war Russisch-Lehrerin, der Vater Ingenieur. Beide Elternteile waren aus Russland emigriert und erhielten die lettische Staatsbürgerschaft 1999. Nils stu-dierte Sozialwissenschaften und Ökonomie an der Universität Lettlands mit einem Auslandssemester an der dänischen Universität Odense. Nach Beendigung seiner Ausbildung wandte sich Ušakovs dem Journalismus zu. Er erhielt einen Vertrag als Redakteur beim russischen Fernsehsender NTV sowie bei den russischen Zeitungen »Telegraf« und »Respublika«; später arbeitete er für den lettischen Fernsehkanal LTV sowie beim Ri-gaer Sender TV5. 2005 wurde Ušakovs zum Sprecher des Parteienver-bundes »Saskaņas Centrs« (Harmonie-Zentrum) gewählt. Gleichzei-tig leitete er die russische Nachrichtenagentur »ITAR-TASS« und war Nachrichtenredakteur des russischsprachigen Senders »Baltischer Fern-sehkanal 1«, dessen Programm auf dem »Kanal 1« in Russland basiert. Seit 2006 war Nils Ušakovs Abgeordneter des lettischen Parlaments.*

Allerdings hat auch die Führungs-Clique der Sozialdemokratischen Partei durch ihr beinahe bewusstes Missmanagement dieser Partei schon vor Jahren den Grundstein für die aktuelle Entwicklung in Lettland gelegt.

## LETTLAND: VERPASSTE SOZIAL-DEMOKRATISCHE
## SELBSTFINDUNG

In Lettland werden die sozialdemokratischen Karten ziemlich anders als im Nachbarland Estland oder in Litauen gemischt:

Noch 2001, während ihres 33. Kongresses, war die *Lettische* Sozialdemokratische Arbeiterpartei (LSDSP) eine Einheitspartei mit drei markanten Strömungen, die sich anschließend in drei separate Parteien aufspalteten, die sich in 2008 schließlich in folgender Form der Gesellschaft präsentierten:

▶ LSDSP: Nach der Unabhängigkeit wurde sie im Kern aus einer Fraktion früherer sowjetischer Offiziere und Mitglieder der Nomenklatura gebildet. Führender Kopf war der Hochschullehrer und frühere KGB-Offizier Juris Bojars. Nachdem er 2006 sein Parteiamt abgeben musste, wird er ex post als diktatorischer Parteichef gesehen. Heutiger Vorsitzender ist ihr langjähriger finanzieller Sponsor, der Unternehmer Janis Dinevics. LSDSP ist die von der europäischen PES und der globalen SI einzige anerkannte lettische Mitgliedspartei. Ob sie allerdings noch Ende 2009 als eigenständige Partei existiert, ist nach mehreren katastrophalen Wahlausgängen äußerst fraglich.

▶ SDS: 2001 durch Abspaltung der lettisch-nationalen Sozialdemokraten gebildet. Vordenker und Vorsitzender der kleinen Abspaltung war der als tolerant und diplomatisch angesehene Egils Baldzens. Auch er hat inzwischen sein Parteiamt verloren und ist als stellvertretender Vorsitzender des gewerkschaftlichen Dachverbandes LBAS aktiv. Heutiger Vorsitzender der Partei, die sich inzwischen Sozialdemokratische Partei (SDP) nennt, ist der Gewerkschafter Egils Rudkovskis. Seit den Juni-Wahlen 2009 hat sich SDP unter das Dach des Parteienbündnisses Harmonie-Zentrum gestellt und will dort als eigenständige linke sozialdemokratische Einheit überleben.

▶ Harmonie-Zentrum (HZ)/Saskanas Centrs: Auf seinem Logo

erklärt HZ, der 2005 entstandene politische Bund aus vier
russisch-sozialistisch-lettisch-sozial orientierten Parteien mit
diffusem sozialdemokratischem
Selbstverständnis: Wir sind für
alle da, für Einstein, den russischen Kosmonauten Gagarin und
den lettischen Nationaldichter
Krisjanis Barons. Mitgliespartei-
en sind: Nationale Einheitspartei,
Lettische Sozialistische Partei,
Daugavpils Stadt-Partei, Neues

Zentrum und seit 2009 auch die Sozialdemokratische Partei
SDP. Bei der Parlamentswahl 2006 erreichte das Bündnis 17%
der Stimmen. HZ ist mit Sicherheit die stärkste multi-ethnische
Gruppierung. HZ stützt sich dabei allerdings vor allem auf die
russischen Bevölkerungsteile, erhält politische und materielle
Unterstützung aus Moskau und lehnt sich deutlich an den
russischen Führungsstil an.[81] Programmatische Schnittmengen
mit LSDSP sind aus LSDSP-Sicht nicht vorhanden. SDP (SDS)
zeigt sich als kleinste der drei flexibler, arbeitete bei den Kommunalwahlen 2009 mit HZ zusammen und unterstützte die Kandidatur des jungen HZ-Vorsitzenden Nils Usakovs für das Bürgermeisteramt in Riga.

Etwa 500 Mitglieder waren nach 2001 von der LSDSP zur SDS gewandert.
Fünf Parlamentarier verließen die LSDSP-Fraktion und bildeten die neue
SDS-Fraktion. Beide Parteien beteiligten sich 2002 getrennt an den Wahlen
zum nationalen Parlament und zum Europaparlament (2004) sowie an den
Kommunalwahlen (2005). Aufgrund der Spaltung war keine der beiden bei
keiner der Wahlen erfolgreich.
    Seither und bis heute wird eine frustrierende, teilweise akademische De-
batte zwischen den Sozialdemokraten im Lande geführt, ob die Spaltung
erfolgreich in dem Sinne war, dass die LSDSP an der Weiterführung ihrer

81   Usakovs ist Chefredakteur des russischsprachigen TV-Kanals Perviy Baltiyski Kanal und arbeitet zu-
     gleich als Journalist für die russische Nachrichtenagentur ITAR-TASS. Er wurde auf Vorschlag seines
     Vorgängers, des Rigaer Stadtrats Sergejs Dolgopolovs, in das Parteiamt gewählt.

Politik gehindert werden konnte oder ob nicht doch besser über die Wiedervereinigung der Kräfte nachgedacht und verhandelt werden sollte.

Die desaströsen Wahlergebnisse ab 2002 brachten den LSDSP-Führer J. Bojars dazu, die Partei noch straffer zu führen, offen seine innerparteilichen Kritiker zu diskriminieren und kaum verhüllt die Parteistatuten auszuhebeln. Zahlreiche seiner Opponenten verließen die Partei. Diese Kritiker traten wiederholt mit der Interpretation hervor, dass J. Bojars sich bei der Parteispaltung möglicherweise direkt oder indirekt vor den Karren der neo-liberalen Kräfte in Lettland hatte spannen lassen. Denn die dominierende neo-liberale politische Kultur hatte mit Sorge auf die bis 2001 sehr starke Sozialdemokratische Partei geschaut und das eigene konservative politische Projekt gefährdet gesehen. Immerhin bildeten bis dahin die 16 sozialdemokratischen Abgeordneten die grösste Fraktion im Parlament und die Partei stellte etwa ein Drittel aller Stadt- und Gemeinderäte im Lande – darunter für die großen Städte Riga, Jurmala, Rezekne. Mit solchen Interpretationen wird die Möglichkeit insinuiert, dass Abgeordnete der LSDSP von anderen Parteien »gekauft« wurden, um die Sozialdemokraten entscheidend zu schwächen.


## LSDSP-Stadtpolitik in Riga

Die alten-neuen Parteiführer (etwa der langjährige Vorsitzende der Sozialdemokratischen Partei in Lettland, Juris Bojars, oder Estlands voriger Staatspräsident Rüütel oder Litauens voriger Staatspräsident und späterer Ministerpräsident und Parteichef Brazauskas) waren hohe kommunistische Funktionäre und gehörten nach der Wende weiterhin zur politischen Elite ihrer Länder. Bojars' 1969 geborener Sohn Gundars wurde als Hineingeborener sogar Bürgermeister der Hauptstadt Riga (2001–2005). Aber die Menschen auf der Straße kommentierten, dass Bojars jr. sich mehr in Moskau aufhielt als in seiner Stadt Riga. Sie ahnten allerdings nur, dass Bojars jr. in erster Linie wegen privater Geschäfte nach Moskau reiste und nach dem Verlust des Bürgermeisteramtes auch schnell in eine konservative Unternehmerpartei wechselte.

Das öffentliche Ansehen der LSDSP hatte konkret Schaden genommen, nachdem ihr das Bürgermeisteramt der Hauptstadt 2001 zugefallen war, sie aber nicht nur mit russisch-orientierten lokalen Parteien koalierte, sondern gleichzeitig auch mit der rechtskonservativen Vereinigung für Vaterland und Freiheit und dadurch in indirekte Abhängigkeit der beiden lettischen Oligar-

chen geriet: Aivars Lembergs und Andris Šķēle. Das Verhalten der sozialdemokratischen Stadtverordneten in Riga wurde sehr rasch skandalträchtig: Die
Anzahl der gut bezahlten Berater verdoppelte sich; teure Dienstwagen wurden angeschafft, der als korrupt bekannte Hafenmeister von Riga wurde nicht
abberufen, vielmehr übernahmen auch die Sozialdemokraten die Gepflogenheiten der konservativen Vorgänger, sich die wenigen monatlichen Sitzungs-
stunden im Hafen-Aufsichtsrat mit fürstlichen Aufwandsentschädigungen
erträglich zu gestalten (4.500 – 7.500 Euro im Monat). Den Schlussstein setzten schließlich die vielfachen passiven Bestechungen in der Stadtverwaltung
und die gleichzeitig entstehenden Luxusvillen führender Repräsentanten der
LSDSP. Für Bauvorhaben konnte sich mancher Bauherr von Umweltschutz-
auflagen freikaufen etc.; kurz, das Ansehen der LSDSP sank sehr rasch in
der öffentlichen Wahrnehmung, sie wurden für ihre *Riga-performance* sogar
negativer eingestuft als die vorangegangenen Liberalen.


## Erneuerungsversuche der LSDSP

Nach einem desaströsen Wahlergebnis 2002 musste Juris Bojars 2002 seinen
Parteivorsitz zur Verfügung stellen. Er wurde von dem ehemaligen Volks-
front-Führer der frühen 90er Jahre – Dainis Ivans – abgelöst. Ivans war als
»skandalfrei« angesehen, dafür aber erheblich stärker abhängig von der »grau-
en Eminenz« der Partei, dem Unternehmer und LSDSP-Financier Janis Dinevics. Die Partei verlor weiter an politischem Gewicht. Bei den EU-Wahlen
2004 bekam sie keinen ihrer Kandidaten durch. Bei den Kommunalwahlen
2005 gingen zudem alle Bürgermeister für die LSDSP verloren.

Als Konsequenz wurde J. Bojars 2005 – 2006 der Nachfolger seines
Nachfolgers; mit erheblich konservativeren Ansätzen als früher von ihm
vorgetragen. Das half weder nach innen noch nach außen, um die Partei neu
aufzustellen. Im März 2006 musste er erneut zurücktreten. 184 Abgeordnete stimmten beim Parteitag der LSDSP gegen ihn, immerhin 111 für ihn
und 36 enthielten sich. Nach einem profillosen Zwischenvorsitz übernahm
2007 endlich der starke Mann im Hintergrund, Janis Dinevics, selbst die
Parteiführung.

Die LSDSP-Führung setzte seitdem auf eine sogenannte »Offene Liste«,
mit deren Hilfe neue Mitglieder mit unterschiedlichstem Hintergrund und
politischen Überzeugungen an die LSDSP herangeführt werden sollen. Das

schließt diverse Linke und die SDP ebenso ein wie Christdemokraten, Euroskeptiker, organisierte Rentner oder auch bekannte Einzelpersönlichkeiten der lettischen Gesellschaft.

Sie alle sollten rechtzeitig vor den anstehenden Kommunalwahlen im Juni 2009 und vor allem vor den Parlamentswahlen 2010 unter dem Dach der LS-DSP eine (neue) politische Heimat finden. Seit 2008 hatten sich führende Intellektuelle des Landes aktiv für diesen Ansatz interessiert und allein dadurch schon erhebliches Interesse an dem Projekt »Neue Soziademokratie für Lettland« in den Medien geschaffen.[82]

Denkbar – aber noch nicht wirklich wahrscheinlich – schien daher das Zusammenwachsen alter sozial-demokratischer Kräfte durch Kumulieren des vorhandenen sozialdemokratischen Potenzials in Lettland. Offene Fragen, auf die die Menschen in Lettland (auch ohne die Große Krise) dringend tragfähige politische Antworten suchen, gibt es ausreichend (Finanzierung der Gesundheitsdienste, Zukunftsfähigkeit der Schul- und Berufsbildung, Verbesserung der Wohnverhältnisse; sozialverträgliche Nahrungs- und Energiepreise u.a.m. sowie eine ernstzunehmende Außenpolitik der baltischen Region gegenüber dem Ostseeraum und nicht zuletzt im Rahmen der EU-Russland-Beziehungen). Die größeren und kleineren Parteien mit sozialdemokratischem Potenzial hätten sich wenigstens auf einen Teil dieser Themen verständigen müssen, dann hätte vielleicht die Chance für eine neue starke Sozialdemokratie in Lettland bestanden. Die Europawahlen und die Kommunalwahlen von Anfang Juni 2009 haben dagegen ernüchternd gezeigt, dass dieses sozialdemokratische Potenzial nicht aktiviert wurde, obwohl gleichzeitig eine Abwendung von den Oligarchen-Parteien erfolgte.

---

82 Unter dem Vorsitz von Prof. Atis Lejins wurde dazu eine Art politische Stiftung gegründet (Stiftung Freiheit und Solidarität), deren Ziel es ist, diesen sozialdemokratischen Erneuerungsprozess substantiell zu begleiten. Dort werden – ähnlich wie in einer politischen deutschen Stiftung – wichtige gesellschaftspolitische Fragen zu Lettlands Innen- und Außenpolitik debattiert und es wird parteienübergreifend eingeladen.

# Sozialdemokratisches Potenzial Lettland

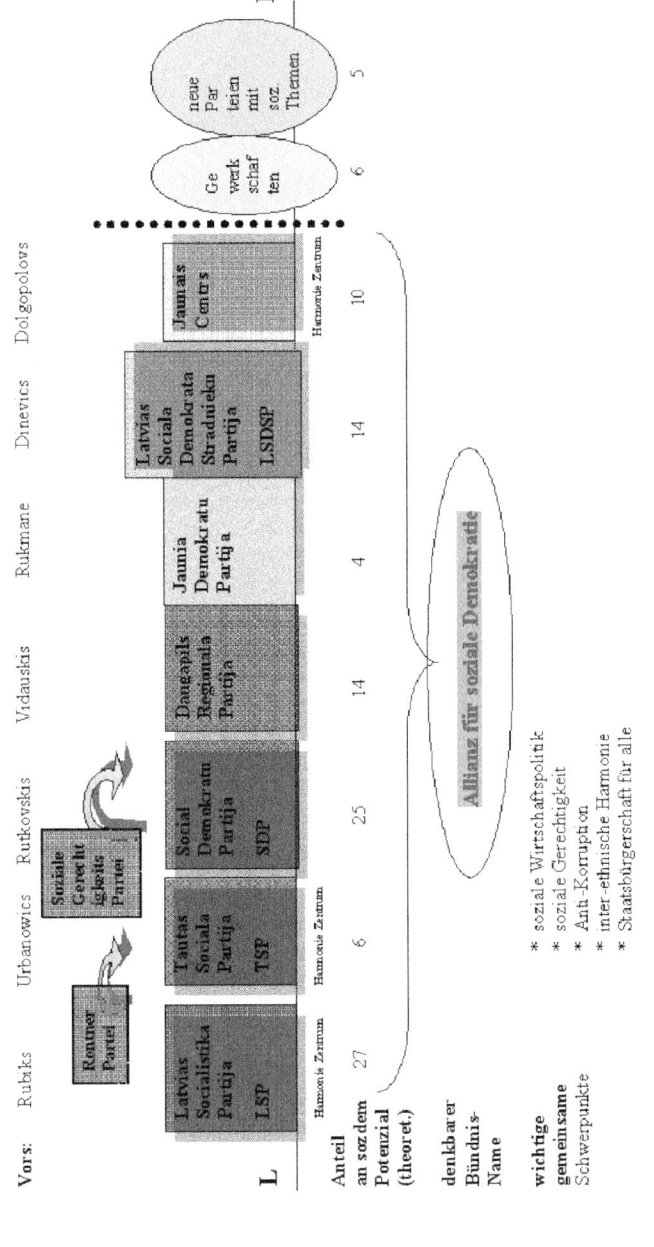

**Vors:** Rubks    Urbanowics    Rutkovskis    Vidauskis    Rukmane    Dinevics    Dolgopolovs

| | Latvias Socialistika Partija **LSP** | Tautas Sociala Partija **TSP** | Soziale Gerechtigkeit Partei | Sozial Demokratu Partija **SDP** | Daugapils Regionala Partija | Jauna Demokratu Partija | Latvias Sociala Demokrata Stradnieku Partija **LSDSP** | Jaunais Centrs | Gewerkschaften | neue Parteien mit soz. Themen |
|---|---|---|---|---|---|---|---|---|---|---|
| **Anteil an soz.dem Potenzial (theoret.)** | 27 | 6 | | 25 | 14 | 4 | 14 | 10 | 6 | 5 |

Harmonie Zentrum   Harmonie Zentrum   Harmonie Zentrum

**L** ................................................................ **R**

**denkbarer Bündnis-Name** — Allianz für soziale Demokratie

**wichtige gemeinsame Schwerpunkte**
* soziale Wirtschaftspolitik
* soziale Gerechtigkeit
* Anti-Korruption
* inter-ethnische Harmonie
* Staatsbürgerschaft für alle

ER, Riga, 6.6.08

*L = Linkes Spektrum, R = Rechtes Spektrum, Vors. = Namen der Parteivorsitzenden*

Die nebenstehende Grafik ist Ergebnis von Befragungen einzelner Parteiführer der irgendwie sozialdemokratisch einzuordnenden Organisationen, die Befragungen bzw. Gespräche fanden vor den Kommunalwahlen 2009 statt. In den angegebenen Prozentwerten spiegelt sich die Selbsteinschätzung der Parteienvertreter hinsichtlich des vermeintlichen Anteils der einzelnen Parteien am gesamten sozialen und demokratischen Spektrum in Lettland. Die angezeigten Prozentzahlen übersteigen daher die 100%-Marke. Insbesondere die Lettische Sozialdemokratische Arbeiterpartei LSDSP und die Sozialdemokratische Partei haben ihre eigene Bedeutung erheblich überbewertet. Das aktuell in Riga führende Parteienbündnis Harmonie-Zentrum setzt sich – ohne die LSDSP – aus vier dieser Parteien zusammen und erreicht inmitten der wirtschaftlichen und finanziellen Krise die höchsten Sympathiewerte unter allen politischen Parteien in der Bevölkerung. Harmonie-Zentrum gewann daher 2009 auch nicht überraschend sehr deutlich die Bürgermeisterwahl in Riga und wurde zweitstärkste Partei bei den Europawahlen. Die sozialdemokratische Partei LSDSP steht dagegen vor ihrer Auflösung.

## LITAUEN: SOZIALDEMOKRATIE IN DER ATOMAREN ZWICKMÜHLE

Litauens Politik wurde – anders als in Estland und Lettland – über viele Jahre bis Herbst 2008 von der Sozialdemokratischen Partei bestimmt. Sie war in diesen Jahren einer Oligarchen-Partei sehr ähnlich. Die Ablösung der sozialdemokratischen Vorherrschaft in den litauischen Regierungskoalitionen wurde Anfang des Jahres 2008 durch den Rücktritt von Umweltminister Arunas Kundrotas eingeleitet. Als offiziellen Grund für seine Amtsaufgabe führte der Minister an, dass er zu großen Druck von Seiten bestimmter Interessensgruppen verspüre und deswegen sein Ministerium nicht effektiv leiten könne. Da schon seit längerem kritische Kommentare über seine Arbeit als Umweltminister in den Medien auftauchten, kam sein Rücktritt nicht überraschend.

Interessant an diesem Vorfall ist, dass der Rückzug Kundrotas' ausgesprochen gut mit dem Angebot der Sozialdemokraten an die kleine Sozialliberale Partei harmonierte, sich der regierenden Minderheits-Koalition anzuschließen. Die Sozialliberalen, mit dem ehemaligen Parlamentspräsidenten Paulauskas an der Spitze, sind auf diesen Vorschlag sehr gerne eingegangen, konnten sie als kleiner Koalitionspartner doch vergleichsweise hohe politische Beteiligung fordern: neben mehreren Posten in Parlamentsausschüssen auch das Amt des Umweltministers. Hinzu kommt die Integration einiger sozialliberaler Kernforderungen ins Regierungsprogramm, allen voran die Erhöhung der Gehälter von Lehrern und der Bau des Atomkraftwerkes Ignalina III.

Die sozialdemokratische Regierungsführung benötigte unbedingt diese neue, wenn auch knappe Mehrheit von 71 der 141 Abgeordneten, um ihr Gesetz über den Bau des Kernkraftwerkes Ignalina III durchzusetzen und mit Zustimmung des Parlaments eine Betreibergesellschaft für dieses Projekt gründen zu können.[83]

## LITAUEN: ATOM-ENERGIE IST DAS MASS DER DINGE

Die ehemalige EU-Kommissarin und nunmehrige Präsidentin Litauens, Grybauskaite, hat die Umsteuerung der litauischen Atomenergie-Politik unter stärkere Staatskontrolle eingeleitet, die sich die Regierungen bis 2008 ganz anders vorgestellt hatten. Ob Frau Grybauskaite sich auch auf längere Sicht durchsetzen kann, ist noch nicht ausgemacht, da sie als Parteilose über wenige sichere politische Truppen verfügt. Aufschlussreich ist daher für die Offenlegung der politischen Kultur in diesem Transformationsland, wie die Atomenergiepolitik angelegt wurde. Litauens Regierung hatte sich als Preis für den EU-Beitritt verpflichtet, die beiden Blöcke des AKW Ignalina zu schließen. Der erste Block wurde vereinbarungsgemäß 2004 heruntergefahren.

Der zweite Block musste Ende 2009 geschlossen werden. Die litauische Regierung versuchte – reichlich spät – seit 2007 diese Vereinbarung mit Brüssel zu unterlaufen. Im Januar 2010 gestand die neue Präsidentin Dalia Grybauskaite die Verschleppungspolitik der litauischen Regierungen auch offiziell ein. Laut Grybauskaite lag der Hauptgrund dafür in der Tatsache, dass das staatliche Energie-Monopol die politische Elite durch angemessene Zuwen-

---

83  Die neue Mehrheitsregierung setze sich zusammen aus: Sozialdemokraten (37), Neue Union (= Sozialliberale) (10), Bauern-/ Volksunion (13), Union der Liberalen und des Zentrums (10) sowie ein Mitglied der »Gemischten Gruppe« – also 71 von 141 Abgeordneten.

dungen zu einer Politik gedrängt hatte, die gezielt keine rechtzeitige Alternative für das zu schliessende Ignalina einleitete. Und die Präsidentin verschwieg auch nicht den logischen zweiten Schritt der politischen Führung, nämlich kurz vor Ablauf der Schliessungsfrist von Ignalina II bei der EU-Kommission wegen dringend benötigter finanzieller Kompensationen vorstellig zu werden. Für Grybauskaite schafft die Schliessung von Ignalina allerdings letztendlich den längst überfälligen Druck auf die nationale Energiepolitik, sich endlich und schnell um Energie-Alternativen zu bemühen – am besten um regenerative Energien.[84]

Parallel wurde seit mehreren Jahren mit den Nachbarregierungen über einen oder gar zwei neue Reaktoren am selben Standort Ignalina im äußersten Nordosten Litauens verhandelt. Litauen verhandelt unklug und vermittelt bei den Nachbarn den Eindruck, sie am liebsten nur als Zahlmeister mit im Boot haben zu wollen, selber aber das Regime über die neuen Blöcke Ignalina III und evtl. Ignalina IV führen zu wollen. Litauens Regierung versuchte zunächst, den eigenen Einfluss auf Ignalina durch eine 34%ige Beteiligung an dem Projekt zu sichern und den anderen Partnerländern (Estland, Lettland, Polen) jeweils 22% Anteile einzuräumen. Das hat schnell zu Spannungen mit den beiden baltischen Nachbarn geführt.[85] Polen hat sich lange nicht durch das Bazar-Verhalten der litauischen Regierung verschrecken lassen. Aber ähnlich wie die Balten in den letzten Monaten immer wieder öffentlich mit dem Gedanken eines jeweils nationalen Atomkraftwerks spielen (besonders Estlands Regierung), betont auch die Regierung von Donald Tusk inzwischen, dass Polen nur von der Energiequelle Kohle lassen kann, wenn stattdessen zwei AKW gebaut würden und die Beteiligungsverhältnisse gerechter geordnet würden. In Polen selbst gibt es keine Atomenergie, dafür ist das Land der größte $CO_2$-Emittent in der EU.

Die sozialdemokratische Regierung in Litauen wollte unter allen Umständen ihr größtes politisches und ökonomisches Projekt realisieren und gewann zu Anfang 2008 nach monatelangem Tauziehen Teile der Opposition für die Gründung einer »Nationalen Finanzierungsgesellschaft für Energie-Großpro-

---

84  LETA, 8.1.2010
85  Der lettische Botschafter in Vilnius, Hardijs Baumanis, erklärte im Januar 2008, dass seine Regierung
    natürlich betroffen sei. Denn genügend Zeit sei seit Februar 2006 verstrichen, ohne dass Fortschritte
    bei Ignalina sichtbar wären (Baltic News Service, Riga, 23.1.2008).

jekte«: *Lietuvos elektros organizacija*, kurz LEO-LT. Natürlich blieben dabei die Nachrichten über hohe Bestechungsgelder an diverse Parlamentarier nicht aus.[86] An der Betreibergesellschaft favorisierte die Regierungskoalition eine litauische Mehrheitsbeteiligung von 51 %.[87] Von diesem litauischen Paket wollte der litauische Staat zunächst knapp 61,7 % kontrollieren. Der Rest der Anteile (38,3 %) sollte an die private Finanzierungsgesellschaft NDX Energija gehen, die schon jetzt privater Eigentümer der Hälfte des litauischen Verbundnetzes (westlicher Stromverbund, VST) ist. Hinter NDX stehen wiederum die litauischen Eigentümer des größten litauischen Handels- und Mischkonzerns *Maxima*.[88] Noch kontrolliert der litauische Staat fast vollständig den Kraftwerks- und Netzbetreiber Lietuvos Energija sowie rund 71 % des östlichen Verbundnetzes RST. An RST ist ansonsten vor allem die deutsche E.ON mit 20 % beteiligt. Allein für den Bau des neuen Atomkraftwerks Ignalina III, für das sich inzwischen auch Unternehmen aus weiteren Staaten interessieren, werden Kosten von mindestens 5 Mrd. Euro erwartet. Die Expertisen der Energieunternehmen versprechen Litauen Energieversorgungs-Sicherheit für mindestens 30–40 Jahre, wenn die neuen Atom-Reaktoren gebaut werden. »Falls wir ohne Nuklear-Energie bleiben, wird die litauische Energieversorgung in eine dramatische Situation abrutschen und die Abhängigkeit von Russlands gutem Willen wird drastisch ansteigen« (Gitanas Nauseda, oberster Berater der SEB Vilniaus Bankas). Zur Alternative hieß es noch 2008, vor der großen Krise mit Blick auf Russland: »Nüchtern betrachtet werden die Energie-Brücken nach Schweden und Polen nicht vor 2015 fertig. Gleichzeitig steigt aber die Nachfrage nach Energie, sowohl weltweit als auch in den Nachbarländern. Dabei wird Russland einen absoluten Einbruch bei der Energietransportleistung verzeichnen. Litauen kann nicht auf den Import von Energie setzen.«

Der Ansatz klingt sinnvoll und dennoch haben die Bürger von Vilnius am 8. Februar 2008 gegen die umtriebigen Promotoren von LEO-LT protestiert. Erstaunlich viele ältere Bürger hatten sich unter die Demonstranten gemischt,

---

86  Seimas Speaker Viktoras Muntianas has addressed Prosecutor General Algimantas Valantinas concerning the information published in the media suggesting that the politicians were paid millions of litas for the adoption of Law on Nuclear Power Plant. (ELTA, Vilnius, 22.11.2007: Muntianas asks prosecutor general to check rumors on corrupt adoption of Law on Nuclear Power Plant).

87  ELTA, Vilnis, 10.6.2008: »It would be fair for Lithuania to hold 51 percent of new power plant project company shares« – Kirkilas

88  Der Umsatz der Maxima-Gruppe überstieg in 2007 die 8- Mrd.- Litas Grenze (2,3 Mrd. Euro) und lag damit um ein Drittel höher als 2006. ELTA, Vilnius, 11.1.2008.

die vor dem Präsidentenpalast gegen LEO-LT Plakate schwenkten. Viele von ihnen hatten dabei weniger ein Problem mit neuen Kernkraftwerken als mit dem gesamten LEO-Procedere, das am Volk vorbei organisiert wurde und wird.

Litauens Bürger setzten an diesem Februartag ihre letzte Hoffnung auf den damaligen Staatspräsident Adamkus. Er sollte das neue LEO-Gesetz nicht unterzeichnen. Wenige Tage später entschied sich der Präsident allerdings gegen das Volk und für LEO. Aber wie wurde die sozialdemokratisch geführte Regierung gesehen? Nicht nur die Bürger auf der Straße beurteilen LEO-LT und den Kontext skeptisch, sondern auch zahlreiche Politik- und Wirtschaftsanalytiker. Ihre Skepsis hat viel damit zu tun, dass der Vorschlag ursprünglich von der Privatwirtschaft eingebracht wurde und wenig mit optimierter Bedürfnisbefriedigung der Bevölkerung und noch weniger mit umweltbewusster Energieproduktion und Energiebewusstsein zu tun hat. Diese Vermutung wird durch Ereignisse innerhalb der damaligen Regierungspartei – Sozialdemokraten – verstärkt: Wiederholt kam es in der Partei zu Kritik an dem Atom-Projekt und an der diesbezüglichen Haltung der Parteiführung.

*Proteste gegen LEO-LT vor dem Sitz des Staatspräsidenten, Vilnius*

Die Frage, ob hier nur die Energiepolitik zum Spaltpilz der sozialdemokratischen Partei wurde, kann nicht mit einem einfachen »ja« beantwortet werden. Beobachter erinnern sich an monatelangen internen Streit: Der stellvertretende Parteivorsitzende Andriukaitis trat sogar von seinem Amt zurück, weil er in der Sitzung des Parteivorstandes daran gehindert wurde, seine Kritik an der Ignalina-Politik laut zu äußern.

Der zu dem Zeitpunkt noch stellvertretende Bürgermeister von Vilnius, Algirdas Paleckis, Sohn des Europaparlamentariers Justas Paleckis (eines der Väter der litauischen Sozialdemokratie) wurde aus der Partei ausgeschlossen, nachdem er sich ebenfalls deutlich gegen die Pläne zum Bau des Atomkraftwerkes ausgesprochen hatte. Beobachter erinnern sich auch daran, dass die Sozialdemokraten erst vor wenigen Jahren mit den ehemaligen Kommunisten fusioniert sind. Damals geäußerte Befürchtungen schienen sich jetzt zu bewahrheiten: Es wirkte so, als verlöre die LSDP zusehends ihr sozialdemokratisches Gesicht und als dominierte intern altes sowjetisches Kaderdenken das Handeln. Bekennende Sozialdemokraten, wie etwa die Gründer der Partei, Dobilas Jonas Kirvelis und Bronislovas Genzelis, aber auch der Europaparlamentarier und ehrenamtliche Parteivorsitzende Aloyzas Sakalas wurden ebenso wie Andriukaitis und Paleckis von der Parteihierarchie ignoriert. Algirdas Paleckis verlor durch den Parteiausschluss auch sein Bürgermeisteramt in Vilnius. Die Sozialdemokratische Partei verlor an demokratischem Ansehen.

Schon Mitte 2007 hatte die Friedrich Ebert Stiftung folgende politische Kurzanalyse vorgelegt (Auszug):

*»Obwohl Parteivorsitzender Kirkilas ebenso wie sein Vorgänger Brazauskas zur kommunistischen Elite gehörte, wird er als Verkörperung der neuen politischen Generation gesehen: er denkt und handelt, wie man sich einen modernen westlichen Politiker vorstellt. In diesem Sinne gibt es eine starke positive Identifikation mit dem neuen LSDP-Chef Kirkilas.*

*Dennoch erwartet man keine radikalen Änderungen in der Partei. Denn real bleibt Kirkilas weiterhin stark von denselben Interessengruppen abhängig, die vor der Unabhängigkeit die kommunistische Nomenklatura gestellt hatten und bis heute maßgeblich die Politik im baltischen Atom-Staat beeinflusst haben. Der sichtbare Rückschritt von Brazauskas hat daher eher mit politischer Dialektik zu tun als mit einem tatsächlichern Abtritt des ehemaligen Präsidenten, Ministerpräsidenten, Parteivorsitzenden. Brazauskas hatte schließlich auch öffentlich gesagt, dass Kirkilas sein Nachfolger sein solle und hatte damit grünes Licht für Kirkilas-Unterstützung durch die internen Machtgruppen gegeben, zu denen er selber seit Jahrzehnten gehört. Dem neuen Parteichef wurden 8 Stellvertreter zur Seite gestellt, die Hälfte von ihnen aus der Brazauskas-Mannschaft.*

*Kirkilas kann dadurch zur Geisel der »Nomenklatura« in der LSDP werden und sogar seine langfristige Karriere als Politiker stark gefährden. ...«*

Aus: FES: Politische Kurzanalyse Baltische Staaten aktuell No. 24:
»Litauens neue Sozialdemokratie in der Zwickmühle«

Die Fragen zur Energiepolitik hatten deutlich mehr ausgelöst als die Frage nach dem zukünftigen Grad der Abhängigkeit der LSDP vom großen Privatkapital. Das Projekt moderne europäische Sozialdemokratie in der litauischen Übergangsgesellschaft war in die interne Diskussion geraten. Der Informationsstand der Bürger über die nicht öffentliche Verknüpfung von Energie und Politik blieb dabei weiterhin abhängig von der Unternehmenskette Maxima. Denn mit Maxima sympathisiert eine der beiden großen Tageszeitungen Lietuvos Rytas (erscheint seit Anfang 1990). Sie trägt maßgeblich zur Meinungsbildung im Lande bei. Die Gruppe Lietuvos Rytas publiziert außerdem mehrere andere Zeitungen und Zeitschriften: die regionalen Tageszeitungen Sostine, Laikinoji Sostine und Panevezio Rytas, die monatlich erscheinende Kinderzeitschrift Genys und die russische Wochenzeitung Lietuvos Rytas, und ist damit einer der einflussreichsten Meinungsmacher in Litauen.

## LITAUEN: KONSERVATIVE TRANSFORMATION SEIT OKTOBER 2008

Bei den Parlamentswahlen am 12. und noch einmal am 26. Oktober 2008 konnte die konservativ-nationale Parteienfusion Vaterlandsunion + Christdemokraten 44 der insgesamt 141 Parlamentssitze erringen. Die Sozialdemokraten wurden mit 26 Sitzen zweitstärkste Fraktion im Parlament und gingen seit 2001 zum ersten Mal in die Opposition. Eine große Koalition zwischen beiden wurde von den Mehrheiten in beiden Parteien nicht gewollt.

Die neue Regierungs-Koalition setzt sich danach aus vier Parteien zusammen: Vaterlandsunion/Christdemokraten, Nationale Erneuerungspartei und zwei kleinere liberale Parteien (Liberale Bewegung und Liberale Zentrumsunion). Ihr Koalitionsvertrag ist durch insgesamt 79 von 141 Mandaten im Parlament abgesichert. Beim ersten Wahlgang (12.10.) hatten noch gut 48 % der Stimmberechtigten teilgenommen. Am zweiten waren es dann nur noch gut 32 %. Aber es reichte, um den Konservativen die Mehrheit zu garantieren.

Der Vorsitzende der konservativen Union Vaterland-Christdemokraten, Andrius Kubilius hatte unmittelbar die Stimmung in der Bevölkerung aufgegriffen, indem er als erste Handlung ausreichende Maßnahmen zur Eindämmung der sich ausbreitenden Wirtschafts- und Finanzkrise ankündigte. Dazu gehört seither der Versuch, den Sozialhaushalt und den Staatshaushalt insgesamt zu sanieren. In der Praxis ist damit gewöhnlich das Thema Steuererhöhungen gemeint (Sozialabgaben, Mehrwertsteuern) oder die Rücknahme bisheriger Steuerprivilegien. Es bleibt eine sensible Gratwanderung für die Regierung. Denn für die Bürger waren sehr konkrete Themen von existentieller Bedeutung, wie die um 40 % angestiegenen Heizkosten der staatlichen (!) Versorger in der Winterperiode 2008/09. Die Energie- und die Lebensmittelpreise und die Entwicklung am Arbeitsmarkt sind dabei der Lackmus-Test der neuen Regierung. Sie könnte einen proaktiven Schritt tun, wenn sie z.b. den Gebäude-Sanierungen mit dem Ziel »Energiesparen« und dem Thema »Energie-Effizienz« den auch von der EU vorgesehenen hohen Stellenwert einräumte. Der scheidende MP Kirkilas war mit dem Versuch gescheitert, durch ein populistisches Referendum die emotionalen Energieängste der Bevölkerung zu nutzen. Er wollte eine Laufzeitverlängerung des Atomkraftwerks Ignalina gegen die bestehende EU-Vereinbarung erzwingen. Der Versuch scheiterte – vor allem an der zu geringen Wahlbeteiligung von unter 50 %. Darüber konnte aber kaum Schadenfreude bei den christdemokratischen Wahlsiegern aufkommen. Denn über Jahre haben die litauischen Regierungen und die Opposition die Umsteuerung der Energiepolitik verschleppt und so weit hinausgezögert, dass die Regierung Kirkilas schließlich mit dem Rücken zur Wand stand – nicht weil die Energieversorgung des Landes grundsätzlich gefährdet wäre, sondern weil die Kirkilas-Regierung an dem großen Rad neuer Kernkraftwerke im Lande mitdrehen wollte und dazu schon einige finanzpolitische und rechtliche Schritte eingeleitet hatte (vgl. den Abschnitt »*Litauens Atompolitik*«, S. 296).

Die neue konservative Regierung Kubilius fährt auf derselben energiepolitischen Linie wie Kirkilas. Nur sind die Zeiten durch die Wirtschafts- und Finanzkrise in Litauen und allen Nachbarstaaten härter geworden. Den neuen Regierungschef und seine Koalitionsparteien drücken daher die offenen Fragen zur Energiepolitik plus die verschärfte wirtschaftliche Lage und der Einbruch am Arbeitsmarkt. Sie suchen nach Wegen zur Absicherung des Kernkraftneubaus Ignalina durch die EU, darunter:

▶ Entwicklung eines Energieplans »B«, falls Russland im benachbarten Kaliningrad ein neues russisches AKW baut und das neue AKW Ignalina mit politischen Strom-Preisen vom Markt drängt

▶ Absicherung der einzigen Raffinerie im Baltikum, *Mažeikiu Nafta*, gegen gezielte Lieferstörungen der russischen Seite (wiederholte und derzeit andauernde Unterbrechung der Drushba-Pipeline)

▶ Drastische Einsparungen des öffentlichen Haushalts, u.a. durch 15%-ige Lohnkürzungen im öffentlichen Dienst (außer bei Lehrern) bei gleichzeitiger Arbeitslosigkeit von offiziell 15%.

Diese und weitere wirtschaftspolitische Reformmaßnahmen sind wie ein politischer Sprengsatz für *jede* Koalitionsregierung. Die Litauer setzten daher auf eine hochqualifizierte »Außenseiterin«, als sie im Mai 2009 Dalia Grybauskaite zu ihrer neuen Staatspräsidentin wählten, damit von der Staatsspitze Reformschub entwickelt werden möge.[89] Und Frau Grybautskaite nahm sich noch vor ihrer Amtseinführung gerade auch des Energie-Themas an und ließ keinen Zweifel daran, dass sie erhebliche Einwände und Zweifel an dem gesamten LEO-LT-Konzept habe. Mit ihrem EU-Hintergrund als Kommissarin konnte erwartet werden, dass sie sich für die Einhaltung der Vereinbarung zur Schließung auch des zweiten Ignalina-Blocks einsetzt. Sie geht allerdings deutlich weiter und fordert von der Regierung die Rücknahme der gesamten Privatisierungspolitik im Energiesektor und sieht *den Staat* als Garanten einer zukunftsfähigen Energiesicherung für Litauen. Das schließt u.a. auch die geplante Stromverbindung nach Schweden ein.

E-DEMOKRATIE ALS PERSPEKTIVE

Die politischen Parteien sind in keinem der baltischen Länder gute Transmissionsriemen der gesellschaftspolitischen Bildung, auch in Estland nicht. Allerdings hat Estland unmittelbar nach der Unabhängigkeit den politischen Willen zur Schaffung einer transparenten politischen Kultur gezeigt und diesen Prozess auch eingeleitet. Eine ganze Batterie legislativer Initiativen wurde seit 1993 gestartet, um Information und Kommunikation zwischen Staat

---

89  Dalia Grybauskaite war seit November 2004 in der Europäischen Kommission für Haushalt und Finanzplanung zuständig, hatte aber zuvor schon das litauische Finanzministerium geleitet und verantwortliche Positionen im Außenministerium bekleidet.

und Gesellschaft zu verbessern und durch den kontinuierlichen Ausbau der erforderlichen Informations- und Kommunikations-Technologie (ICT) auch technisch zu ermöglichen. Diese Säule der estnischen politischen Kultur heißt *Täna Otsustan Mina* oder TOM, was soviel bedeutet wie »Heute entscheide ich mit«. TOM ermöglicht, dass die Kabinettsitzungen heute nur eine anstelle von acht oder zehn Stunden dauern können; dass die Minister in der Sitzung über ihren Intenet-Anschluss aktuelle Sachverhalte noch während der Debatte überprüfen können; aber auch, dass der interessierte Bürger sich mittels desselben Internet über die Kabinettsitzungen unterrichten kann, und vor allem, dass der Bürger eigene Vorschläge und Kommentare in den Regierungsapparat einspielen kann, die dort über eine Leitstelle an die zuständigen Regierungsstellen weitergegeben werden.

*Legale Grundlagen der e-Demokratie in Estland*

| | |
|---|---|
| Act of Intellectual Property (anzuwenden auch für staatliche Datenbanken) | 1993 |
| Personal Data Protection Act | 1996 |
| Databases Act | 1997/2006 |
| Principles of Estonian Information Policy | 1998, 2004, 2007 |
| Action Plan of Estonian Information Policy (eEstonia) | 1998, 1999, 2000, 2001,2002, 2003, 2004, 2005, 2006 |
| Digital Signatures Act | 2000 |
| Public Information Act | 2001 |

In der Weiterentwicklung der e-Demokratie hatte es Estland 2007 geschafft, die erste elektronisch gestützte Parlamentswahl in der EU zu organisieren und durchzuführen. Während die normalen Wahllokale am 4. März geöffnet waren, konnte die Stimme über das Internet bereits vom 26. bis 28. Februar abgegeben werden. Mit einer Bürger-ID-Karte und einem Kartenlesegerät am Computer wurde *electronic voting* möglich gemacht. Eine OSZE-Delegation überprüfte die Rechtmäßigkeit der elektronischen Stimmabgabe. Etwa 30.275 der insgesamt 895.760 Wahlberechtigten hatten vom *e-voting* Gebrauch gemacht. Das waren rd. 3 % der Wähler. Bei den Europawahlen im Juni 2009 machten dann schon rd. 6,5 % der Wähler vom *e-voting* Gebrauch. Der steigende Anteil beim e-voting ist an sich schon interessant und von europäischer Bedeutung, weil Estland weiterhin das einzige Land in der EU mit dieser Wahl-Variante ist. In dem gesteigerten e-voting-Interesse kommen zudem weiter reichende Aspekte zum Ausdruck, nämlich das offenbar vorhandene und gewachsene Vertrauen der Bürger in die nicht manipulierten Wahldaten (anders als etwa bei den US-Wahlen, die Georg W. Bush zum Sieg verholfen hatten). *E-voting* wird daher auch als Möglichkeit von mobilen Bürgern genutzt, die sich in der Wahlzeit im Ausland befinden, oder auch Menschen mit Behinderungen, die am Wahltag nicht ins Wahllokal gehen können. Es zeigt sich in Estland ein entspannter Umgang mit den elektronischen Medien (auch Auswirkungen des ICT-Unterrichts an den Schulen). Hierin schlägt sich schließlich der Generationenwechsel nieder, ebenso wie übrigens am Arbeitsmarkt, wo Studenten bei Umfragen erklärten, nach Studienabschluss in der Privatwirtschaft und besonders gern im ICT-Sektor arbeiten zu wollen. Ältere Arbeitnehmer hielten dagegen auch in der Großen Krise verstärkt an ihren Arbeitsplätzen in den klassischen Industriesektoren und in Staatsbetrieben fest.

Von den absoluten Zahlen her ist *e-voting* derzeit noch ein Randgruppen-Programm, das für bestimmte Bevölkerungsgruppen jedoch von großem Wert sein kann. Für die estnische Jugend war es vor allem die adäquate Antwort auf ihr eher geringes Politikinteresse. Sie saßen in den zahllreichen Cafés der Städte mit Internet-Anschluss, steckten ihr Lesegerät in das Notebook, den ständigen Begleiter, und trugen so zu einer Wahlbeteiligung von rd. 61 % bei den Parlamentswahlen und etwa 43 % bei den Europawahlen bei. Die Erfahrungen mit *e-voting* haben Mitte 2009 übrigens zur ersten estnischen Entwicklungszusammenarbeit mit Palästina geführt.


Mit der estnischen elektronischen Innovation ist nicht automatisch das politische System verändert. Der stärkste Vorbehalt gegen *e-voting* kommt immer noch von der technischen Seite. Die Manipulationsgefahr im Abstimmungsprozess wird von vielen als ebenso groß wie beim *e-commerce* oder beim *e-banking* und bei den *e-mails* angesehen. Einen weiteren wichtigen Vorbehalt formulierte die führende Tageszeitung Postimees, indem sie auf etwas Wesentliches hinwies, was der elektronischen Kommunikation fehlt: Emotionalität. Als Beispiel für politische Emotionalität erinnerte sie an den Abend des 21. August 2008 in Tallinn. 100.000 Menschen waren zusammengekommen, um sich **live** und gemeinsam an die »Singende Revolution« von 1988 zu erinnern. Es war die Erinnerung an den friedlichen politischen Protest gegen die sowjetische Okkupation 20 Jahre zuvor und passte hervorragend in die offizielle außenpolitische Haltung der estnischen Regierung gegenüber dem Georgien-Krieg. Postimees gab dem Ereignis eine darüber hinausgehende Interpretation: »Dies war eine klare Botschaft an unsere Politiker und gewählten Volksvertreter. Niemand kann heute mehr behaupten, dass Estland keine Bürgergesellschaft geworden wäre. Es geht heute vielmehr darum, wie dieses System weiter ausgebaut werden kann.«[90]

Aber die politische Kultur wird sich dennoch verändern, weil die Kommunikationsformen zwischen dem System und dem Einzelnen erweitert werden. Die elektronische Beteiligung an Wahlprozessen ist nur der erste Schritt. E-Demokratie erweitert die Kommunikation zwischen den politischen Institutionen und dem Bürger, bietet die Chance zu größerer Intensität. Das Ziel von e-Demokratie muss der partizipative Bürger und müssen partizipative Bürgerinitiativen sein.

Auch ohne diese Emotionalität und unabhängig vom politischen Wahlergebnis hatte das *e-voting* einmal mehr internationales Interesse auf das kleine Land in der Nordostecke Europas konzentriert. Und bei diesem strategischen Ansatz – den Blick Europas oder der Welt auf sich zu lenken – sind sich alle politischen Lager einig. Die innovative Nische zwischen den Großen zu suchen, ist das estnische Motto. Hierin sind sie ein gelehriger Schüler ihrer ethnischen Nachbarn, der Finnen. So wird auch die häufige Bemerkung von Esten verständlich, dass sie sich eher als Skandinavier fühlen denn als Balten.

Der Regierungsapparat kann für sich jedenfalls Effizienzgewinne verbuchen. Die ICT-Industrie *(information & communication)* kann sich über die elektronische Vernetzung des Landes mit seinen inzwischen vielleicht tausend kostenfreien WLAN-Zugängen in Cafés, Bibliotheken, Schulen, Hotels freuen. Dafür hat Estland auch im Frühjahr 2009 wieder die entsprechende internationale Anerkennung erfahren. Das Weltwirtschafts-Forum hat in seinem Global Information Technology Report Estland auf Platz 18 in der Welt gesetzt und damit unmittelbar vor Deutschland und Frankreich und vor allem weit vor allen MOE-Staaten. Estland erreichte sein gutes Ranking vor allem durch den Alltagsnutzen, den die elektronische Kommunikation und

90 Postimees – Estland | Donnerstag, 21. August 2008: »Singende Revolution« in Estland (www.postimees.ee/?id=28005).

Information den Bürgern bietet, darunter guter Online-Dienst der öffentlichen Ämter. Darunter auch die Entwicklung einer neuen handy-Applikation, die es ermöglicht, aufgrund des Preisangebots, der schnellen Verfügbarkeit und weiterer Kriterien das in der gegebenen Situation optimale Taxi zu ordern (»Taxi Pal«).

Zudem nimmt der IT-Bereich inzwischen in den Schulen einen sehr wichtigen Platz als Unterrichtsfach und als didaktisches Hilfsmittel ein.

Der einzelne estnische Bürger (vor allem Jugendliche) nutzt die IT-Möglichkeiten also. Viel zu wenig wird das elektronische Kommunikationsnetz jedoch noch von der organisierten Zivilgesellschaft für ihre politische Arbeit genutzt. Die diversen Bürgerinitiativen und auch registrierten NGOs sind absolut unterentwickelt, was ihre Handlungs-Synergien betrifft. Der Organisationsgrad der Zivilgesellschaft bleibt weit hinter der elektronischen Aufrüstung des Landes zurück. Dadurch bleibt – trotz bester Voraussetzungen – auch das Thema e-Demokratie eine große demokratische Baustelle, an der vor allem die Bürger selber kräftig mitarbeiten müssen.

Denn dem Staat reicht der aktuelle Entwicklungsstand der politischen Kultur und das internationale Ansehen als innovationsfreudiges Land zunächst. Er nutzt pragmatisch die Möglichkeiten der modernen Kommunikation mit dem Bürger für seine direkten Belange, wie z.B.

▶ Einkommenssteuer-Erklärungen können via Internet abgegeben werden. Im Jahr 2006 ist das schon in über 80 % der Fälle erfolgt.
▶ Auto-Parkgebühren und andere Zahlungsvorgänge können per Handy erledigt werden.[91]

Allerdings bietet dasselbe Estland auch gleich die zweite *lesson learnt*, nämlich die über mögliche politische Kosten von e-Demokratie: Weil sich Russland Ende April 2007 durch die Umsetzung des Soldaten-Mahnmals an die Peripherie Tallinns politisch beleidigt fühlte (»Bronzener Russischer Soldat«), wurden kurz darauf auch diverse Websites der estnischen Regierung, estnischer Banken und anderer Institutionen von Hackern attackiert, deren IP-Adressen teilweise verschleiert waren, teilweise aber sogar direkt in den Kreml führten

91 www.vm.ee/estonia/kat_175/pea_175/1163.html; Stand: September 2007.

(so Estlands Regierungssprecher). Die elektronische Kriegführung gegen Estland zwang die estnische Regierung, bei der NATO und befreundeten Regierungen um technische Schutzmaßnahmen zu bitten. Um diese Variante von »cyber-war« politisch herunterzuspielen oder weil es tatsächlich technisch sehr schwierig war, wurden keine eindeutigen Beweise über die russischen Initiatoren der elektronischen Attacke vorgelegt. Bezogen auf eine offenere Kommunikation zwischen politischem System und Bürgern zeigten diese Attacken die mögliche Achillesferse moderner kommunikativer Demokratie auf.[92] So gesehen, waren die (russischen) Cyber-Attacken auch eine Warnung eines autoritären Staates an die eigenen Bürger, nicht allzu intensiv davon zu träumen, mit Hilfe elektronischer Kommunikation die hoch gehängten Demokratie-Barrieren überwinden zu können.[93]

---

92  BBC meldete dazu am 17.5.2007: »While the government in Tallinn has not blamed the Russian authorities directly for the attacks, its foreign ministry has published a list of IP addresses, ›where the attacks were made from‹. The alleged offenders include addresses in the Russian government and presidential administration.«; http://news.bbc.co.uk/2/hi/europe/6665195.stm.
93  Auch die chinesische Regierung hatte im Übrigen genau diese Grundhaltung während der Olympiade aller Welt und vor allem dem kritischen Teil der eigenen Zivilgesellschaft vorgeführt. Und nicht zuletzt die iranische Regierung unter Präsident Ahmadinedschad kappte alle elektronische Kommunikation während der grossen Unruhen Mitte Juni 2009.

# ENTWICKLUNGSRÄUME

*Kopf in den Sand*
*schafft neue Ausblicke ...*[94]

94  Karikatur von © Marian Kamensky: www.humor-kamensky.sk.

# HANDICAP: GESELLSCHAFTLICHE ZERRISSENHEIT

Die Arbeitslosigkeit hat in den baltischen Ländern im Rahmen der Großen Krise offizielle Werte um die 15 – 16 % erreicht. Diese statistischen Angaben variieren etwas zwischen den Ländern und weisen dabei dieselben Unschärfen auf, wie in einem reichen und großen Land wie der Bundesrepublik, wo die reale Arbeitslosigkeit eher 5 oder 5,5 Mio. Menschen betrifft als die offiziell benannten 3,5 oder 4 Millionen.

Ähnlich verhält es sich mit der Armut. Offiziell werden knapp 20 % der Gesamtbevölkerung schon als arm eingestuft oder unmittelbar davor. Auch hier zeigt der aktuelle Armuts-Atlas für Deutschland, dass solche Pauschalaussagen wenig hilfreich sind, um tragfähige politische, ökonomische und soziale Lösungswege zu entwickeln. Für die baltischen Gesellschaften liegt zwar kein Armuts-Atlas vor, aber er hätte einen ähnlichen Flickenteppich-Charakter wie der deutsche mit vergleichbaren Spannbreiten von 10 % Armutsbetroffenen in Baden-Württemberg bis zu 25 % in Mecklenburg-Vorpommern. Nur hießen die Regionen in Lettland entsprechend Riga-Zentrum oder Hafenstadt Ventspils mit wenig Armut und das Gebiet um Kraslava (Latgalien) oder die Region Selija mit hohem Armutsniveau. Ähnliche soziale Zerrissenheit gilt für Litauen und Estland.

In Lettland bringen nur wenige Stimmen die aktuelle Lage (2009) so auf den Punkt, wie der Vertreter der evangelisch-lutherischen Kirche:[95]

*Es vergeht wohl kein Tag, an dem nicht in den Nachrichten dieses Wort fällt: Krise. Wie ein Schreckensgespenst wird es mit allem in Verbindung gebracht, was möglich ist.*

*Die Politiker in Lettland sind seit einigen Monaten in einem Popularitätstief, das seinesgleichen in Europa suchen muss, nur ein Zehntel der Bevölkerung scheint noch etwas von ihnen zu erwarten. Die Umsätze brechen ein, und man sucht Schuldige. Die Angst vor gewalttätigen De-*

---

95 Quelle: Der Gemeindebrief der Deutschen Evangelisch-lutherischen Kirchen in Lettland März – Mai 09 (Pfarrer Dr. Martin Grahl), www.kirche.lv.

*monstrationen hat sich seit dem Januar [2009] auch eingenistet, was wird*
*die jährliche Gedenkveranstaltung am 9. Mai am sowjetischen Ehrenmal*
*bringen? Darf man sie erlauben? In der völlig überschuldeten Bevölkerung*
*macht sich Furcht breit. Vielleicht sollte man das Gespenst nicht so häufig*
*herbeizitieren? Man darf auf ein neues Parlament gespannt sein. Aber ob*
*das die Probleme lösen wird? Und davon hat Lettland ausreichend, mehr*
*als andere Länder vielleicht. Eines von ihnen ist das soziale Problem:*
*Die soziale Schere klafft weit auseinander. Ein anderes Problem ist*
*das Verhältnis von Letten und Russen, letzteres eher ein Sammelbegriff,*
*unter den eben auch unsere Russlanddeutschen fallen. Wir können nur*
*hoffen, dass man die Krise als Chance nutzt, klarer und gemeinsam den*
*Problemen zu begegnen, die im Land für Spannungen sorgen. Notwendig*
*sind nicht nur wieder wachsende Wirtschaftszahlen, sondern ein allge-*
*meines Wachstum und Stabilisierung der Einkommensverhältnisse der*
*Mehrheit aller Bürger.*

Wegen der vielfältigen historischen und naturraumbezogenen Attraktionen ver-
spürt der Tourist wenig Drang, genauer auf die Menschen und ihre Verhältnisse
zu schauen. Es gibt im Übrigen für den flüchtigen Betrachter immer noch den
Charme des einfachen Lebens auf dem Lande oder gar die theoretisch überhöhte
»Kultur der Armut« (Oscar Lewis). Die meisten Besucher nehmen dabei aber wenig von der eigentlichen Zerrissenheit der baltischen Gesellschaften war. Desto
wichtiger sind die Innensichten in die Region, um das »Gesamtbild Baltikum«
ins Gleichgewicht zu bringen, um ein besseres Verständnis für den Gesamtpro-
zess der Transformation zu erlangen. Dabei geht es gerade nicht um ein Abbild
der Großen Krise seit Herbst 2008, sondern um die viel wichtigere Entwicklung
hin zu dieser aktuellen Krise. Nur ein besserer Einblick in diesen Entwicklungsprozess der letzten Jahre bietet die Chance, die richtigen Wege aus der Großen
Krise zu finden und sie als den anderen Entwicklungsweg auszubauen.

Zuerst stiegen die Lebenshaltungskosten nur in den baltischen Hauptstädten, dann auch in den Regionen. Die offiziellen Inflationsraten lagen 2007
bei 8,1 (Litauen), 8,5 (Estland) oder sogar bei 13,2 % in Lettland. Zur Jahresmitte 2008 waren sie aber schon deutlich weiter angestiegen: in Lettland
auf 18 %. Der krisenbedingte Einbruch des nationalen Konsums (nicht die
politische Steuerung der Wirtschafts- und Finanzkrise) hat zwangsläufig für
eine Abschwächung der Inflation gesorgt: Sie bewegt sich 2009 bei bis zu 4 %

oder weniger und könnte in 2010 für die Region noch weiter absinken. Die Preissteigerung für alltägliche Güter wie Lebensmittel überstieg im Oktober 2007 schon die 17%-Marke (Lettland). Dennoch wurden die Bürger mit der Ankündigung der staatseigenen Energieversorger weiter geschockt, dass für 2008 die Energiekosten um 50% angehoben würden. Und Heizungskosten haben wegen der vielen Wintermonate einen hohen Stellenwert im Familienhaushalt. Die Regierung (auch die Gewerkschaften) zogen sich – wie der in Lettland beheimatete Baron von Münchhausen – bauernschlau am eigenen Schopf aus der Misere, indem Lohnanpassungen dekretiert wurden. Nur wurden diese nicht von Maßnahmen zur Steigerung der Arbeitsproduktivität begleitet und beschleunigten damit die Inflation, anstatt sie auszugleichen. In Estland gab der Finanzminister bekannt, dass Löhne und Gehälter in 2007 im Durchschnitt 2,5-mal stärker gestiegen seien als die Arbeitsproduktivität.[96]

---

### Subsistenz-Niveau

Das Subsistenzeinkommen für LETTLAND wurde vom Staatlichen Statistikamt wie folgt aufgeschlüsselt,

|  | Jahresmitte 2007 | Jahresmitte 2009 |
|---|---|---|
| Ausgaben | 189 Euro | 270 Euro |
| Sektoren |  |  |
| Nicht-Nahrungsmittel |  |  |
| (vor allem Miete + Nebenkosten): | 74 Euro (+10,5%) | 91 Euro (+24%) |
| Nahrungsmittel: | 63 Euro (+12,7%) | 84 Euro (+12%) |
| Dienstleistungen |  |  |
| (vor allem energiebezogen): | 52 Euro (+16,0%) | 69 Euro (+30%). |

Danach entfielen mehr als 50% des Einkommens für die unteren Sozialschichten (dazu gehören fast alle Rentner) auf die zwei Positionen Miete und Heizung. Da die realen Preise wiederum um etwa 50% höher lagen, als vom Statistischen Amt angegeben, hatte sich schon *vor* Ausbruch der Grossen Krise ein rasanter Trend zu umfassender Armut herausgebildet.

Durchschnittseinkommen
Das monatliche Durchschnittseinkommen (netto) lag in der 2. Jahreshälfte 2007 in Lettland bei 420 Euro, was einem Anstieg gegenüber dem Vorjahr um 33,7% entsprach. Die durchschnittliche Altersrente lag (gem. Wohlfahrtsministerium) Mitte 2008 bei 67 – 113 Euro.

Einkommensgruppen lt. offizieller Statistik
  9.4% der Bevölkerung verdienen monatlich bis zu 160 Euro
23.4% der Bevölkerung hat monatliche Einnahmen von bis zu 225 Euro
14.0% der Bevölkerung erreichen mehr als 225 Euro
  0.4% der Bevölkerung verdienen monatlich mehr als 1.500 Euro

---

96   LETA, Tallinn, 22.2.2008: Ministry of Finance: real wages grew 2.5 times faster than productivity in Estonia.

Unverändert wurden im großen Lohnsegment zwischen 300 und 500 Euro p. M. etwa 30% der Entlohnung »im Briefumschlag« ausgezahlt, also am Fiskus vorbei. Im öffentlichen Dienst wurden für 2008 bereits versprochene Gehaltserhöhungen dann schon nicht mehr in vollem Umfang realisiert, weil die Regierung als Beitrag zur Eindämmung der Inflation einen Haushalt mit einem Überschuss vorlegen wollte. Diese Rahmenbedingungen verringerten die Arbeitslosigkeit trotz des Arbeitskräftemangels nur wenig. Sie sank von 2006 bis 2007 von 7% auf 6%. Bei den verbliebenen Menschen ohne Beschäftigung handelte es sich vor allem um Langzeitarbeitslose, die für die freien Arbeitsplätze zu geringe Qualifikationen aufwiesen. Zudem blieben die regionalen Disparitäten bestehen: In Riga betrug die Arbeitslosenrate nur 3%, in Ost-Lettland (Latgalen) zur gleichen Zeit 11%. Inzwischen hat sich die Arbeitslosigkeit – wie erwähnt – um 10 Punkte erhöht und gleichzeitig haben sich durch den vollen Ausbruch der Großen Krise die Arbeitsmarktbedingungen erheblich verschlechtert.

Vor den Kommunalwahlen vom Juni 2009 lavierte sich die lettische Regierung irgendwie durch, um die sozialen Spannungen nicht weiter ansteigen zu lassen. Aber nach der Sommerpause wussten alle öffentlich Bediensteten (Lehrer, Ärzte etc.), dass sie Gehaltskürzungen von 20% akzeptieren mussten. Das durchschnittliche Lehrergehalt sank dadurch von etwa 525 Euro brutto (wie Anfang 2009) auf nur noch etwa 420 Euro brutto. Es wird weitere Entlassungen im öffentlichen Dienst geben. Vor welchen sozialen Unruhen das Land dann stehen wird, ist kaum zu prognostizieren.

Schon zum Jahresende 2007 gingen tausende von Gewerkschaftern seit Jahren zum ersten Mal wieder auf die Straße, andere Bürger schlossen sich den Protesten vor dem Parlament an. Vor allem bei Lehrern, medizinischem Personal und Sicherheitskräften war auch danach mit weiteren Protestaktionen gegen die soziale Spaltung der Gesellschaft zu rechnen, zumindest von Seiten derer, die das Land nicht gleich als Emigranten verlassen wollten oder konnten. Und das waren seit der Unabhängigkeit des Baltikums wohl um die 200.000 Menschen – ein hoher Aderlass für alle Wirtschaftssektoren, die qualifizierte Mitarbeiter benötigen. Die Wirtschafts- und Finanzkrise seit 2008 verkompliziert die Lage für die baltischen Gesellschaften in zweifacher Hinsicht: Der nationale Arbeitsmarkt musste einbrechen, aber die westlichen EU-Länder wurden immer restriktiver in ihrer Migrationspolitik. Damit fällt dieses sozialpolitische Ventil weitgehend aus. Inzwischen bemühen sich nicht mehr die Saisonarbeiter und Erntehelfer um Arbeitsplätze im europäischen Ausland. Vielmehr bieten sich gut ausgebildete und mehrsprachige Mitglieder der Mittelschicht im Ausland an und auch nicht mehr nur in Europa, sondern auch in Nordamerika oder Australien. Damit migrieren heute baltischer Fachkräfte, die die Länder selber dringend benötigen, und dennoch bleibt der Druck auf das einheimische Sozialsystem in der Krisensituation sehr hoch. Als Indikator der einschneidenden sozialen Krise können Menschengruppen vor Klostertüren im Zentrum von Riga angesehen werden, wenn es dort kostenlose Mahlzeiten gibt, oder sie siedeln sich als »Eremiten« in Toreinfahrten oder auf Parkbänken oder unter dem Dach einer Bushaltestelle an.

*Bettler in Riga-Zentrum*

Ihre Betroffenheit zeigen die lettischen Behörden gelegentlich auf sehr ungewöhnliche Weise durch kuriose soziale Kosten-Nutzen-Kalkulationen:

*Selbstmordrate bei Männern verursacht jedes Jahr*
*400 Mio. Verluste für Lettland* [97]

Anfang Februar 2008 kam der Menschenrechts-Ausschuss der
Saeima zu dem Schluss, dass Männer viermal häufiger als Frau-
en Selbstmord begehen und damit dem Staat jährlich Verluste in
Höhe von fast 300 Mio. Lats (ca. 427 Mio. Euro) an Steueraus-
fällen verursachen. ...
    Als Gründe hat das Gesundheitsministerium die traditionelle
Rollenverteilung in der Gesellschaft erkannt, die Verantwortung
für das Wohlergehen der Familie und Stereotypen über den Mann
als Ernährer der Familie. Männer sind auch anfälliger für diverse
Formen von Abhängigkeit [gemeint: Drogen und Alkohol].
    Das Gesundheitsministerium hat als Teil der Nationalen Ge-
sundheitsstrategie das Ziel formuliert, die Zahl der Selbstmorde
um 25 % zu verringern, um zwischen 2008 und 2013 die mentale
Gesundheit der Bevölkerung zu verbessern.

Nicht alle Menschen in Riga können diesem Behörden-Humor folgen. Manche überwinden inzwischen ihre existentiellen Ängste und fordern ihre Regierung auf, wenn schon Untergang, dann aber gemeinsam: Volk und Regierung
zusammen.

**Text der Protest-Rentner:**
*»Volkspartei, Erste Partei, Grüne*
*Partei: Falls aus dem Fenster*
*gesprungen werden soll, dann*
*springen wir alle zusammen auf*
*Befehl des Ministerpräsidenten.*
*Schande über solche Regierung«*

Die Sozial- und Arbeitsmarktpolitik steht im Transformationsland Lettland
nicht erst wegen der Großen Krise auf sehr schwachen Füßen. Die wirt-

97  BNS, Riga, 7.2.2008: Suicides of men cause losses of Euro 400 Mln. to Latvia every year.

schaftspolitische Debatte ebenso wenig. Ganz besonders gilt das etwa für die Anwendung von BIP oder BSP als Indikator für den Lebensstandard der Bevölkerung und für Verteilungsgerechtigkeit des gesellschaftlichen Reichtums. Das sollte jedermann auch in Westeuropa inzwischen bewusst geworden sein, nachdem das Märchen von den »baltischen Tigern« mit ihren zweistelligen BSP-Wachstumsraten sich als Fata Morgana erwiesen hat.

*Sozialhilfeempfänger protestieren seit Monaten bei -20° im
Zentrum Rigas gegen infrahumane Lebensbedingungen (Jan, 2010)*

Mit dem analytischen Ansatz, den der EU-Kommissar Stavros Dimas (Umwelt) mit der Erweiterung des BSP-Indikator hin zu einer *Ökologischen und Ökonomischen Kostenrechnung* unterstützt, kommen die baltischen Transformationsländer noch nicht zurecht, weil der Umgang mit diesem volkswirtschaftlichen Ansatz bisher auch nicht zu den Transformationsleistungen der Kommission gehörte. Dabei hatte die Völkergemeinschaft schon nach der Rio-Konferenz für Umwelt und Entwicklung 1992 ein Handbuch für ökologische und ökonomische Kostenrechnung vorgelegt.[98] Damit sollte mehr Transparenz über die Vermögensverteilung in der Gesellschaft, über die Konsumstruktur, den Zugang zu Gesundheitsversorgung, zur Qualität des Bildungssystems, zur sozialen Integration, zur Integrität der wirtschaftlichen und politischen Entscheidungen in der Wirtschaftspolitik, zu den Auswirkungen des Wirtschaftens auf Umwelt und Klima erreicht werden. 1992 war es noch zu früh für die gerade unabhängig gewordenen Balten. Zum Nachhaltigkeits-Gipfel der Vereinten Nationen, 2002 in Johannisburg, legte dann allerdings auch die lettische Regierung ihren Bericht über die nachhaltige Entwicklung des eigenen Landes vor. Der ließ erkennen, dass das Land auf dem Weg zur EU-Mitgliedschaft in der breiten internationalen Debatte über Umwelt, Entwicklung und Nachhaltigkeit noch keine eigene Position gefunden hatte. Der Lettland-Bericht für Johannisburg war nicht mehr als eine Paraphrase der Konferenzunterlagen der UN. 2007 wurde dann in Lettland ein Bericht vorgelegt, der den Titel *Human Development Index* trägt und – in Anlehnung an die gleichnamigen UNDP-Berichte – erwarten ließ, dass zumindest die Gesellschaftswissenschaften in Lettland die Entwicklung ihres Landes anders wahrnehmen als Regierung und Parlament. In ihrem Bericht geben die beteiligten Wissenschaftler dem Land einen Rating-Platz von 45 unter 177 Staaten. Den berechtigten Zweifeln internationaler Forscher versuchen die Herausgeber mit dem Hinweis vorzubeugen: »The index is not in any sense a comprehensive measure of human development. It does not, for example, include important indicators such as gender or income inequality and more difficult to measure indicators like respect for human rights and political freedoms.«[99]

Wozu also diese direkte Assoziation zwischen dem lettischen Bericht und dem von UNDP? Sie wirkt auf den Beobachter so wie die unmittelbare Zustimmung des litauischen Parlaments zur Europäischen Verfassung: Die Nachricht über die schnelle Zustimmung war das Ereignis, nicht die inhaltliche Auseinandersetzung mit dem Thema.

98  Handbook for the UN System for Environmental and Economic Accounting (SEEA), Erstveröffentlichung 1993. Ohne die Vokabel damals schon zu benutzen, war die Einarbeitung des »Footprint«-Kriteriums darin angedacht. Dazu das Buch von Elmar Römpczyk: Die Zukunft bewegt sich längst. Staaten und Zivilgesellschaften kämpfen um Nachhaltigkeit, Bad Honnef 1999; darin setzt sich das Kapitel »Komplementäre Politiken« mit dem UN-Ansatz des SEEA auseinander
99  Latvia – The Human Development Index – going beyond income. HDI Report 2007/08. Riga 2008.

Bis Mitte 2009 bezogen etwa 13 % der Beschäftigten den monatlichen Mindestlohn von etwa 180 Lats (240 Euro). Laut Eurostat kompensierten die lettischen Regierungen das niedrige Einkommensniveau nicht durch Leistungen des sozialen Netzes. Vielmehr gab Lettland mit 12,6% des BIP von allen EU-Mitgliedsstaaten am wenigsten für soziale Sicherheit aus. Über diese und andere makroökonomische Daten hinaus beeinflussten weitere wichtige Faktoren den lettischen Arbeitsmarkt:

▶ Die Öffnung der Arbeitsmärkte ab Mai 2004 in bestimmten EU-Ländern förderte sehr deutlich die Emigration des dynamischen und auch des qualifizierten Teils der baltischen Arbeitskräfte insgesamt.

▶ Die Bevölkerung im arbeitsfähigen Alter schrumpfte und damit das Potenzial des nationalen Arbeitsmarktes. In Lettland verringerte sich die Gesamtbevölkerung seit 1990 um ca. 14 % ; der Verlust an aktiver Bevölkerung erreichte etwa 4 %. Wegen der negativen Geburtenrate wird sich diese Entwicklung in den nächsten Jahren beschleunigen, ohne dass die Regierung für die Ausbildungspolitik oder die Umorientierung der Verarbeitungssektoren daraus erkennbar Konsequenzen zöge.

▶ Die Arbeitsmotivation ist in den letzten Jahren gesunken, weil das baltische Lohnniveau zu den niedrigsten der EU gehört (gerade noch vor Rumänien und Bulgarien). Das gilt für das Mindesteinkommen, für das Durchschnittseinkommen, für das durchschnittliche Sektoreinkommen etc.
2006 – also vor der Großen Krise – lag das durchschnittliche jährliche Bruttoeinkommen für Vollzeitbeschäftigte in Lettland bei 5.200 Euro; in Dänemark bei 48.300; in Portugal immer noch bei 15.900.

## EIN WACHSENDES ZUSATZPROBLEM:
## ILLEGALE BESCHÄFTIGUNG

Ein Unterkapitel der Arbeitsmarktpolitik findet unverhältnismäßig geringe Aufmerksamkeit: das Thema »illegale Beschäftigung«. Jegliche Einschätzung aggregierter Beschäftigungs-Trends muss die Entwicklung illegaler Beschäftigung und verdeckter Unterbeschäftigung bzw. verdeckter Arbeitslosigkeit einbeziehen. Laut Schätzungen des Lettischen Zentralen Statistikamtes liegt der Beitrag der informellen Wirtschaft zum BIP bei etwa 16%, wobei das lettische Finanzministerium den Anteil an illegaler Beschäftigung mit 14 – 20% ansetzt (Estlands Finanzministerium bewertet den Verlust durch illegale Wirtschaftstätigkeit für 2008 mit etwa 270 Mio. Euro). Sample-Interviews mit Arbeitnehmergruppen legen jedoch unterschiedliche Formen von illegaler und von verdeckter Unterbeschäftigung offen und weichen darin durchaus von den offiziellen staatlichen Statistiken und auch von Unternehmer-Daten ab. Verdeckte Arbeitslosigkeit findet sich vor allem in Betrieben mit stagnierender Produktion oder mit nicht ausgelasteter Kapazität. Als Reaktion werden die Arbeitnehmer zu Kurzarbeit gezwungen oder zu unbezahlten Urlaubszeiten.

Die Arbeitsmarktsituation in Litauen trug bis Ende 2008 viele ähnliche Züge wie in Lettland. In Litauen spielen die Gewerkschaften allerdings einen aktiveren Part (s. unten den Abschnitt »*Gewerkschaften: Arbeitspolitischer Promotor?*«). Lediglich in Estland kam es zu deutlichen politischen Auseinandersetzungen innerhalb der Regierungskoalition und den Partnern des sozialpolitischen Trialogs (Regierung, Gewerkschaften, Unternehmer). Erst zum Jahresende 2009 spitzte sich die soziale Lage in Letland so stark zu, dass es zu »spontanen« und zu gewerkschaftlich organisierten Streiks im Lande kam.

Protest-Texte am 30. November 2009:

*»Wir gegen Armut«*

*»Krankenschwestern müssen darüber nachdenken, wie sie heute überleben können, um ihren Beruf auch in der*

*Zukunft auszuüben«*

*»Wir leben in der EU – unsere Gehälter sind die von Afrika«*

*»Lettlands Zukunft: Leben in Armut und Finsternis«*

## ARBEITSMARKTPOLITIK IN ESTLAND

Die konservativ geführte Regierungskoalition hatte zu Beginn der Großen Krise, im Januar 2008, den Entwurf eines neuen Beschäftigungsgesetzes auf den Tisch gelegt und damit fast jeden in Estland überrascht, vor allem aber die Gewerkschaften. Nach der Überraschung setzten sofort die Proteste ein, denn es ging um gewaltige Einschnitte: aus der Sicht des Gewerkschaftsdachverbandes EAKL und der Sozialdemokratischen Partei sollten die Rechte der Arbeitnehmer auf ein unerträgliches Niveau abgesenkt werden. Aus der Sicht des Unternehmerverbandes und der ihm nahestehenden Reformpartei heißt das große Ziel »flexicurity« und soll zu vergleichbar dynamischen Ergebnissen führen, wie sie für Dänemark unterstellt werden. Kern des neuen Beschäftigungsgesetzes ist die Erleichterung für Unternehmer, ihren Mitarbeitern schneller und unkomplizierter und billiger zu kündigen. Nach der bisherigen Regelung musste eine Kündigung mit vier Monaten Vorlauf angekündigt werden und ein Arbeitnehmer, der z.b. zehn Jahre lang dort beschäftigt war, erhielt vier Monatsgehälter als Abfindung. Die Neuerung sah nur noch *ein* Monatsgehalt als Abfindung vor, weil – so der neoliberale Sozialminister – die bisherigen Abfindungen einer Strafzahlung für den Unternehmer gleichkamen (eine sehr ähnliche Regelung bereitete die lettische Regierung in 2009 vor). Genau in diesen neuralgischen Punkten (Kündigungsschutz, Lohnausgleich etc.) liegt der frappante Unterschied zwischen Dänemark und Estland oder Lettland.

Um die Gefahr der Auflösung der Regierungskoalition zu mindern, unterstrich Estlands liberaler Ministerpräsident Ansip den aus seiner Sicht positiven Ausgleich: Die Neuerung sehe vor, dass der Unternehmer seinem Mitarbeiter zwei Wochen Fortbildung pro Jahr erlaube. Denn: Estland braucht besser qualifizierte Arbeitskräfte.[100] Die Sozialdemokraten blieben dem neuen Beschäftigungsgesetz gegenüber dennoch ablehnend, u.a., weil in Zukunft der Arbeitgeber seinen Beschäftigten – neben anderen Überraschungen – mit fünf Tagen Vorwarnung das Gehalt auf den Minimallohn kürzen kann. Der Arbeitnehmer hat dann nur die Möglichkeit, seine Arbeitszeit auf 75 % zu reduzieren. Außerdem sollen die bisherigen Zulagen von 100 % bei Sonn- und Festtagen und 50 % bei Feier- und Gedenktagen auf 50 % bzw. 25 % abgesenkt werden.

Die Große Krise hatte danach natürlich auch Estland erreicht und die sozialpolitischen plus der wirtschaftspolitischen plus der finanzpolitischen Gegensätze so stark aufeinander prallen lassen, dass es Ministerpräsident Ansip Mitte Mai 2009 zum Koalitionsbruch kommen lies und den Staatspräsidenten ersuchte, die drei sozialdemokratischen Minister zu entlassen. Präsident Ilves – früher selber Vorsitzender der Sozialdemokratischen Partei – konnte sich nicht widersetzen, wenn er keine noch größere Staatskrise riskieren wollte. Seit Anfang Juni 2009 regiert daher wieder eine sehr konservativ-neoliberal-bäuerliche Regierungsmannschaft, der Präsident Ilves mit sehr deutlichen Worten die Verantwortung für die finanzpolitische und dann auch die wirtschaftspolitische Lösung der estnischen Krise und damit den Abbau des akuten sozialpolitischen Ungleichgewichts aufgetragen hat. Das alles andere

---

100 Tageszeitung Postimees, January 11, 2008.

überragende Hauptziel der neuen Koalition lautet allerdings: Die Staatsverschuldung bei etwa 3 % des Bruttosozialprodukts bis 2011 zu halten, um im Anschluss der Euro-Zone beitreten zu können.

## GEWERKSCHAFTEN: ARBEITSPOLITISCHER PROMOTOR?

Der historische Schritt von der Staatsgewerkschaft zur freien Gewerkschaft wurde in den baltischen Ländern zwar formal vollzogen – dennoch leben die Gewerkschaften nach wie vor von den Strukturen und (teilweise) Personen des alten Regimes. Daraus ergibt sich u.a., dass die Gewerkschaften in erster Linie auf betrieblicher Ebene aktiv sind und sich in der betrieblichen Arbeit noch sehr stark an den früheren Aufgaben orientieren. Dazu zählt im Wesentlichen die Organisation gemeinsamer betrieblicher Aktivitäten (z.b. Freizeitgestaltung oder Fortbildungen, die kaum mehr sind als verbrämte Freizeiten, da niemand die erworbenen neuen Kenntnisse einfordert). Alle härteren Auseinandersetzungen über das reine Thema *Lohn* hinaus, also Arbeitszeitregelung, Fortbildungsförderung, Kündigungsschutz, Gleichstellung oder gar betriebs- und volkswirtschaftliche Strategien nehmen trotz jahrelanger enger Beratung durch die skandinavischen Schwesterorganisationen bei den baltischen Gewerkschaften eine weit geringere Bedeutung ein als in Westeuropa.

### Estlands Gewerkschaften

Die estnische Gewerkschaftsbewegung ist politisch schwach, weil außerordentlich stark zersplittert. Der größere der beiden Dachverbände, der Zentralverband der Estnischen Gewerkschaften (EAKL), vereinigt alleine 20 Branchenverbände. Hinzu kommt die Organisation der Berufsverbände der Angestellten (TALO), die 12 Branchenverbände mit insgesamt etwa 25.000 Mitgliedern zusammenfasst. Die große Zahl der Mitgliedsverbände in beiden Dachorganisationen, aber auch Doppelbesetzungen eines Zweigs innerhalb eines Dachverbandes (zum EAKL gehören beispielsweise 2 Gewerkschaften für Seeleute, 2 für die Eisenbahner und 2 für die im Gesundheitswesen Beschäftigten) sowie die zum Teil parallelen Strukturen (beide Dachverbände organisieren sowohl Staatsbedienstete als auch Lehrkräfte) verursachen die Zersplitterung.

Ein weiteres Problem sind die schwindenden Mitgliederzahlen. Die Mitgliederzahl des EAKL verringerte sich beispielsweise von 47.460 Mitgliedern 2003 auf nur noch 39.106 im Jahr 2007. Jedoch ist der Mitgliederverlust nicht mehr so extrem wie in den 1990er Jahren. Die Gründe für den Mitgliederverlust sind mannigfaltig: So kam es teils zu Massenentlassungen in den Branchen mit traditionell hohem Organisationsgrad (wie z.b. bei den Eisenbahnern). Zudem haben die inzwischen aktualisierten Mitgliedskarteien eine größere Anzahl an »Karteileichen« aufgedeckt. Inzwischen werden nur noch beitragszahlende Mitglieder erfasst. Des Weiteren wirken sich auch die Stellenkürzungen in den kleineren Betrieben, die keine Massenentlassungen nach sich ziehen, sowie Abwanderungen von Arbeitskräften ins Ausland negativ aus. Dennoch vergrößerte sich in neun der insgesamt zwanzig Branchengewerkschaften die Mitgliederzahl. Die unabhängige Gewerkschaft der Seeleute konnte ihre Mitgliederzahl sogar mehr als verdoppeln.

Eingeschränkt wird die Möglichkeit der Gewerkschaften, die Interessen ihrer Mitglieder effektiv zu vertreten, dadurch, dass es sich um Betriebsgewerkschaften handelt, die wiederum mehrheitlich im Kleinunternehmensbereich angesiedelt sind. Die estnische Unternehmensstruktur ist ausschlaggebend für dieses Problem: Nur 0,2 % aller Unternehmen zählen zu den Großunternehmen, d.h. sie haben mehr als 250 Beschäftigte; 4 % der Unternehmen sind mittlere Unternehmen mit 50 – 250 Beschäftigten; der Rest sind Kleinunternehmen, mit weniger als 50 Beschäftigten.

Vor dem Hintergrund könnten die estnischen Gewerkschaften ihre gesellschaftspolitische Rolle vor allem dann stärken, wenn sie sich reorganisierten und dabei Fusionsbereitschaft zeigten. EAKL bemühte sich besonders 2007 um derartige Fusionen, blieb aber bisher erfolglos. »Solidarität« bleibt meist eine deklamatorische Übung, de facto werden Gewerkschaftsorganisationen selbst innerhalb der eigenen Branche von den anderen als Konkurrenz und nicht als Partner wahrgenommen. EAKL hat auf dem letzten Kongress in 2008 auf die bisherige Entwicklung mit Beschlüssen zur Organisationsstärkung reagiert, in die Erfahrungen der anderen EU-Länder mit einbezogen werden sollten. Als Partner stehen dafür finnische, schwedische, auch deutsche Gewerkschaften zur Verfügung. Die Große Krise und die konservative Minderheitsregierung bedeuten für einen solchen Modernisierungsschub zwangsläufig ein erhebliches Hindernis.

## Lettlands Gewerkschaften

Als sichtbarste Säule der lettischen Gewerkschaftsbewegung kann heute nur der eine Gewerkschaftsdachverband LBAS (Freie Gewerkschafts-Konföderation Lettlands) angesehen werden, unter dessen Dach ca. 160.000 Mitglieder oder rd. 14% der Beschäftigten organisiert sind. Die Mitgliederzahl ist über die letzten Jahre leicht zurückgegangen (2002 ca. 18% Organisationsgrad). Gegenwärtig scheint sich die Mitgliederzahl stabilisiert zu haben, u.a. dank einiger Erfolge bei der Mitgliederwerbung unter Jugendlichen und im ländlichen Raum. Das Grundproblem bleibt allerdings erhalten und spiegelt auch einigermaßen die wirtschaftliche Entwicklung wider: Die meisten Mitglieder verzeichnen die Gewerkschaften des öffentlichen Dienstes (Kultur, Erziehung, Bahn und Post), während in der verarbeitenden Industrie die Mitgliederzahlen nach wie vor gering sind. Wie in praktisch allen neuen EU-Ländern haben auch die Gewerkschaften in Lettland in den privaten Dienstleistungsbereichen kaum Fuß fassen können. Dabei bleibt allgemein festzustellen, dass die Mitgliederzahlen u.a. wegen des Wandels der Beschäftigtenstruktur zurückgehen bzw. zurückgegangen sind. Auch für Lettland bedeutet das: weniger organisierte jüngere Arbeitnehmer ersetzen zunehmend die besser organisierten Älteren; weniger organisierte Angestellte ersetzen Arbeiter in den industriellen Bereichen – im Dienstleistungsgewerbe ohnehin. Neue Strukturen und Instrumente gegen die neoliberale Wirtschaftsordnung haben die Gewerkschaften in Lettland so wenig entwickelt wie in den meisten anderen europäischen Ländern. Während der Arbeitgeberverband (LDDK) in den letzten Jahren kräftige Mitgliederzuwächse, vor allem aufgrund seiner neuen Regionalisierungsstrategie, verzeichnen konnte, steckt bei LBAS die Entwicklung regionaler Strukturen immer noch in den Kinderschuhen. Dabei dürften gerade in den Regionen neue Chancen für Mitgliederzuwächse vermutet werden.

Insgesamt ist festzustellen, dass eine gewerkschaftliche Strategie im Hinblick auf Mitgliederentwicklung, Tarifpolitik und thematische Ausweitung des bilateralen Sozialdialogs (regional, sektoral) einstweilen nur in Ansätzen erkennbar ist. Dagegen funktioniert der trilaterale Konzertationsprozess formal, aber faktisch stark eingeschränkt. Ein wichtiges Instrument ist der Nationale Tripartite Kooperations-Rat (NTCC), der vom Wohlfahrtsministerium betreut wird. Die Arbeitnehmer sind im NTCC durch den gewerkschaftlichen Dachverband LBAS vertreten. Die Arbeitgeber sind hier durch den Lettischen Unternehmerverband LDDK vertreten, in dem sich über 60 Unternehmen und 14 Unternehmensvereinigungen zusammengeschlossen haben, mit einem Anteil von mehr als 30 % der lettischen Arbeitnehmer. Der NTCC wird außer während seiner Vollversammlungen durch eine Reihe von Unterkommissionen zu bestimmten wirtschaftlichen und sozialen Fragen aktiv (z.B. Arbeitsmarktpolitik, Berufsbildung, soziale Sicherung).

Bipartite Dialoge und Kollektivverhandlungen (also ohne Staat) sind schwach entwickelt. Kollektivvereinbarungen werden in gut der Hälfte aller Unternehmen und Betriebe abgeschlossen, in denen Gewerkschaften überhaupt vertreten sind. 1996 kam es zu 1.188 Kollektivvereinbarungen für insgesamt 189.545 Arbeitnehmer; 2000 waren die Vereinbarungen auf 2.057 angestiegen, mit 203.725 betroffenen Arbeitnehmern.[101] Von den Kollektivvereinbarungen waren 2.018 auf Unternehmensebene geschlossen, 39 auf Branchenebene. So gesehen erfassen diese Kollektivvereinbarungen annähernd 25 % aller legalen Arbeitnehmer. Bis heute hat sich LBAS ungefähr auf diesem Niveau gehalten. Am ehesten profitieren von LBAS Lohnabhängige in Großunternehmen und Staatsbetrieben; am wenigsten solche in neu gegründeten und in kleinen privaten Betrieben. Ein gewisser Beitrag zur Stärkung des sozialen Dialogs kann den bipartiten Verhandlungen zugesprochen werden. Schwächen bestehen weiterhin dadurch, dass für den bipartiten Dialog keine definierten Strukturen verabredet sind und dass es solche sozialen Dialoge nicht in den Regionen und nicht auf Branchenebene gibt.

Im Rahmen des tripartiten Dialogs zwischen Gewerkschaften, Unternehmern und Wohlfahrtsministerium profiliert sich zunehmend die Unternehmerseite. Sie sucht in allen drei baltischen Ländern die direkte Zusammenarbeit mit den mehrheitlich konservativen Regierungen und Regierungseinrichtungen. Dabei ist meist ein stärkeres Unternehmer- als Gewerkschaftsinteresse an Fortbildung und Qualifizierung der Arbeitnehmer zu erkennen. Denn für die Unternehmen bildet die niedrige Ausbildungsqualität der Mitarbeiter einen beachtlichen Hemmfaktor, um sich besser auf dem internationalen Markt zu positionieren. In jüngster Zeit scheint auch das Interesse beim Gewerkschaftsbund LBAS zu wachsen, sich im Bereich berufsorientierte Jugendbildung zu profilieren. Ohne konkrete Unterstützung durch die Ministerien für Bildung, Arbeit und Wohlfahrt bleiben die Wirkungen allerdings überschaubar. Trotz

101 Joint Assessment Paper on Employment priorities in Latvia. www.lm.gov.lv/doc_upl/JAP_eng.doc.

anders lautender Absprachen mit dem IWF und unabhängig von der Großen Krise scheint die Regierung im Niedriglohnbereich und in arbeitsintensiven Sektoren die besseren Wachstumsmöglichkeiten zu sehen.

Die politische Schwäche der Gewerkschaften konnte seit 2007 etwas ausgeglichen werden durch die im nächsten Kapitel beschriebene Initiative von LBAS zugunsten eines Referendums pro Verfassungsänderung (vg. Kapitel *»Zivilgesellschaft als politischer Akteur«*, S. 200). LBAS hat formal die Möglichkeit, die Parlamentsauflösung herbeizuführen, weil die Verfassung eine entsprechende Volkabstimmung zulässt. Und die Gewerkschaften fühlen ausreichende Frustration in der Gesellschaft, um in einer aktuellen Vertrauenskrise für die Auflösung der Saeima (Parlament) zu plädieren. Die Mobilisierung strategisch wichtiger Arbeitnehmersektoren, wie medizinisches Personal, Polizeibeamte und Busfahrer, kam verhältnismäßig gut in der Öffentlichkeit an. All das hat den Gewerkschaften zumindest vorübergehend erhöhte Aufmerksamkeit eingebracht und ihr Image positiv beeinflusst. Natürlich reagierte die Regierung schnell mit Angeboten an einzelne soziale Gruppen, um den Zusammenhalt der Gewerkschaften aufzubrechen. Den Beschäftigten im Gesundheitssektor wurden finanzielle Zulagen für 2008 angeboten: für Ärzte eine Anhebung auf ca. 950 Euro brutto p. M.; für Schwestern auf ca. 570 Euro brutto; für Assistenzärzte auf ca. 380 Euro brutto. Die Große Krise hat der Regierung das Argument geliefert, dass sie diese Zusagen nicht mehr einlösen musste, sondern sogar Lohnkürzungen bis zu 20 % veranlasste.

Die 600.000 Mitglieder der Rentnervereinigung sehen sich nicht durch die Gewerkschaften vertreten und klagen über ein Rentenniveau, das teilweise noch unter dem dekretierten Mindesteinkommen liegt (derzeit 180 Lats/270 Euro p. M.). Das betrifft vor allem die große Mehrheit aller Rentner, die aus sowjetischer Zeit noch auf die staatlich garantierte soziale Sicherung gesetzt hatten. LBAS fordert zwar eine klare sozialpolitische Aussage der Regierung, die sich in den Haushaltsansätzen der kommenden Jahre niederschlagen müsse. Die deutlichste Unterstützung fanden die Rentner jedoch bei der neugegründeten Oppositionspartei Gesellschaft für eine andere Politik. Die Menschen verhalfen bei den schlecht besuchten Europawahlen im Juni 2009 dieser neuen Partei zu den meisten Stimmen (> 24%); bei den gleichzeitigen und weitaus wichtiger empfundenen Kommunalwahlen fiel die Partei allerdings deutlich hinter die in Riga führende Allianz des Harmonie-Zentrums zurück

(34 %). Die sozialpolitischen Aussagen von Gesellschaft für eine andere Politik wurden letztlich eher als opportunistisches Kalkül interpretiert.

## Litauens Gewerkschaften

In Litauen gibt es drei Gewerkschaftsbünde: die Gewerkschaftskonföderation (sozialdemokratisch orientiert), der Christliche Gewerkschaftsbund und die Arbeiterbewegung Solidarumas. Alle drei Gewerkschaftsbünde sind in Betrieben und Branchen organisiert. Den Gewerkschaften ist es gelungen, die Mitgliederzahl zu stabilisieren. Der Grund dafür ist sowohl ihre effizientere Tätigkeit verglichen mit der Sowjetzeit als auch die Mitgliedschaft im Europäischen Gewerkschaftsbund. Der soziale Dialog wird daher von den beiden anderen Sozialpartnern ernster genommen und erleichtert durch das Zustandekommen gemeinsamer Entscheidungen in der Öffentlichkeit eine zunehmend positivere Wahrnehmung der Gewerkschaftsarbeit (etwa Einigung über die Höhe des Mindestlohnes).

Einen weiteren positiven Schub für die litauischen Gewerkschaften gab es durch den Zusammenschluss des Internationalen Bundes freier Gewerkschaften (IBFG) und des Weltverbandes der Arbeit (WVA) im Jahr 2006, der von den litauischen Gewerkschaftsverbänden im eigenen Land nachvollzogen wurde. Am 1. Mai 2007 gründeten die litauischen Gewerkschaftsbünde außerdem ein *Koordinationszentrum*. Das neu gegründete Koordinationszentrum unterstützt Aktivitäten der Gewerkschaften, erleichtert die Einführung einer gemeinsamen Politik für Arbeitnehmerschutz, regelt die Repräsentation und öffentliche Information und führt gemeinsame Bildungsprogramme durch. Das Zentrum übernimmt außerdem die Koordinierung von gewerkschaftlichen Aktionen im Rahmen ihrer internationalen Zusammenarbeit. Die Existenz des Zentrums ist möglicherweise der erste kleine Schritt hin zu künftigen Fusionen der litauischen Gewerkschaften. Als konsequenten nächsten Schritt vertritt die Gewerkschaftskonföderation nun im tripartiten Rat Interessen aller drei Gewerkschaftsbünde. Offenbar haben die Gewerkschaftsbünde inzwischen erkannt, dass sich die Spaltung ihrer Bewegung unter dem Einfluss der herrschenden politischen und wirtschaftlichen Strukturen für die litauische Arbeiterschaft destruktiv auswirkt. Frühere Missverständnisse zwischen den Gewerkschaften hatten sie geschwächt und ihrem Image geschadet.

Die Gewerkschaftskonföderation setzt darüber hinaus ihre interne Reorganisation fort. Der vor zwei Jahren angefangene Prozess der Entstehung von regionalen Gewerkschaftszentren wird aktiv vorangetrieben. Vor Ort können die Gewerkschaften nun mit Hilfe dieser Zentren nicht nur effizienter auf Probleme reagieren, sondern auch aktiv in tripartiten Räten auf der regionalen oder Stadtebene agieren.

Es lässt sich festhalten: Die Sozialpartnerschaft zwischen Gewerkschaften und Arbeitgeberverbänden in Litauen gewinnt allmählich an Kraft und Kompetenz. Daran hat die nach innen gerichtete Reorganisation der Gewerkschaftsbünde einen maßgeblichen Anteil, deren Wirkung durch die Vernetzung im EU-Raum verstärkt wird und dadurch nachdrücklicher die Arbeitsmarktpolitik in Litauen mit beeinflussen kann.


## STAAT: SCHUTZ DES ARBEITSMARKTES

Wenn es eine proaktive Einstellung der *lettischen Regierung* gegenüber dem Arbeitsmarkt gibt, dann als politischer Schutzschild des nationalen Arbeitsmarktes. Nicht-EU-Bürger erhalten offiziell nur eine Arbeitserlaubnis, wenn der freie Arbeitsplatz bei der Arbeitsagentur (*Nodarbinatibus Valsts Agentura*) registriert ist und sich gleichzeitig kein qualifizierter lettischer Bürger für diese Stelle bewirbt. Darüber hinaus wird es für den Unternehmer ziemlich teuer, denn das lettische Gesetz schreibt vor, dem ausländischen Arbeitnehmer eine Unterkunft zu stellen, die Sozialabgaben zu tragen und Entgelte zu zahlen, die mindestens dem ortsüblichen Einkommen entsprechen. Bis Anfang 2008 wurde das Unterlaufen dieser Vorschriften in der Praxis nur deswegen toleriert, weil ein deutlicher Arbeitskräftemangel in einer Reihe von Sparten bestand – und weil sich jeder Unternehmer bei Bedarf auch von dieser Vorschrift freikaufen könnte. Anstelle dieser beschäftigungspolitischen Stellschraube müssten das Sozialministerium und die Arbeitsagentur zusammen mit dem Wirtschaftsministerium und den staatlichen und privaten Unternehmern Arbeitsbedarfsszenarien entwickeln, die mittel- und langfristige Einschätzungen an Berufsbildern und deren Qualifikationen erlauben. Der Versuch, belastbare Projektionen zu erstellen, würde gleichzeitig Synergien durch mehr Kooperation zwischen den nominell zuständigen Behörden schaffen, etwa im Bereich

- ▶ Informationsaustausch zwischen Bildungseinrichtungen, Jugendorganisationen der Zivilgesellschaft und den Wirtschaftsbetrieben,
- ▶ intensivere Dreieckskooperation zwischen Schulen/Lehrern, Eltern/Schülern und Wirtschaftsbetrieben, um eine bedarfsorientierte Berufsausbildung auszubauen
- ▶ stärkere Einbeziehung von Unternehmen in die berufliche Qualifikation der Jugend; denn das Lohnniveau zu erhöhen ist zwar *ein* wichtiges Element, um die Entwicklung des Arbeitsmarktes und die Migration zu beeinflussen – aber längst nicht das einzige. Die Arbeitsbedingungen, das Arbeitsklima, die Zukunftsorientierung des Produktionsprozesses und die entsprechenden Weiterbildungsmöglichkeiten für den Arbeitnehmer sind Rahmenbedingungen, auf die die nachwachsenden Generationen auch in den ehemaligen sozialistischen Ländern zunehmend stärker achten.

Aus westeuropäischer Sicht werden die Nebenbedingungen moderner Beschäftigungspolitik in einem Land wie Lettland auch deswegen nur schleppend verbessert, weil die Rolle der Gewerkschaften für die Ausformung der Beschäftigungspolitik durchweg nur schwach entwickelt ist. Abgesehen von punktuellen, erfolgreichen gesellschaftspolitischen Aktionen, wie dem Referendum zur Verfassungsänderung, steht der nationale Gewerkschaftsverband LBAS eindeutig hinter dem nationalen Unternehmerverband LDDK zurück, wenn es um Beschäftigungspolitik geht oder um Initiativen zur Modernisierung von Qualifikationen und Vermittlungsmethoden. Am weitesten fällt allerdings in den bisherigen 19 Jahren der Unabhängigkeit der Staat selber mit seiner allgemeinen Bildungspolitik zurück und bei der Berufsbildung in Abstimmung mit Entwicklungsperspektiven allemal.


## MIGRATION UND COST-BENEFIT

Die »normale« Migration der EU-Mitgliedsbürger soll sich vollziehen wie die allmähliche Normalverteilung der Euro-Münzen: Die in Portugal geprägte findet sich eines Tages in den Niederlanden und in Finnland, die französische Münze in Griechenland und auf Zypern. Die Münze hat ihre europäische und ihre nationale Seite. Der einzelne EU-Mitgliedsbürger ist nicht nur kulturell und geschichtlich und emotionell mit erheblich stärkeren Unterschieden geprägt als diese Münzen, er wird auch in den einzelnen Regionen der EU sehr unterschiedlich, mal mit offenen, mal mit sehr verschränkten Armen empfangen – eben ganz anders als die Münzen. Die baltischen Bürger tragen sich zudem schwer mit dem Bewusstsein, dass sich ihre Sprachen und Kulturen in diesem europäischen Austauschprozess allzu schnell auflösen können. Dabei beschleunigt die Migration aus sozialer Not den kulturellen Mainstream-Prozess bei den »kleinen« Europäern und führt damit auch zu einer kulturellen Verarmung Europas. Die Parallelen zur biologischen Verarmung in der modernen industrialisierten Landwirtschaft gegenüber biologischer Vielfalt, die das Gesamtsystem stärkt, liegen sehr nahe.

Laut einem im September 2007 fertig gestellten Migrationsbericht des Sozialwissenschaftlers Ivars Indans verließen allein zwischen 2004 und 2006 rd. 50.000 Letten und damit 5% der Erwerbstätigen ihre Heimat vor allem in Richtung Irland, Großbritannien und Deutschland.[102] Je nach Prognose wurde die Emigration bis zum Jahr 2010 gar auf 200.000 Personen geschätzt (Bank of Latvia, vor Ausbruch der Großen Krise). Besonders höhere Löhne und eine höhere Lebensqualität ziehen die Menschen ins Ausland. Als Folge dessen litt die lettische Wirtschaft ebenso wie die estnische oder die litauische unter Mangel an qualifizierten Arbeitskräften, vor allem im Baugewerbe, Einzelhandel und Gesundheitswesen. Gerade in ländlichen Regionen kam es zu spürbaren Engpässen im Gesundheitswesen; und trotz statistischem Lehrer-Überhang sank die Ausbildungsqualität an den öffentlichen Schulen und Universitäten.

Das Rezept der lettischen Regierungen gegen die steigende Emigration lautete, den Lebensstandard »mittelfristig« auf europäisches Niveau anzuheben. Entwickele sich die lettische Wirtschaft weiter wie 2007, könne in ca. 15 bis 16 Jahren das durchschnittliche Produktivitätsniveau der EU erreicht werden, so die offizielle Erwartung. Tatsächlich ist aber (unabhängig von der Krise) die Gefahr größer, dass nicht steigende Lebensqualität in Lettland die Emigranten zurück nach Lettland zieht, sondern umgekehrt die hohen Emi-

102  Ivars Indans: Baltijas Valstu Imigracijas Politika, Riga 2007

grantenzahlen dazu führen, dass die Angleichung an EU-Standards in Lettland nicht in der gewünschten Zeit erfolgen kann. Nach Lettland immigrieren offiziell sehr wenige Menschen, im Jahr 2004 erhielten ca. 11.000 Personen eine Aufenthaltsgenehmigung. Die Gründe liegen in der restriktiven Politik gegenüber Immigranten. Wie erwähnt, muss für Arbeitsmigranten nachgewiesen werden, dass kein Lette in der Lage ist, die betreffende Arbeit auszuüben. Anders als in westeuropäischen Ländern (Niederlande, Deutschland, Skandinavien) wirken die geringen Sozialleistungen nicht sonderlich anziehend. Aufgrund des Arbeitskräftemangels werden Immigranten vor allem aus den GUS-Staaten wie Weißrussland und der Ukraine nach Lettland geholt, die dann meist illegal arbeiten. Solche illegalen Beschäftigungsverhältnisse finden sich vor allem im Baugewerbe und erreichen dort einen geschätzten Anteil der Beschäftigten von 40%. Dem Staat entgehen damit geschätzte 150 Millionen Euro an Steuereinnahmen. In der Bevölkerung verstärkt sich in den Krisenzeiten die Angst vor billiger Konkurrenz oder anders: die ohnehin vorhandene ablehnende Haltung gegenüber Immigranten verstärkt sich weiter. Das gilt nicht zuletzt für die Gewerkschaften.

Bisher hat die lettische Regierung noch zu keiner klaren Linie in der Migrationspolitik gefunden, was am augenfälligsten daran wird, dass Lettland als einziges Land nicht seinen Teil zum »Report on Migration and Integration« der EU-Kommission im Jahre 2006 beitrug. Es mangelt an Kooperation unter den fünf mit Migration befassten Ministerien sowie an deren Zusammenarbeit mit Unternehmen, Gewerkschaften und Berufsverbänden.[103] Daher sind die statistischen Aussagen über die Migrations-Dimension auch nicht sehr belastbar. Von 1990 bis 2005 sei z.B. die lettische Bevölkerungszahl von 2,7 auf 2,3 Millionen Bürgern gesunken, weil rd. 400.000 das Land verließen – heißt es an einer Stelle.[104] Die Emigration habe mehr als 2% der Bevölkerung und mindestens 5% der arbeitsfähigen Bevölkerung erfasst, heißt es an anderer Stelle.[105] Die Dimension ist für das Land auf jeden Fall sehr groß und wird gefühlsmäßig mit den Deportationen während der Stalin-Zeit verglichen. »Lettische Demographen haben festgestellt, dass während der sowjetischen

---

103 www.europa.eu/rapidPressReleasesAction.do?reference MEMO/06/40&format=HTML&aged=0&language=EN&guiLanguage=en.
104 Vgl. INTERNATIONAL MONETARY FUND: Republic of Latvia – Selected Issues, Approved by the European Department, September 19, 2006, S. 29.
105 Vgl. ebd., S. 30.

Okkupation etwa 340.000 Einwohner Lettlands verschleppt oder auf andere Weise verfolgt wurden. 130.000 von diesen kehrten nie in ihre Heimat zurück (sehr viele von ihnen kamen um).«[106]

Ähnlich sind die Verhältnisse in Litauen. Auch hier werden Zahlen immer nur geschätzt. Der aktuelle Regierungschef Kubilius schätzt, dass auch 2009 weiterhin etwa 10% der litauischen Bevölkerung auf ausländischen Arbeitsmärkten ihr Auskommen suchen, also gut 300.000 Menschen. Da Europa insgesamt in Bewegung geraten ist, wie sonst nur während großer Kriegszeiten, nimmt auch aus den benachbarten GUS-Staaten der offizielle und der illegale Zuzug zu (GUS = Gemeinschaft Unabhängiger Staaten; die ehemaligen sowjetischen Republiken ohne das Baltikum). Es wird erkennbar Reklame für Zuwanderungswillige gemacht, aus Ländern, in denen das Lohnniveau noch niedriger liegt als in der baltischen Region. Ab Januar 2007 waren daher erste rumänische Geschäfte (z.b. Möbel) und Hilfsarbeiter aus Bulgarien und Rumänien in den Randzonen von Riga und Vilnius zu sehen.

Lettische Arbeitnehmer gehören allerdings zur Avantgarde migrierender Arbeitnehmer, weil sie an einem Musterverfahren beteiligt waren, dass europäische Rechtsgeschichte schrieb. Die lettische Baufirma *Laval & Partners* hatte eine Ausschreibung in Schweden dadurch gewonnen, dass sie lettische Arbeiter unter lettischen Lohn- und Sicherheitsstandards in Schweden einsetzen wollte: u.a. 9 Euro pro Stunde gegenüber den 15 Euro schwedischem Normallohn. Die schwedische Bauarbeitergewerkschaft boykottierte das Projekt und setzte die Entsenderichtlinie der EU durch, wonach das Gastgeberland die Arbeits- und Sicherheitsstandards festsetzt. In der Richtlinie heißt es u.a. »*(12) Das Gemeinschaftsrecht hindert die Mitgliedstaaten nicht daran, ihre Gesetze oder die von den Sozialpartnern abgeschlossenen Tarifverträge auf sämtliche Personen anzuwenden, die – auch nur vorübergehend – in ihrem Hoheitsgebiet beschäftigt werden, selbst wenn ihr Arbeitgeber in einem anderen Mitgliedstaat ansässig ist. Das Gemeinschaftsrecht verbietet es den Mitgliedstaaten nicht, die Einhaltung dieser Bestimmungen mit angemessenen Mitteln sicherzustellen.*« [107]

---

106  Vgl. Ceruzis, Raimonds, Lettland im 20. Jh., Tatsachenberichte, Das Lettland Institut 1999 – 2001, [www.li.lv/old/ger/20_Jahrhundert.htm].

107  Richtlinie 96/71/EG des Europäischen Parlaments und des Rates vom 16. Dezember 1996 über die Entsendung von Arbeitnehmern im Rahmen der Erbringung von Dienstleistungen. Amtsblatt Nr. L 018 vom 21/01/1997 S. 0001 – 0006.

In einem historischen Urteil entschied der EuGH im Dezember 2007 dann gegen die schwedischen Gewerkschaften und hob besonders hervor, dass Mindestanforderungen an die Arbeitsbedingungen von den EU-Grundsätzen der Freizügigkeit und Niederlassungsfreiheit eingeschränkt würden. Das Gericht erklärte außerdem, dass das schwedische Vorgehen in Fällen gerechtfertigt sei, in denen ein öffentliches Interesse am Arbeitnehmerschutz vorherrsche. Laut EuGH sei dies jedoch in der Laval-Situation nicht der Fall gewesen.

Lettische Sozialwissenschaftler kommen bei ihren Untersuchungen zum Thema Migration allerdings zu entgegengesetzten Einschätzungen für Lettland selbst: Die lettische Immigrationspolitik ist – im Vergleich mit anderen europäischen Politiken – sehr konservativ ausgerichtet. Hauptziel der lettischen Politik lautet seit den 90er Jahren: Schutz des nationalen Arbeitsmarktes.[108] Das ist eine der wenigen Positionen, bei der die konservativen Regierungsparteien enger mit den Gewerkschaften als mit dem Unternehmerverband zusammen stehen. Folglich kritisierte Elina Egle, Geschäftsführerin des lettischen Unternehmerverbandes LDDK, an ihrer Regierung, dass im Vergleich zu Litauen, Estland und sogar zu Großbritannien ausländische Direktinvestitionen wegen der Migrationspolitik zu teuer seien und auch dadurch nur zögerlich erfolgten. Deswegen müssten die Chancen für industrielles Wachstum und selektive Immigration dringend analysiert werden. Es gebe genügend Beispiele aus Industrieländern – Kanada, Finnland, Großbritannien – in denen der Arbeitsmarkt nüchtern analysiert und Bedarfsprognosen erstellt werden, wobei Ausbildungs- und Migrationspolitik an den Bedürfnissen des Landes ausgerichtet würden.[109]

Weil vom Staat auch nach 19 Jahren Unabhängigkeit nicht sehr viel zu erwarten ist, sieht sich der Unternehmerverband in dem neoliberalen Lettland heute zu einem Schlachtruf genötigt, den der Beobachter eher von gewerkschaftlicher Seite erwartet hätte: »we ourselves should think about scenarios of future development, forgetting about old cliché that Latvia is the state, in which many people wish to work – we should fight for our state to become developed and open. LDDK stands for improvement of business environment in Latvia, creating a basis for supporting socially responsible business activity and promotion of employment, calling for taking measures to prevent outflow

---

108 Ivars Indans: Immigration Policy in the Baltic States, Riga 2007 (abgelegt auch auf der Website der FES-Lettland – www.fes-baltic.lv)
109 www.lddk.lv/index.php?lang=2&c=217&p=649.

of qualified labour force abroad.«[110]

Auf solche Weckrufe der lettischen Unternehmer hin gab es zwangsläufig kritische Kommentare der zuständigen Parlamentskommission gegen die Staatliche Beschäftigungs-Agentur. Die Parlamentarier hinterfragen den Sinn der Ausbildungskurse für Arbeitnehmer, die die Agentur anbietet. Aber auch das lettische Bildungssystem insgesamt zeige wenig Bezug zu den Bedürfnissen des Arbeitsmarktes.[111]

Nicht nur die Agentur, auch das gültige lettische Regierungsprogramm aus dem Jahr 2008 verhehlt nicht die absolut konservative Grundhaltung der Regierung. Der zuständige Minister ist gehalten, ein Programm zur Prävention weiterer Immigranten vorzulegen – während Lettland seinerseits eine umfassende Kampagne starten will, um die Emigration unter ökonomischen Gesichtspunkten zu intensivieren (notabene: Geldtransfers der lettischen Migranten machten bis zur Großen Krise rund 5 % des BIP Lettlands aus).[112]

Die Emigrations-Politik war für Lettland bislang erfolgreich. Allerdings zeigten sich unmittelbar vor der Großen Krise Knappheitsprobleme an qualifizierten Arbeitskräften für die lettischen Unternehmer. Jenseits der Regierungsparteien kommt deswegen unter Fachleuten (Universität von Lettland) eine breitere Debatte in Gang, die sich mit der Interdependenz unterschiedlicher Entwicklungen befasst:

▶ Wie in anderen europäischen Nachbarländern auch, steht über der Migrationsfrage die Frage zur demographischen Entwicklung in Lettland. Prognosen halten eine Halbierung der lettischen Bevölkerung etwa bis 2050 für wahrscheinlich – mit dem entsprechenden Einbruch am Arbeitsmarkt.

▶ Die Diskriminierung (besonders von Frauen) am Arbeitsplatz ist ein wichtiger Grund für die hohe Emigrationsrate der Letten (Lettinnen).

▶ Als weiteres aktuelles Problem gilt der hohe Anteil der Schattenwirtschaft an der gesamtwirtschaftlichen Leistung, nämlich knapp 20 % [113], ebenso wie

110 www.openeurope.org.uk/media-centre/article.aspx?newsid=1334.
111 LETA, 6.2.2008 («Unemployed lack motivation and qualifications»)
112 Vgl. im Regierungsprogramm Punkt 6: Employment and Migration of Labour Force (www.mk.gov.lv/ en/mk/darbibu-reglamentejosie-dokumenti/9/deklaracija/).
113 www.lm.gov.lv/print.php?id=2394.

► die de facto Einschränkungen der demokratischen und der Informations-Freiheiten.[114]

Für diese unterschiedlichen Probleme bietet eine veränderte Immigrationspolitik keine ausreichende Lösung. Vor allem besteht weder in der Bevölkerung noch bei den politischen Parteien ein hinreichendes Interesse an einer Flexibilisierung der Immigrationskriterien. Diese Haltung geht quer durch den lettischen wie den russischen Bevölkerungsteil. Daher bleibt die ernsthafte Auseinandersetzung um die Bedeutung der Migrationsfrage bis auf weiteres eine akademische.

## MIGRATION GEGEN EUROPA ODER: WIE SICHERN WIR DIE FESTUNG?

Die baltischen Bürger wurden seit 2008 zunächst nur durch erste Zeitungsmeldungen verunsichert, wonach es innerhalb von zwei Wochen zu drei gleichartigen Überfällen auf Rigaer Schmuckgeschäfte gekommen war mit dort bisher unbekannter Technik: ein Auto wird gestohlen, fährt direkt durch die Tür in das Geschäft, die wertvolle Ware war zuvor ausgespäht worden und kann jetzt in Sekunden eingepackt werden und der Überfall ist vorbei. Diese Technik ist in Westeuropa bekannt und wird in erster Linie rumänischen Banden zugeschrieben. Im baltischen Riga, im baltischen Vilnius sind seit Ende 2007 rumänische Taschendiebe und Trickbetrüger aktiv und Straßenräuber stellen Autofallen (fingierte Unfälle), um die diesbezüglich unerfahrenen Balten auszurauben. Diese Erfahrungen beflügeln nicht gerade die Integrationsbereitschaft der lettischen Bürger.

Den Arbeitsmarkt also freigeben oder abschotten? Nur die Energiepolitik (und damit das Verhältnis zu Russland) setzt im Baltikum noch ähnlich starke Emotionen und politische Debatten frei wie die europäische Migrationsfrage. Das Thema ist – wie immer – von hoher innenpolitischer Brisanz und je nach

---

114 Die lettische Stiftung Freedom and Solidarity Foundation stellte in ihrer Einladung zu einem internationalen Seminar (»How to democratize political parties? On the road to abolish political serfdom Latvia«) am 15. März 2008 die Frage: »Latvia has to have such political parties which people are not afraid to join without loosing their honor and self-esteem. Otherwise we will never have a democracy in the true meaning of the word. It is only through the representatives of the people that the will of society at large is made manifest. How to achieve this?«

Wahlprognose und gesamtwirtschaftlicher Entwicklung plädieren Staatsführungen für mehr Freigabe oder für mehr Abschottung.

Dabei gewinnt das Migrationsthema insgesamt für die EU täglich an politischer Bedeutung. Am sichtbarsten, weil von den Medien präsentiert, ist das große Drama der Tausenden von Boatpeople, die mit und ohne Schlepper aus den westafrikanischen Küstenstaaten aufbrechen, um die kanarischen Inseln zu erreichen; oder die anderen, die von Nordafrika Richtung Malta und Lampedusa segeln. Beide Migrantenströme beklagen hohe Verluste. Diesen Teil des Migrationsthemas hatte Frankreichs Staatspräsident Sarkozy auf seiner Agenda, als er die EU-Ratspräsidentschaft in der zweiten Jahreshälfte 2008 übernahm.[115] In Sarkozys Arbeitsprogramm ab 1.7.2008 ging es jedoch längst nicht mehr nur um die Kontrolle der Wanderbewegungen der europäischen Arbeitskräfte, sondern vor allem um die Festung Europa, die gegen den Ansturm der afrikanischen Migranten gesichert werden müsse. Nicht auf der Agenda waren die Gründe dieser neuen Migrationswelle, vor allem das Überfischen der westafrikanischen Küstenzonen durch moderne europäische (spanische) Trawler, die den afrikanischen Küstenbewohnern keinerlei Chance lassen, sich aus eigener Kraft zu ernähren.

Auch die anderen wichtigen Themen im Arbeitsprogramm des französischen Präsidenten lassen sich nur mit ironischer Feder kommentieren: die Eindämmung der Globalisierungseffekte (vereinfacht: Blockade chinesischer, indischer oder US-Waren-Importe); europäischer Klimaschutz (durch beschleunigten Verkauf französischer Atomkraftwerke). Eigentlich ging es Sarkozy mit seinem ganzen eruptiven Politikstil sogar darum, für das Europa der 27 die Vision eines *Island of Excellency* im globalen Kontext aufzuziehen.

Durch die Finanz- und Wirtschaftskrise wurde Sarkozy vielleicht gehindert, tiefer in die Komplexität der Migrationsfrage einzusteigen. Aber das Thema Migration bleibt für die EU unzweifelhaft auch in Zukunft ein bestimmendes europäisches Thema, mit dem die Gemeinschaft sich unabhängig von der aktuellen Wirtschafts- und Finanzkrise intensiv und ernsthaft befassen muss. Denn ohne Zweifel werden die westeuropäischen wie auch die

---

115 Vor einer Konferenz der Botschafter am 27. August 2007 sprach Nicolas Sarkozy davon, Europa zu »einer absoluten Priorität« für Frankreich zu machen. Er betonte drei zentrale politische Prioritäten für die französische Ratspräsidentschaft – Energie, Umwelt und Einwanderung – und brachte seinen Wunsch vor, die gemeinsame Außen- und Sicherheitspolitik zu stärken.

mittelosteuropäischen Länder, ob sie es wollen oder nicht, viele weitere Immigranten aufnehmen müssen. Ihre Bevölkerung wird innerhalb der nächsten Generation so deutlich an Menschen im arbeitsfähigen Alter abnehmen, dass ein eklatanter Mangel an (qualifizierten) Arbeitskräften eintritt – bevor die Arbeitsprozesse, die Wohnbedingungen, die Bildungs- und Ausbildungsformen, die medizinischen Dienstleistungen an diese Gesellschaften mit hohem Durchschnittsalter angepasst werden konnten.

Nicht nur die baltischen Gesellschaften, auch Westeuropa tut sich extrem schwer mit dieser Perspektive. Es dominieren weitgehend kurzfristige Wahlkampfparolen anstelle einer durchdachten Migrationspolitik für den EU-Raum (nicht zur Nachahmung empfohlene Beispiele: Berlusconi in Italien, Roland Koch in Hessen). Das zeigt sich am aktuellen Gerangel um die sogenannte »Blue Card«. Die EU-Kommission hat sie als europaweit einheitliche Arbeits- und Aufenthaltsbewilligung für hochqualifizierte Migranten vorgeschlagen. Die Wirtschaft lobte sie. Der ehemalige deutsche Arbeitsminister Olaf Scholz hielt allerdings dagegen und erinnerte daran, dass Berufsausbildung im eigenen Land nicht durch Migration ersetzt werden kann.[116] Das gilt so weit wie möglich auch für die Entsendestaaten der Migranten. Ganz eindeutig gehören auch die EU-Entsendestaaten in die Pflicht genommen, ihre Sozial- und Wirtschaftspolitiken, die Aus- und Fortbildung und die Innovationsförderung im eigenen Land so zu betreiben, dass ein Minimum an Kompatibilität im EU-Raum hergestellt ist. Denn dafür werden bisher viele Milliarden EU-Steuergelder bereitgestellt und innerhalb der EU transferiert. Die baltischen Politiker müssen sich zu mehr Effizienz in ihren EU-gestützten Bildungs- und Sozialpolitiken auffordern lassen, weil im Baltikum aus sozialer Not die Migration durch den Menschenhandel von Ost nach West sowie den Drogenhandel ergänzt wird.

116 www.spiegel.de/politik/ausland/0,1518,528746-2,00.html (20. Januar 2008). S. auch »The Services Directive and European labor«, Diskussions-paper by Jeff Sommers, Visiting Fulbright Professor at the Stockholm School of Economics in Riga; email: jsommers@fulbrightweb.org (contact author) und Charles Woolfson, Marie Curie Chair in the Baltic States, EuroFaculty, University of Latvia, Professor of Labor Studies, University of Glasgow; email: Woolfson@EuroFaculty.lv.

# MENSCHENHANDEL

Aufgrund ihrer geografischen Lage sind die baltischen Staaten Transitländer für Menschenhandel, der aus Belarus, der Ukraine, Georgien und Zentralasien sowie Russland in Richtung Westeuropa organisiert ist und die noch »weichen« Außengrenzen der EU im Nordosten dafür nutzt. Bei den Entsendeländern handelt es sich weitgehend um die »östlichen Partnerländer«, von denen auf dem EU-Gipfel im Juni 2009 in Prag die Rede war. Die EU-Neulinge Bulgarien und Rumänien plus Litauen sind inzwischen die EU-Staaten mit den größten Schleuseraktivitäten im sogenannten *human trafficking*. Ein Angebot im Internet, in Zeitungen oder durch Bekannte, das schnelles Geld im Ausland verspricht, ist in der Krisen-Situation nur allzu willkommen. Die Unerfahrenheit der Menschen ausnutzend, geben die Schlepper Berufschancen vor, auf die vor allem viele Mädchen hereinfallen, die sie jedoch nie nutzen werden.

Die offiziellen Zahlen variieren stark, doch wird geschätzt, dass jährlich zwischen 1.000 und 2.000 Litauer ins Ausland verschleppt werden, in den meisten Fällen, um sich dort zu prostituieren. Zu den Zielländern zählen Deutschland, die Niederlande, Skandinavien und Großbritannien, wo monatlich mehr als ein Dutzend Frauen zwischen 18 und 25 Jahren »nachgeliefert« werden. In Lettland wurde Ende Januar 2008 ein solcher Schleuserring aufgedeckt, der von Letten und Polen mit Wohnsitz in Großbritannien gemeinsam seit 2001 geführt wurde und für den die gleichen Operationsbedingungen galten, wie in Litauen. Sobald die betroffenen Frauen in London eintreffen, werden sie im Sex-Business eingesetzt und müssen normalerweise 75 % ihrer Einnahmen an den Schleuserring abführen.[117] In Lettland können die Verantwortlichen mit bis zu 15 Jahren Gefängnis verurteilt werden. Im Fall Litauens hatten die Behörden mit einem mittelfristigen Programm für den Zeitraum 2005 – 2008 reagiert und das »Programm zur Kontrolle und Prävention des Menschenhandels« erlassen. Es soll helfen, die Schleuser-Opfer zu reintegrieren und sie mit medizinischem, rechtlichem und psychologischem Beistand zu unterstützen. Im litauischen Fall ist noch nicht erkennbar, ob es sich dabei um

---

117 Nachricht von Baltic News Service, Riga, 31.1.2008 (»Intl prostitution, human trafficking ring busted in Latvia«).

mehr als politisch populäre Absichtserklärungen handelt, ob präventiv gegen diesen »Wirtschaftszweig« vorgegangen wird, ob also frühzeitig eingegriffen wird und ob einzelne Aufklärungsmaßnahmen das öffentliche Bewusstsein wirklich erreichen. Litauens Außenministerium gab derweil bekannt, dass der illegale Menschenhandel aus Litauen selbst in jüngster Zeit wohl zurückgehe, dass allerdings der Transit-Menschenhandel weiterhin ungehemmt auch durch Litauen floriert.[118]

*Europa als Umschlagplatz des Menschenhandels*

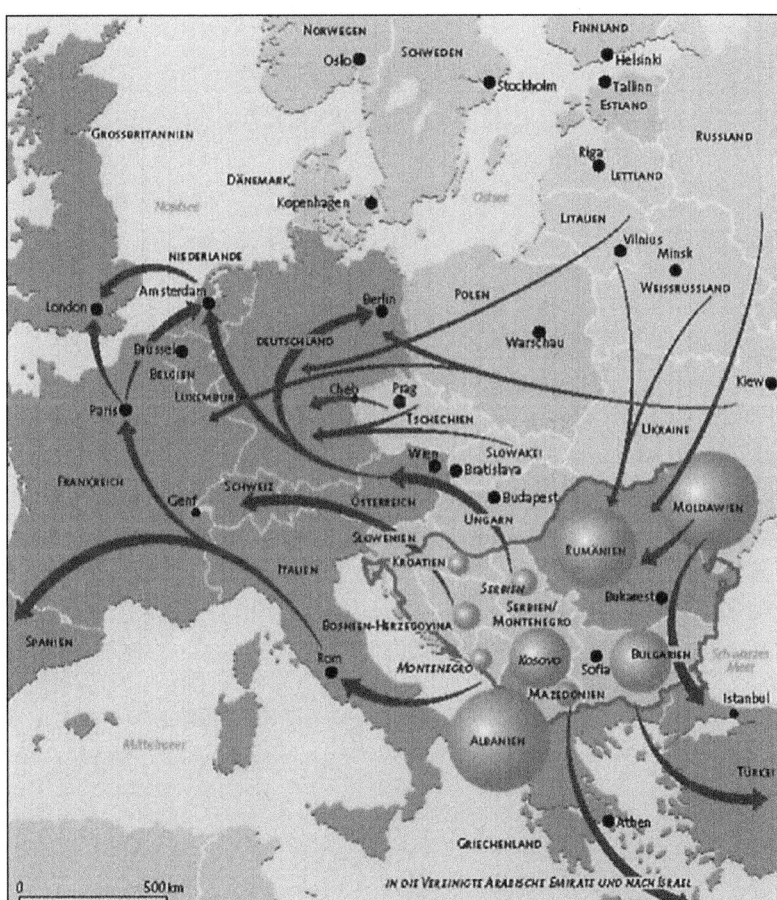

118  LETA, 12.2.2008 (»Lithuania took an important step in fight against human trafficking«).

Zwangsläufig steht die Frage im Raum, ob die Mitgliedschaft im Schengen-Abkommen seit 2008 die Dimensionen des Menschenhandels, aber auch die offiziellen und die inoffiziellen Migrationsströme zwischen den baltischen und den ENP-Nachbarn besser steuern hilft.[119] Diese Fragen zu klären, müssten unabhängige Fachleute eingeladen werden und deren Untersuchungsbereich sollte nicht nur die baltischen Staaten umfassen, sondern ganz dringend auch die »östlichen Partnerländer«.

## DROGENHANDEL UND DROGENKONSUM

Stark unterbewertet ist die Bedeutung des Baltikums für den europäischen Drogenhandel und den Drogenkonsum mit den auch anderswo einhergehenden Nebeneffekten der ansteigenden HIV-Rate, der öffentlichen Korruption und der Beschaffungskriminalität.

*»Begonnen hat es im Osten, an der russischen Grenze, direkt nach der Unabhängigkeit. Viele Russen, die dort lebten, konnten den kleinen Grenzverkehr nutzen, um sich billig Drogen zu besorgen. Damit kam auch das Aidsvirus ins Land. Wir wollten etwas dagegen tun, aber wir fanden einfach kein Gehör. Damals gab es die meisten Fälle in der russischsprachigen Bevölkerung, heute ist ganz Tallinn Problemgebiet. Und die Infizierten sind sehr jung, zwischen 15 und 30 Jahre alt«* (Deutschlandfunk, 19.5.2006). Die staatliche estnische Gesundheitsbehörde hat inzwischen mehrere hundert HIV-Träger identifiziert, ein größerer Teil davon als Gefängnisinsassen.

In Bezug auf den Drogenhandel mögen die groben Zahlen noch einigermaßen bekannt sein, etwa das auf 30 – 40 Mrd. US Dollar geschätzte Volumen des europäischen Drogenmarktes.[120] Nach jüngsten Expertenerkenntnissen wächst allerdings sowohl in Südosteuropa als auch im Baltikum der Anteil an diesem Drogenmarkt. Auch Israels bekannte Klage über die extremen

---

119 ENP = Europäische Nachbarschafts Politik. »Die Europäische Nachbarschaftspolitik bezieht sich auf die unmittelbaren Nachbarn der EU-Algerien, Armenien, Aserbaidschan, Weißrussland, Ägypten, Georgien, Israel, Jordanien, Libanon, Libyen, Moldawien, Marokko, das besetzte palästinensische Gebiet, Syrien, Tunesien und die Ukraine«– so die Selbstaussage der Kommission (http://ec.europa.eu/world/enp/policy_de.htm).

120 Allein der Exportwert von Opium ab Grenze Afghanistan wird vom UN-Büro für Drogenbekämpfung mit derzeit 4 Mrd. Dollar kalkuliert. Der Wert des globalen Kokain-Handels wird auf 50 Mrd. Dollar geschätzt (UNODC: Weltdrogenbericht 2009).

Mengen an Drogengeldern, die die russische Mafia in Israel wäscht und damit ernsthaft Israels Volkswirtschaft destabilisieren kann, wird immer deutlicher ein ernstzunehmendes Thema für die Nordost-Peripherie der EU, den baltischen Raum. Schon sehr bald nach Erlangen der neuen Unabhängigkeit und den neuen Kontaktmöglichkeiten in den kapitalistischen Ländern versuchten sich »clevere« baltische Bürger im neuen Drogengeschäft. Zu den bekannteren Geschichten gehört die eines Organisators der Miss-Latvia-Schönheitswettbewerbe, der Anfang 1999 mit dem bis dahin größten Kokain-Paket des Landes festgenommen wurde. Daira Silava, Chefin der Lettischen Vereinigung für Model-Ausbildung, wurde zusammen mit einem Mitarbeiter am Flughafen vom Zoll festgenommen, weil beide Kokain-Päckchen von rd. 2 kg am Körper versteckt mit sich trugen. Zu der Zeit betrug der Wiederverkaufswert in Rigas Straßen etwa 350.000 Dollar, oder mehr als das Tausendfache des monatlichen lettischen Durchschnittslohns. Silava, eine der bekanntesten Personen im Schönheits-Zirkus des Landes, war gerade aus Venezuela über New York und Zürich zurückgekommen. Es ist nicht ausgeschlossen, dass der Zoll von einem Konkurrenten einen »Tipp« bekommen hatte. Für die baltischen Gesellschaften war auch diese vergleichsweise geringe Menge an Kokain ein gewaltiger Skandal, hatte es in der sowjetischen Zeit doch praktisch überhaupt keinen Drogenschmuggel dieser Art gegeben.[121]

Die Organisation des baltischen Drogenhandels ist die wohl bekannte *Crime & Drugs story* – wenn auch auf erheblich niedrigerem Niveau als im Drogen-Mutterland Kolumbien.[122] Wenn von der Küstenwache vor Miami ein Schnellboot mit einer Tonne Kokain aufgebracht wird, dann sind das in Vilnius oder Riga entsprechend ein Kilogramm. Daher klingen Meldungen wie diese in der Presse zunächst nicht sonderlich dramatisch: »*A kg of cocaine was found in the stomach of an Estonian drug courier in Canary islands – A young man from Estonia was arrested in Lanzarote, one of the Canary islands, last week, as his stomach contained more than 1 kg of cocaine.*«

---

121 www.balticsww.com/index.htm citypaper@citypaper.ee: The Weekly Crier Archives – News highlights from Lithuania, Latvia and Estonia. News highlights from February 8-February 15, 1999

122 Ob die Ermordung des letzten mächtigen kolumbianischen Drogenbosses – Wilber Varela – im Januar 2008 in Caracas zu neuen globalen Geschäftsstrategien im Drogenhandel führen wird, wird sich erst in 2 – 3 Jahren zeigen. Bis dahin werden noch viele blutige Machtkämpfe zwischen den einzelnen Drogenkartellen geführt.

Tatsächlich häufen sich aber solche und andere Meldungen, wie die folgenden, und unterstreichen die wachsende Bedeutung der baltischen Region als Durchgangsstraße des Drogenhandels in Richtung Westeuropa:

2008, 15. Januar: Nach Informationen des estnischen Justizministeriums hat sich der Umfang an Drogenkriminalität von 2006 auf 2007 um die Hälfte erweitert. In Zahlen: 1.048 Fälle von Handel mit Drogen und Psychopharmaka in größeren Mengen wurden 2007 in Estland registriert. Das waren 50 % mehr als 2006. Den größten Anteil an den konfiszierten Substanzen hatten Amphetamine (28 kg), Haschisch (103 kg), die »After-Party-Droge« GHB (26 kg).[123] Außerdem wurden 2007 etwa 12 kg Kokain von der Drogenpolizei sichergestellt. Die Polizei ging davon aus, dass der größte Teil ihrer Beute für den Weitertransport nach Westeuropa bestimmt war. Die Menge an Haschisch hätte für 100.000 Kunden gereicht. Der Gesamtwert der Prise wurde mit 12 Mio. Kronen (ca. 800.000 Euro) veranschlagt.

*Raivo Aeg*, Generaldirektor der estnischen Polizei, zieht daraus den Schluss, dass der Drogenhandel und der Drogenkonsum sich in Estland ähnlich entwickeln wie im westlichen Europa. Besonders der Kokain-Konsum sei ein Indikator für die enge Beziehung von wirtschaftlicher Entwicklung und Zunahme an teuren Drogen.[124]

»Estnische Kriminelle haben im Übrigen direkte Kontakte zu den Drogenproduzierenden Ländern aufgenommen. So sind z.B. estnische Drogenhändler in Lateinamerika und in der Karibik festgenommen worden.« So Aeg. Und die Polizei ergänzt, dass auch in Estland inzwischen Drogen-Labors arbeiten: Entdeckt wurde ein Labor für Amphetamine und ein anderes zur Herstellung von GHB sowie ein weiteres zu Produktion der »Vergessens-Droge« Rohypnol (erleichtert ebenfalls sexuelle Übergriffe). Auch für Lettland lassen sich ähnliche kleine Meldungen auflisten. Sie werden unaufgeregt in der Presse festgehalten: Die Polizei in Riga nahm einen Drogenhändlerring von 12 Personen fest, den sie schon ein halbes Jahr lang observiert hatte.[125]

Weitere Meldungen zur Entwicklung des Drogenhandels an sich und im Vergleich zu anderen kriminellen Sektoren: 2010, 26. Januar: die Anti-Drogen

---

123 GHB (Gamma Hyydroxy Buttersäure), in der einschlägigen Szene auch »Liquid Ecstasy« genannt. Partygänger nehmen GHB wegen seiner aufputschenden Wirkung zu sich. Bekannt durch Fälle, bei denen Frauen in Diskos oder auf Partys GHB in ihren Drink geschüttet wurde, um sie bewusstlos zu machen und anschließend sexuell zu missbrauchen.
124 LETA, Riga, 15.1.2008.
125 LETA, Riga, 8.2.2008 («Drug Ring busted in Riga«).

Polizei beschlagnahmt in der Hafenstadt Klaipeda 500 kg Kokain in einem Schiff aus Ecuador. Die Operation der litauischen Polizei war über längere Zeit in Zusammenarbeit mit der ekuadorianischen und der lettischen Polizei vorbereitet worden. 2009, 13. Februar: Die Anzahl von kriminellen Handlungen mit Drogen-Bezug stiegen im Jahr 2008 um 75% an.

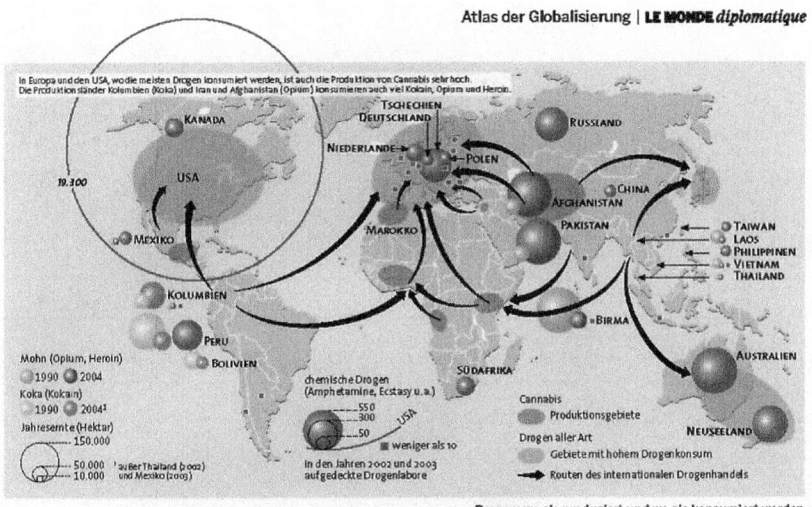

*Drogenhandelsströme durch die MOE-Länder*

Im Vergleich dazu nahmen Diebstähle um 20% zu und Betrugsdelikte um 50%, so der Polizeichef Lettlands, Aldis Lieljuksis.[126] Die Daten für das laufende Jahr 2009 dürften von allen Interessierten mit noch größerer Aufmerksamkeit erwartet werden, da die Krisenlage sich insbesondere in Lettland sehr zugespitzt hat, gleichzeitig aber Polizeikräfte im Zuge der staatlichen Sparmaßnahmen abgebaut wurden und zwangsläufig zunehmende Korruption bei den Sicherheitskräften die Aufklärungsrate negativ beeinflussen wird.

Wie eng inzwischen die traditionelle Kriminalität im baltischen Raum mit dem wachsenden Drogenhandel verknüpft ist, lässt sich an der Grundstruktur der kriminellen Banden in Litauen demonstrieren, das unter den baltischen Ländern mit dem deutlichsten Zuwachs an Drogenkonsum im Weltdrogenbericht 2009 beschrieben wird (u.a. S. 26).

126 LETA, Riga 13.2.2009.

Antonio Maria Costa, Exekutivdirektor des UN Office on Drugs and Crime – UNODC – wies im Übrigen schon im September 2005 auf diese steigende *Drugs-and-Crime-Entwicklung* hin und betonte, dass die skandinavischen Länder und daneben das Baltikum sowie insgesamt Osteuropa immer stärker zur Drehscheibe des internationalen Heroinhandels würden. Das bedeutet gleichzeitig auch eine Verschiebung bei Amphetaminen: Statt nur Durchlaufregion für den Handel zu sein, werden inzwischen in immer mehr klandestinen Labors Amphetamine in der Region selbst produziert und vorwiegend exportiert. In Litauen gab es 1997 z.B. nur ein solches Labor. Im Jahr 2000 waren es schon mindestens sechs.[127] Im Jahresbericht 2008 von UNODC heißt es wenig ermutigend, dass Europa weiterhin der Hauptproduzent von Amphetaminen ist. Dabei stehen die Niederlande und Polen an der Spitze, gefolgt von den baltischen Ländern und Belgien.

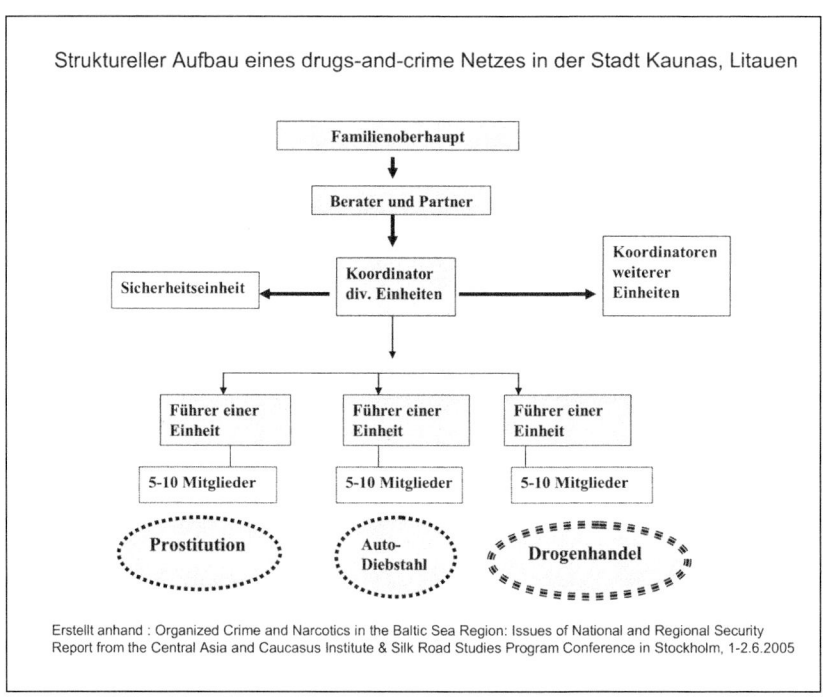

Struktureller Aufbau eines drugs-and-crime Netzes in der Stadt Kaunas, Litauen

Erstellt anhand : Organized Crime and Narcotics in the Baltic Sea Region: Issues of National and Regional Security Report from the Central Asia and Caucasus Institute & Silk Road Studies Program Conference in Stockholm, 1-2.6.2005

127  Vgl. auch www.newsfromrussia.com/world/2005/09/28/63962.html.

Der europäische Markt für Amphetamin-Produkte umfasst inzwischen knapp 25 Mio. Menschen und bleibt damit deutlich größer als der für Kokain (14 Mio.) und der für Heroin (11 Mio.).[128] Darin ist das Baltikum freilich immer noch »peanuts« verglichen mit *dem* europäischen Marktplatz für Kokain, Irlands Drogenhauptstadt Limerick, wo es das günstigste Heroin Nordeuropas zu kaufen gibt, wo aber auch schwer bewaffnete Banden um die Markthoheit kämpfen und Limerick eine der höchsten Mordraten in der Europäischen Union bescheren.

## CHAOTISCHER WERTEWANDEL

Die Steigerung der Alltagskriminalität aufgrund der Großen Krise hatte der lettische Polizeipräsident Anfang 2009 belegt. In den Medien wird darüber mit einer gewissen Zurückhaltung berichtet: gelegentliche Überfälle auf Geldbriefträger auf dem Lande (auch mit Todesfolge), Wohnungseinbrüche und Taschendiebstähle als Teil von Beschaffungskriminalität durch Drogenkonsumenten und Mitglieder des Prekariats, Aushebelung der nicht immer trennscharfen Gesetze und Verordnungen durch hochrangige Politiker und Beamte. Es gibt bisher keine terroristischen Aktivitäten – wenn auch einige ermordete Geschäftsleute (bzw.»Geschäftsleute«). Auch öffentliche Demonstrationen sind trotz Großer Krise immer noch selten – aber zunehmend – und generell gewaltfrei (die 10.000 Demonstranten auf Rigas Straßen Mitte Januar 2009 waren mit ihrer Wut gegen die Regierung die Ausnahme).

Allerdings hat das Thema gesellschaftlicher Wertewandel im Übergangsprozess von einer sowjetisch okkupierten Republik hin zu einer beinahe vollständig durchprivatisierten neoliberalen Gesellschaft erhebliche strukturelle Bedeutung. Im Arbeitsalltag fallen ganz bestimmte Verhaltensweisen auf, die nicht recht zum Bild der baltischen Tourismus-Werbung passen. Dazu gehören ein hohes Maß an individueller Kühle und durchaus Unfreundlichkeit im Umgang mit dem Mitbürger. Das lässt sich in Estland mehr als Zurückhaltung und introvertierte Einstellung umschreiben; in Lettland fallen der geringe Augenkontakt beim Gespräch und die übersteigerte Ichbezogenheit

128 UNODC: Annual Report 2008, S. 9.

auf. Alles im Winter noch stärker ausgeprägt als im Sommer. Wie viel an kollektiver Verunsicherung durch die Gewaltakte der russischen Okkupation heute hinter Hochnäsigkeit und Alltagsunfreundlichkeit versteckt wird, lässt sich mangels qualifizierter psychologischer Untersuchungen hier nicht breiter diskutieren. Nach jahrelanger interessierter Beobachtung bleibt es an dieser Stelle eine pauschale, aber individuell häufig erlebbare Aussage. Unter den drei baltischen Nationen stehen sich sicher die Letten selbst am meisten im Wege.

*Ein besonderer Fall von Werte-Dissonanz, dennoch nicht einzigartig ...*
*oder die Episode mit JL*

Eine in den baltischen Ländern vertretene ausländische Institution entsendet in 3-5-jährigen Abständen ihren ausländischen Repräsentanten, der den Kooperationsprogrammen in Estland, Lettland und Litauen eine konzeptionelle und planerische Grundlage gibt und die Einbindung der Übergangsgesellschaften in die europäische Gemeinschaft unterstützen soll. In jedem der drei Länder unterhält diese Institution ein Landesbüro mit einem lokalen Büroleiter.

### Ein Konflikt entsteht

Schon in den ersten Monaten nach dem letzten Repräsentanten-Wechsel baute sich im lettischen Büro der Institution allmählich eine Konfliktsituation zwischen dem Repräsentanten und dem lettischen Büroleiter auf. Er wird hier Janis Latvija genannt (JL). Ursache war zunächst »nur« die schwere Alkoholabhängigkeit von JL, die sich auch im Büroalltag nicht mehr überspielen ließ.

Die Situation spitzte sich allerdings extrem zu, als der Repräsentant einige Monate später herausfand, das JL auf hohem Niveau Urkundenfälschungen zulasten seiner ausländischen Mutter-Institution begangen hatte und über einen längeren Zeitraum daran gearbeitet hatte, den Status der Auslandsvertretung in den einer lettischen NGO zu verwandeln und sich dabei gleichzeitig als Vorstandsvorsitzender derselben im zuständigen lettischen Handelsregister hatte registrieren lassen. Die dafür anfänglich erforderlichen Unterschriften und Ermächtigungen hatte JL selber verfasst – einschließlich der Unterschrift des Präsidenten der ausländischen Mutter-Institution. Er trat seither außerhalb des Büros wie der eigentliche Chef dieser nunmehr legalisiert lettischen Institution auf.

Die lettische Rechtsprechung ist nicht gerade als transparent anerkannt. Die öffentliche Verwaltung und der Staatsapparat rangieren sehr hoch auf dem internationalen Korruptions-Index. Daher bestand überhaupt keine Aussicht für den ausländischen Repräsentanten, JL einfach wegen schweren Betrugs anzuzeigen und vor allem, ihm fristlos zu kündigen. Vielmehr musste der Repräsentant eine im europäischen und im lettischen Recht gut bewanderte Kanzlei damit beauftragen, in mühevoller juristischer Kleinarbeit die verschiedenen rechtlichen Manipulationen am Status der Institution wieder rückgängig zu machen und dann, nach Einhaltung diverser Fristen und kunstvoller juristischer Initiativen, den ursprünglichen Status für die Institution und den Repräsentanten wieder herzustellen.

**Exemplarische Bedeutung des Fall JL für die Übergangsgesellschaft:**
a) Es war für JL offensichtlich kein Problem, immer wieder gefälschte Unterschriften bei der staatlichen Registratur vorzulegen, um damit seine selbstgeschriebenen Vollmachten oder Satzung der lettischen NGO zu legitimieren oder von angeblichen Vorstandssitzungen der lettischen NGO die gefälschten Sitzungsprotokolle den Behörden vorzulegen. Es kann nicht ausgeschlossen werden, dass die zuständigen Beamten von JL dabei bestochen wurden. Aktive und passive Bestechung sind wesentlicher Bestandteil der lettischen politischen Kultur – vom aktuellen Staatspräsidenten abwärts, wie Transparency International nicht müde wird, immer wieder darzulegen und worüber sich z.B. deutsche Unternehmer in Lettland ausdrücklich beschweren.[129]

b) Als die Anwaltskanzlei in ihrem Vorgehen erste Erfolge erkennen ließ, konnte sich JL in krankheitsbedingte Arbeitsunfähigkeit flüchten. Im Schutze der lettischen Sozialgesetzgebung war es fast ein Jahr lang möglich, dass JL ärztliche Bescheinigungen der Arbeitsunfähigkeit beibrachte. Es ist mehr als wahrscheinlich – weil in Lettland üblich -, dass auf ärztlicher Seite Käuflichkeit im Spiel war. So lange die Krankenbescheinigungen vorgelegt wurden, war eine Kündigung nicht möglich – aber auch nicht die Neubesetzung des Arbeitsplatzes.

c) Zur eigentlichen exemplarischen Bedeutung des Falles gehört eindeutig die Erkenntnis, dass JL sich frei von jeglichem Unrechtsbewusstsein zeigte, sowohl hinsichtlich der schweren Unterschriftenfälschungen als auch hinsichtlich seiner simulierten Arbeitsunfähigkeit, ganz zu schweigen von den nicht erfüllten Arbeitsaufträgen und schweren Planungsfehlern am Arbeitsplatz, die möglicherweise durch den Alkoholmissbrauch begründet waren.

---

129 TI Latvia diary 2006 (erschienen: Dez. 2007, Riga), sowie: Deutsch-Baltische Handelskammer (AHK): Lage und Erwartungen der Unternehmen mit deutscher Beteiligung in den baltischen Staaten im Jahre 2008. Ergebnisse der Konjunkturumfrage …, Riga, Juni 2008.

**Lesson Learnt**

JL erhält seine Bedeutung nicht als Einzelfall, sondern eher als konkreter Prototyp einer im Wertewandel zerrissenen Gesellschaft.

Mit langjähriger Erfahrung in den baltischen Ländern lässt sich hier von einem Syndrom der Übergangsgesellschaften sprechen, das sich auf den unterschiedlichen Ebenen der Gesellschaftspyramide findet. Vielleicht stärker in Lettland als in den beiden Nachbarländern herrscht mangelndes Unrechtsbewusstsein in Verbindung mit *Betrug*, mit A*bzocke*, mit *Ausnehmen ausländischer Finanzquellen*. Dabei reicht die eingesetzte Bauernschläue nicht immer aus, um zu erkennen, wann der Krug schon zerbrochen ist, mit dem man immer noch Wasser vom Brunnen holen will. Es liegen keine wissenschaftlichen Untersuchungen vor, um diese Beobachtungen zu quantifizieren. Es spricht allerdings für eine starke Verbreitung dieses Transformations-Syndrom, dass ein Mann mit Symptomen des Transformations-Syndroms zum Staatspräsidenten gewählt wurde. Diese Erkenntnisse dürfen natürlich nicht den Eindruck entstehen lassen, als gäbe es nicht auch ganz hervorragende und am wirklichen Fortschritt des eigenen Landes interessierte Menschen und Institutionen. Die gibt es und sie werden auch in diesem Buch genannt. Sie haben es nur zu oft zu schwer gegenüber den JLs auf den verschiedenen Ebenen in Staat und Gesellschaft.


BILDUNGSPOLITIK FÜR EINE ZUKUNFTSFÄHIGE
GESELLSCHAFT


Bevor die Große Krise ab 2008 viele Wirrungen mit sich brachte, standen den rd. 2,3 Mio. Einwohnern Lettlands etwa 1.060 öffentliche Bildungseinrichtungen zur Verfügung; darunter 580 Grundschulen, 380 Gymnasien (»Vidusskola«) und 34 Hochschulen. Man kann jeder Schule durchschnittlich knapp 300 Schüler zuschreiben, so dass Lettland auf rd. 285.000 eingeschriebene Schüler kommt und auf weitere 125.000 eingeschriebene Studenten. Lettland verfügt damit über eine der höchsten Einschreibe-Quoten in der EU. Dazu führt die Statistik auch 120 Berufsschulen mit mehr als 13.000 Schülern. Auf jeder Ebene gibt es einen gewissen Anteil an privat geführten Bildungseinrichtungen, so etwa 20 private Hochschulen.

Die offizielle Bildungspolitik präsentiert als ihr Mantra hohe Zufriedenheit mit diesen Daten und attestiert sich selbst gute Noten. Daher wurden für die Sechs-Jahresplanung 2007–2013 entsprechend anspruchsvolle Zielansätze in die lettische Entwicklungsplanung hineingeschrieben.[130]

Die folgenden vier Planungsüberschriften lassen auch in den folgenden textlichen Erläuterungen nicht ein für Lettland überzeugendes *Ziel der gesellschaftlichen Entwicklung* bis 2013 erkennen. Es könnte etwa lauten: *Bildung als Voraussetzung für Innovation*. Ein solches mittel- bis langfristiges Ziel der Bildungspolitik fehlt. Es kann allerdings nicht ohne deutlich aktivere Einbindung der Eltern oder Familien in den Bildungsprozess der neuen Generation erreicht werden, ebenso wenig wie ohne Engagement der nationalen Unternehmen (für zukunftsfähige Arbeitsplätze) und schon gar nicht ohne Effizienzsteigerung bei der Abstimmung staatlicher und kommunaler Behörden.

**An educated and creative individual**

1.1 Qualitative and accessible primary and basic education, compulsory secondary and competitive higher education

1.2 Preparing the labour force to meet the demands of the labour market

1.3 Life-long learning for increasing a person's creative potential and the quality of life

1.4 Modernization of the educational infrastructure

Die angesprochenen Bildungsziele können vor allem nicht erreicht werden, solange die politisch verantwortlichen Planer in Lettland nicht einen solchen Zielhorizont und gleichzeitig die reale Ist-Situation im Blick haben. Denn die Tatsache ist von Bedeutung, dass es unter den männlichen Schülern eine sehr hohe Drop-out-Quote gibt, die wegen der bestehenden Gleichstellungshemmnisse zu schlechter qualifizierten männlichen Führungskräften mit besser qualifizierten weiblichen Mitarbeitern und damit unvermeidlich zu Spannungen innerhalb der Arbeitseinheiten führen kann. [131]

Produktivität und Leistungsbereitschaft der Arbeitnehmer ist für Unternehmer auch in den drei baltischen Ländern ein hochbewertetes Gut. Die in der Region tätigen deutschen Unternehmer sahen allerdings schon vor der Großen Krise in der ungenügenden Qualifikation der Arbeitnehmer eines der Investitionshemmnisse.[132] Anders als das Bildungsministerium geben sich die Unternehmer nicht mit Einschreibequoten zufrieden, sondern erwarten eine

130 Ministry of Regional Development and Local Government: Latvia National Development Plan 2007 – 2013, Riga 2006.

131 Quelle: National Report on Strategy for Social Protection and Social Inclusion 2006 – 2008.

132 Jahresumfrage 2008 der Deutsch-Baltischen Handelskammer: Lage und Erwartungen der Unternehmen mit deutscher Beteiligung in den baltischen Staaten im Jahre 2008. Ergebnisse der Konjunkturumfrage ..., Riga, Juni 2008.

gewisse Bildungsbreite und -tiefe plus sozialer Kompetenz, auf der dann spezifische Berufsbildung aufbauen kann.

Die Voraussetzung dafür wäre ein kompetentes Bildungsministerium. Die realen Schwächen des lettischen Bildungssystems kommen jedoch genau hier zum Tragen: Je größer die Städte und damit die Schulen, desto häufiger sind Direktorenstellen über parteipolitische Seilschaften vergeben. Da Eltern bei den weiterführenden Schulen ihr Wahlrecht in Anspruch nehmen und für die gezahlten Schulgebühren eine Art Versetzungsgarantie für ihre Kinder erwarten, ist es wichtig, dass der Schulleiter sich mit den wichtigen Familien in seinem Bezirk »verständigen« kann, um eine gute Einschreibquote zu erreichen und Spenden für seine Schule eintreiben zu können. Von der Einschreibquote hängt dann wiederum das Wohlwollen des Ministeriums ab.

**Table 42. Number of dropouts in comprehensive day schools by grade groups**
*Data source: Ministry of Education and Science*

|  | School year 2000/2001 | School year 2001/2002 | School year 2002/2003 | School year 2003/2004 | School year 2004/2005 |
|---|---|---|---|---|---|
| Total | 9727 | 9056 | 9282 | 10242 | 10838 |
| incl. 1st to 4th grade | 3322 | 2925 | 2551 | 2568 | 2542 |
| 5th to 9th grade | 4473 | 4128 | 4354 | 4763 | 5338 |
| 10th to 12th grade | 1932 | 2003 | 2377 | 2911 | 2958 |

Neben gutem Einvernehmen mit den wichtigen Familien seines Bezirks benötigt ein Schulleiter qualifizierte und motivierte Lehrer an seiner Schule und Hochschule. Auf dem Niveau der Lehrkräfte selber beginnt die Problematik schon mit ihrer Ausbildung in der Pädagogischen Hochschule. Die zahlreichen Studenten ohne finanziellen Rückhalt durch ihre Familie müssen häufig zur Bezahlung der Semestergebühren minderqualifizierte, aber zeitintensive »Jobs« ausüben. Sie können sich dann nur noch für ein Abendstudium einschreiben. Ihre Lernleistung ist dadurch deutlich eingeschränkt. Ihre Motivation ist gleichzeitig allein dadurch hoch, dass sie die Gebühren selber verdienen mussten. Sie möchten also auf jeden Fall einen Abschluss erreichen. Nun herrscht in den meisten Bildungseinrichtungen noch immer eine autoritäre Grundatmosphäre mit Frontalunterricht in all seinen Aspekten. In den Lehrer-Akademien ist das nicht anders. Da auch die Professoren, Dozenten etc. nicht gut bezahlt werden, fallen zu viele Kurse, Seminare, Veranstaltungen aus, weil diese Dozenten innerhalb ihrer Unterrichtszeit einer Nebentätigkeit nachgehen, um wiederum die eigene Familie besser versorgen zu können, um den Standard der (unteren) Mittelschicht halten zu können. Die Studenten müssen sich in diesen Ausfallzeiten (und die sind hoch!) selber behelfen oder mit irgendeinem sachfremden Vertreter Vorlieb nehmen. Was sie nicht oder kaum wagen, ist, dagegen zu protestieren, weil das sehr schnell zu einem verlorenen Semester führt, also längere Studienzeit mit der längeren Doppelbelastung durch »Job« und Studium bedeutet. Das Endprodukt sind dann zu viele Lehrer, die dieses System, in dem sie selber sozialisiert wurden, in ihren Schulen reproduzieren: zu geringe wichtige Bildungsinhalte in zu wenig moderne Pädagogik eingebunden und möglicherweise unter dem Druck des Schulleiters, der die zahlenden Eltern zufrieden stellen will.

So sah ein sehr großer Teil des lettischen Bildungssystems bis zur Großen Krise aus. Die Krise hat die Lage verschärft, insofern als die Lehrer zu dem Sektor der öffentlich Bediensteten (nicht Beamte) gehören, die in 2009 eine 20%-ige Gehaltsminderung erfahren mussten. Mit soviel Realsituation lassen sich kaum die Bildungsziele erreichen.

Im Gegenteil: auch in den Lehrerfamilien werden jetzt beide Elternteile intensiv bemüht sein, irgendwie ein regelmäßiges Einkommen zu erzielen, um den sozialen Ansprüchen ihrer Gesellschaftsschicht zu genügen. Wenn sie legal arbeiten wollen, ist das extrem schwer bei einem Preisniveau, das sich nach dem EU-Beitritt in den lettischen Städten nicht mehr von den Preisen im Raum Köln unterscheidet; vor allem Mietpreise, Lebensmittelpreise und Strom- und Heizungskosten beanspruchen praktisch das ganze Monatsgehalt eines normal verdienenden Lehrers. Diese Eltern und erst recht alleinerziehende Elternteile können wenig oder gar keine Zeit in die edukative Betreuung ihrer Kinder investieren. Die Kinder/Schüler/Studenten sind gleichzeitig dem ständig wachsenden Konsumdruck der Transformationsgesellschaft ausgesetzt, dem sie sich weder beim Drogenkonsum (vor allem Alkohol) noch bei Statussymbolen (Mobiltelefon, Garderobe, Auto) widersetzen. Bei den männlichen Schülern/Studenten führt das erheblich stärker zum genannten Drop-out-Phänomen.

Die einzige signifikante Lobby-Organisation, die an diesen Verhältnissen rütteln müsste, die Lehrergewerkschaft, tut dies durchweg mit dem Ziel der Gehaltsanhebung (die für September 2009 von der Regierung Godmanis zugesagt, dann von der Nachfolge-Regierung Dombrovskis in Gehaltskürzung von 20% umgewandelt wurde). Die Unterbewertung moderner und qualifizierter

Bildungspolitik gilt insgesamt für die baltischen Gesellschaften. Nur hilft diese Erkenntnis wenig, wenn ausländische Unternehmer darin eine zunehmend wichtigere Innovationshürde sehen. Stärker für Lettland als etwa für Estland wird es ohne ernsthafte bildungspolitische Innovationen sehr schwer, aus der Rolle der verlängerten Werkbank ausländischer Investoren herauszukommen und den Innovationserwartungen der EU und des IMF und der nationalen Mittelschicht zu genügen.

Vorstellbar ist dennoch die Umsetzung des Slogans vom *lebenslangen Lernen* in reale Bildungspolitik. Es sind auch Lehrer vorhanden, die die Umsetzung als ihre eigene lebenslange Aufgabe verstehen möchten. Es bedarf dazu einer ausformulierten Entwicklungsperspektive für das Land. Das Bildungs-, das Wirtschafts-, das Landwirtschafts- und das Ministerium für Regionalentwicklung wären die politisch zuständigen Institutionen, um eine ergebnisorientierte Task-Force aufstellen. Erst auf der Grundlage einer solchen fundierten Planung sollte neue finanzielle Unterstützung aus dem EU-Sozialfonds, Kohäsionsfonds oder Strukturfonds beantragt werden können. Dabei gehörte ein striktes Monitoring für die Umsetzung der Planungen und die Sanktionierung von nicht-zweckgebundener Mittelverwendung zu der notwendigen härteren Sprache der EU-Geberseite.

# REALE WIRTSCHAFTSPOLITIKEN

*»Estland und Lettland sind in der heutigen Wirtschaftsturbulenz am härtesten ge-landet« (Ratingagentur Moody's).*
*»Es gibt Staaten, die vom Schicksal Islands betroffen sind. Zu diesen Staaten gehören auch Estland und Lettland, die sehr verwundbar sind« (IMF).*

## BALTISCHE FINANZ- UND WIRTSCHAFTSKRISE

Der schnellste der baltischen Tiger – Estland – bleibt vergleichweise optimis-tisch, wenn man sich die ökonomischen Planungsdaten bis 2010 anschaut:[133]

*Estland: Wirtschaftsplanung 2005 – 2010*

|  | 2005 | 2006 | 2007 | 2008 | 2009 | 2010 |
|---|---|---|---|---|---|---|
| BSP (Mrd. estn. Kronen) | 173.5 | 205.0 | 238.9 | **255.9** | 265.5 | **282.0** |
| Reales BSP-Wachstum (%) | 9.3 | 10.4 | 6.3 | **-1.8** | -2.1 | **3.0** |
| Leistungsbilanz (% of GDP) | -10.0 | -16.7 | -18.1 | **-11.1** | -6.5 | **-7.1** |
| Reales Wachstum priv. Konsum (%) | 9.7 | 12.8 | 7.8 | **-1.5** | -1.7 | **3.9** |
| Reales Wachstum öffentl. Konsum (%) | 1.9 | 1.8 | 3.9 | **2.6** | -2.0 | **0.8** |
| Reales Investitions-Wachstum (%) | 9.4 | 19.5 | 4.8 | **-5.6** | -10.4 | **6.4** |
| Reales Export-Wachstum (%) | 20.9 | 11.6 | 0.0 | **-0.9** | 0.5 | **4.8** |
| Reales Import-Wachstum (%) | 17.5 | 20.4 | 4.2 | **-5.9** | -3.3 | **5.3** |
| Arbeitslosigkeit (%) | 7.9 | 5.9 | 4.7 | **4.8** | 7.0 | **8.3** |

133 Quellen: Statistics Estonia, Eurostat, vor allem Eesti Pank.

| | | | | | | |
|---|---|---|---|---|---|---|
| Mehrwert-Wachstum pro Vollzeit-Beschäftigter (%) | 7.3 | 4.5 | 5.9 | 0.2 | -0.6 | 4.1 |
| Reales Einkommens-Wachstum (%) | 7.7 | 11.6 | 11.6 | 3.8 | 0.0 | 1.8 |
| Externe Verschuldung (% von BSP) | 86.1 | 97.7 | 112.4 | 114.4 | 115.2 | 116.3 |
| Staatsverschuldung (% von BSP) | 1.3 | 3.3 | 2.7 | -1.4 | -4.4 | -1.3 |

Allerdings benötigt die konservative Minderheitsregierung weiterhin viel Optimismus, um überzeugt zu bleiben, die Maastricht-Kriterien der EU von maximal 3 % Staatsverschuldung bis 2011 zu erreichen. Die Arbeitslosigkeit steigt, Realeinkommen sinken und trotz verbesserter Zahlungsbilanzdaten und einer verbesserter Haushaltsbilanz nimmt auch die Auslandsverschuldung sogar noch zu.

Demgegenüber ist bei Lettlands Zentralbankchef Ilmars Rimsevics nicht deutlich, ob sein persönlicher Humor hervorsticht oder ein gefährlicher Realitätsverlust. Denn kurz vor Jahresende 2008 verkündete er den baldigen Beitritt Lettlands zur Euro-Zone für 2011, und zwar, weil die aktuelle Rezession die Teuerung so stark abgebremst habe, dass Lettland schon bald imstande sei, die Kriterien für die Einführung des Euro zu erfüllen. Gleichzeitig wurde ein Dozent der Vidzeme-Universität verhaftet, weil er die von allen erwartete Abwertung des Lat offen ausgesprochen hatte. Für die Verbreitung solcher von der Regierung nicht gewünschter (aber von Moody's, der Deutschen Bank und IMF geteilten) Einschätzungen sieht die lettische Gesetzgebung Freiheitsstrafen von bis zu fünf Jahren vor.

Gegen Jahresende 2008 galten die baltischen Staaten wegen ihrer erheblichen – wenn auch unterschiedlichen – Leistungsbilanzdefizite und rapide angestiegener Außenverschuldung eher als Bankrottkandidaten denn als Euro-Anwärter. Sie sind de facto nicht bankrott, weil – anders als im Fall Island – der baltische Finanzmarkt klar von drei schwedischen und einer dänischen Bank dominiert wird und daher auch z.B. die skandinavischen Einlagensicherungen gelten und insgesamt ein eher konservatives Bankmanagement dominiert. Die bisherigen hohen baltischen BIP-Wachstumsraten waren über ausländische Sparguthaben, einen spekulativen Finanzmarkt und die Defizite in der Leistungsbilanz finanziert und führten zwischenzeitlich bis zu 18 % Inflation.

Ausländische Investoren hatten allerdings schon 2007 und dann wieder in der ersten Jahreshälfte 2008 nicht nur vor der gewaltigen Immobilienblase gewarnt, die inzwischen geplatzt ist, sondern auch vor strukturellen Schwächen, die in der aktuellen Krisenlage nur desto deutlicher hervortreten: Überbürokratisierung, hohes Korruptionsniveau auf allen Ebenen der öffentlichen Verwaltung und ein perspektivisch unzureichend ausgelegtes Bildungssystem, das den Anforderungen von Wissensgesellschaft und zukunftsfähigen Verarbeitungsindustrien nicht genügt.

Die wesentlichen Systemschwächen der baltischen Staaten sind daher nicht nur der externen globalen Krise geschuldet, sondern zu einem Gutteil hausgemacht – die Finanzkrise hat sie nur verschärft. Schon Mitte 2007 heißt es in diesem Sinne in einem Bericht des baltischen Büros der Friedrich Ebert Stiftung vom 9.8.2007 (Auszug):

### *Baltische Tiger in der Wachstumsfalle*
### *oder Lettlands missverstandene Marktwirtschaft*

Die in Westeuropa immer wieder hervorgehobenen Wachstumsdaten der Volkswirtschaften in einigen Transformationsländern müssen genauer hinterfragt werden, wenn nicht in Kürze auf ähnliche Überraschungen wie die Immobilien-Blase (USA) reagiert werden muss. Das lettische Beispiel:

**Ausgangslage: Ungleichgewicht der wirtschaftlichen Entwicklung**
*Im ersten Halbjahr 2007 beträgt das BSP-Wachstum 11,3 %. Das volkswirtschaftliche Wachstum wird dabei von der privaten Nachfrage und von der Dynamisierung bestimmter Dienstleistungssektoren getragen. Letztere sind vor allem der Großhandel, der Immobiliensektor und die Bankoperationen und die Bauwirtschaft.*

*Seit 2006 sind die kritischen Stimmen angewachsen, die sich besorgt zu den Risiken einer überhitzten lettischen Volkswirtschaft äußern. Solche Warnungen werden sowohl von der EU-Kommission als auch von Weltbank, IMF und ebenso von internationalen Rating-Firmen vorgetragen. Standard and Poor's etwa stufte Lettland schon in 2006 von A- auf BBB+ herunter und stellte für 2007 weitere Abstufungen in Aussicht.* (Durch die Finanz- und Wirtschaftskrise beschleunigt, nahm Standard & Poor im Februar 2009 eine weitere Abstufung Lettlands auf zunächst BB+ vor). *Wo liegen welche Probleme?*

**Probleme: Makroökonomische Struktur**
Wachsende Nachfrage lenkte in den letzten Jahren die Direktinvestitionen

hauptsächlich in die Sektoren mit schneller Ertragssicherung: Bausektor, Immobiliensektor, Handel, Banken. Der Investitionszufluss in produktive und Verarbeitungsbereiche der lettischen Wirtschaft erfolgten auf deutlich niedrigerem Niveau, nämlich 2-5% in der Verarbeitung versus 13% in den Dienstleistungen. Letztere schwankten dabei von 3,4% für Bildung/Ausbildung bis 17,6% im Immobiliensektor und 17,5% im Großhandel.

Die Regierung hat bisher keine ernsthafte Strukturpolitik vorgelegt, um die ausländischen Geldzuflüsse gezielt zu kanalisieren. Sie bleibt nur verbal aktiv, bietet aber gerade auch den ausländischen Investoren keine Investitions-Alternativen an.

### Konsumentenverhalten

In Erwartung positiver Einkommenszuwächse investierte die Bevölkerung in die Verbesserung ihrer privaten Wohnverhältnisse. Interne Nachfrage wuchs entsprechend in den damit verbundenen Sektoren: Grundstücke, Wohnungsausbau/-renovierungen, Wohnungsausstattungen, Privatautos. Privater Konsum stieg gleichzeitig in praktisch allen Güterbereichen sowie für Kultur, Sport, Urlaub, Gesundheit, Bildung. Allerdings sind viele der privaten Ausgaben kreditfinanziert.

Aus Unternehmersicht bedeutet der Mangel an qualifizierter Arbeitskraft einen beachtlichen Hemmfaktor für die nationale Wirtschaft. Dennoch hält die Regierung nicht dagegen, dass Lettland im Niedriglohnbereich und in arbeitsintensiven Sektoren weiter expandiert. Der Staat steht vor einer sehr unausgewogenen Gehälterstruktur, weshalb wichtige Bereiche des öffentlichen Sektors mit Streik drohen (Post, Gesundheitssektor, Lehrer). Bei den Lehrern hat die Regierung jetzt präventiv eine Gehaltserhöhung ab September zugesagt, die das Durchschnittsgehalt eines Lehrers auf rd. 420 Euro im Monat anheben wird. Gehaltsanhebungen im öffentlichen Dienst ziehen Lohnforderungen in der Privatwirtschaft nach sich. Die Lohn-Inflations-Spirale kann schnell außer Kontrolle geraten. Die politisch unzureichende Reaktion auf diese Entwicklung zeigt der Ministerpräsident, der seine Landsleute lediglich zum Engerschnallen der individuellen Gürtel auffordert.

### Einkommen. Produktivität. Preisniveau

Das Kernproblem für Lettland liegt in der großen Kluft zwischen Lohnzuwachs und Produktivitätszuwachs. Nur in einigen wenigen Verarbeitungsbereichen sind auch Produktivitätssteigerungen zu verzeichnen. Als eine der Folgen wachsen die Importe dramatisch schneller als die Exporte. Im ersten Drittel 2007 lag das Defizit der Leistungsbilanz schon doppelt so hoch wie im Vorjahr. Und ausländische Direktinvestitionen decken lediglich 30 – 40% des Leistungsbilanz-Defizits.

Nach Eurostat-Angaben erreichte die Kaufkraft pro Kopf in Lettland gut 47% des EU-Durchschnitts, wobei das Preisniveau gleichzeitig fast 57% des EU-Durchschnitts erreicht – eine Differenz von 10 Prozentpunkten. Solche Zahlen verdeutlichen, dass es für Lettland nicht um die in Westeuropa immer hochgelobten BSP-Wachstumsraten geht, sondern darum, dass die Mehrheit der Bevölkerung einem permanenten Vermögensverlust ausgesetzt ist. Der zentrale Indikator dafür ist die Inflationsrate. Sie zeigt eine ungebrochen steil ansteigende Tendenz von 1.9% in 2002 auf inzwischen 9,5% im Juli 2007.

*Einige der angezeigten Widersprüche hebt im übrigen auch die EU-Kommission hervor.[134] ...*

An solchen Beobachtungen wird deutlich, dass die baltischen Regierungen weder bei den Energiepreisen noch bei den Nahrungsmittelpreisen, weder bei der Verarbeitung nationaler (biologischer) Ressourcen noch bei der regionalen Strukturpolitik aktive Lenkungsfunktionen übernehmen wollten, sondern sich in der Rolle der neoliberalen Musterschüler gefielen.[135] Zwangsläufig mussten die Fiskalprobleme ab dem Haushalt 2009 zu deutlichen Absenkungen öffentlicher Ausgaben führen (angepeilt wurden zunächst minus 15 – 20%, die aber Ende 2009 erweitert wurden), wobei gleichzeitig der private Konsum sinkt und damit das Steueraufkommen. Anders als Estland und Litauen wird Lettlands Regierung den IMF-Vorgaben folgen und den Verlust an Steuereinnahmen durch die Anhebung der Mehrwertsteuer von 21 auf 23% auszugleichen versuchen. Gleichzeitig werden die Blicke der Bevölkerung wie vor allem der politischen und wirtschaftlichen Eliten noch stärker auf *Brüssel* gerichtet, in der Hoffnung, dass die Kommission – wie in der Vergangenheit – mit laxer Hand Gelder aus dem Kohäsions- und anderer Fonds ausschütten werde. Das hat »Brüssel« zusammen mit dem IWF zwar Ende 2008 noch einmal in Höhe von insgesamt 7,5 Mrd. Euro getan.[136] Aber die Kommission

---

134  www.europa.eu/rapidPressReleasesAction.do?reference MEMO/06/40&format=HTML&aged=0&language=EN&guiLanguage=en.

135  Einige aktuelle Einschätzungen der internationalen Finanzkrise durch renommierte Kommentatoren: Joseph Stiglitz (Nobelpreisträger für Ökonomie, 2001 sowie vormals Weltbank Chef-Ökonom): www2.gsb.columbia.edu/faculty/jstiglitz/newworks.cfm; Paul Krugman (Nobelpreisträger für Ökonomie, 2008): www.nytimes.com/2008/10/13/opinion/13krugman.html; Deutscher Gewerkschaftsbund, DGB: www.dgb.de/themen/themen_a_z/abisz_doks/k/klartext4_2008.pdf/view?showdesc=1, www.dgb.de/themen/themen_a_z/abisz_doks/k/klartext4_2008.pdf/view?showdesc=1.

136  Von dieser Summe betrafen 1,7 Mrd. Euro Sonderziehungsrechte des IMF; s. IMF-Republic of Latvia: Stand-By Arrangement – Interim Review under the Emergency Financing Mechanism, April 2009.

wäre sehr schlecht beraten, wenn es nicht das letzte Mal gewesen wäre. Brüssel kann sich nicht länger diese Füllhorn-Politik leisten- schon gar nicht, wenn strategische Großplanungen wie die Öl- und Gasprojekte und Regenerativen Energieprojekte (*Desertec*) *für die Union* ernsthaft verfolgt werden sollen und wenn weitere neue Länder an die EU gebunden werden sollen, wie die 6 »östlichen Partnerländer«, für die eine erste Hilfs-Tranche von 600 Mio. Euro bereitgestellt ist. Aber noch einmal: vor allem muss die EU-Kommission und das durch den Lissabon-Vertrag gestärkte Europäische Parlament mit deutlich härterer Hand auf die Zweckbindung ihrer Hilfsmaßnahmen achten und auch die unterschiedlichen Entwicklungsgeschwindigkeiten innerhalb der Unions-Gemeinschaft als normal akzeptieren.

*Potemkinsche Dörfer: Viele Banken haben ihre Gewinne
künstlich aufgeblasen, mit wenig dahinter*[137]

Der lettische Ministerpräsident und der Finanzminister hatten noch Ende 2008 eine Finanzkrise verneint, während sie schon die größte Privatbank verstaatlichten (Parex-Bank). Der Ministerpräsident und der Finanzminister verneinten auch notwendige ausländische Unterstützung für Lettland und umgehend beantragten sie bei EU und Weltwährungsfonds schnelle Finanzhilfen – in der genannten Größenordnung von rd. 7,5 Mrd. Euro. Dazu hieß es: Erst bei Gewährung dieser Hilfen werde sich die Regierung Lettlands in der Lage sehen, ihren Wirtschaftsplan für 2009 der Öffentlichkeit vorzulegen. Pünktlich zum Jahresbeginn 2009 lagen dann die Bereiche auf dem Tisch, für die dieses Geld eingesetzt werden sollte: etwa 1,86 Mrd. zur Restrukturierung der Volkswirtschaft und Unternehmensförderung; rd. 4 Mrd. als Budget-Hilfe und zur Senkung der Staatsschulden; etwa 1,57 Mrd. zur Stabilisierung des Bankensektors. Für die Bevölkerung, aber auch für die Fachleute lassen diese Zielsetzungen nicht erkennen, worin die Innovation zur zukunftsfähigen Entwicklung des Landes liegt. Solche Nachfragen belasten weiterhin das Vertrauen der lettischen Unternehmerschaft in die Staatsführung, und zwar derart, dass sie sich in zunehmendem Maße im Nachbarland Litauen registriert, weil sie sogar dort ein stabileres Wirtschaftsklima erkennt. Zugleich wickeln lettische Unternehmer zunehmend lieber ihre Exporte nach Russland über Litauen ab, weil die bürokratischen Hürden im eigenen Lettland kaum zu bewältigen sind.

Die zentralen Stichworte des Krisenmanagements der kommenden Jahre in der baltischen Region lauten daher: Umsetzung der überfälligen Strukturreformen, Übernahme von Lenkungsfunktionen des Staates. In einem sehr wichtigen Fall hat die lettische Regierung demonstriert, dass sie ggf. solche Lenkungsfunktionen übernimmt, beim erwähnten Fall der *Parex Bank*: Die Parex Bank litt – wie viele andere Banken der Region – vor allem unter der Kreditblase, die sich in den letzten Jahren in allen drei baltischen Ländern ausgeweitet hatte und die Bürger zu spekulativem Verhalten im Immobiliensektor geradezu animierte. Eine immer größere Schere zwischen exorbitant wachsenden Energie- und Nahrungsmittel- und Dienstleistungskosten, denen zwar z.T. und nominell deutliche Lohnerhöhungen, aber vor allem keine wachsende Produktivität, vielmehr eine weiter verschlechterte Leistungsbilanz gegenüberstanden und damit Inflation und damit Kapitalverluste, ließen die nationale Wirtschaft und die nationale Geldpolitik gleichermaßen in bedrohliche Schieflage geraten. Die Marktführer im Baltikum, die beiden schwedischen Banken Swedbank und SEB, hatten ihrer Kreditverluste aufgrund der Krise schon mit mehreren hundert Mio. Euro beziffert. Im Fall der Parex blieben bis heute die realen Verluste intransparent, zum einen wegen der russischen Geldzuflüsse, -durchflüsse und -abflüsse, die gerade auch die Bankenaufsicht nicht nachvollziehen konnte (wollte?). Zum anderen standen bald die Vermutungen im Raum, die sich im Herbst 2009 dann erhärteten, dass die staatlichen Finanzhilfen (etwa 400 Mio. Euro) zum großen Teil nur durch die Bank durchgeschleust wurden und in privaten Taschen landeten.

Im September 2009 wurde auch der seinerzeitige Ministerpräsident Godmanis durch einen parlamentarischen Untersuchungsausschuss direkt mit diesen Manipulationen in Verbindung gebracht. Zu der Zeit hielt er sich allerdings schon in Straßburg als Europaparlamentarier auf. Hauptnutznießer der Parex-Bank-Affäre waren zweifellos die beiden russischen Hauptaktionäre Walerie Kargin und Wladimir Krasovitsky.

Wegen der realistischen Vermutungen und aus der Erfahrung der 90er Jahre heraus (erster großer Banken-Zusammenbruch im Baltikum) eilten die Privatkunden diesmal sehr schnell zu den Parex-Filialen und retteten innerhalb weniger Tage noch etwa 84 Mio. Euro. Da gab es für die Regierung keine Alternative, als die Bank sofort zu übernehmen und die ohnehin extrem angespannte Stimmung in der Bevölkerung zu entschärfen.

Über die punktuelle Intervention des Staates hinaus lautet jetzt allerdings die Forderung, eine ernst zu nehmende nationale Wirtschaftspolitik zu entwickeln, die im Rahmen des *Tripartiten Sozialen Dialogs* angegangen werden sollte, also von Regierung, Unternehmern/Bankern und Gewerkschaften und der Akademie im gemeinsamen Dialog. Den bisher falschen Entwicklungsweg einer sogenannten freien Marktwirtschaft abbrechen ist die zentral notwendige Maßnahme. Ein gesellschaftspolitisch lenkender Staat zugunsten einer *tragfähigen Wirtschafts-, Energie- und Bildungspolitik, die mehr soziale Sicherheit verspricht*, sollte dabei der Kern der Neuorientierung sein. Die weiter unten in diesem Buch behandelten strategischen Fragen der Energiesicherungspolitik, der Beziehungen zu Russland, zu den skandinavischen Staaten und mehr konstruktive Mitarbeit auf EU-Ebene ergänzen diese Kernthemen. Was alle drei baltischen Regierungen jetzt suchen (sollten), ist eine ernstgemeinte Innovation für diese vier entscheidenden Sektoren der gesamtgesellschaftlichen Entwicklung. Theoretisch boten die Kommunalwahlen in Lettland im Juni 2009 und die Kommunalwahlen in Estland im Herbst eine wichtige politische Plattform, um auch von Seiten der Wähler den erforderlichen Druck auf die weiterhin herrschenden konservativen Parteien und Oligarchen auszuüben. In Lettland führte die Summe aus niedriger Wahlbeteiligung der Letten und stärkerer Wahlbeteiligung der russischen Bevölkerung plus der ungeklärten Wirtschafts- und Finanzpolitik der Regierung zu der historischen Wende einer »russisch-orientierten« Stadtregierung in Riga. Die möglichen neuen Akzente für die nationale Wirtschafts- und die Entwicklungspolitik insgesamt werden sich erst 2010 erkennen lassen. Aber schon kurz nach den Kommunalwahlen wurde eine außerordentlich intensive Wiederaufnahme der Handelsbeziehungen zwischen Rigas Stadtregierung und Moskauer Importeuren sowie zur Vereinbarung lettisch-russischer *Joint ventures* etwa für den Rigaer Hafen von der neuen Rigaer Koalitionsregierung eingeleitet.

## WIRTSCHAFTSPOLITISCHE STRESS-FAKTOREN

Noch kurz vor der offiziellen Sommerpause 2008 debattierte das lettische Parlament über das Thema, das die soziale Sicherheit der Gesellschaft inzwischen am meisten bedrohte: die problematische wirtschaftliche Situation in ihrem Land mit einer Inflationsrate von – zu dem Zeitpunkt – 18 % und deutlichen Einbrüchen beim wirtschaftlichen Wachstum, ohne dass deswegen von *Stagflation* gesprochen wurde. Wie kam es zu den wirtschaftlichen Einbrüchen?, bleibt eine der entscheidenden Fragen, um jetzt eine tragfähige Umstrukturierung einzuleiten. 2006 hatte die Entwicklung des lettischen BSP zum erstenmal wieder dasselbe Niveau wie 1990 erreicht; im ersten Halbjahr 2007 stieg das BSP-Wachstum auf 11,3 % an. Das volkswirtschaftliche Wachstum wurde dabei von der privaten Nachfrage und von der Dynamisierung bestimmter Dienstleistungssektoren getragen. Letztere sind vor allem der Großhandel, der Immobiliensektor und die Bankoperationen sowie die Bauwirtschaft.

Mit den BSP-Daten wuchsen allerdings seit 2006 auch die kritischen Stimmen, die sich besorgt zu den Risiken einer überhitzten lettischen Volkswirtschaft äußerten. Solche Warnungen wurden sowohl von der EU-Kommission als auch von Weltbank, IMF und ebenso von internationalen Rating-Firmen vorgetragen. *Standard and Poor's* etwa stufte Lettland schon 2006 von A- auf BBB+ herunter und stellte für 2007 weitere Abstufungen in Aussicht. Am Jahresende 2007 hatten die lettischen Kaufleute genau diese Prognose bestätigt und erklärt, dass aus ihrer Sicht das abgelaufene Jahr 2007 das schlechteste seit dem EU-Beitritt war.[138]

Die Zweifel, ob die aktuelle Regierung oder eine, die noch vor den Parlamentswahlen im Herbst 2010 ins Amt gerufen werden könnte, die Kraft, die Kompetenz und vor allem den ernstzunehmenden Willen hat, um schnellst-

---

138 Diese Einschätzung erfolgte anhand des nationalen Wirtschaftsindex Parex Business Activity Index (s. LETA, Riga, 16.1.2008).

möglich aus der Krise herauszufinden, sind bei den meisten Beobachtern sehr groß. Auch beim IMF.[139]

Die Europäische Kommission warnte Lettlands Regierung erneut Mitte Februar 2008, dass die weiterhin überhitzte Konjunktur beinahe zwangsläufig zu einer harten Landung für Lettland führen müsse, was dann zu erheblichen weiteren wirtschaftlichen und sozialen Folgeproblemen führen werde. Insbesondere die Lohn-Preis-Spirale beunruhigte die EU-Kommission unter dem damaligen Finanzkommissar Joaquin Almunia.[140]

*Wo standen die baltischen Wirtschaften noch um 2006?[141]*

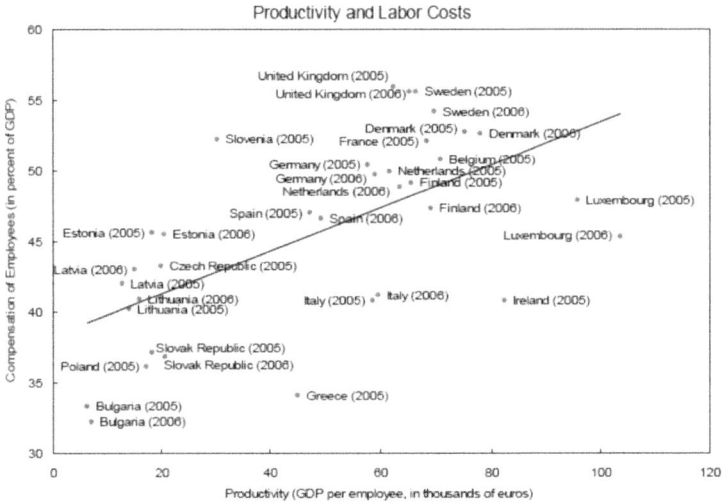

Mitte 2009 prognostiziert die wichtigste skandinavische Bank im Baltikum – Swedbank – für den Antriebsmotor der nationalen Wirtschaft, den Exportsektor, immer noch die nachfolgenden Daten:[142]

139 The Economist, Baltic brinkmanship, Oct 15th 2009
140 Reuters-Meldung vom 13. Februar 2008: EU warns Latvia over economic hard landing.
141 www.imf.org/external/pubs/ft/scr/2007/cr07255.pdf.
142 LETA, Tallinn, 14.7.2009.

*Veränderung Exportvolumen zum Vorjahr*

| Land | | 2009 | 2010 |
|---|---|---|---|
| Estland | | -18% | + 2,5% |
| Lettland | | -19% | + 1,0% |
| Litauen | | -27% | + 2,0% |

Für die Kommission wie für andere internationale Beobachter der baltischen und eben auch der lettischen Entwicklung sind für den Abbau des Riesenproblems der Inflation (2007/08) bzw. der Staatsverschuldung (2009/10) langfristiger angelegte Maßnahmen erforderlich. Zum einen müsste die Produktivität der Arbeit erhöht werden, damit die Lohnsteigerungen nicht ausschließlich preistreibend wirken. Das würde beispielsweise Investitionen in die Bildung erfordern. Zum anderen müssten Anreize für Letten geschaffen werden, im eigenen Land zu arbeiten, anstatt auszuwandern, um das qualifizierte Arbeitsangebot zu erhöhen und auch, um Lohnsteigerung entgegenzuwirken, die nicht durch Produktivität gerechtfertigt sind. In der Praxis wird 2009 zwar ein Rückgang lettischer Migranten nach Irland oder Großbritannien verzeichnet, dafür hat das Interesse an den skandinavischen Staaten und am außereuropäischen Ausland sehr zugenommen. Dabei spielen die mit dem IMF ausgehandelten Krisenmaßnahmen eine große Rolle: seit 1. Januar 2009 Anhebung der Mehrwertsteuer von 18 auf 21%; ab 2010 auf 23%. Dabei hatte der IMF eine sofortige Anhebung auf 24% angeraten. Diese Änderungen verschlechtern die Konkurrenzfähigkeit bestimmter Sektoren (Medien, Bücher, Tourismus) und beschleunigen Personalentlassungen. Die gleichzeitige Senkung der Einkommenssteuer von 25 auf 23% wirkt sich nur für die höheren Einkommen und für die Arbeitnehmer mit legalen Arbeitsverträgen aus.

Um jetzt das Paket der wirtschaftspolitischen Umstrukturierung richtig zu schnüren, muss die Regierung allerdings auch das Thema Schattenwirtschaft in den Griff kriegen. Während der letzten beiden Jahre hatte der Beitrag der Schattenwirtschaft zum BIP sehr beachtliche 18 – 20% erreicht. Der Abbau dieses Problems erfordert das aktive Engagement der staatlichen Institutionen in Zusammenarbeit mit den lokalen Behörden, den Sozialpartnern bis hin zu den Nichtregierungsorganisationen und den Beschäftigten selber.

Denn die bestehende nationale Gesetzgebung war bislang nicht ausreichend, um Schwarzarbeit und Schwächen der Verwaltung abzubauen. Beides sind auch wesentliche Hemmnisse einer geordneten Beschäftigungspolitik.[143] Die Bürokratie könnte verschlankt werden und effizienter arbeiten. Ohne einen integrierten Reformansatz wäre damit allerdings zwangsläufig Personalabbau verbunden. Auch die extrem unübersichtliche und widersprüchliche Arbeitsgesetzgebung mit ihren Komponenten aus der Sowjetzeit und aus dem aktuellen europäischen Arbeitsrecht muss dringend überarbeitet werden, und zwar sowohl im Interesse des Arbeitnehmers (Rechte und Pflichten) als auch, um Unternehmer stärker für den legalen Arbeitsmarkt zu interessieren.

Die Sektoren mit der höchsten Schwarzarbeit sind bisher in Lettland der Forstsektor, der Bausektor und Dienstleistungen (darunter Handel, Körperpflege, Transportwesen). Am deutlichsten zeigt sich das in den Regionen mit hoher Arbeitslosigkeit (vor allem Ost-Lettland), aber auch in den Vorstadtbezirken von Riga. Unternehmer gehen hier den Weg der Schattenwirtschaft nicht nur, um Besteuerung zu vermeiden, sondern auch wegen der schwerfälligen Bürokratie und der geringen Unterstützung durch finanzielle Förderprogramme (die theoretisch vorhanden sind).

## ESTLAND: WIRTSCHAFTSPOLITIK AUF IMF-KURS

Estland ist – wie die Nachbarstaaten – hoch verschuldet. Schätzungen sprechen von mehr als 70% des Bruttoinlandsproduktes. Estlands Retter sind die skandinavischen Banken, die mehr oder weniger alle einheimischen Finanzinstitute in Estland kontrollieren. Die auch in Deutschland operierende SEB z.B. hat aufgrund der Großen Krise ihr Bankgeschäft in der Region keineswegs verkleinert, sondern in der neu gegründete *SEB Baltic* gebündelt. Denn *»We have a long-term perspective with regard to our operations in the Baltic countries. We view the region as one of our home markets. At the same time, the next few years will be challenging in all three countries and will continue to require considerable management attention. Therefore, for the time being, we are consolidating the responsibility for our Baltic operations within a single division«*, so die Erläuterung

143  www.lm.gov.lv/print.php?id=2394 sowie National News agency LETA, Riga 12.06.2006.

der SEB-Präsidentin Annika Falkengren Ende Mai 2009. Die baltische Region soll ihren Marktanteil von 13% am gesamten Kreditgeschäft der SEB-Gruppe halten oder sogar ausbauen. Damit hat vor allem Estland weiterhin strategische Partner an seiner Seite. Estlands Regierung hofft sogar, dass die starke Bindung an die schwedischen Banken und die Kredite der Europäischen Investitionsbank helfen, ähnliche Beistandskredite, wie sie Lettland vom IMF erbeten musste, zu vermeiden.

Auch für die aktuelle konservativ-liberale Regierungskoalition ist der Erhalt der Kreditwürdigkeit des Landes ein zentraler Punkt, um die Große Krise zu überwinden. Dabei stehen zwei oder drei strategische Fragen mindestens gleichrangig auf der Regierungs-Agenda: schnellstmöglicher Beitritt zur Euro-Zone, (Wieder-)Aufbau des Exportsektors und Verschlankung der staatlichen Verwaltung. Ein vierter Punkt – die von den Sozialdemokraten geforderte Stabilisierung der sozialen Sicherungssysteme – hatte im Mai 2009 zum Koalitionsbruch geführt. Denn die dominanten Parteien der estnischen Koalitionsregierungen waren bislang nicht weniger neoliberal ausgerichtet als die der Nachbarstaaten. Daher hatte Estlands Ministerpräsident Andrus Ansip auch vorbehaltlos dem IMF wie auch dem OECD-Generalsekretär Angel Curia zugestimmt, als von dort deutlich mehr Flexibilität für die nationale Arbeitsgesetzgebung gefordert wurde: »Wir lesen in den unterschiedlichsten internationalen Gutachten, dass die altmodischen Arbeitsmarkt-Regeln das größte wirtschaftliche Problem Estlands darstellen.« Seine Folgerung: Modernisierung der Wirtschaft nur durch Liberalisierung der sozialen Rahmenbedingungen.[144] (vgl. dazu den Abschnitt *Arbeitsmarktpolitik in Estland,* S. 150). Liberalisierung bedeutet in dem neuen Arbeitsrecht: mehr Flexibilität für den Unternehmer, um sich an seine Konkurrenzsituation besser anzupassen. Danach darf der Unternehmer unter den neuen Bedingungen den Arbeitnehmer auch sehr kurzfristig über Änderungen seiner Arbeitssituation informieren, er kann kurzfristig von sich aus Lohnkürzungen vornehmen, er kann kurzfristig kündigen und die Abfindungszahlungen sind ebenfalls drastisch auf ein Monatsgehalt gekürzt worden. Das dergestalt novellierte Arbeitsrecht (*Employment Contracts Act*) trat am 1.7.2009 in Kraft, nachdem es am 17.12.2008 von der Parlamentsmehrheit verabschiedet wurde. Das neue Arbeitsrecht enthält natürlich eine Reihe weiterer Neuerungen, aber die hier

144 LETA, Tallinn 12.2.2008.

genannten waren ausreichend für die Sozialdemokratische Partei, den in ihren Augen zu drastischen Sozialabbau nicht mitzutragen. Folglich mussten sie die Regierungsbank verlassen. Am deutlichsten äußerten sich die Gewerkschaften gegen den Abbau der Sozialleistungen. Sie organisierten kurz nach den Europa-Wahlen deswegen einen Generalstreik, weil die von der Regierung zugesagten höheren Ausgleichszahlungen im Kündigungsfalle nach dem Ausscheiden der Sozialdemokraten wieder fallengelassen, aber die Kündigungserleichterungen für die Unternehmer beibehalten wurden.

Die Frage der estnischen Konkurrenzfähigkeit wurde noch zu Anfang 2008 von der EU-Kommission verhalten optimistisch eingeschätzt. Die leicht angestiegene Innovationsfähigkeit Estlands gegenüber dem EU-Durchschnitt könnte Estland – zusammen mit Litauen und der Tschechischen Republik – in etwa zehn Jahren auf ein mittleres Niveau in der EU heben, dachte man in Brüssel. Für die Einschätzung war u.a. entscheidend, dass Estland sein Innovationspotenzial offenbar auf akademische Bildung, auf Jugendbildung und auf breite Nutzung des Internet setzt (so wie beim estnischen Innovationsprojekt *Skype*).

Der erste neue ökonomische Schub für Estland erfolgte dann nicht durch noch mehr Flexibilisierung der Arbeitsverhältnisse, sondern durch die Anhebung der finnischen Luxussteuern: Finnland hatte in der ersten Jahreshälfte 2009 die Mehrwertsteuer auf Alkohol- und Tabak-Produkte angehoben. Sofort strömten finnische Tagestouristen wieder wie bis 2006 nach Tallinn, um sich dort vor allem mit den preisgünstigeren Spirituosen einzudecken. Die estnischen Bier- und Wodka-Vermarkter haben extra für diese Kundschaft eigene Verpackungsformen entwickelt, die auch für Fußgänger leicht auf die Fährschiffe zu schaffen sind und sich im 10-Liter-Bereich bewegen. Unabhängig von der Alkohol-Thematik (die allerdings in den baltischen wie in den skandinavischen Staaten nach wie vor einen hohen individuellen und volkswirtschaftlichen Stellenwert besitzt) passt dieser erste Anti-Krisen-Indikator zu den IMF-Empfehlungen:

**Hintergrund:** Die wirtschaftliche Überhitzung ist die unmittelbar größte Herausforderung für Estland. Wachsende interne Nachfrage hat das Leistungsdefizit gefährlich vergrößert. *Einkommenserhöhungen ohne Produktivitätssteigerungen* und die *unkontrollierte Kreditpolitik des Bankensektors* haben auch auf die wirtschaftliche Dynamik im nördlichen Baltikum starke Schatten geworfen.

**Sicht der politischen Instanzen:** Die estnische Regierung teilt inzwischen die Bewertung der ökonomischen Überhitzung und konzentriert sich auf *Konsolidierung des Staatshaushaltes* und auf *Entschuldung* desselben. Denn Estland kann zwar nicht mehr – wie gehofft – 2007 oder 2008 den Euro übernehmen, aber doch hoffentlich 2010. Dazu soll nicht zuletzt die engere finanzpolitische Zusammenarbeit mit dem baltischen und dem skandinavischen Wirtschaftsraum beitragen. Das erfordert allerdings eine gesteigerte Konkurrenzfähigkeit im Außenhandel.

**Sicht des IMF-Stabs:** An die erste Stelle gehöre eine erheblich *restriktivere öffentliche Ausgabenpolitik.* Bis zum Ende des gegenwärtigen Jahrzehnts solle der Staat einen zumindest minimalen Haushaltsüberschuss ansteuern (1%). Ganz entschieden wird die regelmäßige und standardisierte Kontrollnotwendigkeit über die wirtschafts- und die finanzpolitischen Entwicklungen hervorgehoben. Aber der IMF unterstrich ebenso natürlich die Notwendigkeit von *Lohnsenkungen*, um die *Konkurrenzfähigkeit* im Exportsektor zu erhalten.

Konkurrenzfähigkeit und Produktivitätssteigerung haben immer auch mit den wirtschaftlichen Rahmenbedingungen zu tun. Nachdem die Lohnkosten und Lohnnebenkosten für die Unternehmen sowie die Sozialabgaben für hohe Einkommen gesenkt wurden, insistierten die Unternehmer auf Verschlankung der öffentlichen Verwaltung und auf bessere Qualifizierung der öffentlichen Bediensteten, besonders in den kleineren Städten. Solange der »bottleneck« Verwaltung (Produktionskontrollen, Arbeitsbedingungen, Exportbewilligungen) nicht beseitigt sei, werde es keine signifikante Verbesserung der gesamtwirtschaftlichen Lage geben können...

---

145 Auszug aus der zusammengefassten Bewertung des IMF: Staff report for the 2007 Article IV Consultation. Prepared by Staff Representatives for the 2007 consultation with the Republic of Estonia, July 10, 2008.

Auch Litauen wurde im Prinzip der gleiche IMF-Spiegel vorgehalten wie den beiden baltischen Nachbarn. Gewisse andere Akzentsetzungen sind dabei erkennbar. Im Fall Litauens reflektierte der Weltwährungsfonds vor allem drei Aspekte:

▸ <u>Stärkung der Haushaltsdisziplin</u>, um die Überhitzung der Wirtschaft abzubauen und die Inflation zu begrenzen. Im Einzelnen wurde die Reduzierung des Haushaltsdefizits gefordert, eine moderate Ausgabenpolitik und – wie nicht anders vom IWF zu erwarten – auch die Absenkung der Ausgaben für Löhne, Gesundheit, Sozialhilfe und Agrarsubventionen; dazu eine striktere Budgetkontrolle durch das Finanzministerium, um den »fiskalischen Konservatismus« zu erhalten. Mittelfristig soll auf Steuersenkungen verzichtet und die Steuerbasis durch Wegfall von Ausnahmeregelungen erweitert werden. Die Einführung einer Grundsteuer, die den Kommunen zugute kommen könnte, wurde angeregt.

▸ <u>Reformen des Bankensektors</u>: Mehr Transparenz sollte erreicht werden; Erosion der Kreditvergaberichtlinien angesichts des Immobilienbooms und hoher Bankenkonkurrenz sollte vermieden werden.

▸ <u>Euro</u>: Eine frühe Einführung wurde befürwortet, da diese verbleibende Wechselkursrisiken eliminieren, die Handels- und Finanzbeziehungen zum Euroraum stärken und die allgemeine Konvergenz beschleunigen würde. Sollte die Euro-Einführung aber verschoben werden, wurde wegen des allgemein hohen Vertrauens in die litauische Finanzpolitik keine unmittelbare negative Reaktion der internationalen Finanzmärkte erwartet.

▸ <u>EU-Strukturfonds</u>: Sollten genutzt werden, um das hohe Produktivitätswachstum durch Investitionen in Infrastruktur und Humankapital zu erhalten. Laut IWF lag der Schwerpunkt für die Verwendung von EU-Geldern in Litauen in den Bereichen

Verkehr, Energieeffizienz und Bildungsinfrastruktur. Genaueres wurde allerdings nicht ausgeführt.[146]

Der IWF empfahl, die derzeitige Zentralisierung der Verwaltung der EU-Mittel im Finanzministerium beizubehalten. In der Regierung selbst war dies immer eine sehr strittige Frage, weil die Verwaltung der EU-Mittel als politische Machtfrage behandelt wurde: die Verwaltung wurde gleichgesetzt mit »Verfügung über«. Denn jede der Koalitionsparteien möchte sich bzw. ihrer Spitze den Zugriff auf die vielen Milliarden Euro an Strukturhilfen sichern. Diese Empfehlungen des IMF hindern die neue litauische Präsidentin Grybauskaite allerdings nicht, die Unterstützung des IMF abzulehnen. Anders als Lettland soll Litauen sein Haushaltsdefizit so schnell es geht von derzeit 9 % auf 3 % des BIP bis 2011 abbauen; ähnlich wie in Estland soll dies vor allem durch Einsparungen der Staatsausgaben und dabei durch Absenkung der Gehälter im öffentlichen Sektor erfolgen.

146 Lithuania 2007 Article IV Consultation Concluding Statement of the IMF Mission, January 30, 2007 (www.imf.org/external/np/ms/2007/013007.htm).

# ZIVILGESELLSCHAFT ALS POLITISCHER AKTEUR

Eine durchgehende Wahrnehmung lautet in den vorangehenden Abschnitten: Die EU hat den Integrationsprozess der Transformationsländer in erster Linie über die *staatlichen* Akteure gefördert. Weniger erkennbar war die Begleitung der Transformations-*Gesellschaften* bei diesem außerordentlich komplexen Prozess (vgl. den Abschnitt »*Stolperstein Korruption*«).[147] Zusammengefasst wird hier Gesellschaft als die Summe der subjektiven und objektiven Bedingungen angesehen, unter denen Menschen zusammen leben. Dazu gehören Bildungsstand und Sprache ebenso wie Umgangsformen und soziale Gewohnheiten. Dazu gehören gemeinsame Werturteile, die den Kern und die Regeln des Zusammenlebens bestimmen. Dazu gehört das Netz sozialer Kontrollen einschließlich der innewohnenden Sanktionsmechanismen, ohne die keine Gesellschaft funktionieren kann, aber genauso die Freiheitsräume, die dem Individuum zugestanden werden müssen. Zur Gesellschaft gehören nicht zuletzt auch die materiellen Rahmenbedingungen, die einerseits die Entwicklungschancen des Einzelnen in seiner Gesellschaft erheblich mitbestimmen und gleichzeitig der Gesamtgesellschaft ihren Ort im europäischen Gesellschaftsgefüge markieren (etwa in Form des *Human Development Index*).

Auf die einzelne Gesellschaft und die Bedingungen ihres Entwicklungsprozesses genauer einzugehen, hat die EU-Kommission nicht geleistet, wollte es wohl auch nicht und konnte es in der bisherigen Arbeitsweise bis 30. November 2009 vielleicht nicht. Aber ohne die Gesellschaften in den gewaltigen Prozess der EU-Gestaltung bewusst und gewollt einzubeziehen, wird die EU in vielen Bereichen instabil bleiben oder sich über unterschiedliche »Entwicklungsgeschwindigkeiten« weit stärker ausdifferenzieren. Das stünde besonders dann zu erwarten, wenn die Entwicklungspolitiken nur solchen Regierungen überlassen blieben, wie sie hier für die baltischen Staaten skizziert werden.

---

147  Dazu auch E. Römpczyk/Ahto Oja: Energy Policy Dialogues in the Baltic Sea Region. Do we face a failed debate on energy policy in the Baltic Sea Region?, Tallinn 2008 (u.a. Abschnitt 1.2.2 »Under democratic conditions society must participate in defining energy demand and energy supply strategies«).

Für Europas Zukunft sollte die Entwicklung seiner Zivilgesellschaften als ganz entscheidende Frage für die Qualität der weiteren Entwicklungswege verstanden werden. Die letzten Europawahlen von 2009 haben bei allen schwierigen Ergebnissen (Stärkung der nationalistischen Rechten; Stärkung der EU-Gegner; Stärkung der Konservativen; aber auch Stärkung der Grünen und Stärkung der enttäuschten Nichtwähler) gezeigt, dass weniger die starken Partei-Blöcke und mehr die zivilgesellschaftlichen Kleinräume zum Tragen kamen. Ein nicht zu übersehendes Signal.

## ZIVILGESELLSCHAFT BESITZT HANDLUNGSRÄUME

In den neuen baltischen Mitgliedsstaaten gab es vor der Unabhängigkeit und auch im Beitrittsjahr 2004 so gut wie keine organisierte und professionelle Zivilgesellschaft, die den Integrationsprozess ihres Landes in die EU hätte konstruktiv begleiten können. Erst recht gab es dort keine Basis, um ernsthaft an der Umsetzung eines so anspruchsvollen EU-Projekts wie der Lissabon-Strategie (LS) mitzuwirken. LS war darauf ausgerichtet, etwa um 2010 die USA in den wichtigen Entwicklungsparametern übertroffen zu haben, in der wirtschaftlichen, der sozialen, der nachhaltigen Entwicklung in der Form von Wissensgesellschaft. Der mangelnde Realismus von LS ist nicht erst durch die Große Krise bedingt, sondern steht von Anbeginn in außerordentlichem Widerspruch zum Erweiterungsprojekt der EU-15 in die EU-25 und gar die EU-27. Die Säulen von LS hießen Innovation, Wissensgesellschaft, soziale Kohäsion etc. In den neuen Mitgliedsstaaten der EU gab es (im Wortsinn) für solche Begriffe meist nicht einmal eine adäquate Übersetzung in der Landessprache, geschweige denn Erfahrungen und den Willen, so hoch gesteckte Ziele zu verfolgen. Dennoch hielten die Regierungschefs (der Rat) auch 2005 noch an LS fest[148] und es wurden auch aus den neuen Mitgliedsländern Vertreter der Zivilgesellschaften in den gewaltigen Dachverband der europäischen Zivilgesellschaften berufen: den Europäischen Wirtschafts- und Sozialausschuss EWSA.

---

148  Bei seinem Treffen am 22./23. März 2005 bekräftigte der Europäische Rat die Lissaboner Wachstumsziele. Da sich der ökonomische Abstand zu den USA seit 2000 vergrößert hatte, wurden keine konkreten Zielvorgaben gemacht. Vielmehr sollte jeder Mitgliedstaat seine eigenen nationalen Reformprogramme erstellen und durchführen. Hier könnten auch Organisationen der Zivilgesellschaft beteiligt werden.

Auf der hohen Ebene von EU-Kommission, Europäischem Rat und Europa-Parlament operiert EWSA und aus Sicht der Kommission gehört zu den vornehmsten Aufgaben von EWSA, für ein zustimmendes gesellschaftliches Klima zur Umsetzung großer strategischer Ziele zu sorgen, wie nicht zuletzt der Lissabon-Strategie.[149]

Aus den drei baltischen Staaten durften insgesamt 24 Personen bei EWSA mitmachen. Da es dort kein Auswahlverfahren gab, erst recht nicht durch die »Zivilgesellschaft« selbst, stellt sich eine solche Berufung schnell als bürokratischer Akt heraus und als politische Farce.

Mario Sepi, Präsident der EWSA Lissabon Gruppe, unterstrich, dass *»for the Lisbon Strategy to succeed it is necessary that organised civil society in the Member States, in particular national Economic and Social Councils, where they exist, are involved in the implementation of the Lisbon Agenda as acting partners. Following good practices in several Member States, information, consultation and transparency are needed everywhere for the benefit of the design and the implementation of the National Reform Programmes«.*[150] Auf die hervorgehobene Passage muss man im Baltikum noch etwas länger warten. Weshalb, versuchen die folgenden Abschnitte zu erläutern.

344 Mitglieder aus den 27 EU-Mitgliedstaaten
(Ernennung für vier Jahre, Wiederernennung zulässig)
Mandatsperiode 2004-2008

9 Mitglieder
Dänemark, Irland, Litauen, Slowakei, Finnland

7 Mitglieder
Estland, Lettland, Slowenien

12 Mitglieder
Belgien, Bulgarien, Tschechische Republik, Griechenland, Ungarn, Niederlande, Österreich, Portugal, Schweden

6 Mitglieder
Zypern, Luxemburg

5 Mitglieder
Malta

15 Mitglieder
Rumänien

24 Mitglieder
Deutschland, Frankreich, Italien, Vereinigtes Königreich

21 Mitglieder
Polen, Spanien

---

149 European Economic and Social Committee, Brüssel, 12.3.2008, Press Release No 24/2008.
150 Der vollständige Text findet sich unter: http://eesc.europa.eu/lisbon_strategy/index_en.asp.

## DAS VOLK GEGEN KORRUPTE POLITIK

Nichtregierungsorganisationen – NGOs – haben erklärtermaßen unter allen bisherigen baltischen Regierungen keinen ausgewiesenen Stellenwert als Sprecher der Zivilgesellschaft – und was wichtiger ist: ihnen wird immer wieder die Legitimation abgesprochen, sich kritisch mit Zielsetzungen und Umsetzungen der Staatspolitik öffentlich zu befassen. Diese mangelhafte Akzeptanz bzw. die Absprache ihrer Legitimität mindert deutlich die Attraktivität für die Mitarbeit in NGOs. NGOs weichen auch deswegen schnell auf internationale Themen aus, beschäftigen sich mit »weltweiten« Problemen, leisten aber kaum den Rückbezug auf die nationale Politik und die eigene Gesellschaft. Sie weichen damit allzu sehr auch der Aufgabe als Lobbyisten ihrer Zivilgesellschaft gegenüber Regierung und Parlament aus. Im Beispielland Lettland haben die Aufforderungen der EU-Kommission und einige der wenigen politisch aktiven NGOs es dennoch 2006 geschafft, dass das Parlament – Saeima – einmal pro Jahr ein gemeinsames Treffen mit NGO-Vertretern organisiert. Für 2009 wurde dieses gemeinsame Forum durch Saeima allerdings schon wieder abgesagt, und zwar mit der Begründung, es könne von den politischen Parteien für ihre Wahlkampagnen missbraucht werden (Europawahl, Kommunalwahl). Es darf angenommen werden, dass die massive Kritik an der großen lettischen Krise und klare Handlungsziele, die die NGOs wohl von Parlament und Regierung fordern würden, der entscheidende Grund für die Absage des Forums darstellen. In einer Situation, wo der Schulterschluss zwischen Staat und Gesellschaft, zwischen Regierung und NGOs besonders dringlich erscheint, kehrt die Regierung wieder zur gewohnten Intransparenz zurück. Regierung und die regierenden Parlamentsfraktionen unterschätzen allerdings die bürgerliche Bewegung und die seit 2006/2007 aufgestaute Unruhe in der Bevölkerung, die auch die marginalisierten NGOs neu motiviert und sie in die Rolle des »politischen Watchdog« allmählich hineinwachsen lässt.

2007:

Es kam wiederholt zu gemäßigten Streikaufrufen (Lehrer, Ärzte) und der keineswegs radikale Gewerkschaftsdachverband LBAS rief zu einem massiven Streik für den 11. Oktober auf. LBAS' ungewohnt deutliche Stimme gegen eine immer tiefere soziale Spaltung der Gesellschaft schloss sogar die Forderung nach Auflösung des Parlaments mit ein und damit ein selten klares Misstrauensvotum gegen die Institution Volksvertretung. Denn das Volk fühlt sich schon lange nicht mehr durch die parlamentarischen Parteien vertreten.

2008:

Ende Juni 2008 hatte eine für Lettlands politische Elite symptomatische Auseinandersetzung um den Einfluss der Antikorruptionsbehörde KNAB ihren vorläufigen Höhepunkt gefunden, der schon fast Berlusconi-Niveau erreichte: die Volkspartei hatte unter ihrem Noch-Vorsitzenden und Noch-Ministerpräsidenten Kalvitis eine Sondersitzung des Parlaments am Sonntag, den 29. Juni 2008, inmitten der lettischen Ferien- und Urlaubszeit durchgesetzt. Alleiniger Zweck war, den Leiter der Antikorruptionsbehörde KNAB durch das Parlament abzusetzen. Das Kalkül ging einerseits auf: Die sichere Mehrheit der Regierungsparteien ermöglichte die Entlassung von Loskutovs. Das Kalkül ging aber nicht ganz auf, denn zahlreiche Bürger der Hauptstadt hatten sich trotz Sommersonne und Sonntag vor dem Parlament

---

151 Bericht der überregionalen Tageszeitung Diena, Riga, 30.6.2008.

zum Protest gegen diese Machenschaften eingefunden. Ihr Slogan lautete schlicht: »*Das Volk gegen die Mafia*«.

Der Protest konnte die Machenschaften hinter den Parlamentsmauern nicht verhindern. Aber die Bürger hatten wahrscheinlich noch die Worte der US-Botschafterin *Todd Bailey* im Ohr. Sie hatte schon am 16. Oktober 2007 in einer öffentlichen Rede in Lettlands Universität erklärt, dass dieses Land eine freie und engagierte Presse benötige, starke und unabhängige Gesetzeskontrolle, eine glaubwürdige Rechtsprechung – frei von äußerem Druck –, aber vor allem auch engagierte und aktive Bürger. Letzteres sei freilich das Schwierigste von allem, da diese Bürger immer die Kontrolleure ihrer gewählten politischen Vertreter sein müssten. Dieser letzte Satz hatte damals sofortigen Unmut bei der politischen Elite hervorgerufen (»diese Dame wird manipuliert…«), aber er passt absolut in den aktuellen Umbruch der politischen Kultur Lettlands.

*Texte auf Protestplakaten, Riga, 1.12.2009:*
*»alles geheim, alles geheim! alles geheim? alles geheim … alles Murks in Lettland«*
*»gleicher Lohn für alle«*
*»für die großen Banken ist genug Geld da, für das eigene Volk nicht!«*

2009:

Mitte Januar 2009 steigerte sich der allgemeine Unmut im Volke. Eine für baltische Verhältnisse sehr große Zahl von 10.000 Menschen hatte in Riga für die Auflösung des Parlaments und den Rücktritt der Regierung demonstriert.

Und was ohne russische Provokationen sonst nie passiert: Es kam zu Straßenschlachten mit der Polizei; mehr als 40 Menschen wurden dabei verletzt, darunter 14 Polizisten. Es gab über 100 Festnahmen bei diesen schwersten Ausschreitungen seit der Unabhängigkeit Lettlands 1991. Gut einen Monat später trat die Regierung Godmanis nach nur drei Monaten zurück. Im Dezember war das Volk wieder auf der Straße – ohne Freundlichkeiten für Regierung und Parlament.

## BASISDEMOKRATISCHE INITIATIVE: VERFASSUNGSREFERENDUM

Die von allen bisherigen Regierungen aus ideologischen Gründen (»freie Marktwirtschaft«) nicht formulierten und wenn formulierten, dann nicht umgesetzten Zielsetzungen für die Wirtschafts- und Finanzpolitik weiten seit Jahren die soziale Kluft in der lettischen Gesellschaft.

Zuvor wurde schon erwähnt, dass sich mehrere hunderttausend Rentner auf einem Rentenniveau behelfen müssen, das teilweise noch unter dem dekretierten Mindesteinkommen liegt (2008: 240 Euro p.M.). Die Forderungen des Gewerkschaftsdachverbandes LBAS an die Regierungen, eindeutige sozialpolitische Aussagen zu machen und konkrete Zahlen in den Staatshaushalt zu schreiben, ist keine Kampfansage an Unternehmen und Arbeitgeber, sondern richtet sich gegen den Sozialabbau durch eine plutokratische Staats-Elite, die auf EU-Sozialstandards allenfalls formal reagiert. Die gültige Verfassung erlaubt einer Organisation wie LBAS die Initiative zur Parlamentsauflösung mittels Volksabstimmung zu ergreifen. Im Vorfeld der Großen Krise fühlten die Gewerkschaften ausreichende Frustration in der Gesellschaft, um sich ggfl. zu deren Sprachrohr für die Auflösung der Saeima zu machen.[152] Bis 10.

152  Das lettische Recht sieht z.Zt. nur für den Staatspräsidenten das Recht vor, eine Parlamentsauflösung zu initiieren (Art. 48 der Verfassung). Dem muss eine Volksabstimmung folgen. Stimmt die Hälfte der Wähler für die Parlamentsauflösung, gilt das Parlament als aufgelöst. Weigert sich der Staatspräsident, die Parlamentsauflösung zu initiieren (!), können die Gewerkschaften, wie jeder andere Wahlberechtigte, die Unterschriften von 1/10 der Wähler sammeln und dem Staatspräsident einen ausgearbeiteten Entwurf der Verfassungsänderung vorlegen. In diesem Entwurf können die Gewerkschaften die Bestimmung einarbeiten, dass der Staatspräsident ein Referendum über die Parlamentsauflösung durchzuführen hat, wenn 1/10 der Wähler es verlangt. Diesen Entwurf muss der Staatspräsident der Saeima zur Abstimmung vorlegen. Werden die Änderungen vom Parlament nicht akzeptiert, ist eine Volksabstimmung zu veranstalten.

April 2008 hatte LBAS eine Unterschriftenkampagne zur Unterstützung seiner Initiative zur Verfassungsreform durchführen können und übertraf dabei auch die mutigsten Prognosen. Denn anstelle der legal erforderlichen 149.000 Unterschriften wurden 213.000 zusammengetragen, um eine Verfassungsänderung der §§ 78 und 79 zugunsten direkter Demokratie zu erwirken.

Es sollte etwas ermöglicht werden, was es weder in der sowjetischen noch in der post-sowjetischen Republik Lettland je gab: $\frac{1}{10}$ der Wähler sollte zukünftig berechtigt sein, den weiteren sozialen Auseinanderfall der Gesellschaft dadurch zu stoppen, dass das Parlament mit dem Ziel einer Neuwahl aufgelöst werden kann, wenn im sozialen wie im politischen Bereich weiterhin das gilt, was LBAS kritisiert und was der Vorsitzende der lettischen Transparency International, Robert Putnis, zur selben Zeit aus seiner Sicht ergänzte:

»Kein Bewohner Lettlands kann sich nach den diversen Gewaltakten staatlicher Stellen in letzter Zeit mehr sicher fühlen. Das Kabinett oder sogar ein einzelner Minister kann entscheiden, dass jedermann ohne Rechtsgrundlage in Gewahrsam genommen wird ohne Verteidigungsmöglichkeiten. Es gibt inzwischen genug Gründe für die Feststellung, dass diese Regierung nicht den Interessen des Volkes dient, sondern der organisierten Kriminalität und der Korruption – so wie es die vorige Präsidentin Vaira Vīķe-Freiberga noch Anfang des Jahres öffentlich erklärt hatte.«

Natürlich reagierte die Regierung schnell mit Angeboten an einzelne soziale Gruppen, um den Zusammenhalt der Gewerkschaften aufzubrechen. Den Beschäftigten im Gesundheitssektor wurden finanzielle Zulagen für 2008 angeboten. Die neuen Einkommen hätten in etwa lauten sollen: Ärzte ca. 950 Euro brutto p. M.; Schwestern ca. 570 Euro brutto; Assistenzärzte ca. 380 Euro brutto.

*Rege Beteiligung am Pro Referendum bis zur letzten Minute*

Mit dem Hinweis auf die verschlechterte wirtschaftliche Lage wurden diese Zusagen überwiegend im ersten Halbjahr 2008 wieder annulliert und das Risiko von Streiks in Kauf genommen. Ein Jahr später brachte die Große Krise weitere drastische Lohnkürzungen.

Immerhin strich im Frühjahr 2008 ein Hauch von Revolution durch Lettland. Das angestrebte Referendum hat dann tatsächlich am 2. August 2008 stattgefunden. 40 % der Berechtigten haben teilgenommen. Nur 3 % haben sich gegen das Referendumsziel ausgesprochen. Abgestimmt wurde konkret über folgende Verfassungs-Änderungen:

| Gültiger Text der Verfassung | Durch die Gewerkschaften abgeänderter Text |
|---|---|
| **Art. 78**<br>Nicht weniger als ein Zehntel der Wähler hat das Recht, dem Staatspräsidenten einen vollständig ausgearbeiteten Entwurf einer Verfassungsänderung oder eines Gesetzes einzureichen, den der Präsident der Saeima übergibt. Falls die Saeima den Entwurf nicht ohne inhaltliche Änderungen annimmt, so ist er einer Volksabstimmung zu übergeben. | **Art. 78**<br>Nicht weniger als ein Zehntel der Wähler hat das Recht, dem Staatspräsidenten einen vollständig ausgearbeiteten Entwurf einer Verfassungsänderung, eines Gesetzes, **einer Entscheidung über die Auflösung der Saeima** einzureichen, den der Präsident der Saeima übergibt. Falls die Saeima den Entwurf nicht ohne inhaltliche Änderungen annimmt, so ist er einer Volksabstimmung zu übergeben. |
| **Art. 79**<br>Eine der Volksabstimmung unterbreitete Verfassungsänderung gilt als angenommen, falls wenigstens die Hälfte aller Stimmberechtigten dieser zustimmt. | **Art. 79**<br>Eine der Volksabstimmung unterbreitete Verfassungsänderung gilt als angenommen, falls wenigstens die Hälfte aller Stimmberechtigten dieser zustimmt. |
| Ein der Volksabstimmung unterbreiteter Gesetzesentwurf, eine Entscheidung über die Mitgliedschaft Lettlands in der Europäischen Union oder über eine wesentliche Änderung in den Bedingungen dieser Mitgliedschaft gilt als angenommen, falls sich an der Abstimmung wenigstens halb so viele Stimmberechtigte beteiligen, wie bei den letzten Saeima-Wahlen abgestimmt haben, und die Mehrheit dem Gesetzesentwurf, der Mitgliedschaft Lettlands in der Europäischen Union oder der wesentlichen Änderung in den Bedingungen dieser Mitgliedschaft zustimmt. | Ein der Volksabstimmung unterbreiteter Gesetzesentwurf, eine Entscheidung über die Mitgliedschaft Lettlands in der Europäischen Union oder über eine wesentliche Änderung in den Bedingungen dieser Mitgliedschaft, **eine Entscheidung über die Auflösung der Saeima** gilt als angenommen, falls sich an der Abstimmung wenigstens halb so viele Stimmberechtigte beteiligen, wie bei den letzten Saeima-Wahlen abgestimmt haben, und die Mehrheit dem Gesetzesentwurf, der Mitgliedschaft Lettlands in der Europäischen Union oder der wesentlichen Änderung in den Bedingungen dieser Mitgliedschaft, **der Auflösung der Saeima** zustimmt. |

## Verfassungs-Referendum: Einschätzung der politischen Akteure

Contra Referendum

Die vier Regierungsparteien, einschließlich des Ministerpräsidenten, hatten bis April 2008 die gesamte LBAS-Initiative als politischen Nonsens abgetan und sich eigentlich auch gar nicht weiter damit befasst. Der damalige MP Godmanis sprach sich gegen die Aktion aus, weil sie »für Lettland nur Chaos bringen wird«. Ein anderer ehemaliger MP empfahl den Menschen lediglich, sich lieber mehr mit dem Thema Inflation und den niedrigen Löhnen zu befassen (!). Der starke Mann hinter der führenden Regierungspartei Volkspartei – der Unternehmer Andris Šķēle – ließ in Interviews allerdings Nervosität erkennen, weil er durchaus den größeren politischen Zusammenhang dieser Aktion verstand und natürlich wahrgenommen hatte, dass seine Volkspartei wegen der schlechten Ratings ihrer Minister massiv unter Druck geriet und – wie die anderen Koalitionsparteien auch – Mitgliederaustritte hinnehmen musste.[153] Von den Regierungsparteien hätte bei sofortigen Parlamentswahlen als einzige die konservative Union aus Bauern und Grünen die 5%-Hürde meistern können.

Pro Referendum

Das Referendum wurde außer von den Gewerkschaften auch von allen irgendwie sozialdemokratisch eingefärbten Parteien unterstützt. Lediglich die Allianz sozialistisch, russisch-orientierte Parteien – Harmonie-Zentrum – hatte zurückhaltende verbale Unterstützung geleistet, sich aber de facto nicht bei der Referendums-Kampagne engagiert. Erstaunlich, weil Harmonie-Zentrum laut Meinungsumfragen zu dem Zeitpunkt die populärste Parteiengruppierung überhaupt in Lettland darstellte.[154]

---

153 LETA, Riga, 8.1.2008: »Popularity of People's Party ministers falling. According to a public opinion survey that Latvijas fakti carried out in January, Harmony Center is now the most popular political party with a rating of 11.2 percent. The respondents were also asked to evaluate ministers' work, and the results show that popularity of the People's Party ministers has decreased: Culture Minister Helena Demakova's rating has decreased to minus 9.9 points, whereas Economy Minister Atis Slakteris is the least popular minister with a rating of minus 28.3 points.«

154 LETA, Riga, 8.2.2008: »Kalniete and Kristovskis' party third in popularity, New Era's rating under 5%. According to a public opinion survey carried out by Latvijas fakti in February, the to-be political party of European Parliament member Girts Valdis Kristovskis and Saeima member Sandra Kalniete is third most popular political party in Latvia currently with a rating of 6.4 percent. New Era's rating has dropped to 3.6 percent. Harmony Center is the most popular political party at this time, and Union of Greens and Farmers is second in popularity.«

Die Unterstützung der Unruhe im Volk wurde letztlich allerdings vor allem von den konservativen Parteien instrumentalisiert. Denn sie bilden – in wechselnden Konstellationen – jede neue Regierung, benötigen dafür aber immerhin die Wählerstimmen. So stellten sich die Anfang September 2008 gegründete konservativ-liberal-soziale Partei Gesellschaft für andere Politik des ehemaligen Außenministers Pabriks und seines ehemaligen Ministerkollegen Stokenbergs hinter die Referendums-Initiative ebenso wie die ebenfalls neu gegründete konservative-anti-russische Bürgerliche Union der vormaligen Außenministerin Kalniete und des Europaparlamentariers Kristovskis. Die im Jahr 2007 dramatisch abgestürzte unternehmerfreundlich-liberale Partei Neue Zeit sah in der Unterstützung der Referendum-Initiative ebenfalls eine gute Chance, sich unter der neuen Vorsitzenden Solvita Aboltina volksnah neu aufzustellen.

**Interpretation des Referendums**

Die Durchführung dieses von der Regierung und ihren parlamentarischen Parteien wenig geliebten Referendums wurde mitten in die Urlaubs- und Ferienzeit gelegt, auf einen Samstag, den 2. August, zwischen 7.00 und 22.00 Uhr. Es durfte also angenommen werden, dass die Beteiligung der Bürger sich in für die Regierung angenehmen Grenzen hielt.

Die legale Schwelle für die Durchführung eines Referendums liegt hoch und bedeutet in Zahlen ausgedrückt: 50% der Wahlberechtigten der letzten Parlamentswahl müssen am Referendum teilnehmen. Das waren zu dem Zeitpunkt 757.607 Personen. Real beteiligt hatten sich am Referendum 629.064 Personen, d.h. 40,17% – also formal gesehen zu wenige, um unmittelbare politische Konsequenzen zu erwarten. Dennoch gewann das Referendum in drei Punkten seine eigentliche Bedeutung:

a) Eskalation:

Die bürgerliche Unruhe, die sich schon in der zweiten Jahreshälfte 2007 auf den Straßen Rigas Gehör verschaffte, hatte im Folgejahr an Volumen zugelegt. Die politische Geste, dass Ministerpräsident Kalvitis im Dezember 2007 seinen Stuhl räumen musste, wurde als nicht ausreichend angesehen. Die Bevölkerung erkannte vielmehr keine Änderung in der Regierungspolitik, die sich mit Qualitätsgewinn zugunsten besserer Gesundheitsvorsorge, zugunsten eines menschenwürdigen Rentnerdaseins, gegen die schleichende Verschlechterung der Lebensmittelqualität – abgesehen von den Preissteigerungen in jedem Lebensbereich – und gegen die anhaltend hohe Korruption im Staatsapparat hätte zeigen müssen.

b) Wahrnehmung durch die Elite:
Die politische Elite nahm das kritische 40%-Votum der Bürger irgendwann doch ernst. Das zeigte die Reaktion von Staatspräsident Zatlers. Er rief das Parlament für den 6. August 2008 aus seiner Sommerpause, um das Thema »Verfassungsänderung« möglichst noch vor Weihnachten 2008 vom Tisch zu kriegen – allerdings um eine Verfassungsänderung, wie sie das Referendum anstrebte, letztlich zu vermeiden. Die vom Staatspräsidenten einberufene Verfassungs-Kommission überlegte, ein Referendum nur für erfolgreich anzusehen, wenn 50% der Abstimmungsberechtigten nicht nur teilgenommen, sondern zugleich auch *für* das Referendum gestimmt hätten. Die Regierungspartei Vaterland & Freiheit schlug sogar vor, den Anteil der Unterschriftsleistenden bei einem Referendum von jetzt 50% auf dann 66,6% anzuheben, um die Hürde für einen weiteren Versuch beinahe unüberwindbar zu machen.

c) Proaktive Aktion der Elite:
Weil es zu viele widersprüchliche Gerüchte bei gleichzeitig nicht erkennbarem tatsächlichem Reformwillen innerhalb der politischen Elite gab, schob sich Präsident Zatlers selber in den Vordergrund mit dem Vorschlag, er, der Staatspräsident, solle alleine das Parlament auflösen können, ohne dass dafür vorher ein Referendum erforderlich sein müsse. Die Große Krise hat den interessanten Prozess hin zu mehr direkter Demokratie in einer Transformationsgesellschaft zunächst unterbrochen und die Organisationen der Zivilgesellschaft bei ihrem Versuch, als Zivilgesellschaft an politischen Entscheidungen besser beteiligt zu sein, »ausgebremst«.

NGO-VERNETZUNG NUTZEN

Dem Namen nach existieren Hunderte von NGOs in den baltischen Staaten. Der kleinere Teil von ihnen ist staatlich registriert. Die Mitgliederzahl bewegt sich zwischen 2–3 und 20–30 Personen. Die Zielsetzungen sind äußerst vielfältig, meist steht sozial-karitatives Handeln im Mittelpunkt, wie bei den CVJM-Ablegern. Einige wenige NGOs verfolgen politische Ziele, etwa in der Gleichstellungspolitik, in der Bildungspolitik, in der Umweltpolitik.

Seit Ende der 90er Jahre entstanden Initiativen, die mehr Durchsetzungsfähigkeit bei relevanten gesellschaftspolitischen Fragen anstrebten und die Chance dafür in einem länderübergreifenden Netzwerk sahen. International sichtbar wurde ein solches Netzwerk z.b. 2001 durch zwei parallele Ostsee-Konferenzen:

a) NGO-Ostseekonferenz in Kopenhagen (März 2001) und
b) BALTIC NGO FORUM in Lübeck (Mai 2001).

Beide Veranstaltungen verfolgten ähnliche Zielsetzungen und erreichten – trotz einiger Zurückhaltung bei den russischen Behörden – dass ein gemeinsames NGO-Forum im Folgejahr (2002) in St. Petersburg durchgeführt werden konnte. Zentrale Themen waren von Anfang an Fragestellungen, die im gesamten Ostseeraum (bis heute) von Bedeutung sind, darunter: Frieden und Sicherheit, Umweltschutz, Menschenrechte und Demokratieentwicklung. Bis heute besteht dieses länderübergreifende Netzwerk in neun Ländern als *Baltisches NGO-Netzwerk* (einbezogen sind Russland und Island und Norwegen). Es hat bisher zweimal in den baltischen Staaten seine Jahreskonferenz durchgeführt, 2004 in Pärnu (Estland) und im Mai 2008 in Riga. Die vorläufig letzte dieser Jahreskonferenzen fand dann Ende Februar 2009 in Helsingör (Dänemark) statt.

Die beiden Konferenzen in Estland und in Lettland waren inhaltlich und materiell sehr stark von der deutschen Friedrich Ebert Stiftung unterstützt worden, nicht zuletzt mit Blick auf den Ostsee-Charakter dieses Netzwerkes. Die baltischen NGOs sind für sich eindeutig zu schwach, um aus eigener Kraft kritische politische Impulse in ihren Ländern zu setzen. Aber selbst mit Unterstützung durch die erfahreneren skandinavischen und deutschen Netzwerk-Mitglieder machte die Riga-Konferenz einen sehr aufwendigen Vorbereitungsprozesses erforderlich – sowohl hinsichtlich der Konkretisierung der Themenstellungen als auch hinsichtlich der Veranstaltungsmethodik. Die Riga-Konferenz hatte deutliche Defizite im politischen Denken und Handeln der organisierten Zivilgesellschaft in Lettland offen gelegt. Entsprechend heißt es in einem Bericht der Friedrich Ebert Stiftung zu der Riga-Konferenz:

*». . . Mit Unterstützung der FES wurde der lettische Vorsitzende des CBSS* [Ostseerat, Sitz Stockholm] *schon zum letzten Vorbereitungs-Workshop und zur eigentlichen Konferenz eingeladen, ebenso wie die skandinavischen Botschaften. Das erleichterte maßgeblich die angestrebte Verbesserung der politischen Kommunikation zwischen den Ostsee-Regierungen und den Ostsee-NGOs ... war ein überraschend großer Teil der Teilnehmer nur bedingt zufrieden mit den Arbeitsgruppen: 42% befanden sie für »durchschnittlich« oder gar schlechter. FES-Lettland ist nicht wirklich überrascht von dieser partiell kritischen Bewertung. Bestehende Schwächen bei den lettischen NGOs ... betrafen das immer noch weitgehend anders orientierte Selbstverständnis von NGOs in einer ehemaligen sowjetischen Republik (sehr stark auf Konfliktvermeidung mit der eigenen Regierung ausgerichtet) und sie betrafen den geringen Wert, der der ständigen und offenen Kommunikation von lettischer Seite beigemessen wird, wenn mit NGOs aus Dänemark und Deutschland, aus dem Baltikum, aus Skandinavien und aus Russland zu Themen wie Energie und gesellschaftliche Rolle von NGOs diskutiert, gearbeitet und gemeinsame Ergebnisse produziert werden sollen. ...«*

Konkret war das lettische NGO-Netzwerk LPA[155] als Hausherr der Riga-Konferenz ermuntert worden, die Gelegenheit zu nutzen, um den gesellschaftspolitischen Dialog zwischen der Regierungsebene und der Ebene der Zivilgesellschaft zu verbessern und durch Lobby-Arbeit strategische Themen für die Ostseeregion auf die Agenda zu setzen, nämlich

- ▶ nachhaltige und legale Absicherung der NGO-Arbeit
- ▶ Klimawandel und Energiepolitik
- ▶ soziale Integration und Menschenrechte
- ▶ Lebenslanges Lernen
- ▶ Erhalt kultureller Vielfalt.

Die fünf Arbeitsbereiche waren bewusst in Anlehnung an die sehr ähnliche

---

155 The Civic Alliance Latvia (Latvijas Pilsoniskas Alianse – LPA) unites some 70 different Latvian organisations – from Culture Centres, Youth Funds, environmentalists, to Pensioner organisations and Red Cross – tries »translate« what is called »Civil Society« into a language people can understand and get interested to participate.

Agenda des Ostseerates (CBSS) vorgeschlagen worden, zumal Lettland in dem Jahr den Vorsitz im Ostseerat innehatte. Das NGO-Forum sollte in der Lage sein, zu diesen zentralen Arbeitsfeldern des CBSS eigene Stellungnahmen zu formulieren und aus den Erfahrungen der beteiligten Anrainerstaaten heraus tragfähige Perspektiven entwickeln. Das NGO-Forum sollte ebenso in der Lage sein, die eigenen Überlegungen in einem Abschlussdokument im Mehrheitskonsens der beteiligten NGO-Vertreter zu formulieren und dem CBSS als Gesprächsbasis vorzulegen. Die Konferenz erhielt daher den übergreifenden Titel »Citizens' Participation for Sustainability in the Baltic Sea Region«. Die tatsächlich geleistete politische Arbeit bei dieser Konferenz wurde von den westeuropäischen Teilnehmern als enttäuschend profillos gewertet. Detailliertere Informationen finden sich u.a. auf der Website der deutschen Netzwerk-Mitglieder.[156]

Die zentrale Erkenntnis über die Entwicklungen in einer solchen Transformationsgesellschaft, wie der lettischen, traten besonders deutlich im konkreten Miteinander mit anderen EU-NGOs hervor: Es besteht ein immer noch weitgehend anders orientiertes Selbstverständnis von NGOs in einer ehemaligen sowjetischen Republik und am gegenseitigen Verstehen zwischen Menschen aus West-, Nord- und Osteuropa muss noch intensiv gearbeitet werden. Die Benutzung derselben Vokabeln bedeutet nicht, das von derselben Sache die Rede ist. Selbst das international seit mehreren Jahren eingebundene lettische Netzwerk LPA ist noch immer sehr stark auf die Interessen der eigenen Regierung ausgerichtet und hat es bisher nicht geschafft, selbstbewusstes Sprachrohr der Zivilgesellschaft *gegenüber* dem Staat zu sein.

Eine Erklärung ergibt sich aus den stark karitativen Grundzügen der Mitgliedermehrheit, so wie sie sich auch bei den vielen kirchennahen NGOs in den USA finden. Der Vorbereitungsprozess und die dabei gewonnenen Einsichten in die Verschiedenheiten der politischen Kulturen der Ostsee-Anrainer war daher ein mindestens ebenso wichtiges Ergebnis wie die Konferenz-Resolution. Die Unterschiedlichkeit der politischen Kulturen bleibt damit eine der ganz großen Herausforderungen für einen erfolgreichen *Aufbau eines zusammengehörigen demokratischen und zukunftsfähigen Europa*.

Unabhängig von Mitgliederzahl oder Zielsetzung sieht die lettische Sozialwissenschaftlerin und Leiterin einer Umwelt-NGO, Alda Ozola, das größte

---

156 Ausführlichere Berichte und Dokumente finden sich u.a. auf der Website : www.infobalt.de/html/ Riga2008_1.html.

Problem im Widerspruch zwischen den in den letzten Jahren verbesserten formalen Handlungsmöglichkeiten (s. auch das oben erwähnte Saeima-Forum) einerseits und den nicht genutzten Chancen zu aktiver Beteiligung an der gesellschaftlichen Entwicklung andererseits. Diese Schere klaffe sehr weit auseinander, wie ihre hier wiedergegebene Grafik zeigt.[157]

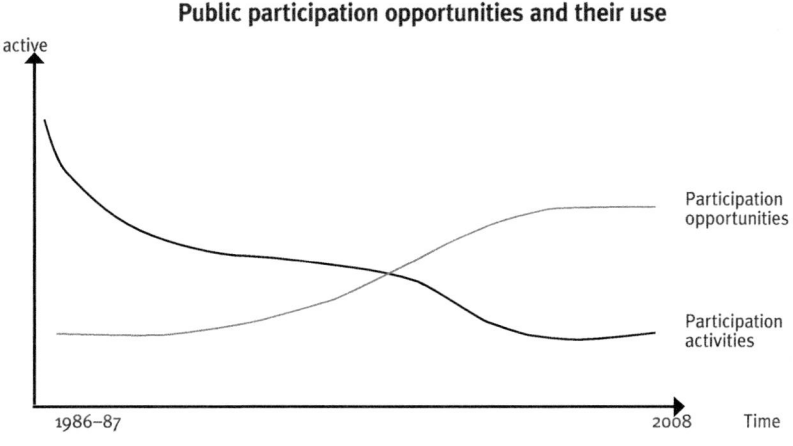

**Public participation opportunities and their use**

Quelle: Alda Ozola, June 5–8, 2008 »My PhD«-Conference, Bratislava

---

157 Alda Ozola-Matule (University of Latvia, Institute for Environmental Science and Management): Environmental activism in Latvia – public participation challenges in energy and climate policies, 5–8. Juni, 2008.

# STAAT IM ÜBERGANG

## BANKEN- UND WIRTSCHAFTSKRISE ERFORDERN
## DEN NEUEN STAAT

Wahrscheinlich sind zu viele unterschiedliche, widersprüchliche Dinge auf einmal auf die Transformationsstaaten und die Transformationsgesellschaften eingestürzt. Zunächst sind drei Dinge in den ersten fünf Jahren seit der Erweiterung auf zunächst 25, dann 27 Mitglieder sehr deutlich geworden: Die demokratische Konsolidierung ist vor allem erst in Form der demokratischen *Institutionalisierung* vorangekommen – ohne wesentlichen demokratischen Tiefgang. Zum anderen hat die bisherige Transformation Top-down-Entscheidungsprozesse unterstützt und bürokratische Effizienz anstelle gesellschaftlicher Mitbestimmung (Partizipation) befördert. Der dritte Aspekt der Transformation wird vor allem von innen heraus in den MOE-Ländern wahrgenommen und bleibt in Brüssel sträflich unbeachtet: der zeitliche Druck, dem die Transformations-Gesellschaften unterworfen wurden, um sich einem völlig anderen Wertesystem, anderen Inhalten derselben Begrifflichkeit (z.B. »politische Partei«) zu unterwerfen. Der *Acquis Communautaire*, aber auch die Europäische Verfassung boten dafür in den baltischen Ländern die bislang frappierendsten Beispiele: Es ist nirgendwo bekannt geworden, dass auch nur *ein* Abgeordneter die 80.000 Seiten des *Acquis* vor der Ratifizierung gelesen hätte, geschweige denn sich in die Komplexität der sich überschneidenden Verträge und Regelungen hineinfinden konnte – nicht zuletzt, weil es für zahlreiche Termini gar keine adäquaten Übersetzungen in die Landessprachen gab. Sehr ähnlich bei der Europäischen Verfassung. Am Tag nach der offiziellen Vorlage zur Ratifizierung durch die 25 Parlamente verkündete die litauische Presse stolz, dass ihr Nationalparlament *als erstes* die Ratifizierung der Verfassung vorgenommen habe.

Die Nachricht, es <u>als Erste</u> getan zu haben, war die einzig relevante politische Aussage dabei. Es hatte keine Debatten im Parlament oder gar mit der Zivilgesellschaft gegeben. Es war die perfekte Top-down-Entscheidung. Die lettische Saeima war um ein paar Tage langsamer mit der Ratifizierung. Dafür wurden noch Wochen danach durch Zufall mehr als zwanzig Übersetzungsfehler im Verfassungstext entdeckt. Aber alles war ratifiziert worden. Einerseits Schlamperei im Umgang mit einem so wichtigen politischen Dokument. Andererseits ein Ausdruck der bisherigen politischen Kultur im Transformationsstaat, wo ein solches Schriftstück keinen demokratischen Verfahren und damit keinem Monitoring unterworfen werden musste.

Westeuropa konnte und kann sich bis heute nur unzureichend in die Befindlichkeit etwa der estnischen und lettischen Politiker und der Bürger hineindenken, die erst als Folge des Ersten Weltkrieges ihre erste nationalstaatliche Unabhängigkeit erfuhren und sie dann auch gleich im Zweiten Weltkrieg durch das Dritte Reich und die Sowjetunion wieder verloren, um sie dann als Perestroika-Effekt 1990 wiederzuerlangen. Diese neue Unabhängigkeit wurde zwar freiwillig gegen den NATO- und den EU-Beitritt eingetauscht, aber eben auch sofort von Implementierungs-Sanktionen begleitet, die vor einem völlig anderen (westeuropäischen) Hintergrund entwickelt worden waren. Das Wort war in aller Munde: Wir haben den russischen Bären gegen den europäischen Stier eingetauscht, aber wo bleibt unsere eigene Identität…?

Die Bewerber-Staaten mussten die Vereinbarungen von Kopenhagen (1993) akzeptieren:[158]

▶ <u>Politisches Kriterium</u>: institutionelle Stabilität als Garantie für demokratische und rechtsstaatliche Ordnung, für die Wahrung der Menschenrechte sowie die Achtung und den Schutz von Minderheiten

---

158  Im Jahr 1993 hat der Europäische Rat auf seiner Tagung in Kopenhagen die Beitrittskriterien festgelegt, die 1995 vom Europäischen Rat in Madrid bestätigt wurden und Aufnahmekriterien zur Mitgliedschaft in der EU wurden.

▶ Wirtschaftliches Kriterium: funktionsfähige Marktwirtschaft und Fähigkeit, dem Wettbewerbsdruck und den Marktkräften innerhalb der Union standzuhalten

▶ Acquis-Kriterium: Fähigkeit, die aus der Mitgliedschaft erwachsenden Verpflichtungen zu übernehmen und sich die Ziele der politischen Union sowie der Wirtschafts- und Währungsunion zu eigen zu machen.

**Zu den wirtschaftlichen Kriterien:**
Durch die tief sitzende Finanz- und Wirtschaftskrise seit 2007/08 ist der baltische Staat erheblich stärker durch das zweite Kriterium gefordert: für funktionsfähige Marktwirtschaft zu sorgen, also entgegen 18-jähriger Gewohnheit jetzt *aktiv* die Wirtschaftspolitik zu gestalten. Das wird erschwert durch eine Finanzmarktkrise, die die Banken ihre Kredite restriktiver vergeben lässt. Gleichzeitig sind die Staatshaushalte um 12 oder 15% gekürzt worden und damit automatisch die Gehälter und Renten auf Niveaus von vor 2007 bei immer noch zu hohem Preisniveau geschrumpft. Zwangsläufig sind auch die Inflationsraten von den exorbitanten 18% auf derzeit (Sept. 2009) auf 5 bis 6% gefallen. Den Weltwährungsfonds beunruhigt zum selben Zeitpunkt das Zusammentreffen verschiedener Faktoren, die die Lage in Lettland zu einer ernsten strukturellen Krise werden lassen: Das nationale Konsumniveau ist eingebrochen, Lettlands wichtigste Handelspartner verzeichnen 2009 einen Nachfragerückgang von durchschnittlich 5%. Alles zusammen bewirkt die BSP-Minderung um 18% in 2009. Dabei hat sich die Arbeitslosigkeit auf geschätzte 15 – 20% hochgeschraubt (Estland-Lettland).[159] Letzteres wird die Realeinkommen gegenüber den Boom-Jahren 2006 und 2007 deutlich sinken lassen, insbesondere weil gleichzeitig die Mehrwertsteuer auf 21% angehoben wurde und 2010 bei 23% liegt. Den Beitritt zur Euro-Zone strebt die lettische Regierung dennoch für 2014 an.

Das aktive Krisen-Management der lettischen Regierung bestand zunächst im Bestreiten der Finanzkrise – bei gleichzeitiger Verstaatlichung der größten lettischen Privatbank (Parex); sodann im Bestreiten notwendiger ausländischer Hilfsmaßnahmen, aber dem umgehenden Hilfeersuchen bei EU und IMF

---

159 IMF-Lettische Regierung: Letter of intent vom 27.7.09: MACROECONOMIC FRAMEWORK FOR 2009 – 10.

im Umfang von letztendlich 7,5 Mrd. Euro. Als dann Fachleute folgerichtig von der zu erwartenden Abwertung der nationalen Währung (Lats) öffentlich sprachen, wurde ein solcher Kommentator umgehend verhaftet. Wenig zeigte sich da von einem souveränen Staat, dessen Vertreter die Qualifikation zur Führung eines modernen europäischen Staatsapparates (*good governance*) besitzen sollten.

**Zu den politischen Kriterien:**
Unabhängig von der aktuellen Großen Krise litten demokratischer Aufbau und Marktwirtschaft seit den EU-Beitrittsverhandlungen unter dem starken Spannungsverhältnis von nationalem Bedürfnis nach Konsolidierung und den Brüsseler Acquis-Forderungen.

Dabei war der EU-Apparat für die Beitrittsverhandlungen nicht gut auf die realen Bedingungen in den Beitrittsstaaten vorbereitet. Bis zur Bildung der EU-15-Gruppe mussten Verhandlungen nur zwischen prinzipiell ähnlich organisierten kapitalistischen Staaten und Gesellschaften geführt werden. Die Transformationsstaaten und deren gesellschaftliche Organisationen hatten demgegenüber eine weitestgehend andere Geschichte hinter sich und wiesen (auch wenn das nicht gerne gehört wird) etliche Züge von sogenannten Entwicklungsländern auf: autoritäre politische Kultur; schwache Zivilgesellschaft, wirtschafts- und sozialpolitische Diskussionen auf einem völlig unzureichenden Niveau zur Erreichung der angestrebten Zukunftsprojektionen, geringes bis gar kein Verständnis für Umwelt- und Ressourcenschutz. In Brüssel war nicht genügend beachtet worden, dass das westeuropäische Staatsverständnis der 15 keineswegs überall im Staatsapparat der Transformationsländer in gleicher Weise aufgenommen wurde und dass das politische Beitrittskriterium von Kopenhagen (*institutionelle Stabilität als Garantie für demokratische und rechtsstaatliche Ordnung)* in den Transformationsländern auch ganz anders verstanden wurde.

Das Verständnis von Dienstbarkeit »wer für wen« wird im Alltagsleben zwar häufig genug auch in Westeuropa auf den Kopf gestellt, besonders wenn Verwaltungsbeamte den Bürger als »Störenfried« der staatlichen Ordnung behandeln. Zur Vermittlung moderner demokratischer Verhältnisse muss dennoch gehören, dass die Gesellschaft sich insgesamt dynamischer und spontaner entwickelt als das Staatsgefüge. Staatliche Institutionen mussten sich auch im Baltikum in Abhängigkeit von der gesellschaftlichen Dynamik weiterentwickeln – wenn der Autoritarismus der vorherigen sowjetischen Phase überwunden werden soll. Das Thema gesellschaftlicher Entwicklungsgeschwindigkeiten und Dynamiken ist allerdings auf das größte Unverständnis bei den baltischen Eliten gestoßen und damit blieb während des gesamten Beitrittsprozesses zur EU der Aufbau einer neuen Demokratie im Formalen gefangen. Es wurden Wahlen abgehalten, deren Ergebnisse erheblich manipuliert waren; es wurden Gerichtsverfahren wegen schweren Betrugs, Steuerhinterziehung, Urkundenfälschungen etc. eröffnet und schnell wieder vergessen, verschleppt, so dass sie ohne Ergebnis und damit ohne Sanktionen versandeten. Die Eliten waren und sind in allzu vielen Bereichen noch immer stark genug, um die Anpassung der staatlichen Aufgaben an die Weiterentwicklung des gesellschaftlichen Wertesystems zu verhindern oder zumindest zu behindern. Nach westeuropäischem Demokratieverständnis zwingt ein starkes Minderheiten-Votum und erst recht gesellschaftlicher Mehrheitskonsens den Staatsapparat zur Entwicklung und dann zur Umsetzung neuer Regelwerke und zur Gewährung jener Leistungen, die von der Gesellschaft (ihren Parteien, der Zivilgesellschaft) für existenzsichernd angesehen werden. Die Anti-Atom-Bewegung in Deutschland oder Skandinavien, die zu den staatlichen Ausstiegsszenarien geführt hatte, ist ein solcher gesellschaftlicher Prozess. Auch zwanzig Jahre nach der baltischen Unabhängigkeit sind vergleichbare Prozesse in der Region noch nicht realisierbar. Im politischen Alltag der baltischen Region sind die Zuordnung und die Beziehung zwischen Staat und Gesellschaft auch nach dem EU-Beitritt nicht definiert. Dazu werden Staat und Gesellschaft der Transformationsländer sicherlich eine weitere Generation benötigen. Die positiven wie negativen Erfahrungen aus der deutsch-deutschen Transformation haben seinerzeit zwar Nord- und Süd-Korea interessiert, aber auch die europäischen Transformationsländer hätten sie als *lesson learnt* nutzen können. Denn es geht um die Vermittlung der neuen Rollen eines neuen Staates; eines Staates, der aktive Verantwortung als Moderator gesellschaftlicher Konflikte und als Regulator eines nachhaltigen Entwicklungsprozesses übernimmt. Dieses Rollenverständnis hatte so im sozialistischen Deutschland nicht bestanden und es war in Ansätzen als soziale Marktwirtschaft in Westdeutschland nur bis zum Beginn der sogenannten Freien Marktwirtschaft unter Kanzler Kohl vorhanden. Die Deregulierungs-Ideologie der 80er und 90er Jahre wurde in Westeuropa nur von den skandinavischen Staaten abgeblockt. Aber es wurde innerhalb der EU-Institutionen keine politische Debatte über die *lessons learnt* der unterschiedlichen Rollen von Staat und vor allem nicht über den zukunftsfähigen Staat geführt. Der gerade auch von der deutschen CDU geförderte christdemokratische Kommissionspräsident Barroso war allerdings während seiner ersten Amtszeit auch nicht gerade die politische Leitfigur, um eine solche Debatte in den Transformationsländern einzufordern und zu begleiten.

Das seit Januar 2010 politisch gestärkte Europäische Parlament wies J.M. Barroso daher gleich mit seinem wichtigsten Vorschlag am Beginn seiner zweiten Amtszeit in die Schranken: die Abgeordneten-Mehrheit kritisierte einige der vorgeschlagenen neuen Kommissare, darunter besonders den Kandidaten aus Litauen und die Kandidatin aus Bulgarien.

Der litauische Kandidat Algirdas Semeta, vormaliger Finanzminister und Wirtschaftsmathematiker war für den Bereich Steuerpolitik und Bekämpfung der Wirtschaftskriminalität von Barroso vorgeschlagen. Gerade seine Einlassungen zum Thema Betrug und Korruption einschliesslich sein Lavieren in der Unabhängigkeitsfrage der Anti-Korruptions-Einrichtung OLAF erzeugten bei den Abgeordneten erhebliche Zweifel an der Kompetenz eines Kommissars Semeta. Es gab allerdings auch Vermutungen, dass J.M. Barroso seine Kommissars-Kandidaten auf möglichst vage Antworten eingeschworen hatte. Im Falle von OLAF stören ihn wohl selbst die erfolgreichen EU-internen Recherchen der Anti-Korruptions-Einheit.

Noch schlimmer traf es J.M. Barroso nur noch mit seinem Vorschlag, die bis dahin amtierende bulgarische Außenministerin Rumjana Schelewa zur Kommissarin für Humanitäre Angelegenheiten zu ernennen. Sie präsentierte sich den Abgeordneten nicht nur als inkompetent in eigentlich allen angesprochenen Bereichen, sondern versuchte auch ihre keineswegs durchsichtigen privaten Geschäfte in Bulgarien vor den Parlamentariern zu verschleiern. Sie wurde direkt abgelehnt und es hätte zur Ablehnung von Barrosos Gesamtvorschlag der neuen Kommission kommen können, wenn Bulgariens Regierung nicht sehr schnell eine Ersatzkandidatin in Gestalt der bisherigen Weltbank-Funktionärin Kristalina Georgiewa nominiert hätte.

Diese beiden und weitere Fälle lassen erkennen, dass gerade in den neuen EU-Mitgliedsländern die alten Macht-Eliten ihren Nationalstaat für die Interessen ihrer Führungs-Eliten instrumentalisieren und dabei auch auf die EU-Einrichtungen zugreifen. Im Transformationsprozess bemüht sich der Staat häufig *nur formal* um die Anpassung externer Regulierungen an die interne Ordnung (Übernahme von EU-Recht unter Beibehaltung überkommener Regeln aus der sowjetischen Periode, etwa im Arbeitsrecht).

Das betrifft in der auf der nächsten Seite folgenden Grafik die grau markierten Politikfelder (rechte Seite und oben Mitte).

Die Verringerung der sozialen Spaltung der Gesellschaft, um die weitere Prekarisierung zu verhindern, wird bisher von den baltischen Staatsführungen nicht als ihre wesentliche Aufgabe verstanden. In Lettland gibt es zwar ein Wohlfahrtsministerium, aber nicht die erforderliche Politik zur Sicherung gesellschaftlicher Wohlfahrt, etwa durch sozialgerechte Besteuerung oder durch zukunftsfähige Bildungs- und Ausbildungspolitik. Daher haben die Bürger im ärmsten der baltischen Länder – Lettland – jetzt zum ersten Mal an die alten sozialistischen Erfahrungen anzuknüpfen versucht und die Regierung der Hauptstadt Riga 2009 in die Hände der russisch-sozialen Parteien gegeben.

Auch 2008, unmittelbar vor Sichtbarwerden der Großen Krise wurden in den baltischen Ländern die Herausforderungen einer zukunftsfähigen (nachhaltigen) Entwicklung noch nicht als wichtiges Politikfeld verstanden und behandelt. Der Staat spielt eine geradezu sträflich schwache Rolle in der Umwelt-, der Klima-, der zukunftsfähigen Energiepolitik, der Bildungs- und Kommunikationspolitik (Ausnahme bei Letzterem ist Estland). Bürgerbeteiligung zur Weiterentwicklung der in der Graphik schwarz gehaltenen Politikfelder wird gelegentlich vom Staatsapparat zugelassen, manchmal allerdings auch aktiv verhindert, manchmal durch die Schere im Kopf der NGOs gar nicht erst versucht (vgl. Graphik S. 215 im Kapitel »Zivilgesellschaft«).

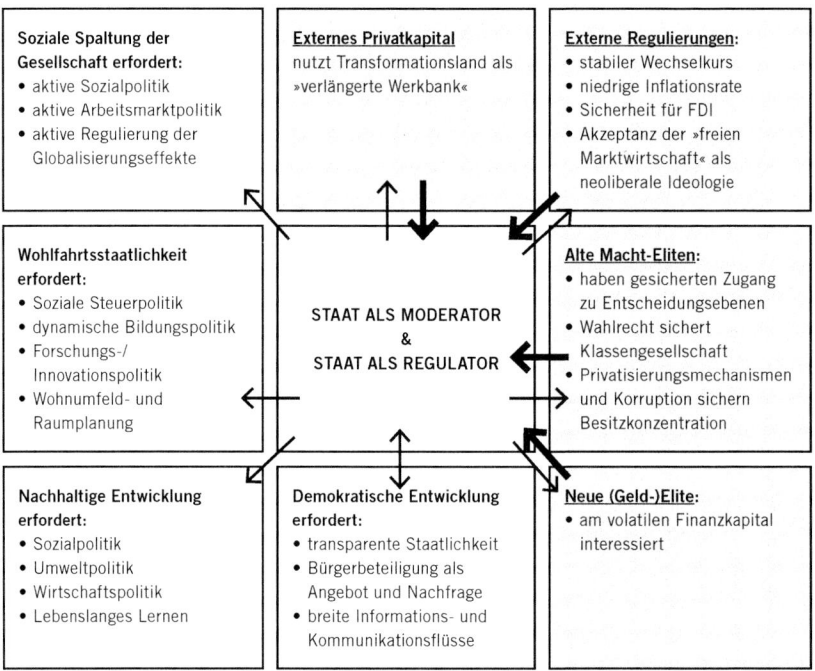

*Die Vektoren symbolisieren Stärke der Einflussverhältnisse und*
*die überwiegende Richtung des politischen Einflusses*

Der Anteil der baltischen Bürger, die sich mit der westlichen Demokratie (sprich: mit der EU) identifizieren, fiel aufgrund dieser Erfahrungen mit ihrem Transformationsstaat inzwischen von 40 und mehr Prozent auf 30 Prozent; nicht einmal jeder Fünfte bewertet das Wirtschaftssystem und die soziale Sicherheit als positiv. Die alte sozialistische Republik dagegen schneidet im Rückblick zunehmend besser ab (vergleichbar mit Bürgern der ehemaligen DDR). Etwa 40 Prozent erkennen in ihr im Nachhinein erträgliche soziale Verhältnisse. Zurück in diese Verhältnisse will indes nur eine Minderheit von etwa 15 Prozent. Die Mehrheit der baltischen Menschen befindet sich heute in einem Stadium ziemlicher Verunsicherung und Identitätsverluste – politisch gesehen eine gefährliche Gemengelage, die sowohl die zunehmende Häufigkeit und Intensität von Protesten und Streiks, aber auch von sich änderndem Wahlverhalten erklären kann (vgl. den Abschnitt »*Zivilgesellschaft als politischer Akteur*«, S. 200). Die lettische Regierungskoalition hinter MP Dombrovskis fühlt sich durch die Große Krise, durch den Druck der Unternehmerschaft und wegen der hohen Kosten des Staatsapparates (und auf Druck des IWF) genötigt, eine einschneidende Neuordnung des Staatsapparates rechtzeitig vor den Parlamentswahlen im Herbst 2010 vorzunehmen. Dafür liegen dem Kabinett Entwürfe vor, die zunächst die Entlassung von 35 – 40% der Staatsangestellten in den Ministerien vorsehen und in der Auflösung der Hälfte der staatlichen Ämter, einschließlich mehrerer Ministerien gipfeln.

Damit werden 2009 erste Schritte angedacht, um den Staatsapparat effizienter aufzustellen. Die Einsparpläne gehen allerdings ebenso wie die Anhebung der Mehrwertsteuer und anderer Steuern auf die »Empfehlungen« des IMF zurück, der – wie üblich – den monetären Effekt solcher Maßnahmen zu einseitig und zu Lasten der sozialen Wirkungen bewertet. Der IWF übt zwar auf alle baltischen Regierungen heftigen Reformdruck aus, ist aber erkennbar *nicht* an der Modernisierung des staatlichen Rollenverständnisses als eines prozesssteuernden und -begleitenden Moderators interessiert, der alles tut, um einer Wiederholung der Großen Krise vorzubeugen.[160]

---

160 Vgl. den Letter of Intent, wie er zwischen IWF und lettischer Regierung am 27.7.2009 ausgetauscht wurde.

## AUSSENPOLITISCHER BEZUG: RUSSLAND

Vor allem für Estland und Lettland ist die Beziehung zu Russland noch immer ein großes innenpolitisches Problem. In den östlichen Regionen beider Länder wird weitestgehend russisch gesprochen, beziehen die Menschen großenteils ihre Informationen über russische Medien (Fernsehen, Radio, Zeitungen); im Nordosten Estlands leben viele sogar vom Schmuggel zwischen Russland und Estland und besitzen dafür Personaldokumente aus beiden Ländern. In beiden Ländern stellen Russen oder Angehörige der russischen Minderheit im Lande wichtige Segmente der nationalen Wirtschaft und sind im Bankensektor sehr aktiv. Dennoch hatte sich Anfang Mai 2009 die Russische Föderation im Rahmen einer öffentlichen Veranstaltung im UN Hauptquartier offiziell über Diskriminierung in beiden Ländern beschwert.[161] Das Thema wird hier nicht weiter verfolgt. Es deutet aber auf die schwelenden und immer wieder akuten Konflikte in den Beziehungen zwischen Russland und den baltischen Staaten hin und auf dieses Thema als politischer Spielball zwischen den Regierungen. Das Baltikum als Teil der EU steht unter starken außenpolitischen Spannungen.

Russland wird noch viele Jahre lang der wichtigste Nachbar der baltischen Staaten bleiben. Denn es bestehen insbesondere vier größere Beziehungsfelder zwischen den baltischen Staaten und Russland: die bilateralen Handelsbeziehungen und Kapitalverflechtungen, die sich während der Großen Krise z.t. deutlich verstärkt haben; die Energieabhängigkeiten; die Beziehungen als EU-Mitgliedsstaaten; die Sicherheitsbeziehungen als NATO-Mitglieder. Aus diesen Beziehungen ergeben sich unterschiedliche außenpolitische und außenwirtschaftliche Konflikte zwischen Russland und den baltischen Staaten. Diese Konflikte haben nur selten einen »baltischen Charakter«, sie entwickeln sich meist bilateral und meist werden auch bilaterale Lösungen versucht – am

---

161 »The Russian Federation organized an event in the UN Headquarters where it claimed that the ethnic minorities most discriminated against in Europe are the Roma and Russians living in the Baltic States, writes the National Broadcasting.« (LETA, Tallinn, 7.5.2009)

erfolgreichsten in der Beziehung Litauen-Russland. Der **Georgien-Krieg** vom August 2008 war für die baltische Politik demgegenüber das wichtigste *gemeinsame* außenpolitische Ereignis der jüngsten Zeit. Er betraf die direkten Interessen aller baltischen Staaten wegen der alles übergreifenden Frage: welche Verpflichtungen können sich für die Balten als NATO-Mitglieder urplötzlich ergeben, weil unberechenbare Präsidenten, wie Saakaschwili Konflikte vom Zaume brechen, auf die Russland allzu gerne eingeht und die US-Regierung (G.W. Bush) daraufhin die NATO gefordert sieht, weil wieder einmal US-Ölinteressen gefährdet sein könnten. Gemeinsam ist den Balten auch das Dauerthema **Energieabhängigkeit von Russland.** Auch hier werden als Normalfall individuelle Lösungen auf der Ebene der Einzelstaaten gesucht, weil es trotz mehrerer Energie-Road-maps der drei baltischen Regierungen nicht zu nachhaltig gemeinsamem Handeln reicht. Vielmehr hat sich Estland erfolgreich mit Finnland vernetzt. Litauens Regierungen versuchen durchgehend in alle Richtungen neue Partner für ihr Kernkraftwerk zu gewinnen.[162] Lettlands Regierungen zeigen die wenigste Dynamik und halten ihr Land daher in der deutlichsten Abhängigkeit von russischen Energielieferungen (Gas, Öl, Kohle). Die folgenden Abschnitte vertiefen einige Aspekte der außen- wie der innenpolitisch geprägten Beziehungen zu Russland.

## ENERGIE-POLITIK ALS IMPERIALE MACHTSICHERUNG

Russland betreibt eine strategische Energiepolitik mit vielen sehr unterschiedlichen Facetten. Darin spielt die baltische Region einen ebenso klaren Part wie andere Ex-Sowjetrepubliken, die lediglich mehr Aufmerksamkeit in den internationalen Medien finden. Ein Teil der russischen Strategie heißt »Verunsicherung beim Gegenüber schaffen, um leichter Einfluss zu nehmen«. Leichter verständlich wird das am Beispiel der Ukraine. Ministerpräsident Putin nutzte zunächst den internen politischen Streit in der Ukraine zwischen Präsident

---

162 Ministerpräsident Kirkilas hat seit 2007 intensiv mit Polen verhandelt, mit Schweden und nach dem Georgien-Krieg mit Weißrussland, um Strom aus der Ukraine durch Weißrussland nach Litauen leiten zu können. Sein Angebot an Weißrussland lautete dabei: Erleichterungen im Grenzverkehr für die Bewohner beider Staaten (also vor allem für Weißrussen). Ob Kirkilas sich dabei mit den übrigen EU-Staaten abgestimmt hat, ist nicht bekannt geworden, immerhin ist Litauen Mitglied des Schengen-Abkommens.

Viktor Juschtschenko und Ministerpräsidentin Julija Tymoschenko, um im Januar 2009 desto leichter den Streit über den »richtigen« Gas-Preis wach zu halten, der seit Jahren zwischen Russland und Ukraine auf- und abwogt. Ob die dadurch ausgelöste Belastung der Beziehungen zur EU mitten im Winter nicht ein zu hoher Preis waren, wird sich noch zeigen. Denn die PCA-Gespräche der zweiten Runde sind noch nicht abgeschlossen und Kanzlerin Merkel erhöhte im Mai 2009 beim EU-Gipfel in Prag den Druck auf Moskau mit ihrer Initiative »Östliche Partnerschaft der EU«. Damit sind die sechs Ex-Sowjetrepubliken Armenien, Aserbaidschan, Georgien, Ukraine, Moldawien und Weißrussland angesprochen. Sie alle besitzen großes Gewicht innerhalb der russischen und der EU-Energiestrategie. Hier droht allerdings derselbe politische und ökonomische Mühlstein am Hals der EU wie ihn die Demokratiedefizite und innenpolitischen Instabilitäten in den baltischen Staaten oder noch stärker in Rumänien und Bulgarien mit sich gebracht haben. Die Rolle dieser und der baltischen Staaten für die russische und die EU-Energiepolitik wird detaillierter in dem späteren Kapitel *»Baltische Energiepolitik – nur* mit *EU und* mit *Russland«* (S. 277) behandelt.[163]

Ein weiteres Element der russischen Strategie heißt »Einfluss auf strategische Teile des internationalen Energiemarktes auch formal absichern«. Das illustriert MP Putins Bemühen um die Vorherrschaft im internationalen Gas-Kartell. Putin ist offenbar bei seinem ersten Schritt, aus dem bislang wenig einflussreichen internationalen Gas-Forum GECF eine mächtigere Organisation zu machen, zu überhastet vorgegangen. Denn die anderen großen Gas-Lieferanten, vor allem Katar und Iran, haben als politisches Signal Doha als Sitz des Gas-Kartells durchgesetzt und Putin mit dem Vorschlag St. Petersburg abblitzen lassen. Vor allem aber kam bisher keine strategische Einigung zustande – weder zwischen den drei Großen am Gas-Markt noch mit der Gruppe der anderen Förderstaaten Algerien, Bolivien, Brunei, Ägypten, Indonesien, Libyen, Malaysia, Nigeria, Trinidad & Tobago, die Vereinigten Arabischen Emirate und Venezuela.[164]

Ein weiteres Element der russischen Strategie lautet »möglichst tief in den Souveränitätsbereich der anderen Seite eindringen, um strategische Ab-

163 PCA = Partnership and Co-operation Agreement zwischen EU und Russland (privilegierte Partnerschaft).

164 Dieser erste Gas-Gipfel fand unmittelbar vor Weihnachten 2008 auf Putins Einladung in Moskau statt.

hängigkeiten zu schaffen«. Dazu dient die Penetration der nationalen Gasmärkte einzelner EU-Staaten. So sind die drei baltischen Länder weiterhin zu 100% von russischem Gas abhängig. Bei der Gasversorgung Lettlands und Litauens arbeitet Gazprom übrigens eng mit der deutschen E.on zusammen. Die Strategie greift aber weiter: Die Mitte 2009 eingestellten Explorationsarbeiten von Gazprom im Raum Wittstock-Mirow (Brandenburg) sollten zur Einrichtung des größten Gasdepot Westeuropas führen mit einem Speichervolumen von bis zu 10 Milliarden cm$^3$ Erdgas als Auffangdepot für das Gas der Nord Stream Pipeline. Die Zusammenarbeit der russischen und deutschen Energie-Konzerne bedeutet mit Abstand den größten Konflikt der baltischen EU-Mitglieder mit dem EU-Mitglied Deutschland. Weitere Beispiele sind der Aufkauf von Gas-Vertriebssystemen wie dem größten ungarischen Dienstleister Mol, der als Übernahmekandidat durch den drittgrößten russischen Gaskonzern Surgutneftegas gilt (nachdem die österreichische OMV ihren Mol-Anteil Anfang 2009 an die Russen verkauft hatte). Es ist ein ebenso wichtiges Element der russischen Strategie, dass Gazprom 2009 Beteiligungen der italienischen ENI offenbar sogar überteuert zurückgekauft hat, um Schürfrechte Dritter in russischem Territorium abzuwehren (vor allem auf den arktischen Ölfeldern!).

Im sogenannten Baltikum hat Russland zwar wirtschaftliche und nostalgische Interessen, aber keine wirtschaftlich-strategischen wie in der Kaukasus-Region, wo der Konflikt nicht zuletzt um die aktuellen Ölleitungen und um die geplante Energieversorgung Westeuropas geht. Die Balten haben kein eigenes Öl (außer estnischem Ölschiefer und der lettischen Absicht, vor der lettisch-litauischen Küste ein kleines Ölfeld zu erschließen). Die Balten erheben allerdings ihre Stimme gegen die Gas-Pipeline Nord Stream und verbünden sich mit den Skandinaviern, weil sie sich über kurz oder lang noch abhängiger von Russlands Energie fühlen, wenn wegen Nord Stream nicht mehr durch ihre Territorien russisches Gas transportiert wird, sondern durch die Ostsee. An dieser Entwicklung ist für die Balten wichtig, dass die Regierung Putin durch den Konflikt mit der Ukraine die Westeuropäer erneut von der Wichtigkeit der Nord Stream Pipeline überzeugen will, deren Erstellung zwar teuer werden wird, aber dann nicht mehr durch störende Transitländer, wie die Ukraine oder auch das Baltikum geführt wird. Dennoch hat vor allem die litauische Regierung dazu beigetragen, dass Russland eine weitere strategische Initiative zu Lasten des baltischen Energiesektors entwickelt hat. Russland konzentriert sich inzwischen darauf, dem wichtigsten Energieversorger der Balten – dem AKW Ignalina – durch ein neues russisches AKW in Kaliningrad die Luft zu nehmen. Die weiter reichende Bedeutung dieser Initiative liegt darin, dass die russische Atomenergiebehörde Rosatom sich offenbar weitgehend mit Siemens einig ist, bis 2014/2015 zunächst zwei Blöcke im Rahmen eines Joint-Venture-Projekts in Kaliningrad zu errichten. An Erfahrung liegt bisher die einvernehmliche Zusammenarbeit zwischen Rosatom und Siemens im Iran vor. Aber beide Partner haben offenbar weitergehende Pläne angesichts der weltweit bis 2030 geplanten 400 neuen AKW, die ein Auftragsvolumen von mindestens einer Billion Euro darstellen. Im Oblast Kaliningrad ist jedenfalls die Standortfrage schon auf die beiden Gebiete um Polessk am Kurischen Haff und bei Neman eingegrenzt. Für die Gesamtleistung von etwa 1.200 Megawatt sollen rund fünf Mrd. Euro investiert werden. Das für Russlands Strategie spannende Konfliktgemenge an diesem Projekt liegt darin, dass der eine oder die zwei Ersatz-Blöcke für das bisherige AKW Ignalina im Nordosten Litauens mit Sicherheit nicht mit gleicher Geschwindigkeit errichtet werden können wie Kaliningrad; des Weiteren, dass die EU-Kommission einer verlängerten Laufzeit der jetzigen Anlage in Ignalina (Typ Tschernobyl) über das vereinbarte Jahresende 2009 nicht zustimmen will und dass sich inzwischen neben Kanada und Finnland auch Frankreich dafür interessiert, am Neubau von Ignalina mitzuwirken (wobei Siemens erst kürzlich die atomare Zusammenarbeit mit Gaz de France beendet hatte und dafür bei Rosatom tiefer einsteigt). Aus baltischer Sicht bahnt sich hier also nach Nord Stream die zweite strategische Zusammenarbeit zwischen russischen und deutschen Unternehmen im Energiebereich zu ihren Lasten an. Russland gelingt es damit nebenbei, die teilweise sehr deutlichen Animositäten baltischer Politiker gegen die Bundesrepublik weiter am Köcheln zu halten und gleichzeitig die zwei wichtigsten Alt-Europäer (Deutschland und Frankreich) gegeneinander zu stellen.

Von Kaliningrad aus kann Russland den Atomstrom zu politisch interessanten Preisen an die Nachbarländer verkaufen (dazu mehr im Abschnitt *»Baltische Energiepolitik: nur* mit *EU und* mit *Russland«*, S. 277).

Russlands Regierung weiß sehr genau, dass seine Förderanlagen und die Pipeline-Netze durchweg in renovierungswürdigem Zustand sind und schnell große Investitionen erfordern. Und Russland konnte lange genug beobachten, wie die Import-Länder durch neue Bündnisse und einige langfristige Planungen auf Russlands volatiles Verhalten als Energielieferant reagieren.

Georgien ist nur wegen des Öls von größtem geostrategischem Interesse für die USA und Europa – weshalb sich der Westen immer wieder auf die Seite von Präsident Micheil Saakaschwili schlägt, obwohl die interne Opposition (mit oder ohne Russlands Hilfe) ständig an Profil gewinnt. Sogar der geplante NATO-Beitritt Georgiens wird von US-Diplomaten mit der Bedeutung des Landes für die Energieversorgung begründet.

Der Georgien-Krieg hat eine sehr empfindliche Stelle der westeuropäischen Sicherheitspolitik ganz offensichtlich gemacht: Im Bereich der militärischen Aktionen liegt gewissermaßen die Lebensader der EU, die transkaukasische Pipeline BTC (Baku-Tiflis-Ceyhan), die vor allem für aserbaidschanisches Rohöl gedacht ist. Die Pipeline wurde 2006 eingeweiht und transportiert auf ihren 1.700 Kilometern täglich eine Million Barrel Öl. Mit der BTC wollten sich Amerika und Europa unabhängiger von den Golfstaaten und von Russland machen. Von dieser Pipeline verlaufen zwar nur 245 km über georgisches Gebiet. Aber für die USA ist Georgien das Tor zum Kaukasus mit seinen Öl- und Gasreserven und daher von hoher strategischer Bedeutung.

Für Westeuropa bleiben allerdings hunderte von Kilometern dieser Süd-Kaukasus-Pipeline dort ein Risiko, wo sie jederzeit von der türkischen PKK attackiert werden kann, ebenso wie die Südkaukasus-Pipeline, die seit 2007 Erdgas aus dem Schah-Denis-Gasfeld von Baku über Tiflis zum osttürkischen Erzurum transportiert, oder wie Blue Stream von Südrussland zum türkischen Samsun. Theoretisch könnten diese Gas-Leitungen auch mit der Nabucco-Pipeline verbunden werden, die durch die Türkei über den Balkan nach Österreich führen soll. Aber Nabucco ist – trotz des erstarkten Interesses beim Europäischen Rat – immer noch ein Zombie, denn Russland tut alles, damit diese Pipeline nicht über das Projektierungsstadium hinaus kommt. Dabei helfen die massiven Forderungen der Türkei, 15 % der Durchflussmenge auf eigene Rechnung vermarkten zu können. Die EU-Mitglieder sind zwangsläufig nicht besonders glücklich über das türkische Nadelöhr am Bosporus. Die Befürchtungen, dass die Türkei auch weiter pokert, selbst wenn sie vielleicht eines Tages EU-Mitglied wird, nehmen zu. Die Sympathien für die Türkei eher nicht – wie das Schweizer Volksbegehren gegen den Ausbau von Moscheen in der Alpenrepublik im November 2009 einmal mehr deutlich machte.

Auch die baltischen Staaten beteiligen sich an Gegenprojekten zur Eindämmung der überstarken Position Russlands. Noch im Oktober 2007 hatten Aserbaidschan, Georgien, Litauen, Polen und Ukraine Kooperationswünsche im Energiebereich unterzeichnet. Mit diesem Abkommen wurde der Bau der neuen Öl-Pipeline »Odessa – Brody – Plozk – Gdansk« abgesprochen. Gleichzeitig hatten die staatlichen Erdölunternehmen von Aserbeidschan, Georgien, Litauen, Polen und der Ukraine einen Kooperationsvertrag über Beteiligungen am polnisch-ukrainischen Unternehmen »Sarmatija« in Vilnius geschlossen. Auch im Baltikum nehmen einige strategische Analytiker die Bedeutung dieser Region in eben diesem Sinne wahr, dass wahrscheinlich innerhalb der nächsten 10 – 15 Jahre der Großraum Kaspisches Meer auch für Europa die wichtigste Quelle für Nicht-OPEC-Öl sein wird. Wenn das die Perspektive ist, wird sich Russland noch nachdrücklicher gegen die diversen Pipeline-Projekte der EU wehren, um seine starke Stellung als Energieversorger Europas auch in 10 – 15 Jahren noch zu besitzen.


## GEORGIEN-KRIEG: EIN IMPERIALER KONFLIKT

Aus der Sicht von August 2009 war der Georgien-Krieg vom August 2008 eine extrem gefährliche Situation. Aus der Sicht von August 2009 ist es vielleicht auch für einige baltische Hardliner besser zu verstehen, dass sie ebenso wie die damalige US-Regierung und Teile der EU-Führung nicht politisch blind auf politisch hoch riskante bzw. kriminelle Manöver wie die von Präsident Micheil Saakaschwili setzen sollten. Georgiens Präsident Saakaschwili hat durch die »Einladung« der russischen Truppen nur erreicht, dass Georgien heute um die zwei Regionen Südossetien und Abchasien ärmer ist und dass zehntausende georgischer Flüchtlinge Haus und Hof verloren haben und noch immer in primitiven Lagern hausen müssen. Von den vielen unnötigen Toten und Verletzten ganz zu schweigen. Glücklicherweise hat der heutige US-Präsident Obama Abstand von der blinden Solidarität mit dem wenig glaubwürdigen Saakaschwili genommen, hat aber dem NATO-Manöver in Georgien zum Jahresgedenken an den Krieg von 2008 nicht widersprochen. Da Russland inzwischen die beiden ehemaligen Provinzen als eigenständige Staaten anerkannt und mit diesen einen Beistandspakt abgeschlossen hat, der durch 3.000 russische Soldaten abgesichert wird, hätte es leicht auch für die baltischen NATO-Mitglieder wieder zur Entsendung eigener Truppen in einen neuen Krieg kommen können – mit sicherlich größeren Verlusten als bisher in Afghanistan.

Die EU-Initiative »Östliche Partnerschaft«, die am 7. Mai 2009 in Prag ihren Anfang nahm, zeigt, dass einige EU-Regierungen wieder mehr die politische Arbeit suchen als die militärische – auch wenn die Abwesenheit von Präsident Sarkozy und Premierminister Brown in Prag deutlich machte, dass die EU noch lange nicht mit einer außenpolitischen Zunge spricht. Den neuen sechs »östlichen Partnerstaaten« und Ex-Sowjetrepubliken Armenien, Aserbaidschan, Georgien, Ukraine, Moldawien und Weißrussland wurden – wegen ihrer Gas- und Ölreserven – zunächst 600 Mio. Euro bis 2013 »für Maßnahmen in der Region« bereitgestellt. Es überrascht nicht, dass Russland auf die neue EU-Initiative ablehnend reagierte und prompt die bilateralen EU-Russland-Gespräche über die Erneuerung der gegenseitigen Privilegien absagte (PCA).[165] Denn hier rücken EU und NATO sehr dicht an den russischen »Hinterhof« heran und kreisen Russland weiter ein. Insofern hat sich auf der Meta-Ebene nichts gegenüber dem August 2008 geändert. Denn aus russischer Sicht war der russische Einmarsch in Südossetien vor allem eine Reaktion auf die anti-russische Energie-Versorgungs-Strategie Westeuropas (Nabucco-Pipeline, BTC-Pipeline; westeuropäische und US-Investitionen in der kaspischen Region; militärische Präsenz der US in der kaspischen Region wegen Afghanistan, Irak, Iran). Zugleich operierte Russland mit dem klaren Motiv der sicherheitspolitischen Arrondierungen in Südossetien und Abchasien als Abwehr der Einkreisungspolitik durch die NATO bzw. als Prävention gegen neue NATO-Mitgliedschaften. Allerdings passte die »Einladung« der russischen Streitkräfte nach Georgien perfekt zu den imperialen Expansionszielen der Regierung Putin und entspricht insofern den permanent gepflegten Ängsten der Balten vor einer russischen Invasion auch ihrer Region. Denn in Russland lässt sich eine unter Dampf stehende Soldateska beobachten, die nur allzu gerne den Ambitionen des Ex-Generals Putin folgt. Russland besitzt, wegen der verheerenden Energieverschwendung der westlichen Gesellschaften, heute deren Entwicklungsschlüssel: Energie, und zwar unabhängig von der akuten Finanz- und Wirtschaftskrise. Wenn die bisherige US-Sicherheitspolitik dieses russische »asset« Energie durch die militärische

165 Partnership and Co-operation Agreement zwischen EU und Russland (privilegierte Partnerschaft).

und energiepolitische Umklammerung Russlands von Usbekistan bis Polen destabilisieren will, reagieren Politik und Militär und Business in Russland unisono »not amused«. Wegen der verkürzten Sichtweise führender NATO-Mitglieder und einiger EU-Politiker könnte Georgien nicht der einzige Fall einer Reihe neuer »frozen conflicts« sein. Selbst die Spannungen auf der Insel Krim enthalten das Potenzial für einen weiter ausgreifenden Konflikt in nächster Zukunft.[166]

Die eingeleitete neue »Östliche Partnerschaft« enthält also politischen Sprengstoff. Denn die neuen »östlichen Partner« erinnern in ihrer politischen, wirtschaftlichen, sozialen Instabilität an die baltischen Staaten, als diese sich der EU zu nähern begannen. Es gibt daher auch über Sarkozy und Brown hinaus Stimmen in Westeuropa, die für die kommenden zehn oder zwanzig Jahre die geistigen und materiellen Kräfte der EU-Kommission und des EU-Parlaments lieber auf die vielen Strukturreformen und Anpassungsprozesse der bestehenden EU-27 konzentrieren möchten. Denn ohne die zusätzlichen politischen, wirtschaftlichen und sozialen Belastungen durch neue »östliche Partnerschaften« hätte die aktuelle Europäische Union vielleicht die Chance, die hohen Ziele der Lissabon-Strategie zu erreichen – wenn auch deutlich später als geplant. Eine intern gefestigte EU könnte sich mit mehr Realismus auch an neue Partnerschaften wagen.

### GEORGIEN-KRIEG DURCH DIE BALTISCHE BRILLE

Westeuropa muss mit offeneren Augen auf die Bewertungen des Georgien-Krieges in den baltischen Ländern blicken, wo einerseits mit Begriffen wie »neurotischem Anti-Russismus« bis zu »Gefahr eines neuen München« gearbeitet wurde, andererseits hieß es »Saakaschwili, Verteidiger von Demokratie und Menschenrechten« und »Verheizen der Kaukasus-Republiken im Macht-

---

166 Es gibt weit reichende Spekulationen darüber, dass der gesamte GUS-Raum vor einer Neuordnung stehen könnte. Andere westlich orientierte Staaten im russischen Einflussbereich, insbesondere die Ukraine, sind nun erhöhtem Druck und – so die Vermutungen – auch einer direkten Bedrohung ausgesetzt. Genährt wurden solche Befürchtungen unter anderem durch das Auslaufen der russischen Schwarzmeerflotte. ( Bericht der FES-Landesvertreter der FES in Georgien 12.08.2008: Krieg in Georgien: FES Update 02)

poker zwischen USA und Russland«. Ein sehr breites Meinungsspektrum, das durchaus von nationalen Wahlkampagnen beeinflusst war und sich im Laufe der Wochen nach dem 8.8.2008 gewandelt hat – je nachdem, innerhalb welcher Konstellation die einzelnen Politiker sich zu Wort meldeten. Im August 2008 bestand das analytische Defizit der baltischen Politik vor allem darin, dass die Rolle Saakaschwilis als »agent provocateur« in Südossetien weitestgehend ausgeblendet wurde. Seine Beeinflussung durch die Bush-Regierung und die Belohnung mit 1 Mrd. US-Dollar anlässlich des Besuch von US-Vizepräsident Richard Cheney Anfang September 2008 wurde nicht in erster Linie zur Sicherung der Öl- und Gasinteressen verstanden, sondern als Unterstützung der Sicherheitsinteressen aller ehemaligen Sowjetischen Republiken, die möglichst umgehend NATO-Mitglieder werden wollen. Sicherheitspolitik verstehen die baltischen politischen Führungen in erster Linie (manchmal ausschließlich) als militärische Sicherheit. Daher war ihnen die einfache Sprache eines US-Präsidenten Bush verständlicher als das komplexere Vorgehen eines Präsidenten Obama. Hier liegen weiterhin erhebliche politische Tretminen bzw. neue werden derzeit ausgelegt.

Auch beim Georgien-Krieg blieb die eigene baltisch-russische Geschichte der Bezugspunkt. Daraus ergab sich eine *grundsätzliche* Schuldzuweisung an Russland und eine *nicht hinterfragte* Aufforderung an die NATO-Gremien, schnellstmöglich zumindest Georgien und Ukraine in das Militärbündnis zu integrieren. Aus Sicht des regionalen Beobachters hätte den gezeigten Reaktionen durchgehend mehr Professionalität und weniger Emotionalität gut getan – zumindest, wenn ein langfristiges Kooperationsinteresse zwischen EU und Russland der Maßstab ist und nicht der (bewusste) Rückfall in atavistische Konfliktlösungen mit dem Säbel. Die Diskussionen im baltischen Raum bewegten sich sehr eng entlang der vordergründigen Schuldfrage, aber zu wenig mit Blick auf die historische Gemengelage in der Kaukasus-Region oder mit Blick auf die Entwicklungsszenarien der kommenden 15–20 Jahre. Präsident Saakaschwili tat sich daher nicht schwer, die baltischen Staaten um militärische Unterstützung zu bitten. Eine Vertreterin des lettischen Außenministeriums erläuterte, der Ausdruck »militärische Unterstützung« könnte sowohl die Entsendung von Soldaten als auch die Bereitstellung von Ausrüstung beinhalten. Aus Estland waren Gerüchte zu hören, wonach die Entsendung von freiwilligen Soldaten im Rahmen einer »inoffiziellen humanitären Mission« nach Georgien vorbereitet würde. Die Regierung unterband allerdings diese

Mission sehr schnell, um nicht in ernsthaftere Schwierigkeiten zu geraten. Aktiv wurden die baltischen Länder unmittelbar nach dem 8.8.2008 dennoch, vor allem auf zwei Ebenen:

a) Technische Hilfe auf Saakaschwilis Anfrage wg. Militärhilfe gab es in Form von **finanzieller Unterstützung** (ca. 190.000 Euro Spenden aus Estland; ca. 217.000 Euro Spenden aus Litauen), **humanitärer Hilfe** (Rotes Kreuz) und **militärischer Hilfe** in Form eines Minensuchtrupps aus Estland und Unterstützung bei der Abwehr von russischen Cyberattacken durch Entsendung von zwei estnischen Cyber-defense-Experten.[167]

b) zur politischen Unterstützung stellten sich alle drei baltischen Regierungen zunächst unisono hinter die US-Position (darunter: Stornierung der PCA-Gespräche mit Russland; Ausschluss Russlands aus der G8-Gruppe; kein WTO-Beitritt für Russland). Sie sahen sich dabei an der Seite der polnischen Regierung (wegen der geplanten Raketenstellungen ohnehin fest an Amerikas Seite), aber auch in Einklang mit Schweden und Großbritannien sowie der Ukraine. Besonders sichtbar wurde dabei die sofort am 9. August veröffentlichte **Solidaritätserklärung** der baltischen und des polnischen Präsidenten. In ihr wird die Rolle Russlands in diesem Konflikt verurteilt und eine allgemeine Neubewertung der Beziehungen zwischen der EU und der Russischen Föderation angemahnt.

*Joint Declaration on the situation in Georgia by the Presidents of the Baltic States and the Republic of Poland*

*We, the leaders of the former captive nations from Eastern Europe and current members of the European Union and NATO – Estonia, Latvia, Lithuania and Poland – are extremely concerned about the actions of the Russian Federation against Georgia.*

*We strongly condemn the actions by the Russian military forces against the sovereign and independent country of Georgia.*

---

167  im Fall von Estland besteht eine besondere Beziehung zu Georgien. Denn Präsident Micheil Saakaschwili ist ein großer Bewunderer des estnischen Deregulierungs- und Privatisierungspolitik einschließlich der Flatrate-Besteuerung. Entsprechend hatte er die unterschiedlichsten estnischen Experten als Berater in sein Land eingeladen.

*Following the unilateral military actions of the Russian military forces, we will use all means available to us as Presidents to ensure that aggression against a small country in Europe will not be passed over in silence or with meaningless statements equating the victims with the victimizers. To this end we intend to urge our governments to take the following positions in discussions and to raise these concerns in the European Union and the North Atlantic Council: Can the current Russian authorities be called adequate strategic partners of the EU; Can the family of European democratic countries pursue a mutually beneficial dialogue with a country that uses heavy military armour against an independent country?*

*It is pointlessness to continue a »visa facilitation« program with a country that does not meet even the minimal requirements set by the EU and which uses visa facilitation to issue Russian Federation passports to foreigners and then abuses this EU given privilege to claim intervention rights such as »we are protecting Russian citizens« in South Ossetia.*

*The actions of the Russian Federation in Georgia should influence the talks with the Russian Federation, including negotiations on the new Partnership and Cooperation Agreement. We underline the obvious bankruptcy of Russian »peacekeeping operations« in its immediate neighbourhood. The Russian Federation has overstepped a red-line in keeping the peace and stability in the conflict zone and in protecting Russian citizens outside its own borders.*

*The EU and NATO must take the initiative and stand-up against the spread of imperialist and revisionist policy in the East of Europe. New international peacekeeping forces should be created as the current setting proved to be ineffective.*

*We regret that not granting of the NATO's Membership Action Plan (MAP) to Georgia was seen as a green light for aggression in the region. We believe that the EU and NATO as the key organizations for European and Transatlantic stability and security should play a leading and crucial role in securing freedom, security and prosperity of countries not only in the EU but also in the neighboring European area. It is a litmus-test for the credibility of the EU and NATO to solve the conflict in its immediate neighborhood and to prove for all EU and NATO members, aspirant countries and democratic partners that it is worth being members and partners of these or-*

*ganizations. This Declaration is open for the accession by the leaders of other democratic countries.*

*President of the Republic of Estonia Toomas Hendrik Ilves*
*President of the Republic of Latvia Valdis Zatlers*
*President of the Republic of Lithuania Valdas Adamkus*
*President of the Republic of Poland Lech Kaczynski*
*9.8.2008*

Über die hier vorgetragene Forderung, Georgien hätte in die NATO aufgenommen werden sollen, dann wäre es nicht zu dem Krieg gekommen, kann man möglicherweise noch streiten. Dreistigkeit und Wahrheitsklitterung steckt allerdings in dem Aufruf sogenannter lettischer NGOs, wie er unmittelbar nach den Ereignissen in Südossetien veröffentlicht wurde:

**08.08.2008**
**Latvian NGO call Latvian government to support Georgia!**
*Latvian Transatlantic Organisation, joined by Latvian Transatlantic Youth Club, European Movement in Latvia, GLEN Latvia and Latvian Platform for Development Cooperation, is calling upon the President of Latvia, the Government of Latvia and the Parliament of Latvia to immediately clearly state their opinion in the Latvian and international public arena regarding the events which have happened during the last 24 hours in Georgia. We believe that one should not take into account the disinformation of the public opinion performed by the Russian mass media and state institutions. We ask to provide maximal support to Georgian government with regulating the conflict so that it becomes possible to cease the warfare. We also encourage the Latvian government to ask Russian government not to permit illegal entrance from the territory of Russian Federation into the territory of Georgia of armed groupings of volunteers which support the aggression of separatists.*

*In the name of Latvian NGOs,*
*LATO Secretary General*
*Sandis Sraders*

Dabei assoziieren Logo und Organisationsname nicht zufällig die große Nähe zur NATO, erhält die lettische LATO doch materielle Unterstützung vom Verteidigungsministerium und von der NATO. Die lettische LATO versuchte den Eindruck zu erwecken, als stünde die gesamte lettische Zivilgesellschaft unisono hinter der Regierungsposition, und veröffentlichte noch am 8. August 2008 diesen Pro-Georgien-Text, der vom LATO-Generalsekretär (Sandis Sraders) im Namen aller lettischen NGOs unterzeichnet wurde. Nur wusste praktisch keine der lettischen NGOs von dieser Aktion und die große Mehrheit von ihnen hätte sich zweifellos nicht auf diese schlichte Weise in das unkalkulierbare Fahrwasser von Präsident Saakaschwili hineinziehen lassen.[168]

Durch die baltische Brille gesehen, bietet der Georgien-Krieg vom August 2008 also einige wichtige Lektionen, die weniger mit den Kriegshandlungen und den völlig unnötigen Menschen- und Materialopfern in Südossetien und Abchasien zu tun haben. Die Lektion bezieht sich vielmehr auf das Verhalten der baltischen Regierungen mit Sowjetvergangenheit, als in Georgien ein »frozen conflict« sehr nahe daran war, zu einem heißen Stellvertreterkrieg zu eskalieren. Denn 2008 waren die Balten schon NATO-Mitglieder und wären im Zweifelsfall bündnispflichtig, will heißen, sie müssten sich bei einer weiteren Eskalation auf ihren direkten militärischen Einsatz einstellen. Genau das wollen – nach den bisherigen Soldatenopfern in Afghanistan – nicht einmal die anti-russischen Hardliner in den baltischen Ländern. Dennoch reisten die Präsidenten/Ministerpräsidenten der drei baltischen Staaten zusammen mit ihren Kollegen aus der Ukraine und aus Polen nach Tiflis, um dort Präsident Saakaschwili ihre Solidarität zu demonstrieren und veröffentlichten unmittelbar nach dem russischen Einmarsch die oben zitierte scharfe Protesterklärung.

Gerade auch durch die baltische Brille betrachtet gehören die russischen Maßnahmen in einen größeren Kontext. Die drei baltischen Staaten und ihre Gesellschaften können sehr leicht die unmittelbarsten Betroffenen der militärpolitischen wie der energiepolitischen Maßnahmen Russlands sein, wenn es um russische »Gegenschläge« gegen die genannten NATO- und EU-Initiativen geht. Im politischen Alltag geben sich hochrangige Politiker im Baltikum

---

168 www.lato.lv/html/en/activities/newslist/27443.html.

jedoch reichlich naiv, wenn sie mit den Erfahrungen des Georgien-Krieges vor Augen gegen Präsident Obamas Entscheidung protestieren, die Raketenstellungen in Polen und Tschechien *nicht* zu errichten. Der litauischen politischen Führung scheint es nicht wichtig zu sein, dass Präsident Medwedjew daraufhin auch die geplanten russischen Raketenstellungen in Kaliningrad von der Liste streicht. Kaliningrad und Vilnius liegen 360 km auseinander. Dieser kurze Blick zurück auf die baltischen Reaktionen angesichts einer sehr prekären Situation in einer für Europa äußerst wichtigen Nachbarregion macht deutlich, wie viel politische Abstimmungsarbeit nach innen hinein noch zu leisten ist, bevor ernsthaft die Frage nach Europas Grenzen bzw. nach der Tragfähigkeit der EU für weitere Mitgliedschaften gestellt werden sollte. Immerhin hat der russische Außenminister Lawrow inmitten der Großen Krise auch für die baltischen Politiker ein paar bedenkenswerte Signale gesetzt, ohne dass solche russischen Gedankenspiele eins zu eins zu übernehmen wären. Aber der Ton klingt eindeutig anders als das unreflektierte baltische Aufbrausen und trifft weit mehr die Zwischentöne in Präsident Obamas ersten Briefen an Präsident Medwedjew[169], in denen es (versuchsweise) um Spannungsabbau in den großen Krisengebieten hinter der Südgrenze Russlands geht:

*»Den Luxus geopolitischer Spielchen können wir uns nicht länger leisten, denn wir alle stehen vor Herausforderungen, die unsere Bürger unmittelbar berühren. Deshalb sollten wir die Probleme nicht mehr ideologisieren, wir sollten stattdessen die eigenen nationalen Interessen ehrlich formulieren, die legitimen Interessen der Partner verstehen, keine versteckte Agenda mehr haben, wobei das eine gesagt, hinterrücks aber etwas anderes getan wird. Die Signale, die wir empfangen, deuten darauf hin, dass unsere westlichen Partner auf gleiche Ziele zusteuern.«[170]*

Weniger um Raketen, aber sehr wohl um brisante US-amerikanische Präsenz in Litauen ging es noch im Januar 2010, als der litauische Außenminister Vygaudas Usackas auf so plumpe Art die Gefangenen-»Betreuung« von Terro-

---

169 »The letter to President Dmitri A. Medvedev was hand-delivered in Moscow by top administration officials three weeks ago (beginnig of Feb.). It said the United States would not need to proceed with the interceptor system, which has been vehemently opposed by Russia since it was proposed by the Bush administration, if Iran halted any efforts to build nuclear warheads and ballistic missiles.« (The New York Times, Washington, 2.3.2009).

170 Außenminister Lawrow in einem SPIEGEL-Gespräch: (DER SPIEGEL 8/2009 vom 16.02.2009, S. 105).

# Streitpunkt Raketentests ⟨handwritten: ∫2 15·1·10⟩

### Neuer Abrüstungsvertrag soll bis März fertig sein

Die USA und Russland wollen ihre Verhandlungen Ende Januar fortsetzen.

**München** – Russland und die USA bemühen sich, die letzten Hindernisse auf dem Weg zu einem neuen Vertrag zur Begrenzung strategischer Atomwaffen auszuräumen. Dieser soll den am 5. Dezember abgelaufenen Start-I-Vertrag ersetzen. US-Außenstaatssekretär William Burns führte dazu Gespräche bei seinem Besuch in Moskau, der am Donnerstag endete. Über Ergebnisse wurde nichts bekannt. Die formellen Verhandlungen sollen am 25. Januar in Genf wieder aufgenommen werden, wie Ellen Tauscher, die zuständige Spitzenbeamtin im US-Außenministerium in Washington sagte. Sie bekräftigte, man habe sich in allen wesentlichen Punkten verständigt und sei einer Einigung „wirklich nahe". Tauscher räumte aber ein, es gebe weiter Differenzen über Bestimmungen, die den Vertragspartnern die Kontrolle ermöglichen sollen, ob die andere Seite den Vertrag einhält. „Komplexe Details im Vertragstext, in technischen Anhängen und Protokollen" müssten noch geklärt werden.

Westliche Diplomaten berichten, das neue Zieldatum für einen Vertragsabschluss sei nun Mitte bis Ende März. Die Unterhändler hatten bereits die von den Präsidenten Barack Obama und Dmitrij Medwedjew vergangenen April selbst gesetzten Fristen zum Auslaufen des Start-I-Vertrages sowie zum Jahreswechsel nicht einhalten können. Sollte es zu weiteren Verzögerungen kommen, würde dies wichtige Ziele wie auch den Zeitplan in der Abrüstungspolitik von Präsident Obama in Gefahr bringen.

Obama beabsichtigt, der am 3. Mai beginnenden Überprüfungskonferenz zum Atomwaffensperrvertrag das russisch-amerikanische Abkommen als Beitrag der beiden wichtigsten Atomwaffenstaaten zur Abrüstung zu präsentieren. Damit wollen die USA andere Länder dafür gewinnen, den Sperrvertrag zu stärken, um eine bessere Handhabe gegen Nordkorea und Iran oder etwaige weitere Länder zu haben, die illegal Atomwaffen entwickeln oder im Verdacht stehen, dies zu tun. Zudem muss Obama den Vertrag mit Zweidrittelmehrheit durch den Senat bringen. Sollte sich die Abstimmung zu weit verzögern, würde es schwierig, ein weiteres wichtiges Vorhaben zu verwirklichen: Obama will dem Senat ebenfalls den von den USA nie ratifizierten Atomteststoppvertrag (CTBT) vorlegen. Im für den Herbst bevorstehenden Wahlkampf oder gar nach den Kongresswahlen im November dürfte es ihm wegen der kritischen Haltung vieler Republikaner aber noch schwerer fallen, eine Mehrheit zu finden. Beobachter sehen Moskau daher in einer starken Verhandlungsposition.

Verbliebener Streitpunkt bei dem Abkommen ist der Austausch sogenannter Telemetriedaten, die detailliert Rückschlüsse auf die Leistungsfähigkeit von Interkontinentalraketen zulassen. Nach dem Start-I-Vertrag mussten für jeden Raketentest der anderen Seite bis auf eng begrenzte Ausnahmen umfangreiche Daten übermittelt werden. Die USA wollen das im Grunde beibehalten. Russland aber sieht sich dadurch benachteiligt.

Anders als die USA entwickelt das Land neue Atomraketen – die mobile landgestützte *Topol M*, die schon bei Streitkräften eingeführt ist, und die für die neue Generation strategischer U-Boote vorgesehenen *Bulawa*, deren jüngste Testflüge alle scheiterten. Zusammen sollen sie das neue Rückgrat der russischen Atomstreitkräfte werden. Da besonders in der Entwicklungsphase Dutzende Testflüge erforderlich sind, würden die USA viele Daten über diese neuen System und damit einen tiefen Einblick in eines der Rüstungsprojekte erhalten, die für die Modernisierung der russischen Streitkräfte von zentraler Bedeutung sind. Zudem fürchten die Russen, die Amerikaner könnten ihre so gewonnenen Erkenntnisse für die Entwicklung ihrer Raketenabwehr nutzen. Daten von US-Tests sind für Moskau dagegen nicht so viel Wert. Die US-Raketen sind seit Jahrzehnten die gleichen, ihr Potential also weitgehend bekannt. *Paul-Anton Krüger*

rismus-Verdächtigen durch die CIA in einem Lager nahe bei Vilnius bestritt, daß die Staatspräsidenten Dalia Grybauskaite sich genötigt sah, Usackas zu entlassen. Dabei geht der US-Präsident selbst inzwischen erheblich transparenter mit diesem zweiten – auch für die Balten – heiklen Thema um.


## ESTLAND ALS *CASE STUDY* DER AUSSENPOLITISCHEN TRANSFORMATION

Der prägnanteste baltische Außenpolitiker ist wohl Estlands Staatspräsident Toomas Hendrik Ilves, in Schweden geboren, in den USA aufgewachsen, Estlands Außenminister in Washington, Europaparlamentarier im Außenpolitischen Ausschuss, Parteivorsitzender der estnischen Sozialdemokraten und standhafter Gegner Russlands.

Lange vor dem Georgien-Krieg hatte Präsident Ilves seine politische Visitenkarte hinsichtlich der Beziehungen zu Russland abgegeben. Es passt sehr gut zu seiner Amtszeit, dass eine jahrzehntelange Debatte im estnischen Parlament im Sommer 2009 ergebnisorientiert beendet wurde, nämlich die Errichtung eines nationalen Monuments zum Gedenken an die Freiheitskämpfe zwischen 1918 und 1920. Jetzt wurde der zentralste Platz in Tallinns Stadtzentrum, der Freiheitsplatz, mit einer Säule geschmückt und mit Gängen zu den frühen Fundamenten des Burgbergs angereichert, die den Esten mehr nationale Identität verschaffen sollen als das letzte sowjetische Denkmal an den Großen Vaterländischen Krieg, das unweit des Freiheitsplatzes regelmäßig im Mai zu heftigen Auseinandersetzungen zwischen Esten und Russen geführt hatte. So wie Präsident Ilves politisch auf die Errichtung des Freiheitsdenkmals gedrängt hatte, so war unter seiner Präsidentschaft schon Ende April 2007 die unter Stalin 1947 aufgestellte und von Moskau weiterhin geheiligte bronzene Statue eines russischen Soldaten von einer markanten Stelle in Tallinns Zentrum an dessen Peripherie umgesetzt worden.

Seit Jahren war das Soldatendenkmal eine Quelle politischer Emotionen, die nur wenige Tage vor dem 9. Mai – nationaler Gedenktag für das Ende des Zweiten Weltkriegs – zur Eruption gebracht wurde. Mit einem Toten und hunderten Verhaftungen führten die Nächte vom 26. und 27. April 2007 zu den bislang schwersten Ausschreitungen in Estland seit der Unabhängigkeit von Moskau 1991.[171] Die mehrjährige Debatte um das Denkmal des sowjetischen Soldaten am zentralen Tônismägi-Platz in Tallinn hatte an diesem 26. April eine neue Qualität erreicht. Die deutsche Botschaft sprach offiziell von »gefährdeter Sicherheitslage«, denn die Umsetzung des bronzenen russischen Soldaten war in den Augen Moskaus eine politische Provokation. Im Nordosten des Landes mit dem höchsten Anteil an russischsprachiger Bevölkerung und vor allem in der Hauptstadt Tallinn gingen nach offiziellen Quellen die erwarteten Straßenkrawalle von der russischsprachigen Jugend aus. In den estnischen Medien war auch von Vandalismus die Rede. Schaufensterscheiben gingen zu Bruch, es kam zu zahllosen Plünderungen. Es sah teilweise aus wie nach dem letzten sowjetischen Luftangriff auf Tallinn 1944. Nach 1918 kam es auch wieder zum ersten Todesfall durch Straßenunruhen. Sogar das Wort »Kristallnacht« machte die Runde (ohne dass es hier um jüdische Geschäfte ging).

Angeheizt wurde die Stimmung über Monate von der Moskauer Regierung. Der russische Föderationsrat bezeichnete die Regierung des EU- und NATO-Mitgliedes Estland als »provinzielle Neonazis«. In einer Erklärung forderte die erste Kammer des russischen Parlaments den Abbruch der diplomatischen Beziehungen zu Estland. Die zweite Kammer, die Staats-Duma, sprach sich für Sanktionen in den Bereichen Wirtschaft, Energie und Finanzen gegen Estland aus.

Bestens organisiert und mit Verpflegung, Technik, Propagandamaterial und einheitlichen Zelten ausgestattet, hatten die Nashi-Bewegung und Busladungen von Jugendlichen aus verschiedenen Landesteilen die estnische Botschaft in Moskau eine Woche lang umzingelt und mehrfach das Botschaftspersonal am Betreten und Verlassen der Botschaft erfolgreich gehindert.[172] Die estnische Botschafterin Marina Kaljurand wurde bei einer Pressekonferenz tätlich angegriffen. Alles, ohne dass die russische Milizia eingriff. »Der Spuk« wurde

---

171  Das Denkmal des sowjetischen Soldaten war 1947 zu Ehren der sowjetischen Streitkräfte nach dem Sieg über Nazideutschland errichtet worden. Viele Esten sehen darivuzen aber eine Erinnerung an die fünf Jahrzehnte während sowjetische Besetzung ihres Landes. Es weckt Erinnerungen an die Zehntausende Esten, die ermordet oder nach Sibirien deportiert, und an Tausende Russen, die ins Land gebracht wurden. Viele Russen wiederum fühlen sich durch die Politik der baltischen Staaten, die heute auf nationale Identität, auf eine Stärkung der einheimischen Bevölkerung hinausläuft, diskriminiert.

172  NASHI = Die Unsrigen: eine politische Bewegung auf Anordnung von oben. Patriotisches Gehabe als Orientierungshilfe. Gegen Liberale und Oppositionelle. Antiwestlich und großrussisch. (MITTELDEUTSCHER RUNDFUNK, 30.11.2008)

erst aufgrund einer telefonischen Intervention des deutschen Außenministers Steinmeier beendet (wobei der erreichte »Kompromiss« auch die Abberufung der Botschafterin beinhaltete) – und war gerade dadurch als eine offiziell angesetzte Aktion der russischen Regierung erkennbar.

### Moskau: emotionalisierte Politik

Moskau, noch unter Präsident Putin, zeigte größte Betroffenheit. *»Die estnische Regierung hat auf unsere Gräber gespuckt«*, lautete Außenminister Lawrows Kernsatz am Rande der Tagung der NATO-Außenminister in Oslo. Moskaus Bürgermeister legte sofort nach und rief zum Boykott estnischer Waren auf. Das fügte sich gut zum russischen Importverbot für polnisches Fleisch und zu anderen regelmäßigen Handelsboykotten mit den baltischen Staaten.

Die Rehabilitierung der Sowjetzeit gehört durchaus zur imperialen Strategie Vladimir Putins. Darin hat der »Große Vaterländische Krieg« einen hohen Stellenwert, der mit dem Sieg über das deutsche Dritte Reich endet. Das Soldatenstandbild in Tallinn ist eines der ganz wenigen, die innerhalb der EU noch die Sowjetzeit symbolisieren. Der bronzene Soldat ist daher auch nicht nur Reminiszenz an 1945, sondern inzwischen zugleich das Symbol für das neue, das imperiale Russland unter »Zar Vladimir«. Die ethnischen Russen in Estland, vorwiegend, wenn nicht ausschließlich durch russische Massenmedien informiert, waren seit drei bis vier Jahren auf das neue russische Weltbild eingestimmt. Die russische Botschaft legte schnell mit einem Film »Estland – Kreuzweg der Geschichte« nach und insinuierte darin die Mitschuld der Esten am deutschen Nationalsozialismus. Ein weiterer russischer Film »Die Nacht-Patrouille« mit anti-faschistischem Charakter rund um das Soldatenstandbild wurde nachgeschoben und damit weiteres Öl ins Feuer gegossen. Die Filme waren zwangsläufig nur Begleitinstrumente für weiter reichende Maßnahme der russischen Außenpolitik: Reorganisation und Stärkung des sogenannten »Landsmannschaftlichen Koordinations-Rates«, der zwar schon in Estland operiert, aber noch klein ist und nun zu einer pro-russischen Massenorganisation ausgebaut werden soll. Dass es sich um einen strategischen Teil der russischen Außenpolitik handelt, erkennt der estnische Geheimdienst u.a. daran, dass nicht nur der anti-estnische Aufwiegler und Vorsitzende des Rates, Andrei Zarenkow, einen Diplomatenpass besitzt, sondern auch etwa jeder sechste Teilnehmer am Russisch Landsmannschaftlichen Kongress der Baltischen Staaten, der im August 2007 in Tallinn abgehalten wurde.

Natürlich stellen die 1,3 Mio. Esten nicht das Ärgernis an sich für die russische Regierung dar – auch wenn das im Direkttelefonat mit Bundeskanzlerin Merkel so formuliert wurde. Präsident Putin fühlte sich irritiert, weil das kleine Estland noch immer gefühlter russischer Innenraum ist. Putin fühlte sich aber schon zu diesem Zeitpunkt erheblich stärker durch das US-Raketenabwehrprogramm in der Tschechischen Republik und Polen irritiert.[173] Die Irritation eskalierte dann durch die vorbehaltlose baltische Zustimmung zu diesem Raketenprogramm, die gelegentlich sogar den Eindruck von Konkurrenz um den Raketenstandort zwischen Polen und Litauen annahm.[174] Präsident Putin ließ daher auf die »Beleidigung« des bronzenen russischen Soldaten mit einer Vehemenz reagieren, die weit über dieses Denkmal in Tallinn hinaus weist und letztlich bis hin zum Georgien-Krieg eineinhalb Jahre später reicht und dann zwangsläufig in die Ankündigung neuer Iskander-Kurzstreckenraketen für Kaliningrad mündete. Mit der Iskander-Raketen-Ankündigung wollte Moskau nach der November-Wahl 2008 natürlich auch den neuen Präsidenten Obama testen, um zu wissen, woran der Kreml mit ihm ist. Und Barack Obama hat sehr schnell das auch für das Baltikum wichtige Thema »Raketenstationierung« aufgenommen.[175]

**Russlands wirtschaftliche Sanktionen**

Außer psychischen und diplomatischen Druck setzt Moskau zwangsläufig auch wirtschaftspolitische Maßnahmen gegen das aufmüpfige Estland ein. Das betraf unmittelbar nach den Krawallen um das Soldatendenkmal einen

---

173 Durch die Vertragsunterzeichnung mit Tschechien im März 2007 hatten die USA den ersten Teil des geplanten US-Raketenabwehrschilds am Westrand Russlands erreicht; der zweite Schritt folgte dann im August 2008 durch die Vereinbarung mit Polen, dort zehn Raketenabschussrampen »gegen Schurkenstaaten« zu errichten. Die tschechische Regierung stellte sich damit allerdings ebenso leichtfertig hinter die US-Interessen und gegen das eigene Volk wie später beim Georgien-Krieg. Jan Tamas, einer der Sprecher der Bürgerinitiative »Ne zakladnam« (Keine Stationierung), erklärte die Demonstrationen auf dem Wenzelsplatz: »Wir wollten den Widerstand der Mehrheit dieses Landes symbolisch darstellen. Denn jüngste Umfragen zeigen, dass 70 Prozent der Tschechen keine Militärpräsenz der Amerikaner auf unserem Gebiet wollen und auch keine Raketenabwehr. »Wenn die Regierung nicht Willens ist, der US-Außenministerin diesen Widerstand zu übermitteln, so übernehmen wir das eben selbst«, ergänzte er.
174 Wahrscheinlich haben die polnischen Forderungen von beträchtlichen Summen zur Modernisierung der polnischen Armee etc. den Geduldsfaden der amerikanischen Regierung schneller gestrafft als das bei den finanziellen Poker-Runden zwischen Polen und der EU gemeinhin der Fall ist. Die US-Regierung hatte jedenfalls noch zur Jahresmitte 2008 litauische Standorte für das Raketenprogramm als Alternative zu Polen einkalkuliert.
175 lt. SPIEGEL-Online vom 3. März 2009 hat Barack Obama Russlands Präsidenten Medwedjew offenbar einen Handel vorgeschlagen: Mehr Kooperation bei der Vereitelung von Irans Nuklearplänen, dafür kein US-Raketenschild in Polen und Tschechien.

erschwerten Transitverkehr auf Straße und Schiene; das betraf die Export-häfen von Tallinn, von Sillamäe, von Paldiski mit den dort tätigen Handels-firmen. Insgesamt brach der estnisch-russische Handel 2007 um etwa 60 % ein.[176] Bestehende Handelsverträge; russisch-estnische Joint-Venture-Verträge wurden einseitig vom russischen Partner gekündigt. Estnische Trucks wurden gleich hinter der Grenze Narva-Ivangorod von Nashi-Mitgliedern gestoppt und die Fahrer bedroht. Daraus und später aus der Großen Krise hat Estland gelernt und die Diversifizierung seiner Handelspartner intensiviert. 2009 sind Estlands wichtigste Exportländer: Finnland (15 %), USA (12 %) und Schwe-den (10 %). Die wichtigsten Importländer sind Finnland (14 %), Litauen (12 %) und Russland (10 %). Dabei investiert Estlands Regierung in den Ausbau des Container-Hafens von Tallinn, um u.a. den Direkthandel mit China zu inten-sivieren. Die Bindung an Russland wird insgesamt systematisch abgebaut.

## CYBER-KRIEG GEGEN ESTLAND UND SPIONAGE GEGEN NATO

Russland agiert auch auf sehr modernen Feldern gegen die Balten. Der elek-tronische Champion Estland wurde von Russland an seiner stolzesten Stelle empfindlich verletzt, und zwar durch massive Angriffe auf zahlreiche Web-sites der Regierung und öffentlicher Einrichtungen. Als Reaktion auf den Streit um das Soldatendenkmal wurde von Russland eine bestens koordinierte DDoS-Attacke (*Distributed Denial-of-Service*) gegen Estland vorgetragen, die durch massive, inhaltsleere Ansprache derselben elektronischen Adresse de-ren Computersystem überfrachtet und damit lahmlegt (*denial of service*). Die estnische Regierung ließ sofort verlauten, dass die meisten dieser Attacken zunächst von PC-Netzwerken und Servern aus Russland, später auch von an-deren Ländern aus sowie innerhalb Estlands geführt wurden. Fachleute der NATO und der EU leisteten der estnischen Regierung technische Hilfe, um möglichst schnell die Datenbanken der Streitkräfte vor fremden Zugriffen zu sichern und ebenso die Netze des Internet-Banking und von Regierung und Parlamentsausschüssen.

Estlands Regierung und mit ihr die NATO-Führung fühlten sich nach

---

176  Official memorandum from the Association of Estonian Transit to the Government of Estonia, May 7, 2007.

dem Georgien-Krieg zum zweiten Mal massiv von Russland attackiert, als ein sehr hoch angesiedelter Spion enttarnt wurde. Aus deutscher Sicht ließ sich gleich an Günter Guillaume denken, der über die Parteiarbeit in der SPD und als Wahlkämpfer für Georg Leber 1972 den Einstieg ins Kanzleramt bei Willy Brandt geschafft hatte und damit zu den bestinformierten Menschen in der Bundesrepublik gehörte.

Der »Guillaume Estlands« heißt Herman Simm und er gehörte bis Mitte September 2008 zu den fünf Menschen in der baltischen Republik mit Zugang zu allen klassifizierten Informationen. Dann wurde er verhaftet und Estland hatte einen richtig großen Spionageskandal.

Simm war zwischen 2001 und 2006 Sicherheitschef im Verteidigungsministerium und arbeitete seither als Sicherheitsberater des Verteidigungsministeriums. Er wurde zusammen mit seiner Frau (Anwältin in der Polizeidirektion in Tallinn) verhaftet und beide unter die Anklage auf »Verrat von Staatsgeheimnissen an eine ausländische Macht« gestellt. In Estland macht niemand einen Hehl daraus, dass die jahrelange Weitergabe von NATO-relevanten Informationen an Russland erfolgte. Von den Behörden wurde *Russland* allerdings nicht expressis verbis genannt. Die politischen Spannungen zwischen beiden Ländern bewegen sich ohnedies stets auf hohem Niveau. Nach den o.g. Cyber-Attacken auf estnische Regierungsrechner im April 2007 war dieser Spionagefall für die estnische Regierung der zweite und noch gewichtigere Fall, in dem sie ihre Verwundbarkeit gegenüber Russland eingestehen musste. Über das offizielle Bedauern der Regierung hinaus betonte der Verteidigungsminister daher nachdrücklich die rasche Aufdeckung des Falls, um den Beweis der Funktionsfähigkeit und Stärke der estnischen Spionage-Abwehr nachträglich zu erbringen.

Nur war die Abwehr ähnlich schwach wie seinerzeit bei Guillaume: Herman Simm war zuvor Generaldirektor der Polizeibehörde, arbeitete von 1995 bis 2006 im Verteidigungsministerium und konnte dann ab 2001 zum Chef der Sicherheitsabteilung aufsteigen. In eben dieser Funktion hatte er nicht nur Zugang zu streng vertraulichen Informationen, sondern war auch noch zuständig für den Schutz von Geheimdokumenten, die zwischen Estland und anderen NATO-Staaten auszutauschen waren. Sein wichtigster Auftrag lautete dementsprechend, ein Sicherheitssystem für die Behandlung von Staatsgeheimnissen aufzubauen, dem NATO und EU vertrauen konnten. Es wäre denkbar, dass Herr Simm, der ja nicht der einzige russische Agent mit dersel-

ben Aufgabenstellung war, aus übergreifenden Überlegungen auffliegen durfte, um dem Hauptpartner der NATO – den USA – zu signalisieren, dass die
ehemaligen sowjetischen Republiken keineswegs sichere Kantonisten seien.
Und wenn es schon für Estland gilt, dann mit größerer Wahrscheinlichkeit
für Georgien, Ukraine oder Weißrussland. Eine weitere Dimension zum Thema »erweiterte östliche Nachbarschaft«.

Für Estland hat die Cyber-Affaire allerdings eine Weltneuheit bewirkt: in
Tallinn baut die NATO nicht nur ihre Anti-Cyber-War Zentrale auf, sondern
zum ersten Mal in seiner Geschichte schickte das amerikanische FBI einen eigenen Berater zur Abwehr von Cyber-Attacken ins Ausland, nämlich ab 2009
an diesen neuen Stützpunkt in Tallinn.

## RUSSISCH-BALTISCHE PERSPEKTIVEN

Estland ist in jeder Hinsicht ein extrem kleines Land – verglichen mit Russland. Gerade deswegen sagt dieser vielschichtige Streit zwischen den un-
gleichen Nachbarn so endlos viel über das neue, imperiale Russland aus. An
keiner Stelle scheut Präsident oder Ministerpräsident Wladimir Putin den außenpolitischen Konflikt, um sich innenpolitisch abzusichern. Dabei schaut er
zwangsläufig weit über Tallinn hinaus, wenn er an sein politisches Ziel denkt:
ein neues starkes, imperiales Russland. »Je mehr sich unsere Gesellschaft zu-
sammenschließt«, so Putin, desto schneller werde Russland den »schwierigen
Weg zur wahren Wiedergeburt des Landes« bewältigen. Er propagiert eine
neurussische Volksgemeinschaft, in der sich die »geistige Einheit des Volkes«
auf der Basis »moralischer Werte« formiert. Da werden Erinnerungen wach
an die Doktrin der KPdSU von der »geistig-moralischen Einheit des Sow-
jetvolkes«, die keinen Raum ließ für abweichende Meinungen. Organisierte
Opposition galt als Machenschaft ausländischer Agenten und als Fall für den
Staatsanwalt. Die starken russischen Minderheiten – zwischen 30 und 35 % –
in Estland und Lettland sind ein Bausteinchen für dieses neue Russland. Dazu
passt die Beseitigung der russischen Symbolik in Tallinn ganz und gar nicht,
schon gar nicht ein Siegerdenkmal aus dem Großen Vaterländischen Krieg…
Der Übergang von Präsident Putin zu Präsident Medwedjew bedeutete für die
baltischen Staaten keine qualitative Änderung in den politischen Beziehun-

gen; schon gar nicht nachdem ab Herbst 2008 die Gerüchte um Putins vorzeitige Rückkehr auf den Präsidentenstuhl nicht mehr zu überhören sind. Der EU-Russland-Gipfel in der sibirischen Stadt Chanty-Mansijsk am 26. und 27. Juni 2008 war Dimitri Medwedjews politische Visitenkarte gewesen und die war sehr deutlich mit anti-estnischen und anti-lettischen Anschuldigungen gespickt. Russlands Präsident beschuldigte Tallinn und Riga, sich hinter die alten Nazi-Freunde in beiden Ländern zu stellen und die großen Leistungen der Sowjetunion im Großen Vaterländischen Krieg zu schmähen.

Der Präsident der Europäischen Kommission, José Manuel Barroso, überspielte solche Auftritte von Medwedjew, weil er das größere politische Ziel in den *neuen PCA-Verhandlungen* sah, deren erste Verhandlungsrunde am 4. Juli 2008 in Brüssel eingeläutet wurde[177] und in dem Handelsaustausch zwischen EU und Russland, der 2007 rund 17 Mrd. Euro Investitionen der EU-27 in Russland erreichte und sich damit gegenüber 2004 mehr als verdoppelt hatte. Russlands Investitionen in der EU-27 erreichten 2007 rund eine Mrd. Euro, mehr als das Dreifache von 2004.

Tatsächlich aber stehen die Grundpositionen zwischen EU und Russland nicht weniger konträr einander gegenüber als die der baltischen Staaten und Russland. Die beiden Seiten vertreten weiterhin unterschiedliche Meinungen darüber, welche Form das neue Partnerschaftsabkommen PCA annehmen soll (unabhängig von den retardierenden Auswirkungen des Georgien-Krieges oder des NATO-Manövers im Mai 2009 in Georgien). Medwedjew äußerte seine Unterstützung für ein Dokument, das kurz sei und nicht zu viele Details enthalte. Die EU befürwortet jedoch einen differenzierteren Text, der sich detailliert auf Energie- und Sicherheitsfragen bezieht. Von polnischer Seite wünscht man, dass das Abkommen unter anderem die Grundsätze des Vertrags über die Energiecharta berücksichtige.[178] Baltische Stimmen wehren sich gegen die Reduktion der Beziehungen mit Russland auf die Energiefrage. Das neue PCA-Abkommen sollte untrennbar mit Russlands Fortschritten im Hinblick auf demokratische Normen, Rechtsstaatlichkeit und Menschenrechte verbunden sein. Dazu erinnert Estlands Präsident Ilves an die politischen Vorleistungen, die die Mittel-Ost-Europäischen-Gesellschaften in ihren historischen Befreiungskämpfen erbracht haben. Für ihn sind es nicht nur historische Reminiszenzen, sondern immer auch Gegenwart: opfervolle Einsätze

177  Partnership and Co-operation Agreement zwischen EU und Russland.
178  www.euractiv.com/de/erweiterung/eu-russland-begruen-neues-kapitel-ihrer-beziehung/article-173766.

für politische Freiheiten, Menschenrechte, wirtschaftspolitische Modernität. Dafür stehen der Ungarn-Aufstand 1956, der Posen-Aufstand 1956, der Prager Frühling 1968, dazwischen der Arbeiteraufstand in Berlin 1953 und natürlich die baltische *Singende Revolution* von 1989, die von Estland ausging mit ihren Barrikaden gegen die russische Besatzung, die in Riga und Vilnius im Januar 1991 errichtet wurden und dann noch einmal im August 1991.

Es ist wohl der Politiker *und* der Psychologe Ilves, der vor diesem Hintergrund seine Betroffenheit über die geringe Unterstützung der baltischen (estnischen) Unabhängigkeitsanstrengungen durch den europäischen Westen auch jetzt noch kaum verhehlen kann. Ilves' Botschaft lässt sich vielleicht so zusammenfassen: Wenn wir eine gemeinsame europäische Zukunft haben wollen, müssen wir die Spaltungsgründe und Spaltungsfolgen aus der Vergangenheit auf den Teppich bringen, nicht unter denselben kehren. Das erklärt ein wenig die überzogene und falsch platzierte Solidarität mit Georgien, bzw. gegenüber einem nicht als demokratisch, sondern nur als US-freundlich qualifizierten Präsidenten Saakaschwili. Der Ausblick auf die baltisch-russischen Beziehungen muss allerdings noch einige ganz andere Aspekte mit einbeziehen, die gelegentlich von unmittelbarer Bedeutung für die Weiterentwicklung der politischen Kultur in den baltischen Ländern sind:

## RUSSLANDS POLITISCHE KULTUR BLEIBT BALTISCHE BEZUGSGRÖSSE

In den baltischen Ländern – so scheint es – gibt es einige Oligarchen, die mit positivem Interesse auf die innenpolitische Umsetzung des imperialen Russland achten, auf den Umgang mit politischen Opponenten und mit kritischen Medienarbeitern in Russland selbst. Eine Symbolfigur der politischen Opposition bleibt Michail Chodorkowski, der seit Ende der achtziger Jahre als junger Mann zu sagenhaftem Reichtum gekommen war. Der 44-Jährige blieb einer der reichsten Männer Russlands, bis er sich öffentlich gegen den damaligen Präsidenten Vladimir Putin stellte. Chodorkowski finanzierte mit seinen – wie auch immer zustande gekommenen – Ölmillionen russische Oppositionsparteien. Durch die Beteiligung amerikanischer Investoren an seinem Konzern Jukos versuchte er, das Erdöl-Unternehmen langfristig dem

Zugriff des Kreml zu entziehen. 2003 wurde der Störenfried Chodorkowski kurzerhand nach Nowosibirsk verfrachtet. Es gab den Vorwurf der Steuerhinterziehung und dafür acht Jahre Arbeitslager. Und das ist keineswegs das Ende der Geschichte. Vor allem wurde sein Unternehmen Jukos vom Staatskonzern Rosneft geschluckt.

Für die noch brutalere Ausbootung regimekritischer Stimmen steht die Ausnahmejournalistin Anna Politkowskaja, die im Oktober 2006 am Eingang ihres Hauses in Moskau erschossen wurde, ohne dass es wohl je unter V. Putin eine Aufklärung dieses Verbrechens geben wird. Kaum weniger prominent war der Anwalt von Anna Politkowskaja, Stanislaw Markelow. Auch er als Sprecher der Opposition und Menschenrechtsanwalt wurde auf offener Straße in Moskau erschossen.[179] Schließlich erhielt auch die letzte prominente Menschenrechtlerin zum Thema Tschetschenen, Natalja Estemirowa, im Juli 2009 die Kugel. »Der Mord an Natalja Estemirowa im Nordkaukasus richtet die Aufmerksamkeit auf die Notwendigkeit, Menschenrechtler in Russland zu schützen«, heißt es im scharfen Protest der schwedischen EU-Präsidentschaft. Hinter solchen spektakulären Fällen verbergen sich zahllose bürokratische und gewalttätige Repressalien im aktuellen Russland. Die Spannungen zwischen Ministerpräsident Putin und Präsident Medwedjew haben offenbar auch darin eine Ursache.

In den baltischen Ländern gibt es kein Sibirien und werden keine Journalisten erschossen. Aber immerhin wird im November 2008 ein Dozent der Universität Vidzeme von der lettischen Polizei verhaftet, nachdem er seine Prognose der baldigen Abwertung des Lat öffentlich ausgesprochen hatte. Dem Wissenschaftler drohen bis zu fünf Jahre Gefängnis wegen Staatsgefährdung. Auch andere Maßnahmen der lettischen Elite gegen Störenfriede der etablierten politischen Kultur sind nicht immer weit vom russischen Beispiel entfernt, wie der Abschnitt weiter oben *»Politik gegen die Gesellschaft«* (S. 54)

179 Anna Politkowskaja, im Flur ihres Hauses in Moskau Anfang Oktober 2006 »von Unbekannt« erschossen. (Schwerpunkte: Berichterstattung über Militär und Geheimdienste bis zu Rebellen und Offiziellen in Tschetschenien).
Stanislaw Markelow, bekannter russischer Menschenrechtsanwalt am 19.1.2009 in Moskau auf offener Straße erschossen. Markelow hatte unter anderem Anna Politkowskaja vertreten und wollte gegen die vorzeitige Haftentlassung eines russischen Offiziers gerichtlich vorgehen, der wegen Mordes an einer Tschetschenin in Haft saß.
Sergej Protasanow, kritischer Journalist (Schwerpunkte: Umweltvergehen, Wahlfälschungen), wurde Anfang April 2009 brutal zusammengeschlagen und verstarb später in seiner Wohnung.
Über 40 Morde an russischen Journalisten sind seit 1991 bekannt geworden – bei allen erklärt sich die Polizei nicht in der Lage, die »unbekannten Täter« aufzuspüren.

zeigt. Der baltischen Bevölkerungsmehrheit – besonders in Estland und Lettland – bereiten diese Beispiele der politischen Kultur Russlands daher einige Sorge, weil der russische Bevölkerungsanteil in ihren Ländern bei gut 30 % liegt und ansteigt. Diese russische Bevölkerung bezieht mehrheitlich über russische Medien ihre Informationen und lässt sich durch russische Zeitungen, russisches Fernsehen und von Moskau gelenkte Migrantenorganisationen ihr Weltbild formen.[180] Die russischen Botschaften in Tallinn und Riga geben die notwendige Unterstützung. Über diese Medien und Organisationen wird auch die Interpretation der aktuellen russischen imperialen Außenpolitik verbreitet. Dazu gehörten zuletzt an prominenter Stelle die Energiepolitik und die »Befreiung« von Südossetien und Abchasien. Solange nicht ausgeschlossen ist, dass die baltischen Eliten (z.B. die lettischen Oligarchen) sich Anregungen von solchen russischen Vorfällen wie »Chodorkowski« und »Politkowskaja« holen, bleibt der Transformationsprozess hin zu westeuropäischen politischen Werten erheblich belastet.

---

180  University of Tartu Study – »Me. The World. Media 2005«.

## AUSSENPOLITISCHER BEZUG: EU

Die Aufnahme von zehn mittel- und osteuropäischen Ländern einschließlich Malta und Zypern am 1. Mai 2004 in die EU kann als Meilenstein der europäischen Nachkriegsgeschichte angesehen werden. Es war der Entschluss der westeuropäischen Staatengemeinschaft, das Ende der Teilung Europas als Konsequenz des Kalten Krieges zu konkretisieren. Nach dem realen und symbolhaften Fall der Berliner Mauer sollte die westeuropäische Wirtschaftsgemeinschaft nach Osten ausgeweitet werden. Die westeuropäische politische Kultur sollte diese Ausweitung begleiten und Demokratie im Osten konsolidieren. Ohne Zweifel ein historisches Projekt, das auch die außerordentliche Friedensperiode für ganz Europa absichert. Das nachholende Wirtschaftswachstum z.b. in den baltischen »Tiger-Staaten« war anfänglich für die einen beeindruckend, für die anderen der typische Prozess nachholender Entwicklung. Aber die Innensichten der baltischen Länder in diesem Buch machen deutlich, dass solcher ökonomischer Erfolg auf tönernen Füßen steht, wenn er nicht von tatsächlicher demokratischer, politischer, sozialer Stabilisierung und Handlungsfähigkeit der Gesellschaft abgesichert wird. Heute stehen die Länder der Osterweiterung vor einem weit größeren Problem als »nur« der Wirtschafts- und Finanzkrise. Am Beispiel der baltischen Länder lässt sich das gesellschaftspolitische Chaos ablesen, das der bisher vom Europäischen Rat und der Kommission geförderte Erweiterungsprozess nicht verhindert hat, in mehrerlei Hinsicht sogar mitbewirkt hat.

Hier wäre eine analytische und Reflektionsphase innerhalb der jetzt bestehenden EU erheblich sinnvoller, ja, dringend erforderlich, bevor hektisch die nächste Erweiterungsphase eingeleitet wird. Allerdings wurde diese schon mit der »östlichen Partnerschaft« für die sechs Staaten an der EU-Ostgrenze vorbereitet: die Ex-Sowjetrepubliken Armenien, Aserbaidschan, Georgien, Ukraine, Moldawien und Weißrussland. Die schmalbrüstige baltische Zustimmung zu dieser Erweiterung wird bei Litauen klar erkennbar: Litauen tauscht seine Befürwortung zugunsten Weißrusslands gegen dessen Befürwortung eines neuen Kernkraftwerks im litauischen Ignalina. Welche sonstigen Verantwortungen alle anderen EU-Mitglieder für die neuen »östlichen Partner« eingehen müssen, interessiert Litauens politische Führung dabei herzlich wenig. Die Komplexität des Ignalina-Themas wird ausführlicher im Kapitel »*Litauens Atompolitik als baltischer Bezugspunkt*« (S. 296) behandelt.

Mit meist ähnlich zu kurz gegriffenen Überlegungen artikulieren allerdings auch andere EU-Mitglieder ihre jeweilige Erweiterungseuphorie. Zu erwarten sind demnächst auch die Mitgliedschaften von Island und Kroatien, dazu Albanien, Montenegro und Mazedonien. Und im Hintergrund verstärkt die Türkei systematisch den Druck zugunsten ihrer vollen EU-Mitgliedschaft (am deutlichsten dadurch, dass sie sich als Drehkreuz der europäischen Energieversorgung stabilisiert und die EU damit erpressbar wird). Es geht nicht um Ausschluss, sondern um sinnvolle Integration, und die kann nur von einer starken EU wahrgenommen werden, nicht von einer EU mit außerordentlich vielen internen Problemen, für die die jetzigen EU-Bürger keine Lösungsbereitschaft bei den politischen Institutionen erkennen und daher zunehmend europadistanter werden.

Fünf Jahre nach dem Beitritt lässt sich durchgehend feststellen, dass die baltischen Gesellschaften auch weiterhin von einem gemischten Gefühl gegenüber »Europa« bestimmt werden. Die Skepsis in der Bevölkerung hat in diesen fünf Jahren weiter zugenommen. Das kam bei den Wahlen zum Europaparlament 2009 klar zum Ausdruck. Europa ist hier die EU und wird de facto reduziert auf »Brüssel«. Die baltischen Regierungen haben allerdings seinerzeit dem Verfassungsvertrag extrem spontan zugestimmt und sie haben – anders etwa als Irland oder Tschechien – auch dem Lissabon-Vertrag zugestimmt. Die Spannungen zwischen diesen extremen Wahrnehmungen der EU oder von »Brüssel« haben eine wesentliche und simple Erklärung: **Die nationalen Regierungen und Bürokratien** benutzen die politischen Entscheidungen der EU opportunistisch für innenpolitische Zwecke. Entscheidungen der EU, die sich bei der einheimischen Bevölkerung (dem Wähler) gut vermarkten lassen, werden problemlos als eigene Entscheidungen ausgegeben. Entscheidungen, die beim Wähler und Bürger auf Ablehnung stoßen, sind Entscheidungen aus »Brüssel«. Aus anderem Blickwinkel bedeutet das, dass bisher aus mehrschichtigen Gründen keine europäische Identität vermittelt wird und diese also auch bei den Bürgern der inzwischen 27 Staaten nur als Spurenelement vorhanden ist. Die klassischen Mittel der Identitätsstiftung fehlen: *Hymne, Flagge, nati-*

*onale Verfassung, aber auch eine Wählerbeteiligung bei der Bestellung der Kommissare.* Um die Assoziation an einen europäischen Zentralstaat zu vermeiden, sind im Lissaboner Reformvertrag genau diese identitätsstiftenden Elemente nicht enthalten. Es ist ein nüchternes Regelwerk, ohne jede Symbolik, ohne Emotionalität.

Entsprechend ist die Geschichte der EU nicht nur durch baltische Skepsis gespickt: 1992 wiesen die Dänen den Maastricht-Vertrag zurück, die Franzosen stimmten nur mit einer dünnen Mehrheit zu und die Schweizer wollten nicht der Europäischen Wirtschaftsgemeinschaft beitreten als Vorbereitung zur EU-Mitgliedschaft. 1994 verweigerten die Norweger sogar zum zweiten Mal die EU-Mitgliedschaft und auch die Dänen lehnten zweimal die Aufnahme in die Euro-Zone ab. 2001 stimmten die Iren dann gegen den Nizza-Vertrag und 2005 kam das negative Abstimmungsergebnis der Franzosen und der Niederländer gegen den EU-Verfassungsvertrag zustande. Schließlich waren es im Juni 2008 wieder zunächst die Iren, die sich auch mit dem Lissabon-Vertrag nicht anfreunden wollten, und Tschechiens Präsident Klaus machte kein Hehl aus seiner EU-Distanz – selbst als sein Land 2009 die EU-Präsidentschaft innehatte.[181]

Dabei darf gesagt werden, dass Tschechien wohl den wichtigsten politischen Fall beim Ringen um einen neuen Verfassungsvertrag darstellt. Wenn nämlich das tschechische Parlament durch ein Misstrauensvotum den eigenen Ministerpräsidenten stürzt, während er gerade die EU-Präsidentschaft innehat, dann stand für die tschechischen Parlamentarier nicht die diplomatische Etikette an oberster Stelle, sondern die politische Abwägung mit Bezug auf das eigene Land – auch wenn das mit heftigen parlamentarischen Debatten verbunden war und in Westeuropa vom »großen politischen Skandal« die Rede war.[182] Das genau ist z.B. in den baltischen Staaten überhaupt nicht passiert. Es lässt sich fragen: Wo zeigt sich mehr lebendige Demokratie? Die tschechischen Argumente der Verfassungsgegner gelten schließlich auch für die kleinen baltischen Staaten: Mit

---

181 Die Ablehnungsgründe sind nicht deckungsgleich, aber sie besitzen wohl einen sehr ähnlichen Grundzug, wie ihn der wichtigste irische Beitrittsgegner seinerzeit formuliert hatte:, der irische Geschäftsmann Declan Ganley: Das Votum der Iren sei nicht gegen Europa insgesamt gerichtet, sondern konkret gegen den Lissabon-Vertrag. Die Regierungschefs müssten zurück an den Verhandlungstisch. Denn Europa müsse für den Bürger berechenbarer, demokratischer und verständlicher als bisher daherkommen.

182 Die Zustimmung des tschechischen Senats erfolgte Anfang Mai 2009 mit den erforderlichen 3/5 der anwesenden Senatoren, nachdem das Parlament schon Mitte Februar zugestimmt hatte. Die Ratifizierung bleibt allerdings abhängig von Staatspräsident Klaus, der nach wie vor die Interessen der kleinen Länder in der EU-Verfassung nicht gesichert sieht.

Blick auf den Lissabon-Vertrag kann ein kleines EU-Land um seine Kompetenzen und seine Souveränität im Entscheidungsfindungsprozess besorgt sein. Der Einfluss von Deutschland und Frankreich wird dagegen deutlich gestärkt, wenn sie sich gut abstimmen. Was in Tschechien aber auch heftig diskutiert wurde und im Baltikum aufmerksam beobachtet wurde, war, dass die Bevölkerungen in den Mitgliedsländern nicht befragt wurden. In den baltischen Staaten hätte es mit ziemlicher Sicherheit eine mehrheitliche Ablehnung des Lissabon-Vertrages durch die Bevölkerung gegeben. Das könnte allerdings noch immer in Großbritannien passieren, wenn dort im Mai oder Juni 2010 Unterhaus-Wahlen stattfinden und Labour mit hoher Wahrscheinlichkeit verliert. Die Konservative Partei steht der EU reserviert gegenüber und dürfte zu einer Volksabstimmung über die EU-Mitgliedschaft aufrufen – wenn der Verfassungsvertrag bis dahin nicht schon verabschiedet ist. Die Euroskeptiker – auch in den baltischen Ländern – würden eine solche Entwicklung als Ermutigung für eigene Anti-EU-Aktivitäten verstehen.

Der Prozess aus der Europäischen Montanunion über die Wirtschaftsgemeinschaft in die Europäische Union war gekennzeichnet durch die Verhandlungen der souveränen Mitglieder miteinander und nicht durch bürokratische Entscheidungen »aus Brüssel«. Das »Brüssel« von heute erfährt dagegen in sehr großen Teilen der europäischen Bevölkerung die Interpretation eines gewaltigen bürokratisch-distanzierten Apparates. Dieses »Brüssel« ist den meisten EU-Bürgern zu groß, zu anonym, zu intransparent und wird mit nicht wenigen Korruptionsskandalen verbunden. Diese Sicht dominiert auch in den baltischen Gesellschaften. Und sie wiegt schwer, weil die Balten – historisch gesprochen – soeben erst ihre staatliche Souveränität nach Jahrhunderten der diversen Fremdherrschaften und der Kolonisation erkämpft haben und sie gerne eine Weile lang genießen würden. »Brüssel« spielt für viele Balten die Rolle des früheren deutschen Landadels, der herrschenden Oberschicht; die aktuellen baltischen Eliten verkörpern – abgesehen von deren individueller Oligarchen-Rolle – die Verwalter fremder Interessen.

De facto gestaltet sich die Konsensfindung in der Europa-Politik auf einer Ebene, die vielen baltischen Politikern und den meisten Bürgern noch immer wenig vertraut ist: das Wirken der gut organisierten Interessengruppen, der sogenannten und der tatsächlichen NGOs, die Funktion vergebener oder bestellter Gutachten etc. Die politischen Entscheidungsvorlagen werden dann auf hohem politischem Niveau in den COREPER formuliert.[183] Die politische Bedeutung des Europaparlaments ist in diesem Prozess noch immer nicht so stark, wie sie im demokratischen Grundverständnis sein sollte. Aber sie soll ja durch den Lissabon-Vertrag erweitert werden. Und wenn dann die Kompetenzen des Europaparlaments erweitert sind, wird »Europa« und »Brüssel« dann für den Bürger im fernen Estland transparenter? Nicht automatisch!

## BEITRITTS-FÖRDERUNG DURCH EU-PROGRAMME

Die Schwachstellen in Organisation, Systemaufbau und Qualifikation der Transformationsländer wurden teilweise von den EU-Organen wahrgenommen und sollten durch diverse Hilfsprogramme zur Anpassung an Westeuropa-Standards kompensiert werden (PHARE, TWINNING, dann Struktur- und Kohäsionsfonds). Aber dafür waren kaum Partnerstrukturen in den baltischen Staaten zu finden. Als Hilfskonstruktionen wurden u.a. zwei Maßnahmen gefördert: der schnelle Einsatz junger Beamter für sehr verantwortungsvolle Positionen in der Ministerialbürokratie – ohne dass diese Universitätsabgänger die erforderliche Erfahrung mitbringen konnten, um den Beitrittsprozess mitzugestalten. Vor allem hatten die Universitäten dafür auch nur unzureichende theoretische Ausbildung anbieten können. Das wichtigste »asset« der jungen Mannschaften bestand zunächst in ihren westeuropäischen Sprachkenntnissen. Die zweite Maßnahme für die EU-Verhandlungsführer war die Bildung sogenannter ›islands of excellence‹ innerhalb der Ministerien und anderer Regierungsinstitutionen. In der Bezeichnung selbst (»island«) kommt freilich zum Ausdruck, dass das Gros der Staatsbürokratie von erheblichen Qualifikationsmängeln bzgl. westeuropäischer Verwaltungsanforderungen gekennzeichnet war. Die extreme Labilität des Regierungsapparates mit durchschnittlichen Verweildauern einer Regierung von gut einem Jahr während der ersten 15 Jahre nach der Unabhängigkeit hatte zusätzlichen Anteil daran, dass von den »islands« kaum Breitenwirkung in den bürokratischen Apparat hinein erfolgen konnte und – wie oben im Abschnitt *»Stolperstein Korruption«* (S. 76) gezeigt – von den neuen/alten Eliten auch nicht unbedingt erwünscht war.

---

183 COREPER (Comité des représentants permanents) ist die Zusammensetzung der Leiter der Ständigen Vertretungen der Mitgliedstaaten bei der EU.

Das **Phare-Programm** zur Beitrittsvorbereitung wurde erst 1997 auf Anregung des Europarats gestartet.[184] Die Phare-Mittel wurden gänzlich auf die Prioritäten konzentriert, wie sie in den Beitrittsvereinbarungen des neuen Mitgliedslandes festgeschrieben waren. Beamte der alten Mitgliedsstaaten wurden in der »Dopplung« (»**Twinning**«) den entsprechenden Kollegen der neuen Mitglieder an die Seite gestellt, um sie effizienter auf den Beitritt zur EU vorzubereiten. Letztendlich wurde das Phare-Programm in die Regierungsstruktur des neuen Mitglieds durch die Schaffung eines Nationalen Fonds und einer begrenzte Anzahl von Durchführungsinstitutionen eingepasst. Diese Grundstruktur wurde dann 1999 an die beiden zusätzlichen Unterstützungsprogramme angepasst, SAPARD für die ländliche Entwicklung und ISPA für Transport und Umweltfragen. Dabei bestand die wesentliche Abänderung in der Umwidmung der nun frei gewordenen Phare-Mittel zugunsten wirtschaftlicher und sozialer Kohäsion.

Nach ihrem Beitritt zur EU sind für die baltischen Länder zwei andere Fonds besonders wichtig geworden: **Strukturfonds** und **Kohäsionsfonds**. Die Strukturfonds und der Kohäsionsfonds sind die Finanzierungsinstrumente der Regionalpolitik der Europäischen Union (EU), die darauf abzielt, das Entwicklungsgefälle zwischen den Regionen und Mitgliedstaaten zu verringern. Sie wirken damit in vollem Maße auf die Stärkung des wirtschaftlichen, sozialen und territorialen Zusammenhalts hin. Im Zeitraum 2007 – 2013 stehen für die gesamte Regionalpolitik Mittel in Höhe von 348 Mrd. Euro zur Verfügung, von denen 278 Mrd. Euro auf die Strukturfonds und 70 Mrd. Euro auf den Kohäsionsfonds entfallen. Die Mittel für diese Politik machen 35 % des Gemeinschaftshaushalts aus und stellen den zweitgrößten Haushaltsposten überhaupt dar.

Die EU-Bedingungen zur Nutzung der Fonds-Mittel waren leicht aufgestellt, aber ohne besondere definitorische Klarheit, was jeweils darunter verstanden werden musste. Nur deswegen kann es auch 2009 noch zu »Projekten« der lettischen Regierung kommen, wie einem Regierungsbeschluss, dass rund 8,4 Mio.

184 Übernommen aus: http://ec.europa.eu/enlargement/how-does-it-work/financial-assistance/phare/ index_en.htm.

Euro aus den EU-Fonds plus die lettische Kofinanzierung von rund 1,2 Mio. Euro für die Entwicklung unterschiedlicher Methoden zur Wirkungsanalyse von Gehaltsreduzierungen u.Ä. eingesetzt werden sollen. Der Leiter der staatlichen lettischen Rechnungsprüfungsbehörde, Inguna Sudraba, nannte eine solche Projektidee – besonders in der aktuellen Krise des Landes – Verschwendung von öffentlichen Geldern für Maßnahmen, die keinen Sinn machen.[185] Der Kommentar des hohen Beamten fällt wohl auch deswegen so drastisch aus, weil er nicht sicher ist, dass solche Antragsstellungen durch die EU-Instanzen ausreichend sorgfältig und kritisch geprüft werden – und abgelehnt werden müssten.

Generell blieben vor allem wesentliche Begriffe der gesellschaftlichen Modernisierung und Demokratieförderung unscharf und vage, wie *Politische Parteien* und *Zivilgesellschaft* und zeigen damit, dass der politische Integrationsprozess in seiner Bewertung durch die EU-Kommission hinter dem bürokratischen zurückstand.[186] Allzu wenig von den komplexen Beziehungen eines westeuropäischen Staates zu den diversen nationalen Akteuren wie auch den wichtigen Akteuren im Globalisierungsprozess wurde den Staaten und Gesellschaften der Transformationsländer nahegebracht. Mit anderen Worten: im Erweiterungsprozess ging es der Europäischen Kommission in erster Linie um die staatlichen Akteure in den Transformationsländern, weniger um die Gesellschaften dieser Länder. Dabei lautete einst das Motto der Gründungsvaters Jean Monnet: »Wir bringen nicht Staaten zusammen, wir vereinigen Völker.« Worum also ging es?

## EU-FINANZZUFLÜSSE ALS POLITISCHES MOVENS

De facto bestehen nur wenige Ansätze der politischen oder der wirtschaftlichen Zusammenarbeit bei der Verbesserung der sozialen Netze oder beim Umwelt-Management oder beim Klimaschutz zwischen den baltischen Regierungen. Zu den wenigen baltischen Gemeinsamkeiten gegenüber der EU gehört dafür das *Abzocken* der EU-Entwicklungsgelder.

---

185 LETA, Riga, 8.5.2009.
186 http://europa.eu/geninfo/query/resultaction.jsp?page=1 antwortet auf das eingegebene Stichwort »Demokratieförderung« mit: »Ergebnisse: Ihr Suchbegriff »Demokratieförderung« wurde in 5 von 172575 Dokumenten gefunden.« Eindeutig zu selten!
Darauf wurde schon vor einigen Jahren an anderer Stelle hingewiesen: z.B. in Heft 2/3, 2004 der Landeszentrale für Politische Bildung Baden-Württemberg (»Die baltischen Staaten«).

| Year | Financial Support in € |
|------|------------------------|
| 1992 | 15.000.000 |
| 1993 | 18.000.000 |
| 1994 | 29.500.000 |
| 1995 | 32.500.000 |
| 1996 | 37.000.000 |
| 1997 | 43.000.000 |
| 1998 | 32.500.000 |
| 1999 | 44.500.000 |
| 2000 | 103.721.936 |
| 2001 | 106.973.602 |
| 2002 | 106.097.531 |
| 2003 | 126.128.615 |
| 2004[5] | 408.602.042 |
| 2005 | 392.478.992 |
| 2006 | 388.257.942 |
| 2007 | 508.251.651 |
| 2008 | 554.225.772 |
| 2009 | 603.897.967 |
| 2010 | 655.705.281 |
| 2011 | 709.339.722 |
| 2012 | 765.395.661 |
| 2013 | 823.567.165 |
| | |
| **Sum** | **6.504.643.879 €** |

---

187  Es handelt sich um dieselbe Zusammenstellung der Finanztransfers wie schon im Abschnitt »Private Aneignung öffentlicher Mittel«. Entsprechend handelt es sich um dieselbe Quelle: Ulla Reiss: Financial support from the European Union for Latvia – 1992-2013, Riga 2008; veröffentlicht auf der Website der FES-Lettland www.fes-baltic.lv/cms/upload/dokumente/Text_Ulla_Rei.pdf. Weitere Angaben unter www.esfondi.lv/page.php?id=495.

Rechtzeitig vor der Festlegung des EU-Haushaltes für 2007 – 2013 kam es folgerichtig zum Treffen der Ministerpräsidenten der drei baltischen Republiken am 20. Mai 2005 in Riga, um sich für die Finanzverhandlungen mit Brüssel abzustimmen. Die MP Andrus Ansip (Estland), Aigars Kalvītis (Lettland) und Algirdas Brazauskas (Litauen) erklärten anschließend ihre gemeinsame Überzeugung, wonach die Verhandlungen zum *Kohäsions-Fonds* die Prinzipien des *Acquis* widerspiegeln müssten, nämlich die Solidarität mit den am wenigsten entwickelten EU-Mitgliedern – den baltischen. Sie hatten richtig interpretiert, dass die Mittel des Kohäsionsfonds für die Mitgliedsländer vorgesehen wurden, die ab 2004 schon nicht mehr von den Erweiterungs-Programmen profitieren konnten, aber noch deutliche Abstände in der wirtschaftlichen und anderen Leistungen zu den »alten« EU-Mitglieder zeigten. Die Ministerpräsidenten erläuterten freilich nicht – und schon gar nicht der lettische, der Ende 2007 wegen absolutem Missmanagement sein Amt verlor –, wie sie die bisherigen Milliarden-Transfers zur Entwicklung der eigenen Länder eingesetzt hatten und mit welchen Ergebnissen.

Für jeden interessierten Beobachter des Transformationsprozesses ist es bis heute extrem schwierig, diese Fragen nach Verwendung und Wirkungen beantwortet zu kriegen, denn – sehr hart formuliert – es herrscht der Eindruck, dass die EU-Kommissariate die genauen Auszahlungsbeträge bewusst verschleiern, die Auszahlungsmodi jährlich ändern, was statistische Transparenz fast unmöglich macht, und das Berichtswesen so festlegen, dass der Nachweis von Geldverschwendung, von Geldvernichtung oder von direkter Korruption kaum zu führen ist bzw. extrem erschwert wird. Die intransparente Mitarbeiterstruktur der EU-Kommission und damit Intransparenz des EU-Apparates an sich trägt allerdings erheblich zu diesem bedauernswerten Zustand bei. Das ist nicht anders beim baltischen Nachbarn Polen oder den letzten Beitrittsländern Rumänien und Bulgarien, über die westeuropäische Medien seit deren erstem Beitrittsjahr ausführliche Berichte unter der Überschrift veröffentlichten: »*Russischer Kapitalismus in Rumänien – Die neuen Reichen ebnen sich den Weg in das finanzielle Dorado, während das normale Volk nicht weiß, wie sie das Monatsende erreichen sollen*« und: »*Sofia, europäische Hauptstadt der Korruption – Der Fehlschlag Bulgariens im Kampf gegen das organisierte Verbrechen stellt die Zukunft der EU-Fonds in Frage*«. Solche Recherchen und Berichte hatte nicht die gelbe Presse (Bild-Zeitung u.Ä.) angestellt, sondern z.B. in ganz

Westeuropa renommierte Tageszeitungen, wie der spanische El País.[188] Der Skandal um den erfolgreichen Wahlbetrug zugunsten der Präsidententochter Elena Basescu bei den Europawahlen im Juni 2009 zeigen, dass das geistige Erbe von 44 Jahren real-kommunistischer Herrschaft auch auf anderer Ebene noch sehr lebendig ist.[189]

Er wirkt daher durchaus wie das Rufen im Walde, um sich als Geldgeber selber Mut zu machen und die erschreckenden Schwächen der EU-Anpassungs- und Kohäsionspolitik nicht einzugestehen, wenn unmittelbar vor der Großen Krise in EU-Texten Bilanzen gezogen wurden wie diese:

▸ **Binnenmarkt**: Hinsichtlich des Binnenmarktes haben die neuen Mitgliedsstaaten den Großteil der europäischen Rechtsvorschriften in innerstaatliches Recht umgesetzt, einzig im Bereich Wettbewerb kommt es zu Verzögerungen. Diese Umsetzung erleichtert den Handelsverkehr, die Investitionen und die Entwicklung des Finanzsektors in den EU-10-Staaten.

▸ **Landwirtschaft**: Die Erweiterung brachte Verbesserungen im Landwirtschaftssektor aller Mitgliedstaaten mit sich, indem der Handelsverkehr innerhalb der EU erleichtert und die Modernisierung der Landwirtschaft in den neuen Mitgliedstaaten unterstützt wurde. Durch den EU-10-Beitrag im Bereich Landwirtschaft hat die europäische Landwirtschaft hinsichtlich landwirtschaftlicher Nutzfläche, Erzeugnissen und Zahl der Landwirte an Bedeutung gewonnen. Die Befürchtungen, die Erweiterung würde sich negativ auf den Landwirtschaftssektor auswirken, hat sich nicht bestätigt. Ein großer Unterschied herrscht noch bei den Beschäftigungsanteilen in der Landwirtschaft: In der Slowakei und in der Tschechischen Republik sind 4 % der Bevölkerung in der Landwirtschaft beschäftigt, in Polen 19 %.

▸ ***Beschäftigung und sozialer Zusammenhalt***: Die neuen Mitgliedsstaaten haben ihre Rechtsvorschriften in der Beschäftigungs- und Sozialpolitik ohne Schwierigkeiten an den

---

188  Die spanische Tageszeitung El Pais, 3. Januar 2008, S. 6 und S. 8.
189  »Mission Elena« – Papa macht's möglich. Eine Präsidententochter mit eher mäßiger politischer Erfahrung kann sich ganz auf die Parteiorganisation ihres Vaters verlassen, die konkurrierende Partei PSD setzt offenbar gleich auf Stimmenkauf: Die Europawahl in Rumänien scheint alles andere als sauber verlaufen zu sein. (Bericht von Andrea Mühlberger, ARD-Hörfunkstudio Wien, 8.6.2009)

gemeinschaftlichen Besitzstand angeglichen; dabei ging es um das Arbeitsrecht, Gesundheit und Sicherheit am Arbeitsplatz, Chancengleichheit und Antidiskriminierung. Die neuen Mitgliedsstaaten stehen allerdings noch vor großen Herausforderungen hinsichtlich der Förderung des sozialen Dialogs und des sozialen Schutzes. Die Systeme der Mitgliedsstaaten, die von dem Europäischen Sozialfonds unterstützt werden, müssen große Anstrengungen unternehmen, um die in der Lissabon-Strategie festgelegten Ziele hinsichtlich Wachstum und Arbeitsplätze zu erreichen.[190]

In Bezug auf die baltischen Staaten kann festgehalten werden, dass von diesen Wirkungsbeschreibungen für die gesellschaftlichen und wirtschaftlichen Entwicklungen vor allem die Schwachstellen zutreffen. Denn die Wirklichkeit lautete schon im ersten großen Krisenjahr 2008: Zahlungsbilanzdefizite, extreme Inflationsraten (18%), geplatzte Kreditblase des Immobiliensektors (Notverkäufe von Wohnungen und Häusern) und eine Prekarisierung aufgrund der strukturellen Verarmung der Landwirtschaft und der Schwächung der wenigen Industriesektoren. Letzteres, weil zu wenig angepasste Ausbildung erfolgte und zu wenig Kooperationsinteresse bei ausländischen Investoren erzeugt wurde und die nationale Kreditpolitik zu deutlich shareholder-Interessen diente als dem strukturellen Umbau von Industrie, Landwirtschaft und Bildung. Dabei ist die strukturelle Wirkung der agrarpolitischen Beschlüsse der EU vom November 2008 für den mehrheitlich kleinbäuerlichen Sektor der baltischen Länder derzeit noch nicht abzusehen. Denn offenbar zielte die neue Stoßrichtung für die Vergabe der rund 55 Mrd. Euro aus dem EU-Agrarfonds auf gut aufgestellte, durchrationalisierte, exportfähige Agrarbetriebe.[191]

Unter der französischen Präsidentschaft konnte auch kaum eine grundsätzliche Wandlung der Subventionspolitik des größten EU-Budget-Sektors erwartet werden. Entsprechend kritisch fielen auch die Kommentare zum EU-

---

190 »Erweiterung: Zwei Jahre danach – ein wirtschaftlicher Erfolg« (http://europa.eu/scadplus/leg/de/lvb/e50026.htm), Letzte Änderung: 26.4.2007

191 Am 17. Juni 2009 lautet dazu eine Überschrift in der Süddeutschen Zeitung: EU fördert Grosskonzerne statt kleine Bauern. Damit waren z.B. die 590.000 Euro gemeint, die die RWE Power für die Rekultivierung stillgelegter Braunkohlegruben erhielt und Ähnliches. Dazu auch die Website: www.agrar-fischerei-zahlungen.de/agrar_empfaenger.html.

Agrargipfel von November 2008 aus.[192] Dabei hatte die dänische Kommissarin ein auch für die baltischen Bauern richtiges Signal gesetzt: bei den Agrarhilfen keine Subventionierung der früheren Kolchose-Betriebe, sondern Förderung von agrarwirtschaftlicher Diversifizierung. Aber der Streit um mehr Energiepflanzungen für Bio-Treibstoffe oder mehr qualitative Nahrungsmittel und vor allem die Auseinandersetzung zwischen der EU-Agrarpolitik und den EU-Entwicklungspolitikzielen wird erst in den kommenden Jahren richtig losbrechen.

2009 hätten die Europawahlen gute Gelegenheit geboten, das Thema EU-Agrarpolitik intensiv auf seine Kompatibilität mit den Lissabon-Zielen zu hinterfragen. Grund genug bieten die inzwischen schon wieder aufgetürmten Butterberge und Produktionsverzerrungen zwischen den Mitgliedsländern, Extrembeispiel: 0,01 Euro/Liter Bauern-Diesel in Frankreich gegenüber 0,40 Euro/Liter in Deutschland.

Die ohnehin in einer anderen – schlechteren – Liga spielenden lettischen Bauern mussten den schlagartigen Milchpreisverfall in ihrem Land um 50 % als existenzbedrohend empfinden. Im Januar war zum ersten Mal in 18 Jahren ihre Wut so groß, dass sie in langer Karawane nach Riga zogen und ihren Agrarminister »in die Wüste« schickten. Um die richtigen Fragen an die EU-Kommission zu stellen, fehlen den lettischen Bauern allerdings die richtigen Abgeordneten im Europaparlament.

PASSIVE EU – UNPROFESSIONELLE LANDESREGIERUNG

Ähnlich wie bei der estnischen Bevölkerung hatte sich die Position der lettischen Bevölkerung zur Mitgliedschaft in der EU bis zum Beginn der Großen Krise nicht wesentlich geändert: Eine Befragung durch die EU-Informationsagentur im Oktober 2007 ergab, dass maximal ein Drittel der Bevölkerung die EU-Mitgliedschaft positiv bewertet, ein Fünftel negativ und etwa die Hälfte ihr indifferent gegenübersteht. Vor allem junge Menschen (18 – 39 Jahre) mit höherer Bildung und mittlerem bis höherem Einkommen begrüßen die Teil-

---

192 Vgl z.B. auf der Website von Germanwatch die Gemeinsame Stellungnahme der Verbände zum Health Check 2008 der EU-Agrarpolitik vom Oktober 2008: www.germanwatch.org/handel/health08.pdf.

nahme an der EU. Positiv wurde bisher vor allem die Möglichkeit gesehen, in anderen EU-Staaten zu arbeiten, gefolgt von den EU-Unterstützungszahlungen. Die ältere, städtische Bevölkerung mit niedrigem Einkommen hingegen beurteilte die Mitgliedschaft eher negativ. Aufschlussreich ist dabei wiederum, wie die politischen Eliten während der diversen Wahlen auf solche Umfrageergebnisse reagierten: Anstelle einer besseren Informationspolitik und Beseitigung der gefühlsmäßigen Schatten, die auf vielen EU-Themen liegen, wurden die EU-Bezüge eher kleingeredet oder möglichst ganz vernachlässigt. Lettland machte diese Haltung besonders deutlich, indem praktisch keine der relevanten politischen Parteien anlässlich der Parlamentswahl 2007 Positionen zur Europapolitik darlegte. Damit lassen sich einige übergreifende Beobachtungen verknüpfen:

Politische Entscheidungsträger besitzen i.d.R. selber eher geringe Kenntnisse über die komplexen Zusammenhänge vieler EU-Entscheidungen

▶ Politische Entscheidungsträger neigen zu einer reaktiven anstelle einer proaktiven EU-Interpretation (nicht zuletzt in Abhängigkeit von den kalkulierten Zugriffschancen auf EU-Strukturfonds, Kohäsionsfonds).

▶ Politische Entscheidungsträger (besonders in Lettland) lassen kein institutionelles, programmatisches oder strategisches Instrumentarium erkennen, um eine mittel- oder gar langfristige *europäische* Politik mitzugestalten.

▶ Politische Entscheidungsträger sind einem zu geringen gesellschaftlichen Druck ausgesetzt, um diese Defizite des politischen Managements zügig und konstruktiv abzubauen.

Die einzelnen EU-Kommissare interessierten sich nicht nur nicht für das unscharfe Bild der europäischen Gemeinschaft, das in diesen Transformationsländern vermittelt wurde, sie halfen auch den teils unerfahrenen, teils einfach nur korrupten Regierungen auch nicht, sich mit den frühzeitigen Signalen der wirtschaftlichen Krise auseinanderzusetzen. Wirtschaftspolitische Beobachter, wie *The Economist*, benannten schon früh die wirtschaftlichen Widersprüche, aber auch Beobachter der gesamtgesellschaftlichen Entwicklung machten auf die ablesbaren Gefahren für die gesellschaftliche Stabilität durch die volkswirtschaftliche Schieflage der baltischen Länder aufmerksam.

So fasste u.a. *The Economist* zur Jahresmitte 2007 seine Erkenntnisse in sehr klare Worte:

The country that most troubles outsiders is Latvia:

▶ *It has a whopping current-account deficit: some 21 % of GDP in 2006, and bigger still so far this year.*

▶ *That reflects soaring consumption and household debt, financed mainly by foreign-owned banks.*

▶ *Wages are rocketing-up by a third year-on-year.*

▶ *Inflation is over 8 %. This points to a need for tough restraining measures.*

▶ *Although the IMF issued a sharp warning in May about the need for a fiscal squeeze, the government is keener on harvesting the dividends of double-digit GDP growth than on acting to avert the risk of a crash.*[193]

Ein Jahr vor Sichtbarwerden der Großen Krise besaß das Beispielland Lettland schon das nachfolgende höchst bedenkliche volkswirtschaftliche Profil[194]:

---

*Lettland: Makroökonomische Struktur*

Anteil der Verarbeitungssektoren am BSP Anfang 2007: nur noch 11,8 %.
Anteil der Dienstleistungssektoren am BSP:
75,5 %; davon

▶ 23.1 % Großhandel
▶ 15.3 % Immobilien, Rentenobjekte und vergleichbar
▶ 11.3 % Transport, Lagerhaltung, Kommunikation
▶ 7,0 % Finanztransaktionen

---

Zu diesem Zeitpunkt lagen also längst Erkenntnisse über die strukturellen Verwerfungen der lettischen Wirtschaft vor und die tönernen Füße, auf denen die baltischen Tiger standen, waren deutlich sichtbar. Die Beratungsleistungen der EU für ihre baltischen Mitglieder hätte daher weniger in Form von

193 The Economist: Eastern Europe's economies. Worrying about a crash, Jul 5th 2007 | RIGA.
194 E. Römpczyk: Baltische Tiger in der Wachstumsfalle oder Lettlands missverstandene Marktwirtschaft (Politische Kurzanalyse No.28 für die Friedrich Ebert Stiftung), Riga, 9.8.2007.

wenig transparenten Finanztransfers als vielmehr zu Fragen integrierter Wirtschaftspolitik erfolgen müssen.

Ein gutes Jahr später erfuhr die Banken- und Wirtschaftskrise Lettlands dann durch die internationale Krise einen gewaltigen Schub. Nur war die internationale Krise nicht der Auslöser der nationalen. Aber jetzt sah auch die EU-Kommission eine ganze Reihe ihrer osteuropäischen Mitgliedsländer unmittelbar vor dem Staats-Bankrott und schnürte rasch ein finanzielles Hilfspaket auch für das am Boden liegende Lettland. Noch im Dezember 2008 wurde ein Finanzierungshilfspaket zusammengesteckt, bestehend aus 3,1 Mrd. Euro der EU-Kommission plus 1,8 Mrd. Euro von den nordischen Staatsbanken Schwedens, Dänemarks, Norwegens und Finnlands plus 0,5 Mrd. von Estland, Polen, Tschechische Republik; dazu 1,7 Mrd. vom IWF sowie weitere 0,4 Mrd. von der Weltbank. Da die Bedingungen für die Gewährung dieser Finanzierungshilfen nicht bekannt gemacht wurden, haben sie die Skepsis in der Bevölkerung eher noch vergrößert, welche zusätzlichen Belastungen ab 2009 f. auf sie zukommen. Denn das aktuelle Restabilisierungsprogramm der Regierung sieht ab 2009 folgende Schwerpunkte vor:

*»Latvia's Economic Stabilisation and Growth Revival Programme«* [195]
*Grundelemente des Programms:*

▶ **Konsequente und stabile Geldpolitik**, abgesichert durch die feste Bindung an die europäische Währung;
▶ **Konsequente Steuerpolitik**, abgesichert durch eine ausgewogene Ausgabenpolitik von Staat und Kommunen auf der Grundlage der Steuereinkünfte;
▶ **Einkommensbeschränkungen für Lohnabhängige** in der öffentlichen Verwaltung und Diensten ebenso wie in der Privatwirtschaft in Anlehnung an die wirtschaftlichen Produktivität der Volkswirtschaft;
▶ **Verkleinerung des öffentlichen Verwaltungsapparates** innerhalb von zwei Jahren um wenigstens 15 %, anzuwenden auf Ministerien und ihre nachgeordneten Behörden. Außerdem: Reformen im Bildungs- und Gesundheitswesen und in anderen

195 www.mk.gov.lv/en/aktuali/zinas/2008/12/12122008-01.

Dienstleistungssektoren – teils durch Abbau, teils durch Umstellung des Personals;

▸ **Ein deutlich dynamischerer Arbeitsmarkt** mittels Motivationsförderung einerseits und stärkere Einbeziehung kurzfristig Arbeitsloser in neue Arbeitsverhältnisse einschließlich ihrer erforderlichen Qualifizierung;

▸ **Investitionserleichterungen**, einschließlich des Managements von Investitionen in staatlich finanzierten und geförderten Programmen;

▸ **Sicherstellung der Finanzierung von Maßnahmen zur Restrukturierung der nationalen Wirtschaft**, insbesondere bei Kofinanzierungen durch EU-Strukturfonds, bei denen es um »eingefrorene« Kredite geht;

▸ **Stabilisierung des Finanzsektors**, d.h. Bereitstellung von Staatshilfen zum Wiederaufbau von Vertrauen in und Managementfähigkeit von Kreditinstituten, einschließlich verstärkter Kontrolle (Supervision) der Kreditinstitute;

▸ **Stabilisierung des sozialen Sicherheitssystems**, um sozialen Frieden zwischen den sozial besonders verwundbaren Gruppen zu sichern.

Abgesehen von den Zweifeln lettischer Ökonomen (Prof. Raita Karnite u.a.) an der Umsetzbarkeit eines Ziels wie »Restrukturierung der nationalen Wirtschaft« unter der gegebenen politischen Führung des Landes projizierten die internationalen Banken auch 2009 weiterhin äußerst pessimistische Szenarien. Denn alle westlichen Banken zusammen haben in Osteuropa Kredite in Höhe von zirka 1,3 Bio. Euro vergeben und rechnen frühestens ab 2011 mit einigermaßen normalen Wirtschaftsbedingungen in der Region. In den baltischen Staaten sind vor allem schwedische Banken engagiert. Swedbank und SEB haben allein im Baltikum einen Marktanteil von 70% und Kredite für umgerechnet 36,4 Mrd. Euro vergeben. Beide mussten sich bereits über Emissionen neues Kapital beschaffen.[196] Die skandinavischen Banken und Regierungen haben nun Sorge, dass die Überlegungen anderer europäischer Banken (z.B. Deutsche Bank) zum Tragen kommen könnten, nämlich dem baltischen Finanzmarkt durch

---

196  Handelsblatt, 21.04.2009: Krise im Osten bedroht deutsche Banken.

Abwertung der Landeswährungen zu mehr Flexibilität zu verhelfen. Sollte es zur Abkopplung der baltischen Währungen vom Euro kommen, hätten sowohl die in diesem Raum operierenden ausländischen Banken ein großes Problem als auch viele Bürger im Baltikum, die sich in den vergangenen Jahren in Euro oder Dollar bezogen auf ihr reguläres Einkommen sehr hoch verschuldet hatten.

## EU-ERWEITERUNGSVISIONEN

Vor allem die deutsche Regierung unter Kanzlerin Merkel betreibt die zuvor skizzierte Osterweiterung der EU mit dem Blick fest auf das Thema Energieversorgung geheftet: Importe von Gas und Öl an Russland vorbei und Exporte von AKW auch an Russland vorbei. Dass es Spannungen zwischen den führenden EU-Regierungen wegen der »östlichen Partnerschaft« gibt, ist an dieser Stelle nicht das Thema. Die Spannungen wurden jedenfalls manifest, als Präsident Sarkozy und Premierminister Brown nicht beim EU-Gipfel in Prag erschienen. Denn für die Bundesregierung bildet die »östliche Partnerschaft« das Gegengewicht zu Nicolas Sarkozys pompöser Mittelmeer-Offensive. Auch diese war schließlich von Energiepolitik bestimmt, von Öl- und Gas-Importen aus Nordafrika und von Exporten französischer AKW eben dorthin. Aber weder Nicolas Sarkozy mit seinen ungarisch-griechisch-sephardischen Wurzeln noch Angela Merkel mit ihrem Curriculum als FDJ-Mitarbeiterin und Führungskraft im Demokratischen Aufbruch der DDR zeigen mehr als fünf Jahre nach dem Beitritt der baltischen Staaten Interesse an den Erfahrungen des bisherigen Transformationsprozesses.

Die Mehrzahl der baltischen Regierungsmitglieder wie auch die Mehrzahl der baltischen Bürger besitzen ihrerseits nur unklare Vorstellungen davon, was sie diese »Südosteuropadebatte« der Spanier und Franzosen und die bremsende Haltung der Deutschen dabei angehen sollte. Die Balten sehen es noch nicht als Teil der gesamteuropäischen Nachbarschaftspolitik an, wenn westafrikanische *Boatpeople* in Gran Canaria oder Lampedusa an den Strand gespült werden; oder wenn die postkolonialen Schulden Frankreichs, die der Innenminister Sarkozy nicht bezahlen wollte, sich in den Pariser Vorstädten in brennende Häuser verwandeln; oder wenn die integrationsresistenten türkischen Gruppierungen in Berlin oder Duisburg verhindern, dass selbst Merkels »privilegierte Beziehungen zur Türkei« unter der deutschen Bevölkerung nicht mehrheitsfähig sind. Würde der Begriff europäische Nachbarschaftspolitik übersetzt mit Absicherung europäischer Interessen durch gezielte Kooperation mit Vorfeld-Staaten, würde das auch der baltischen Bevölkerung diese Europa-Politik zugängiger machen.

Solange die Widerstände gegen den Türkei-Beitritt zur EU so groß bleiben wie bisher, schafft die neue »östliche Partnerschaft« auf jeden Fall zwei zusätzliche Probleme: Die russische Regierung kann darüber nicht begeistert sein, dass ihr ihre »Vorfeld-Staaten« abhanden kommen und ihre Position als Energieversorger Westeuropas dabei geschwächt wird.

*Weitestreichende Vorstellungen der EU-Erweiterung nach Süden und Osten:*

*Die dunkelgrauen Flächen markieren die bislang äußersten Beitrittsaspiranten (darunter Armenien, Georgien)*

Die türkische Regierung kann noch weniger begeistert sein, denn ihre Beitrittsverhandlungen dauern eigentlich schon seit 1963 und werden zwar von den USA, aber nur von einer europäischen Minderheit befürwortet. Da hier ein großes Spannungsfeld besteht, ist die Schlüsselgewalt der Türkei über die neuen strategischen Öl- und Gasleitungen aus den »östlichen Partnerländern« ein großer politischer Unsicherheitsfaktor für Westeuropa – einschließlich Baltikum. (vgl. Abschnitt *»Baltische Energiepolitik: Nur mit EU und mit Russland«*, S. 277).

## AUSSENPOLITISCHER BEZUG: OSTSEERAUM

Die baltischen Staaten bilden zwar eine der Grenzlinien zwischen EU und Russland, stecken aber keineswegs in einer geographischen Sackgasse. Die spannungsgeladenen Erweiterungsperspektiven zwischen den alten EU-Mitgliedern haben einigen baltischen Politikern deutlicher vor Augen geführt, dass sie sich stärker über die Ostsee hinweg in den skandinavischen Raum öffnen können und öffnen sollten. Auch die EU der 15 hatte schon in den letzten Jahren einen außenpolitischen Schirm zur Dynamisierung des Ostseeraums aufgespannt, die sogenannte *Northern Dimension*. Darin spielen die parlamentarische Versammlung der Ostsee-Anrainer (*Baltic Sea Parliamentary Conference*, BSPC) wie auch die Vertretung der Regierungen – der Ostseerat (*Council of Baltic Sea States*, CBSS) – eine unterschiedlich intensive Rolle. Der Ostseerat wechselt jährlich den Vorsitz, wobei Lettland die Präsidentschaft zwischen Juni 2007 und Juni 2008 innehatte und Litauen die zwischen Juli 2009 und Juni 2010. Die wichtigsten Themen auf der lettischen Agenda hatten gelautet: Umweltbedingungen der Ostsee, wirtschaftliche Integration des Ostseeraums, Bildungspolitik, hinzu kamen die kontrovers diskutierten Themen Energiepolitik und Nachbarschaftspolitik gegenüber Russland sowie Möglichkeiten der intensiveren regionalen Zusammenarbeit mit dem Mittelmeer- und dem Schwarzmeerraum.[197] Die politischen Treffen zwischen den CBSS-Staaten während des lettischen Jahres fanden pflichtgemäß statt, blieben aber weitestgehend »politische Talkshows« ohne verbindliche Vereinbarungen. Immerhin wurde eine gemeinsame *Erklärung von Riga zur CBSS-Reform* verabschiedet, wonach sich der Ostseerat zukünftig stärker als bisher mit eigenen Projekten in fünf Bereichen beschäftigen will.

Den baltischen Ländern kommt bei einer stärkeren Beachtung der Ostsee-Region entgegen, dass sie nach ihrer Unabhängigkeit keineswegs ihre Wirtschaftsbeziehungen zu den GUS-Staaten – besonders zum Ostsee-Anrainer Russland – aufgaben, auch wenn sie sich seitdem vor allem in den westeuropä-

---

197 Der zusammenfassende Abschlussbericht wurde vom lettischen Außenministerium auf dessen Website abgelegt: www.mfa.gov.lv/en/cbss/.

ischen Markt integriert haben. Sie wiederholen damit eine ähnliche Westbewegung wie nach dem Ersten Weltkrieg und nach der ersten Unabhängigkeit. Drei Viertel des lettischen Außenhandels werden mit der EU betrieben (einschließlich der baltischen Nachbarn). Lettland integrierte sich dabei genau wie Estland vor allem über Skandinavien, während Litauen insbesondere mit Deutschland und Großbritannien Handelsbeziehungen aufgebaut hat. Estland, Lettland und Litauen intensivierten aber auch ihren Handel untereinander stark. Die Große Krise hat hier zwar zu einigen Verwerfungen im Außenhandel geführt, das dürfte allerdings den genannten Trend nicht langfristig beeinflussen. Der gemeinsame Raum für weitere Entwicklungen aller dieser Beziehungen ist die Ostsee-Region. Der politischen und wirtschaftlichen Arbeit innerhalb der Ostsee-Region könnten die baltischen Staaten daher einen eigenen starken Akzent geben und durch gezielte Zusammenarbeit mit den skandinavischen Ostsee-Anrainern, aber auch mit Polen und Deutschland ihre eigene Stellung innerhalb der EU stärken. Denn dem EU-Binnenmeer kann eine hohe Bedeutung innerhalb der EU-Konsolidierung nach innen wie auch für die Beziehungen zu Russland zukommen.

Während des dänischen CBSS-Vorsitzes (2008/09) wurden die fünf strategischen Projektbereiche noch einmal bestätigt, nämlich Bildung und Kultur (es gibt schon ein Euro-Faculty-Projekt im russischen Pskov), Umwelt und Energie (derzeit unterstützt CBSS einige sogenannte *lighthouse projects* im Rahmen von Baltic 21), Wirtschaftsförderung (innovative Unternehmen in den Grenzregionen), regionale Arbeitsmarktpolitik, Sicherung der Menschenrechte (vor allem gegen den florierenden Menschenhandel in Verbindung mit Drogenhandel). Diese Themenfelder hat bis Mitte 2010 als nächstes baltisches Land Litauen zur Umsetzung übertragen bekommen. Litauen hat daher die Möglichkeit, seine Gastgeberrolle bis Mitte 2010 zu nutzen, um den Integrationsprozess der baltischen Region mit Skandinavien und der westlichen Ostsee zu intensivieren. Parallel dazu hat Schweden die EU-Präsidentschaft inne, wodurch erheblich mehr politische Aufmerksamkeit auf die Entwicklungsmöglichkeiten des gesamten Ostseeraums mit seinen endlos langen Grenzen zu Russland gelenkt werden kann, als dies in den zurückliegenden Jahren zu beobachten war. Die ersten zwei Monate seines CBSS-Vorsitzes ließ Litauens Regierung allerdings verstreichen, ohne irgendwelche Akzente zu setzen.

Litauens Regierung verpasste allerdings seine politischen Chancen. Noch während Litauen dem CBSS vorsitzt, ergreift vielmehr Finnland die Initiative und organisiert, zusammen mit der Ostsee-Aktionsgruppe BSAG, für den 10. Februar 2010 in Helsinki den »Ostsee Aktionsgipfel« für alle 10 Ostsee-Anrainerstaaten. Zentrales Thema, das auch in allen drei baltischen Staaten fortwährend als grosses Problem benannt wird: abgestimmte Massnahmen zur Rettung der extrem kontaminierten Ostsee. Litauens Regierung war offensichtlich mit der Organisation seiner 1000-Jahr-Feierlichkeiten ausgelastet.

## SCHWEDENS PRO-BALTISCHE INITIATIVE

Vor diesem Hintergrund übernahm Schweden in der zweiten Jahreshälfte 2009 die EU-Präsidentschaft und lenkte vorbereitend die EU-Aufmerksamkeit auf eine neue Ostsee-Strategie, die unter schwedischem Vorsitz durch einen konkreten Aktionsplan und konkrete Zeitplanungen auf ein solides Fundament gesetzt werden soll. Damit bietet sich die Chance, das *sub-regionale* Verständnis innerhalb der EU (*Nördliche Dimension*) für nachhaltige Entwicklung, Umwelt-Management, Energiesicherung, das derzeit in den baltischen Staaten noch profilschwach ist, zur Handlungsmaxime zu entwickeln.[198] Schweden hat dabei die Umsetzung der Lissabon-Strategie im Sinn, allerdings mit möglichst effektiver Anpassung an die Bedingungen der Ostseeregion. Die schwedische Initiative war im Dezember 2007 durch die dringliche Aufforderung an die EU-Kommission eingeleitet worden, eine »EU-Strategie für den Ostseeraum« vorzulegen. Eine allererste Initiative war im Juni 2004 vom Europäischen Rat an die Kommission ergangen. Aber es hatte sich wenig getan – obwohl diese Aufforderung des Rates eine gute Gelegenheit für die baltischen Regierungen gewesen wäre, mit klugen Überlegungen zu den vorgegebenen vier Punkten auf sich aufmerksam zu machen (Verbesserung der Umweltbedingungen der Ostsee; Förderung eines ausgewogeneren Wirtschaftswachstums in der Ostseeregion; die Attraktivität des Ostseeraumes verbessern; die Sicherheit im Ostseeraum erhöhen).

Die schwedische Initiative 2009 hebt hervor, dass es zu einer erheblichen Effizienzsteigerung bei der Anwendung der EU-Integrationsinstrumente kommen muss, u.a. beim Kohäsionsfonds. Denn bevor die globale Finanz-

198 www.sweden.gov.se/sb/d/8660/a/94598. Vgl. auch: Strategy Website http://ec.europa.eu/regional_policy/cooperation/baltic/index_en.htm.

und Wirtschaftskrise auch die Ostseeregion traf, sollten im Zeitraum 2007 bis 2013 allein im Rahmen der kohäsionspolitischen Programme 55 Milliarden Euro in der Region investiert werden. Diese Zahlen werden Ende 2009 allein aufgrund der Großen Krise anders lauten. Aber die Investitionsschwerpunkte werden unter Schwedens Vorsitz weitestgehend beibehalten, darunter die systematische Umwelt- und Klimaschutzpolitik aller Ostsee-Anrainer (wobei Russland, so weit es dies zulässt, einbezogen wird).

Die baltischen Regierungen werden ihre Aufmerksamkeit weiterhin auf das Thema Energie-Sicherheit reduzieren. Aber auch dafür forderte Schweden eben das, was die baltischen Regierungen bisher nur vorgeben, nämlich baltische Gemeinschaftlichkeit in der Energiepolitik. Schweden hatte den baltischen Egoismus beim geplanten *Energy-link* nicht akzeptiert und auf einer abgestimmten *baltischen* Entscheidung darüber bestanden, ob das Unterwasserstromkabel von Litauen oder von Lettland aus nach Schweden verlegt werden solle. Schwedens nachdrückliche Aufforderung war die Reaktion auf die Haltung des lettischen Staatspräsidenten Zatlers: »Es kann in der Tat irgendein Standort *in Lettland* und irgendein Standort *in Schweden* sein. Das ist nicht weiter wichtig, da wir uns alle gemeinsam Sorgen um die Energiesicherheit der Region machen.« (!)[199] Dieses Niveau an politischer Unreife stand der Erklärung der drei baltischen Regierungen zugunsten einer gemeinsamen Energiepolitik von 2006 diametral entgegen und konnte erst Ende April 2009 durch eine erneute Erklärung der drei baltischen Ministerpräsidenten zur Schaffung eines gemeinsamen Energiemarktes überwunden werden. Nun soll die Energiebrücke von Litauen aus nach Schweden gebaut werden. Auch dafür war allerdings noch das Druckmittel der EU-Kommission erforderlich: Sie unterstützt das Projekt mit 175 Mio. Euro nur, wenn mit dem Bau 2010 begonnen wird. Dessen ungeachtet versucht der staatliche lettische Energieversorger Latvenergo das Vorhaben weiterhin zu blockieren.[200]

Vor dem Hintergrund solcher retardierender nationalistischer Haltungen Lettlands und Litauens kommt der neuen schwedischen und der EU-Ostsee-Strategie die große Aufgabe zu, auf einen integrierten, sektorübergreifenden

---

199  LETA, Riga 15.9.2008: Swedish ambassador to Lithuania: Pan-Baltic unity needed on energy issues.
200  »Latvia could block power cable project. If Lithuania tries to push Latvia out of the project on linking up energy grids of the Baltic countries and Scandinavia, Latvenergo will be prepared to block the project, said Latvenergo board chairman Karlis Mikelsons.« (LETA, Riga, 13.5.2009) .

Ansatz unter Einbeziehung Russlands hinzuarbeiten. Auch die bisherigen Initiativen, wie die *integrierte Meerespolitik der EU* und die *Nördliche Dimension,* müssen mit der neuen Ostsee-Strategie kompatibel sein. Ein besonders schwieriges Kapitel ist die Umsetzung und Sanktionierung von EU-Recht im Ostseeraum (z.B. Überschreitung der Fangquoten; Küstenzonenmanagement). Dabei spielt zwangsläufig die Tatsache eine große Rolle, dass die Ostseeregion an sich schon kein homogenes Gebilde darstellt und durch die besonderen Spannungen zwischen EU und Russland bzw. einzelnen EU-Mitgliedern und Russland unter zusätzliche Belastung gerät. Eine integrierte Entwicklung der Meeresregion Ostsee muss unter dem gemeinsamen Oberziel stehen: Alles tun, damit dieses europäische Binnenmeer nicht *umkippt.* Um diesen Kern herum gruppieren sich dann eine Anzahl strategischer politischer, ökonomischer und sozialer Elemente, die schon mehr oder weniger deutlich in der schwedischen Ostsee-Initiative angesprochen sind:

| | |
|---|---|
| Hafen- und maritime Wirtschaft | Tourismus |
| Fischerei und Küstenschutz | Umwelt und nachhaltige Entwicklung |
| Landwirtschaft und Wasserqualität | Umbau der Energieproduktion |
| Integration der Verkehrssysteme | IT-Infrastruktur und E-government |

Hinzu kommen allerdings als Querthema die Beziehungen zum Ostsee-Anrainer Russland mit seinen besonderen Vorstellungen, wie etwa der *militärischen* Sicherung der Nord Stream Pipeline.

Allein die bisherige Agrarpolitik hat erhebliche Auswirkungen auf die weitere Entwicklung der Ostsee und ihrer Randzonen. Der Versuch vom November 2008, die Agrarsubventionen der EU in einen größeren zukunftsfähigen Kontext zu stellen, war leider nicht sonderlich erfolgreich. Die EU-Subventionen zwingen aber nicht nur wegen der Ostsee-Initiative zur Antwort auf die Frage, wie welche Produkte unter Nutzung welcher Energieformen und mit welcher Auswirkung auf die Ostsee (Eutrophierung) die nördliche Dimension der EU stärken oder schwächen. Ebenso zwingen die Energie- und Klimapolitik der EU zur klugen Nutzung der vorhandenen Fördermittel für zukunftsfähige Projekte, um bestehende Ziele in Forschung, Klimaschutz, ökologische Landwirtschaft, energieeffiziente Stadt- und Verkehrsplanung im Ostseeraum voranzubringen.

# BALTISCHE ENERGIE-POLITIK:
# NUR *MIT* EU UND *MIT* RUSSLAND

*Russischer Anteil an nationalem Gas-Konsum, 2008*

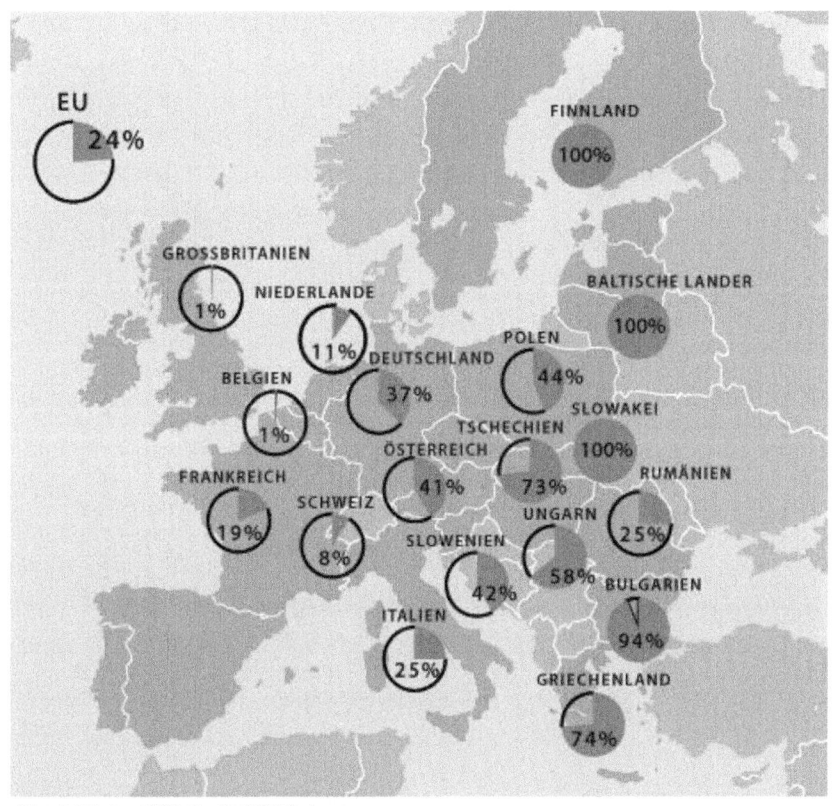

Stand: Oktober 2008, Quelle E.ON Ruhrgas

Die baltische Energiepolitik weist dieselbe systemische Schwäche auf wie die EU-Energiepolitik insgesamt: Sie ist – wenn überhaupt – eine Energie-Außenpolitik und besitzt nur wenige Elemente einer Energie-Innenpolitik. Somit ist Energiesicherheit immer bezogen auf gleichen oder größeren Energie-Import und kaum auf nationale Energie-Effizienz, nationale Energie-Einsparung, nationale erneuerbare Energien und verändertes Konsumverhalten. Die baltische Energie-Außenpolitik besitzt einige wenige gemeinsame Zielvorstellungen. Die wichtigsten lauten:

- ▶ Unabhängigkeit von russischen Lieferungen
- ▶ Steigerung der Strom- und Wärmeenergieproduktion
- ▶ Anbindung an das westeuropäische Energienetz.

Bisher ist die Region insgesamt zu 70 % abhängig vom Import russischer Primärenergien (Öl, Erdgas, Uran, Kohle). Auf der Basis dieser Importe sowie der eigenen Energiequellen sind die baltischen Staaten allerdings seit Anfang der 70er Jahre autark in der Stromerzeugung. 2005 betrug die installierte Kapazität der großen nationalen Versorger 2.900 MW in Estland, 2.100 MW in Lettland, 4.800 MW in Litauen. Davon wurden insgesamt rund 40 % durch das litauische AKW Ignalina erzeugt. Bis Ende 2008 betrug die jährliche Wachstumsrate des Energiebedarfs der Region noch 3 % bei Primärenergien und 5 % bei Elektrizität – und lag damit deutlich höher als der EU-Durchschnitt.

Für die baltischen Staaten gilt, dass sie zwar international gut vernetzt sind, aber nur miteinander und nach Osten, d.h. mit Russland und mit Weißrussland. Lediglich Estland ist inzwischen durch ein Stromkabel von 350 MW mit Finnland verbunden (*Estlink*).[201]

*Vorhandenes internationales Stromnetz der baltischen Staaten*

| Litauen – Lettland | 1.500 MW | Litauen – Weißrussland Weißrussland – Litauen | 2.200 MW 1.400 MW |
|---|---|---|---|
| Estland – Lettland | 1.200 MW | Litauen – Russland | 680 MW |
| | | Estland – Russland | 2.200 MW |
| | | Lettland – Russland | 1.200 MW |
| Estland – Finnland | 350 MW | | |

201 Estlink gehört dem Gemeinschaftskraftwerk Nordic Energy Link AS. Eigentümer sind fünf Kraftwerke aus dem Baltikum und aus Finnland: Eesti Energia, Latvenergo, Lietuvos Energija, Helsingin Energia and Pohjolan Voima. Estlink verbindet das Stromnetz der Balten mit dem skandinavischen Nordel Netz

Für die baltischen Staaten gilt aber auch, dass sie dieses bestehende regionale Energienetz im Sinne ihrer gemeinsamen Zielsetzungen nur erweitern können, soweit sie in die diversen Energie-Großprojekte der EU oder Russlands eingebunden werden. Die russischen Großprojekte führen ihr Gas vorwiegend in Zusammenarbeit mit westlichen Energiekonzernen in die EU und sind unter Präsident Putin massiv ausgebaut oder neu konzipiert worden. Dem liegen gleichermaßen wirtschaftliche wie politisch strategische Ziele zugrunde. Die wichtigsten Pipelines verdeutlichen das sofort: Druschba, Blue Stream, Yamal, South Stream, die noch immer intensiv diskutierten Nord Stream und Nabucco.

### Druschba

Die älteste Versorgungsleitung für russisches Öl in die sozialistischen Bruderstaaten (daher der Pipeline-Name »Freundschaft«) und nach Deutschland. Sie ist gleichzeitig eine der längsten Ölleitungen der Welt. In Weißrussland wird die Pipeline geteilt, der größere nördliche Arm verläuft über Polen nach Deutschland. Der südliche Arm führt in die Slowakei und nach Tschechien sowie nach Ungarn. Dieser ist in einem schlechten technischen Zustand.

### Blue Stream

Die tiefstgelegte Unterwasser-Gas-Pipeline. Sie führt von Südrussland durch das Schwarze Meer zum türkischen Gas-Terminal von Samsun. 2010 soll sie ihre volle Kapazität von 16 Mio. m$^3$ pro Jahr erreichen. Russlands Regierung möchte über Blue Stream die Türkei, Griechenland und Italien beliefern. Eine Abzweigung nach Israel ist ebenfalls angedacht.

### Yamal

Die Pipeline transportiert seit Ende der 90er Jahre Erdgas von der sibirischen Halbinsel Yamal durch Weißrussland und Polen bis nach Deutschland.

### South Stream

Die projektierte Gasleitung führt vom russischen Beregovaya am Schwarzen Meer nach Bulgarien und teilt sich dort in einen Strang nach Italien und einen weiteren nach Österreich. South Stream ist damit eine der schärfsten Konkurrentinnen für die Nabucco-Pipeline der EU.

**Nord Stream**

Die Nord Stream-Pipeline soll zwischen dem russischen Viborg und dem deutschen Lubmin entstehen. Die 1.200 Kilometer lange Pipeline auf dem Meeresgrund führt an den baltischen Staaten vorbei durch die territorialen Gewässer von Russland, Finnland, Schweden, Dänemark und Deutschland. Vor allem Schweden und internationale Umweltorganisationen haben schwere Bedenken wegen der drohenden zusätzlichen ökologischen Belastungen der Ostsee durch den Pipeline-Bau und -Betrieb.

**Nabucco**

Nabucco soll Westeuropa weniger abhängig von russischer Gasversorgung machen. Das Projekt würde nach geplanter Fertigstellung 2015 etwa 20% der russischen Leistungen erreichen. Große Unsicherheitsfaktoren stellen die Zulieferländer dar: Azerbeidschan, evtl. Iran und vor allem das autoritär regierte Turkmenistan.

Die baltischen Staaten möchten dringend ihr erstes Ziel intensiver verfolgen: mehr Unabhängigkeit von den russischen Leitungen und Rohstofflagern. Dabei ist es der weiterhin bestehenden und tief reichenden Penetration der russischen Energiekonzerne in den drei baltischen EU-Staaten geschuldet, dass man sich diesem Ziel seit 1991 kaum nähern konnte; es ist Ergebnis der weiterhin bestehenden Verflechtungen der Wirtschaftseliten mit dem russischen Markt; es ist auch Ergebnis von zu wenig Erfahrung mit dem großen internationalen Energiegeschäft, das mit sehr viel Kapitaleinsatz bewegt wird; es ist aber auch Ergebnis von zu wenig realer und konstruktiver Kooperation zwischen den baltischen Staatsführungen selbst und schließlich ist es Ergebnis einer wenig strategischen und politisch weitsichtigen Energiepolitik des Europäischen Rates und seiner Kommission, die sich noch zu vorsichtig dem Thema *Energie-Innenpolitik der EU* nähert.

## DIE EUROPÄISCHE ENERGIE-VISION: INOGATE

Die Inogate-Vision wurde einige Jahre vor dem Georgien-Krieg durch die EU eingeleitet und zielte auf eine Energie-Partnerschaft mit den energiereichen südlichen Nachbarn Russlands, wobei Russland selber nur einen Beobachterstatus erhielt.[202]

Diese umfassende Pipeline-Vision sollte die Beteiligung privater Investoren und multilateraler Finanzgeber erleichtern, denn INOGATE kann keine eigenen Investitionen einbringen. INOGATE ist kein Ersatz für eine umfassende Energiepolitik von und für die Europäische Union. Der Entwurf enthält allerdings die politische Aussage, zu einem gesamteuropäischen Energieversorgungskonzept gelangen zu wollen, das vom Kaspischen Meer und vom Mittelmeerraum ausgeht und bis zum Ostseeraum reicht. Dieses paneuropäische Pipeline-Netz – INOGATE – bezieht allerdings die baltische Region praktisch nicht mit ein.[203]

Die INOGATE-Vision ist in ihren Projektionen so europazentristisch und dabei in ihrem Denkansatz so überholt, dass sie sogar gefährlich unrealistisch daherkommt. Denn einige der klassischen Energieversorger Europas stellen sich inzwischen mit einer Langzeit-Strategie selber neu für das 21. Jahrhundert auf. Viele OPEC-Mitglieder sind keineswegs länger nur am Preis für ihren Rohstoff Öl oder Gas interessiert, sondern am Produkt selber und an dem, was nach diesem Produkt als Energiequelle dienen muss, erneuerbare Energien. Abu Dhabi versucht hier auf den verschiedensten Ebenen die neuen Zeichen zu setzen. Desto deutlicher fällt auf, dass genau der Teil »erneuerbare Energien« keinen Stellenwert in der EU-Denkskizze besitzt. Erst 2009 hat dann eine Gruppe von Unternehmen, Konzernen, Banken den Versuch gestartet, das schon längere Zeit in der Diskussion befindliche Projekt Desertec technisch, finanziell und politisch zu planen. *400 Milliarden Euro wären notwendig, um in Nordafrika Solarkraftwerke und Stromleitungen zu bauen, damit*

---

202 INOGATE-Partnerländer sind: Armenien, Azerbaidjan, Weißrussland, Georgien, Kasachstan, Kirgisien, Moldova, Türkei, Turkmenistan, Ukraine, Usbekistan und Tadjikistan.

203 Grünbuch »Eine europäische Strategie für nachhaltige, wettbewerbsfähige und sichere Energie (Annex)«, EU-Kommission März 2006.

*15 Prozent des europäischen Strombedarfs auf diese Weise gesichert werden können. Dafür wären Solarkraftwerke auf einer Fläche von 130 x 130 Kilometer notwendig. Wenn die dafür vertrauenswürdigen Standortländer sich schnell finden, könnte schon ab 2019 Solar-Strom an die EU geliefert werden.*[204]

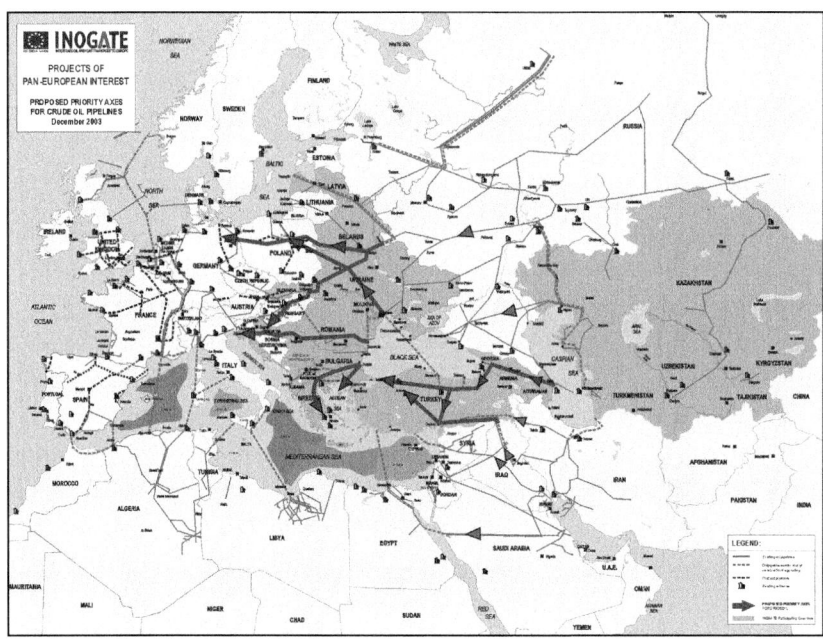

Die politische Vision von Inogate enthält wenig Innovation; sie steht einstweilen für sehr ambitiöse, prinzipiell machbare Projekte, die teils gegen Russland gerichtet sind, wie Nabucco; teils gerade auf der Zusammenarbeit mit Russland beruhen, wie Nord Stream.


NABUCCO: OHNE BALTIKUM

Anfang Juli 2009 unterschrieben im türkischen Ankara fünf Staaten eine Regierungsvereinbarung zum Bau der 3.300 Kilometer langen Gasleitung *Nabucco* zur besser abgesicherten Energieversorgung der EU, oder genauer:

204 Übernommen aus SPIEGEL-ONLINE, 16.6.2009: Afrikas Sonne soll Stromversorgung revolutionieren.

um die große Abhängigkeit vom Energieversorger Russland zu reduzieren. Die Implementierung des auf 8 Mrd. Euro geschätzten Großprojekts liegt in der Verantwortung der Energiekonzerne OMV (Österreich), MOL (Ungarn), Transgas (Rumänien), BEH (Bulgarien), Botas (Türkei) und der deutschen RWE. Nach den ersten Vorgesprächen 2002 und Vereinbarungen zwischen Türkei, Bulgarien, Rumänien, Ungarn und Österreich plus dem (lettischen) EU-Energiekommissar Piebalgs im Juni 2006 hätte schon ab 2009 mit dem Bau der Pipeline begonnen werden sollen. Jetzt könnte es ab 2011 so weit sein.

Aber Russland intervenierte schnell und erfolgreich. Schon Mitte März 2007 überraschte Ungarns Premier Ferenc Gyurcsany die Europäer, als er sich für eine Verlängerung der Gazprom-Röhre Blue Stream von der Türkei bis nach Ungarn einsetzte: »Die geplante europäische Pipeline Nabucco ist ein lang gehegter Traum. Aber wir brauchen keine Träume, sondern Projekte«, argumentierte Gyurcsany am 12. März in der *International Herald Tribune*. Ende Mai 2007 war dann erkennbar, dass alle Nabucco-Transitländer – außer Rumänien – inzwischen bilaterale Erdgaslieferungen mit Russland abgestimmt hatten. Damit war das Nabucco-Projekt zu dem Zeitpunkt nur noch ein Projekt-Zombie.[205]

Der wiederholt folgenschwere Streit zwischen Russland und der Ukraine über die Erdgasversorgung und die damit verbundenen Verunsicherungen Westeuropas hinsichtlich der Einhaltung der Lieferverträge durch Russland hat dem Nabucco-Projekt erneuten Schub gesichert. Nabucco wird zwar nicht mehr als etwa 5 % des EU-Gasbedarfs transportieren – verglichen mit den etwa 25 %, die aus Russland überwiegend durch die Ukraine geliefert werden. Aber im März 2009 nickten die Regierungschefs (EU-Rat) ein Finanzierungspaket von fünf Mrd. Euro ab, das eine Komponente von 200 Millionen Euro für Nabucco enthält (weitere 100 Mio. für die Gas-Leitung ITGI). Die Strahlkraft von 200 Mio. Euro gegenüber Gesamtkosten von 8.000 Mio. hält sich allerdings in Grenzen; gerade auch im Vergleich zu den gewaltigen Unternehmens- und Banken-Subventionen im Rahmen der Großen Krise, die dieselben Regierungen überaus schnell aus Steuergeldern bereitstellten. Verglichen mit den strategischen Überlegungen der Putin-Regierung ist allerdings erheblich bedenklicher, wie dieser Rats-Beschluss zustande kam: Die deutsche Bundeskanzlerin lehnte

205 www.eurotopics.net/de/magazin/wirtschaft-verteilerseite-neu/gas_pipelines_2007_06/debatte_pipelines/.

zunächst überhaupt die Festschreibung irgendeines Betrages für Nabucco ab. Erst das Argument, dass mit diesem Geld sofort Röhren gekauft und irgendwie und irgendwo mit konkreten Arbeiten begonnen werden könne (weil die Durchführungsstudien schon auf dem Tisch liegen), ließ auch die deutsche Regierung zustimmen. Somit hatte man ja doch – im wichtigen deutschen Wahljahr – irgendetwas für die Belebung der Wirtschaft beschlossen.[206]

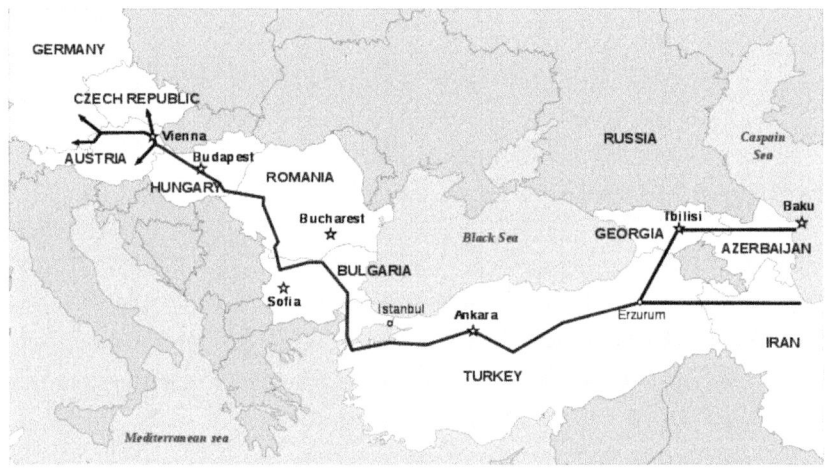

*Nabucco Pipeline (Planung)*

Die Realisierung der Nabucco-Leitung hängt nicht von den 200 Millionen EU-Geldern ab. Abhängig ist sie von der Einigung und Verlässlichkeit der Staaten am Kaspischen und am Schwarzen Meer: Aserbaidschan, Usbekistan, Kasachstan und insbesondere Turkmenistan, die auch alle russischem Druck ausgesetzt sind.

Ein besonders schwieriger Partner ist allerdings auch die Türkei, durch die ein großes Teilstück der Pipeline gelegt werden muss. Sie möchte keinesfalls nur Transitland für Gas und Öl sein, sondern Zwischenhändler und damit nachdrücklich Einfluss auf die Beitrittsverhandlungen mit der EU nehmen. Nicht minder komplex sind und werden in Zukunft die Verhandlungen mit

---

206 Die 200 Millionen Euro werden konkret der Europäischen Investitionsbank zur Verfügung gestellt, eine Art »seed-money«, mit dem private Investoren für Nabucco animiert werden sollen. Die anderen 100 Millionen, die an ein Projekt gebunden wurden, betreffen die Gasleitung ITGI, durch die Gas aus Aserbaidschan über die Türkei und Griechenland nach Italien transportiert werden soll. Die »restlichen« 4,7 Mrd. Euro sind allgemein für Energie- und Telekommunikationsvorhaben bestimmt.

Russland selbst bleiben – sei es im Rahmen der neuen PCA-Runde oder in Form der Energie-Charta zwischen EU und Russland.[207] Denn das EU-Ziel lautet eindeutig, die europäische Energiesicherheit auf eine breitere Basis zu stellen und sich damit auch etwas unabhängiger von russischen Lieferungen zu machen.

Unabhängig von der Regierungsvereinbarung in Ankara und von dem nolens volens EU-Rats-Beschluss im März 2009 könnte die Interessenlagen der Förderländer, ihrer arabischen Nachbarn (Irak, Iran), des Transitlandes Türkei, des imperialen Russland, der energiehungrigen EU nicht unterschiedlicher sein. Hier stehen ökonomische und politische Interessen hart gegeneinander. Daher sind die ungeklärten Fragen beim Nabucco-Projekt alles andere als Petitessen. Die Komplexität dieser Fragen setzt ein großes Fragezeichen hinter das derzeit anvisierte Datum 2013/14, ab dem Nabucco Gas in die EU liefert soll.

**Aktueller Klärungsbedarf:**

▶ Wer soll/kann/verpflichtet sich, die geplanten anfangs etwa zehn Milliarden Kubikmeter und langfristig 31 Milliarden Kubikmeter Gas jährlich in die EU zu liefern? Als einzig zuverlässiger Kandidat gilt bislang nur Aserbaidschan am westlichen Ufer des Kaspischen Meeres. Im Osten bietet sich Turkmenistan an, dessen Umfang der Gasreserven aber umstritten ist. Das Land hat zudem bereits einen Großteil seiner Fördermenge Russland zugesichert. Außerdem fehlt eine Pipeline durch das Kaspische Meer, dessen Anrainer, unter ihnen Russland, seit langem über die Nutzung des Meeres streiten. Allerdings hat RWE gerade mit Turkmenistan einen konkreten Liefervertrag geschlossen, an den die EU gerne anknüpfen möchte.

▶ Iran als Gaslieferant bietet sich selber an. Dabei gerät die EU in Konflikt mit der US-Regierung, die heftig gegen eine Beteiligung des Iran an Nabucco protestiert – zumindest, so lange Präsident Ahmadinejad im Amt ist.

---

207 Die Gespräche zur Verlängerung des Partnerschaftsabkommens EU-Russland (PCA, 2. Phase) wurden am 20. und 21. Mai 2009 in Chabarowsk eingeleitet. Die Verhandlungen zum neuen Abkommen, die zunächst Polen und dann Litauen lange Zeit verhindert hatten, begannen am 4. Juli 2008 in Brüssel. Eine zweite Verhandlungsrunde war für den 16. September 2008 in Brüssel geplant, wurde jedoch wegen des Konflikts in Georgien auf Eis gelegt. In Chabarowsk stand ganz eindeutig die Frage des energiepolitischen Interessenabgleichs zwischen Russland und EU im Mittelpunkt.

▶ Die Türkei als wichtigstes Transitland will Nabucco unterstützen, aber in der Rolle des Großhändlers gegenüber der EU. Vor allem spekuliert Ankara darauf, mittels Nabucco seine Verhandlungsmacht zugunsten seines EU-Beitritts deutlich verbessern zu können.

▶ Die beiden Hauptinteressenten – Russland und EU – liefern sich inzwischen einen regelrechten Wettlauf um die energetischen Rohstoffe aus den Nachbarländern Russlands, die seit kurzem in die russische »Nationale Sicherheitsstrategie« einbezogen sind. Genau hier besteht auch eine Verbindung zur militärischen Sicherheitspolitik, wie das NATO-Manöver in Georgien 2009 gezeigt hat oder die zwischen den Präsidenten Obama und Medwedjew wieder aufgenommenen Verhandlungen über NATO-Raketenstellungen am Rande der Sowjetunion in Polen und Tschechien.

▶ Steht überhaupt die gewünschte Gas-Menge zur Verfügung für Nabucco einerseits und die russischen Alternativ-Pipelines (South Stream) andererseits? Denn auch das russische Gas, das schon derzeit nach Europa geliefert wird, stammt zu Teilen aus denselben Quellenländern um das Kaspische Meer herum wie für Nabucco.

▶ Ist die privatwirtschaftliche Finanzierung der Baukosten von derzeit geplanten acht Milliarden Euro realistisch, wenn gleichzeitig gewaltige Investitionen über 400 Mrd. Euro von teilweise denselben Konzernen für zukunftsfähigere Projekte, wie Desertec, eingeplant werden?

Die meisten baltischen Politiker und die Mehrheit der baltischen Bevölkerung beobachten mit Interesse die westeuropäischen Initiativen, um die Abhängigkeit von Russland gezielt und langfristig abzubauen. Aber Nabucco betrifft die baltische Region und Teile Skandinaviens nur indirekt. Für den nordosteuropäischen Raum müsste daher die weit weniger komplexe Nord-Stream-Pipeline durch die Ostsee als vergleichsweise einfaches Vorhaben erscheinen.

## NORD STREAM : ANTI-BALTISCHES GAS-PROJEKT?

Nord Stream ist neben Nabucco das zweite wichtige Gas-Versorgungsprojekt der EU – allerdings mit beherrschender russischer Beteiligung. Das Nord Stream-Konsortium wird angeführt von Gazprom mit 51% Kapitalanteil, gefolgt von BASF und E.ON mit je 20% und vervollständigt von der niederländischen Gasunie mit 9%.[208] Gemeinsam wollen sie die geschätzten 7,4 Mrd. Euro Investitionen aufbringen (oder die 12 Mrd., wie Polens Regierung vermutet).[209]

Baltische Energiepolitik-Diskussionen reiben sich daher heftig an der rund 1.200 km langen Gas-Pipeline zwischen dem russischen Vyborg und Lubmin

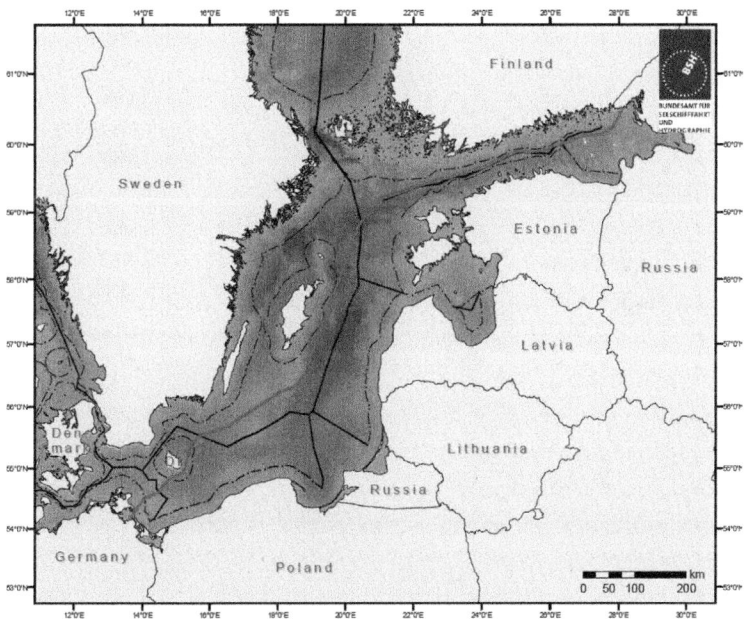

208 Die Position von Gazprom im Konsortium hat sich in 2008 noch dadurch verstärkt, dass die Gasunie ihren Anteil zu gleichen Teilen von den beiden deutschen Unternehmen erhielt. Gazprom bemüht sich derweil, in Berlin einen zentralen westeuropäischen Standort zu sichern.
209 Am 31.03.08 hatte Gazprom in Moskau mitgeteilt, dass die Kosten für den Bau der 1.200 km langen Gaspipeline Nord Stream auf 7,4 Mrd. Euro geschätzt werden (Nachrichtenagentur Interfax).

bei Greifswald, die 2011 in Betrieb gehen soll. Von Greifswald aus wird ein Teil des russischen Gas weiter in die Niederlande und nach Großbritannien gepumpt werden. In der ersten Phase soll die Pipeline eine Leistung zwischen 20 und 30 Mio. $m^3$ pro Jahr besitzen und durch das neue Shtokman Gasfeld nordöstlich von Murmansk sowie die bisherigen sibirischen Gasfelder abgesichert sein. Ab 2012 würde eine Parallel-Leitung dazukommen und die Kapazität verdoppeln. Diese Ostsee-Pipeline ist Teil der russischen Strategie, selber in seiner Zulieferpolitik unabhängiger von den über Land und durch unterschiedliche Länder geführten Pipelines zu sein, und bietet umgekehrt für Deutschland (und dahinter Niederlande und England) die direktere Zuliefersicherheit für Erdgas. Der Start des Pipeline-Baus war für das Frühjahr 2009 vorgesehen. Vor allem Schwedens Regierung und die Opposition, aber auch die grünen NGOs der betroffenen Ostseeländer organisierten jedoch substantiellen Widerstand gegen das Projekt und sind wegen der zu erwartenden Umweltbelastungen für die ohnehin äußerst gestresste Ostsee weiterhin besorgt. Dabei spielt eine große Rolle, dass die Pipeline durch Meeresteile geführt werden soll, die mit erheblichen Mengen an Munitionsabfall aus beiden Weltkriegen verseucht sind.[210]

Die Haltungen der wichtigsten Interessenten lassen sich kurz zusammenfassen:

**Russland** via Gazprom verschafft sich den kurzen Weg zum Absatzmarkt weitestgehend durch die internationale Ostsee und ihre Wirtschaftsräume anstelle einer landgestützten und leichter zu intervenierenden Pipeline durch Lettland, Litauen und Polen. Russland kann Kriegsschiffe zur Sicherung der Ostsee-Pipeline einsetzen. Gazprom hat mit den westeuropäischen Konzernen technologisch (und finanziell) potente Partner, die für die technische Wartung und das Management der Anlagen ausreichende Kompetenz mitbringen.

**Deutschland** hat weitgehend auf die eigene Kohleförderung verzichtet, sieht sich vor großen Herausforderungen bei der Verstromung seiner Braunkohle, schwankt auch unter der neuen konservativen Bundesregierung noch in

---

210 Fachleute schätzen die Waffenlagerungen in der Ostsee aus beiden Weltkriegen auf 400.000 Tonnen konventioneller Kampfstoffe und weitere 65.000 Tonnen chemischer Kampfstoffe (Drucksache Bundestag 16/8627, vom 14.3.2008).

der Kernenergiefrage und der weiteren Förderung regenerativer Energien und sieht im Einkauf russischer Primärenergie den einfacheren Weg.

**Schweden** führt Umweltbelastungen der Ostsee gegen die Pipeline an, ist aber wahrscheinlich noch stärker wegen der möglichen Sicherungsmaßnahmen der Pipeline durch russische Kriegsschiffe beunruhigt. Denn Nord Stream berührt Staatsinteressen Russlands und Moskau hat schon in früheren Jahren nicht gezögert, russische U-Boote unangemeldet in schwedische Gewässer zu schicken.

**Lettland und Litauen und Polen** beklagen die drohenden zusätzlichen Umweltrisiken für die Ostsee durch den Bau der Pipeline, bestreiten aber natürlich nicht, dass die Hauptsorge der möglichen Abkopplung von russischen Erdgaslieferungen auf den bisherigen landgestützten Wegen gilt. Als objektives Kriterium führt Polen zudem an, dass die Kosten der Ostsee-Pipeline wahrscheinlich drei- oder viermal so hoch liegen werden wie für herkömmliche Pipelines – z.B. das Projekt »Amber«, das von Russland über Lettland durch Polen geführt werden könnte. Noch stärker setzt sich Polens Regierung für Nabucco ein, in der Annahme, dass dort der russische Einfluss weitestgehend ausgeschaltet sei. Wenig überraschend standen diese Energiefragen ganz oben auf dem Sprechzettel des neuen EP-Präsidenten, Polens Ex-Regierungschef Jerzy Buzek, bei seiner Inaugurationsrede in Strassburg.[211]

Die Klagen gegen Nord Stream wurden allerdings sehr spät vorgetragen. Die baltischen Regierungen und ihre Botschaften in Berlin und Moskau haben erst reagiert, als das Projekt schon zwischen den Hauptpartnern festgeschrieben war, und sich gleichzeitig absolut unglaubwürdig bei ihren eigenen Vorschlägen gezeigt (AKW Ignalina, Strom-Kabel nach Schweden, s. dazu den folgenden Abschnitt »*Nationalstaatliche Energiesicherung hat Priorität im Baltikum*«, S. 294).

In dem Maße, in dem sich eine Energiebrücke zwischen Litauen und Schweden konkretisierte, reduzierte sich der litauische Widerstand gegen

---

211 Buzek: »Das Thema der Beschäftigung ist unsere grundlegendste Aufgabe. Unsere Wähler wollen zudem Sicherheit haben, dass die Gasversorgung gewährleistet ist. Aus diesem Grund ist die Energiesicherheit so wichtig. Und nicht zuletzt machen sich unsere Bürger Sorgen, dass die Folgen des Klimawandels nach den Ländern in Asien, Afrika und dem Pazifik auch uns einholen werden. Dem müssen wir entgegenwirken.«
(aus der ersten Rede als neuer EP-Präsident, Straßburg 14.7.2009).

Nord Stream. Denn ein Gutachten der Vilnius-Universität hatte darauf hingewiesen, dass das angestrebte Strom-Kabel nach Schweden wohl die Zustimmung der Nord Stream-Eigner erforderlich mache.[212]

**Estland** hat seit 2007 eine aktive Grüne Partei im Parlament vertreten. Entsprechend kritisch äußerte sich der Umweltausschuss und der Außenpolitische Ausschuss des Riigikogu zu Nord Stream. Die estnischen Kommentare beschäftigen sich sehr detailliert mit der bisher vorgelegten Umweltverträglichkeitsprüfung und benennen im Einzelnen eine Reihe von nur oberflächlich bearbeiteten Umweltrisiken. Bemängelt wird zudem, dass bislang keine russischen Angaben vorliegen über die von der Sowjetunion nach Kriegsende versenkte brisante chemische und andere Munition. Dieselbe Kritik wegen zu vage gehaltenen Aussagen und wegen nicht vorgelegter russischer UVP-Angaben wiederholte auch Estlands Umweltminister.[213]

**Das Europäische Parlament** versuchte schon seit einiger Zeit die spannungsgeladene Debatte zwischen einigen Europa-Parlamentariern u.a. durch Offenlegung der Argumente zu entschärfen. So wurden öffentliche Anhörungen unter Beteiligung von Umweltberatern, von EU-Kommissaren, von NGOs organisiert. Der EU-Kommissar für Umwelt, Stavros Dimas, mahnte zwangsläufig, die ökologischen Risiken des Pipeline-Baus sehr ernst zu nehmen. Die dänische Consulting-Firma für Umweltmanagement, *Ramboll A/S Oil & Gas*, habe den Auftrag, dem Europaparlament ein umfassendes Gutachten zur Ostsee-Pipeline vorzulegen mit Erläuterungen, wie die denkbaren Umweltbelastungen durch eine entsprechende Trassenführung minimiert werden könnten. Dessen ungeachtet blieb die Debatte lange hoch emotionalisiert, wenn z.B. der litauische EP-Abgeordnete Vytautas Landsbergis (1990–96 Parla-

212 Litauens Außenminister Usackas hat einfache Argumente, die seines Erachtens Konflikte ausschließen: »We do not think about it as a problem. Lithuania is a responsible country in the region, which highly evaluates and meets environmental requirements and expects other countries to satisfy them as well. Following international practice, we will carry out an environmental assessment and inform the countries in the region about its results. We think that we will be able to implement the project without any obstacles in the nearest future after it is prepared« (ELTA, 27.3.2009)
213 Estlands Umweltministerium begründete seine Kritik an dem im März 2009 vorgelegten Espoo-Bericht zu Nord Stream am 8. Juni 2009 u.a. damit, dass der Teil zu Estland gerade einmal mit 1,5 Seiten abgedeckt wurde und dass zahlreiche Kernfragen überhaupt nicht behandelt, andere noch nicht abgeschlossen wurden. ESPOO ist die seit 1997 gültige Konvention, wonach grenzüberschreitende Projekte zur Vorbeugung von Umweltschäden einer Umweltverträglichkeitsprüfung unterzogen werden müssen. Russland hat bis heute die Konvention nicht ratifiziert und legt deswegen auch keine Berichte vor.

mentspräsident) von Deutschland als der letzten europäischen Kolonialmacht sprach und davon, dass die EU sich dem Druck von Gazprom unterwerfe. Andere baltische Abgeordnete bezweifeln offen, dass sich Russland/Gazprom an Umweltstandards halten werde – egal, wie die Vereinbarungen lauten (Laima Andrikiene, Litauen). [214]

**Die EU-Kommission** in Gestalt des ehemaligen lettischen Kommissars für Energiefragen, Andris Piebalgs, bezeichnete Nord Stream demgegenüber als eindeutig im *europäischen* Interesse – ebenso wie die gegen Russland gerichtete Nabucco. Er sieht in der Gas-Pipeline schlicht ein zusätzliches Element der Energiesicherungs-Politik der EU, auch wenn er die Betreibergesellschaften zur Einhaltung strenger Umweltstandards ermahnt. [215] Energie-Kommissar Piebalgs – stärker als der immer zögerliche Kommissions-Präsident Barroso – versucht wenigstens für die Energiepolitik und damit automatisch für die Klimapolitik eine koordinierende Rolle gegenüber den Mitgliedsländern zu spielen. Aber längst nicht alle Mitglieder lassen sich in strategische Überlegungen einbinden oder tragen gar *europäische* Überlegungen zur Energiesicherheit und zu den anderen Herausforderungen mit.

Die neuen Abgeordneten des Europäischen Parlaments bewerteten daher Mitte Januar 2010 die neue Kandidatur von A. Piebalgs als Kommissar für Europäische Entwicklungspolitik mit 4 von 5 möglichen Punkten recht gut – in Vergleich etwa zur neuen EU-Aussenkommissarin, der unbekannten britischen Baroness Catherine Ashton, die sich lediglich mit 2 Punkten aus der EP-Anhörung heraus winden konnte (Financial Times, Brüssel, 15.1.2010).

## Nord Stream-Einordnung

Bevor simplistisches Aufteilen der Welt in Gute und Böse durch industrieabhängige US-Präsidenten so unendlich viel globalen Schaden anrichtete, auch unendlich viel zur Umweltbelastung und zu zerstörter Lebensqualität durch die exportierten Kriege bewirkte (Afghanistan, Irak, Kolumbien, Sudan, Kurdistan …), gab es durch Jahrhunderte hindurch europäische Gemeinsamkeiten

214 EP-Hearing, 31.1.2008.
215 LETA (Vilnius) zitiert in diesem Sinne am 31.1.2008 den EU Observer mit der Überschrift »EU energy commissioner defends controversial Baltic gas pipeline«.

von Russland bis Spanien, von Schweden bis Italien. Ein von Hardenberg trug zur Staatsreform der russischen Zaren bei, ein Klopstock lehrte an der Domschule zu Riga. Ein russischer Zar schaute sich in Holland um. Der orthodoxe Jude Moishe Zakharovich Shagalow, der sich dann Marc Chagall nannte, zog aus dem heutigen Weißrussland ins französische Saint-Paul-de-Vence und nahm sein ganzes inneres Russland als geistiges Gepäck mit. Heute sollte genau dieser materielle und immaterielle Austausch wieder ermöglicht werden. Dazu wäre allerdings zunächst hilfreich, wenn sich die EU auf absehbare Zeit nicht weiter ausdehnte, sondern mehr an ihrem inneren Tiefgang arbeitete. Denn eine zukunftsfähige EU muss demokratische Strukturen stabilisieren und mehr soziale Gerechtigkeit (Beziehungen Staat – Zivilgesellschaft, transparente Rechtsprechung, Vermeidung von Prekarisierung). Sie sollte vor allem eine tatsächliche Wissensgesellschaft befördern, die einsieht, dass ihre Footprint-Grenzen jedes Jahr stärker überzogen werden und aktuell schon über dem Doppelten des globalen Durchschnitts liegen.[216]

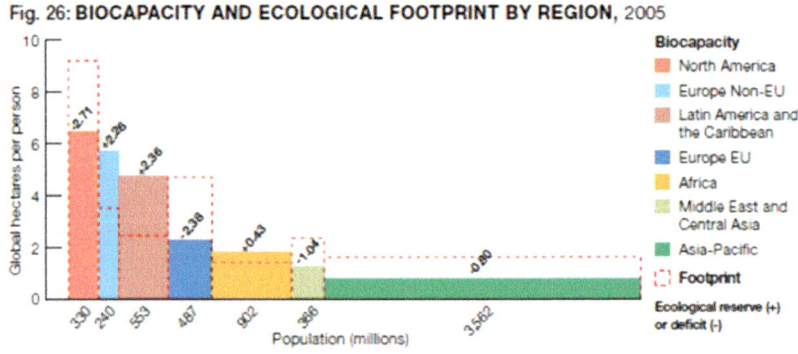

EU-Bürger – z.B. in Deutschland – zeigen wachsende Sensibilität gegenüber den Footprint-Verzerrungen, die zu Lasten anderer Erdteile gehen (Afrika, Lateinamerika). Die Korrektur kann nicht ohne verringerten Energieverbrauch in Europa erfolgen. Damit gehört es zu den dringlichsten Herausforderungen an eine zukunftsfähige EU, die Energiepolitik tatsächlich zukunftsfähig zu gestalten.

216  Grafik aus: Living Planet Report 2008, S. 17.

Europa mit immer mehr Erdöl- und Erdgas-Pipelines zu immer höheren finanziellen und politischen Preisen (Irak-Krieg, NATO-Manöver in Georgien) zu überziehen, kann nicht der richtige Weg sein. Vor allem dann nicht, wenn inzwischen selbst die Konservativen täglich vom Klima-Schutz reden. Projekte wie Nord Stream müssen dann ihren Platz auch in den PCA-Gesprächen zwischen der EU und Russland unter Klima- und Umweltschutzgesichtspunkten haben und sind ein Prüfstein für die Ernsthaftigkeit der *Energie-Charta der EU*. Projekte wie Nord Stream und Nabucco und erst recht Desertec gehören daher in eine breiter tragende politische Entwicklungsphilosophie der EU eingebunden. Diese Sichtweise ist allerdings besonders in den baltischen Staaten schwer zu vermitteln. Vor allem ist schwer zu vermitteln, dass gemeinschaftlicher Mehrwert (im EU-Kontext denken und handeln) langfristig weiter trägt als der nationalstaatliche Egoismus.

### EU-Energie-Charta vs. russisches Pipeline-Netz

Die Grundgedanken der Energie-Charta wurden nach dem Fall der Berliner Mauer mit Blick auf die notwendige energiepolitische Integration West- und Osteuropas entwickelt und nach langjährigen Debatten trat der Vertrag über die Energiecharta und das Energiechartaprotokoll über Energieeffizienz und damit verbundene Umweltaspekte am 16. April 1998 in Kraft.
Mit der Charta werden folgende Ziele verfolgt:

► Förderung der Energieeffizienzpolitik im Einklang mit nachhaltiger Entwicklung
► Schaffung von Rahmenbedingungen, die Produzenten und Verbraucher dazu bewegen, Energie so sparsam, effizient und umweltfreundlich wie möglich zu nutzen
► Förderung der Zusammenarbeit auf dem Gebiet der Energieeffizienz

Die Vertragsparteien verpflichten sich, Energieeffizienzpolitiken und angemessene rechtliche Rahmenbedingungen zu erarbeiten, die unter anderem das effiziente Funktionieren von Marktmechanismen einschließlich marktorientierter Preisbildung fördern.

## NATIONALSTAATLICHE ENERGIESICHERUNG HAT
## PRIORITÄT IM BALTIKUM

In ihrem energiepolitischen Basis-Papier – Grünbuch – hatte die EU 2006 den Primat einer *europäischen* Energiepolitik hervorgehoben und zugleich drei Hauptziele formuliert:[217]

217 EU-Kommission: Grünbuch – Eine europäische Strategie für nachhaltige, wettbewerbsfähige und sichere Energie, März 2006.

▶ Nachhaltigkeit für Energieangebot und Energienachfrage:
d.h. Entwicklung wettbewerbsfähiger erneuerbarer Energiequellen und Energieträger mit niedrigem $CO_2$-Ausstoß, vor
allem durch alternative Kraftstoffe; und durch Reduzierung des
Energieverbrauchs in der gesamten EU – auch als Beitrag zum
Klimaschutz.

▶ Wettbewerbsfähigkeit und Marktfähigkeit erhöhen:
d.h. Sicherstellen, dass die Entzerrung der Energiemärkte (Ent-
monopolisierung) den Verbrauchern wie der Wirtschaft Vorteile
bringt; und dass Investitionen in umweltfreundliche Energieerzeugung und in effiziente Energienutzung angeregt werden, um
europäische Führungspositionen im Sinne der Lissabon-Strategie
zu sichern.

▶ Versorgungssicherheit durch:
a) verringerte Nachfrage aufgrund gesteigerter Effizienz innerhalb der EU
b) Diversifizierung von Energieträgern (Energie-Mix)
c) Nutzung einheimischer und erneuerbarer Energieträger
d) Diversifizierung der Energieanbieter
e) Sozialgerechte Energieversorgung für die EU-Bevölkerung.

In Lettland werden seit dem 1. Oktober 2009 – wie in den meisten europäischen Ländern – dem 95-Oktan Benzin und dem Diesel rd. 5 % Biokraftstoff
beigemischt. Damit wird ein Aspekt aus dem ersten Zielkanon des Grün-
buchs verwirklicht. Dabei hatten die drei baltischen Staatsführungen im selben Jahr 2006 eine *Energie-Road-Map* verabschiedet, die sogar einen Bezug
zum Grünbuch formuliert. Die Road-Maps enthielten verschiedene Planzahlen zum Energiebedarf, aber es lag ihnen kein darstellbares gesellschaftliches
oder auch nur wirtschaftliches Entwicklungskonzept für eine abgestimmte
baltische Energiepolitik zugrunde.[218] Tatsächlich verfolgt Estland seine estnische Energiepolitik. Sie besteht aus der aktiven Vernetzung mit Finnland und
dem starken staatlichen Willen, die Verstromung des nationalen Ölschiefers

---

218 Estland/Ministry of Economic Affairs and Communication: Long-term National Development Plan
for the Fuel and Energy Sector until 2015, Tallinn 2004; Lettland/Ministry of Economics: Guidelines
for Energy Sector Development 2007-2016. Project. Riga 2007;
Litauen: National Energy Strategy. Approved by Resolution No. X-1046 of the Seimas of the Republic
of Lithuania of January 18, 2007.

möglichst lange fortzusetzen bzw. auszubauen. Lettland verfolgt ebenso seine nationale Energiepolitik. Sie besteht im Festhalten an der russischen Gaslieferung – eventuell in Verbindung mit einem neuen Gaskraftwerk, das die russischen Miteigner am lettischen Energieversorger Latvijas Gaze seit 2008 erneut verstärkt in die Diskussion einbringen. Ebenso verfolgt Litauen seine nationale Energiepolitik. Sie ist charakterisiert durch Kapital-Kooperation zwischen großen privaten Unternehmen und den staatlichen Energieversorgern bei der Errichtung eines oder zweier neuer Kernkraftwerke mit einer Gesamtkapazität von bis zu 3.400 $MW_e$. Damit ist Litauen der Bezugspunkt jeglicher baltischer Energiedebatte.

## LITAUENS ATOMPOLITIK ALS BALTISCHER BEZUGSPUNKT

Litauens Energiepolitik ist stigmatisiert durch die Erfahrungen mit russischen Ölfirmen, die seit 1999 massiv auf Kapitalbeteiligung an der einzigen baltischen Raffinerie *Mažeikiu Nafta* in der Nähe von Siauliai drängen und das klare Desinteresse Litauens mit der Unterbrechung der Rohöllieferungen an Mažeikiu Nafta beantworteten.[219] Nicht anders als schon mehrfach bei den Gaslieferungen an die anderen baltischen Staaten oder etwa an die Ukraine. 2007 hat das Parlament daher seine zweite Energie-Strategie verabschiedet und darin die drei Säulen der litauischen Energiepolitik formuliert:

▶ Vollständige Anbindung des litauischen Energie-Systems – besonders Strom und Gas – an die Versorgungssysteme der EU;
▶ Diversifizierung der Primärenergiequellen durch Erneuerung der

219 Litauens Regierung teilprivatisierte Mažeikiu Nafta 1999, suchte dafür bewusst einen nicht-russischen Interessenten und fand ihn in der US-Gruppe Williams. Williams hatte sehr bald danach wirtschaftliche Probleme (?!) und verkaufte seinen Anteil weiter an die russische Yukos. Kurz darauf bekam Yukos die bekannten politischen Probleme mit Präsident Putin (Verhaftung des Yukos-Chefs Chodorkowski) und musste u.a. Mažeikiu Nafta veräußern. Litauens Regierung fürchtete, der russische Staatskonzern Rosneft würde Mažeikiu Nafta übernehmen, und arrangierte den Verkauf an die polnische ORLEN. Russland fühlte sich verletzt und es gab zunächst einen »Unfall« an der Zuliefer-Pipeline für Mažeikiu Nafta, der Druschba. Mažeikiu Nafta war dadurch gezwungen, Öl zu höheren Preisen über die russische Eisenbahn und über russische Tankschiffe zu importieren. Druschba arbeitete 2006 zwar wieder, aber dann brach sehr plötzlich ein Feuer in Mažeikiu aus und zerstörte die Hälfte der Anlagen. Solche »Zufälle« stärken nirgendwo im sog. Baltikum das Vertrauen in Russland-Geschäfte – schon gar nicht im hochpolitischen Energiesektor.

Atomenergieproduktion und schneller Ausbau erneuerbarer und einheimischer Energiequellen, um sicherzustellen, das der Anteil von Erdgas von einem einzigen Lieferanten nicht die 30 %-Marke pro Jahr übersteigt;

▶ Energie-Effizienz verbessern und Energie-Konsum einschränken.[220]

Für die litauische Regierung liegt also der eine Schwerpunkt auf der Rückführung der russischen Versorgung mit Primärenergien (Gas und Öl), ohne dass die Druschba-Pipeline dabei von Russland als Repressalie unterbrochen oder »repariert« wird oder sonstige Eingriffe erfolgen, die den Ölfluss aus dem Westen Sibiriens zur litauischen Raffinerie in Mažeikiu behindern oder die Öltanks im Hafen Butinge trocken fallen lassen. Immerhin fließen durch die Druschba 1,4 bis 1,6 Millionen Barrel via Litauen in die EU.[221] Litauens Russland-Verhältnis müsste daher ein wichtiges strategisches Element der EU-Energiepolitik sein. Die bisherigen litauischen Regierungen setzen den Hauptakzent ihrer Energie-Strategie de facto auf die eigene

*Druschba-Pipeline nach Ventspils (LV) und Mažeikiu/Butinga (LT)*

Atomenergie und suchten dafür bis zur Sichtbarwerdung der Großen Krise die politische Unterstützung ihrer baltischen Nachbarn – insbesondere deren finanzielle Beteiligung.

Dem waren die baltischen Nachbarregierungen anfänglich gefolgt und akzeptierten auch Polen als Vierten im Bunde.

Mit der schon angesprochenen gemeinsamen baltischen Strategie zur

220 National Energy Strategy. Approved by Resolution No. X-1046 of the Seimas of the Republic of Lithuania of 18 January 2007, S. 5.
221 Mitte Juli 2008 senkte Russland drastisch die Ölexporte nach Tschechien, ziemlich eindeutig als Reaktion auf Tschechiens Akzeptanz des US-Raketenschilds auf seinem Territorium. Dennoch bot Litauens Regierung ihr Land den USA als alternativen Standort für die Raketenbasen an.

Energiesicherheit, der »*Energy road map*«, hatten die drei baltischen Regierungen schon den Akzent auf die atomare Stromproduktion in Litauen mit der Durchführungskompetenz bei den drei staatlichen Energieversorgern Lietuvos Energija, Latvenergo und Eesti Energia gelegt. In Litauens Atom-Stadt Visaginas am Rande des größten Naturschutzgebietes Ignalina soll etwa bis 2018 ein neuer dritter Block hochgezogen werden, nachdem dort schon im EU-Beitrittsjahr der erste, noch aus sowjetischer Zeit stammende Block vom Typ Tschernobyl (RBMK-1500 Reaktor-Typ) heruntergefahren werden musste und der zweite Block am Jahresende 2009 abgeschaltet werden soll. Noch kontrolliert der litauische Staat fast vollständig den Kraftwerks- und Netzbetreiber Lietuvos Energija sowie rund 71 Prozent des Verbundnetzes RST (Ost-Litauen). An RST ist ansonsten vor allem die deutsche E.ON mit gut 20 % beteiligt. De facto sollten nun all diese Unternehmen unter dem Dach einer neu zu gründenden, staatlich dominierten Finanzierungsgesellschaft mit Namen zur Entwicklung und Umsetzung von Energiepolitik in Litauen zusammengefasst werden.

Nach monatelangem Tauziehen wurde mit Hilfe von Teilen der Opposition 2007 die Gründung dieser nationalen Finanzierungsgesellschaft für Energie-Großprojekte beschlossen: *Lietuvos elektros organizacija*, kurz LEO-LT (vgl. auch den Abschnitt *»Atomenergie ist das Maß der Dinge«*, S. 126).

Die baltischen Regierungen trugen dabei die Sprachregelung mit, dass Ignalina III in erster Linie der baltischen und europäischen Energieversorgungssicherheit und der Unabhängigkeit von Russland dienen werde – wobei für die russischen Uranlieferungen noch keine Alternative existieren und vor allem nicht für die sichere Entsorgung des Atom-Mülls des jetzigen Reaktors oder gar der neu geplanten Reaktoren.[222]

Litauen zielte bei den Road-Map-Gesprächen zu Ignalina III auf eine Gesamtkapitalbeteiligung von 34 % für Litauen und gestand den beiden anderen baltischen Ländern sowie Polen jeweils 22 % zu.

---

222 Vor der Unabhängigkeit arbeiteten zwei Blöcke vom Typ Tschernobyl in Visaginas. Es gehörte zu den Aufnahmebedingungen in die EU, dass Litauen einen Block kurz nach dem EU-Beitritt herunterfährt und den zweiten bis Ende 2009. Letzteres wurde systematisch von den litauischen Regierungen und den AKW-Betreibern so verzögert, dass 2007 und 2008 die litauische Regierung mit dem Argument in Brüssel auftrat, die Energieversorgung für Litauen und die Nachbarn werde gefährdet, wenn Brüssel auf dem ursprünglichen Abkommen weiterhin bestehe.

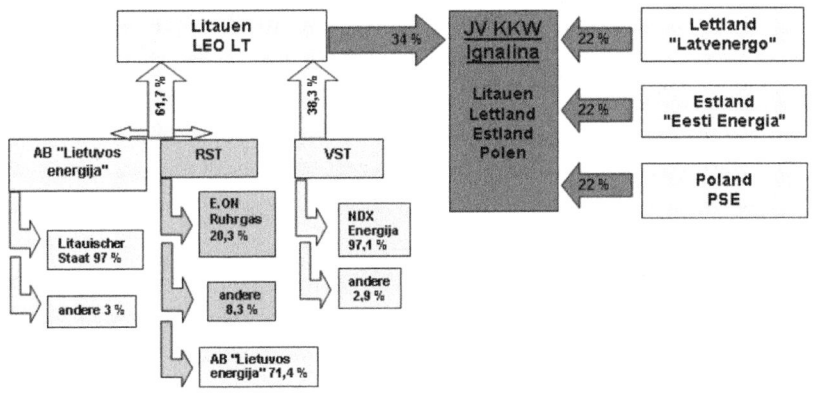

Dabei nahm Litauens Regierung natürlich die Widerstände und Reaktionen der Nachbarn gegen Litauens Dominanz wahr. Der damalige Ministerpräsident Kirkilas arbeitete daher systematisch an einer Erweiterung der Energie-Partnerländer. Außer mit Polen wurden vor allem mit Schweden Pläne einer Energiebrücke (ähnlich der zwischen Tallinn und Helsinki) weiterentwickelt. Gespräche führte er allerdings auch mit den südlichen Nachbarn: Tschechische Republik und Slowakei.

**Ausblicke für die litauisch-baltische Atomenergie**

Die letzten beiden litauischen Regierungen hatten und haben inzwischen erkannt, dass sie vor einigen Schwierigkeiten mit ihrem nuklearen Ansatz stehen, und versuchten, sich mit einem Dreisprung aus der Kalamität zu retten:

a) Die Regierung Kirkilas hatte bedeutendes Privatkapital mit den staatlichen Energieversorgern unter dem Dach der neu gegründeten Finanzierungsgesellschaft LEO-LT verknüpft. Die aktuelle konservative Koalitionsregierung hinter MP Andrius Kubilius will daran nichts ändern.

b) Die Regierung Kirkilas versuchte, die EU-Kommission von der Notwen-

223 Quelle: www.bfai.de/fdb-SE,MKT200806238022,Google.html.

digkeit zu überzeugen, dass dem aktuellen Ignalina II – entgegen den Vereinbarungen – eine Laufzeitverlängerung eingeräumt wird; möglichst, bis der neue Block Ignalina III vielleicht 2018 fertiggestellt ist.

c) Da die EU-Kommission sich auf Litauens Argumente nicht einlassen wollte, organisierten die Regierungsparteien ein Referendum, mit dem Ziel, durch Mehrheitsvotum der Bevölkerung die EU-Vereinbarungen zur Schließung von Ignalina II aufzuheben. Das Referendum wurde zusammen mit den Parlamentswahlen am 12.10.2008 durchgeführt und enttäuschte die Regierung Kirkilas, weil wegen der niedrigen Wahlbeteiligung von unter 50 % das Referendum auch formal hinfällig wurde. Dieses Referendum hat zwar ohnehin nur populistischen Wert. Denn über Jahre haben die litauischen Regierungen die Umsteuerung ihrer Energiepolitik – entgegen den Beitrittsvereinbarungen – verschleppt und soweit hinausgezögert, dass die Regierung Kirkilas schließlich mit dem Rücken zur Wand stand. Das allerdings nicht, weil die Energieversorgung des Landes grundsätzlich gefährdet wäre, sondern weil die Kirkilas-Regierung an dem großen Rad neuer Kernkraftwerke im Lande mitdrehen wollte und dazu die genannten gewichtigen finanzpolitischen und rechtlichen Schritte eingeleitet hatte (LEO-LT).

d) Unbeeindruckt vom fehlgeschlagenen Referendum betreiben Litauens Europaparlamentarier heftigen Lobbyismus in Brüssel und Straßburg. Insbesondere der MEP Eugenijus Maldeikis fordert ununterbrochen von der Kommission die Formulierung einer Atomenergie-Strategie, vergleichbar jener für Erneuerbare Energien.[224]

Wahrscheinlich war auch für die litauische Regierung in der ersten Jahreshälfte 2008 noch nicht wirklich einzuschätzen, wie weit die russischen Planungen um ein neues russisches Kernkraftwerk in Kaliningrad schon gediehen waren. Inzwischen sind die Bedingungen für die Zusammenarbeit zwischen Rosatom

---

224 Hinter Europaabgeordneten wie Maldeikis steht allerdings eine sehr starke Pro-Atom-Lobby, die insbesondere im Ausschuss für Industrie, Forschung und Energie des Europäischen Parlamentes (ITRE) organisiert ist. Die Atom-Befürworter im Ausschuss stehen in engem Austausch mit der Atomwirtschaft. So gehören 20 % der Ausschussmitglieder zu den Unterzeichnern der »Declaration on Climate Change and Nuclear Energy«. Diese Pro-Atom-Erklärung ist eine Initiative von FORATOM, dem europäischen Dachverband der Atomwirtschaft. FORATOM ist eine der zentralen Lobbyorganisationen der Atomindustrie in Brüssel. Neben 17 nationalen Verbänden der Atomwirtschaft finden sich unter den Mitgliedern 800 Unternehmen, darunter alle großen mit Atomenergie befassten europäischen Unternehmen (z.B. Areva, EDF, E.On, RWE, EnBW, Vattenfall u.a.m.).

und Siemens so weit abgeklärt, dass schon sehr bald mit dem Bau eines Atom-kraftwerkes in der Nähe der Stadt Neman und nahe der litauischen Grenze begonnen werden kann.[225] Das AKW soll über 2.300 MW Kapazität verfügen und möglichst schon 2014 ans Netz gehen. Die geschätzten 5 Mrd. Euro will Russland selbst mit 51 % finanzieren; 49 % sollen von ausländischen Investoren getragen werden.

Wenn die russische Regierung dieses Projekt tatsächlich umsetzen will, kann das trotz der Wirtschaftskrise mit Sicherheit schneller ermöglicht wer-den als der Bau von Ignalina III. Russland kann für seinen Atom-Strom po-litische Dumping-Preise anbieten und damit einen starken Keil zwischen die EU-Länder der Region treiben. Würde Ignalina III dann aus unternehmeri-schen und finanziellen Gründen nicht gebaut, würde der mächtige Schlussstein der litauischen Energiepolitik fehlen. Von einem litauischen »Plan B« wurde nichts bekannt. Als Nachbar zeigt der letzte lettische Minister für Regional-entwicklung und nunmehrige Vorsitzende einer neuen konservativ-liberalen Partei und erfolgreiche Unternehmer Aigars Stokenbergs, dass er gerade mit dem Thema Atomenergie und Russlands Rolle dabei gar kein Problem hat: Für Stokenbergs handeln die »russischen staatlichen Energie-Konzerne nur nach wirtschaftlichen Kriterien. Energie-Produzenten wollen Märkte integ-rieren – das ist doch normal«.[226] In der Tat bietet genau Litauen das konkrete Beispiel für die aktuelle und gezielte Integration des russischen mit dem balti-schen Energiemarkt. Dazu der letzte Abschnitt in diesem Kapitel *»Russlands eigene Energieinitiative«* (S. 330).

Unter dem Druck dieser Entwicklungen hat die neue litauische Regierung sehr erfreut den Vertreter der japanischen Mitsubishi Corporation empfangen, der seine Dienste beim Aufbau des neuen AKW anbietet. Zeitgleich absol-vierte die neue Staatspräsidentin Dalia Grybauskaite in Schweden ihren ersten

---

225 Offizielle russische Erläuterung: »Rosatom State Nuclear Power Corporation (or Rosatom) was foun-ded in accordance with the Order of the President of Russia in December of 2007 and is intended to replace Federal Nuclear Power Agency (Rosatom). Rosatom ensures carrying out the state policy and maintains the unity of management of nuclear power usage, stable functioning of nuclear power and in-dustrial complex and nuclear weapons complex, nuclear and radiation safety. Rosatom is charged with the tasks of observing Russia's international obligations in the area of peaceful use of nuclear power and nuclear materials nonproliferation regime.
The creation of the company was intended to facilitate the performance of federal target program of nuclear industry development approved by the State Duma and the President of Russia.«
226 So eine seiner Äußerungen während der Tagung des Umwelt-Komitees des Nordischen Rates und der parlamentarischen Baltischen Versammlung, die sich im Januar 2007 im schon genannten lettischen Daugavpils trafen (s. weiter unten).

Staatsbesuch und verband ihn vor allem auch mit der Bitte um Schwedens Unterstützung in der (Atom-)Energiepolitik. Besonders erfreut wurde allerdings das kanadische Angebot zur Kenntnis genommen, schon bis 2016 mit kanadischer Hilfe Ignalina III zu errichten. Kanada stößt mit seinem nuklearen Angebot, das Handelsminister Stockwell Day wie ein Sonderangebot aus dem energetischen Winterschlussverkauf auch gleich Lettland, der tschechischen Republik und Rumänien offerierte, in eine empfindliche Lücke der Transformationsländer innerhalb der EU. Zweifellos sind die Meldungen in den litauischen Medien über das kanadische Angebot auch angetan, um auf »Brüssel« weiteren Druck in der Atom-Frage auszuüben. Dennoch bietet die folgende Meldung Anlass, um sich als EU-Kommission ernsthaft mit dem »Verhökern« von Atomkraftwerken zu beschäftigen:

### Atomenergie und Gesellschaft

Außen vorgelassen bleibt in der Energie-Strategie Litauens wie auch der baltischen Energy-Road-Map die Beteiligung oder Konsultation der baltischen Bevölkerung.

Im litauischen Gebiet um Visaginas/Ignalina steigen die Grundstückspreise, weil dort der AKW-Neubau über Jahre viele neue Arbeitsplätze, neuen Wohnraumbedarf etc. verspricht. In der benachbarten lettischen Region um die Großstadt Daugavpils fallen in gleichem Maße die Immobilienpreise, weil hier eine diffuse Angst der Anwohner vor der ungeklärten Lagerung des Atommülls ständig wächst.

Die Bürger haben bis heute nicht gelernt, die Behörden und die Unternehmer zu befragen und sich objektive Informationen zu beschaffen – weder über die damalige Tschernobyl-Katastrophe noch über die aktuelle »Endlagerungen« von Atommüll im AKW Ignalina oder an anderen russischen Standorten oder über die Lehren, die aus der katastrophalen Behandlung von Atommüll in der deutschen Schachtanlage Asse in Niedersachsen zu ziehen sind. Noch weniger wird der nicht vorhandene Schutz gegen terroristische Akte, etwa ein gezielter Flugzeugabsturz, diskutiert. Bürgerinitiativen, die sich mit solchen brisanten Themen beschäftigen, lassen sich im gesamten Baltikum an einer Hand abzählen und werden auch nicht gerade gern von Regierung und Stadträten gesehen. Wie stark die Bewohner in Litauen oder Lettland schon jetzt von »verloren gegangenem Strahlungsmaterial« aus Labors und Krankenhäusern und deren ungeklärter Deponierung betroffen sind, ist ebenso wenig bekannt.

Der Versuch, eine kritische Diskussion zu Atom-Energie in der Öffentlichkeit zu führen, hat daher eher tragisch-verzweifelte Formen, auf die sich bisher nur wenige grüne NGOs einlassen, wie bei einer bescheidenen öffentlichen Diskussion des Themas in Lettlands zweitgrößter Stadt Daugavpils: [227]

*Daugavpils: NGOs gegen Atomkraft aus Visaginas*

Neben den Landesbewohnern sind auch die skandinavischen Nachbarn nicht überzeugt von manchem Argument der Experten. Das Umwelt-Komitee des Nordischen Rates und die parlamentarische Baltische Versammlung trafen sich im Januar 2007 in Lettlands zweitgrößter Stadt, Daugavpils, gleich hinter der litauischen Grenze und beinahe in Sichtweite des AKW Ignalina. Den Vorsitz hatte Lettlands ehemaliger Ministerpräsident und Vorsitzender der lettischen Grünen. Er eröffnete eine recht kritische Debatte über die litauische Atompolitik und erinnerte an durchaus mögliche Terrorangriffe auf die Anlage und die fehlenden Sicherungen. Ihn unterstützten sehr eindeutig die nordischen Politiker, wie der dänische Ministerpräsident Kristin Touborg Jensen, der darüber hinaus vor allem an die Potentiale von regenerativen Energien erinnerte, über die auch Litauen verfügt, aber trotz der Energy Road Map nicht nutzt.

227 Die Bedrohung geht nicht nur von Bombenmaterial wie Uran 235 aus. Ein Papier der Europäischen Kommission aus dem Jahr 2002 warnt: 30.000 Strahlungsquellen sind in den vergangenen 50 Jahren in Europa »verloren« gegangen. Die Strahlenquellen stammen beispielsweise aus Laboren, Krankenhäusern, aber auch Universitäten. (Programm »Plusminus« in Das Erste, 19.8.2008)

Vor Augen hatte er dabei die jüngsten Unfälle im schwedischen AKW Forsmark vom Juli 2006 und das Feuer im AKW Ringhals vom November 2006. Derselbe staatliche schwedische AKW-Betreiber Vattenfall war später (2009) auch in Deutschland für die schweren Störungen am AKW Krümmel bei Hamburg verantwortlich und wurde von der konservativen schwedischen Regierung scharf zur Rechenschaft gezogen.

---

**Nota bene:**

Als Ende Juli 2008 aus Versehen (!) drei von vier Turbinen des Reaktorblocks Ignalina II gestoppt und zwei Tage später auch die vierte Turbine »wegen Wartungsarbeiten« abgestellt wurde, war der Reaktor bis 5. Oktober vom Netz. Für zwei Monate wurde geregelt, dass 43 % des litauischen Elektrizitätsbedarfs von anderen litauischen Kraftwerken bereitgestellt wurden und 57 % importiert werden mussten. Das gewöhnlich mit nur etwa 10 % ausgelastete Kraftwerk Elektrenai (zwischen Vilnius und Kaunas) konnte den Grossteil der Energielücke füllen. Und Importe wurden selbst aus Lettland möglich, weil Lettland ohne Probleme seine Hydrokraftwerke stärker auf Touren bringen und Stromüberschuss verkaufen konnte. Demonstriert wurde damit, dass das baltische Energienetz aktivierbar ist und dass die baltischen Energieproduzenten über nicht unerhebliche Reservekapazitäten verfügen.

---

Selbst in Russland arbeiten NGOs wie *Green World* mit relevanten Daten, um auf die schon bestehenden und zu befürchtenden Probleme mit Atom-Anlagen wie in Ignalina aufmerksam zu machen: Die auch international aktive NGO *Green World* aus Sosnovy Bor bei St. Petersburg beschreibt den Reaktortyp, zu dem auch Ignalina gehört, als Reaktortyp, der mit »Graphit-Moderation arbeitet, die Unfälle durch den Ausbruch von Feuer erleichtern und keine doppelte Hülle besitzt, um das Ausströmen radioaktiver Gase im Fall eines Unfalls zu verhindern. ...« Und als Warnung aus den Leningrader Erfahrungen mit den ähnlichen Reaktortypen heißt es in demselben Bericht: »Im Verlauf der 33 Jahre, während der die Leningrader AKW arbeiten, sind radioaktive Abfälle im Umfang von 50 Tschernobyl-Unfällen in Zwischenlagern an der Ostseeküste deponiert. Es gibt keine verlässliche und wirtschaftlich tragbare Technologie zur Wiederaufarbeitung der radioaktiven Abfälle aus diesen RBMK-1000 Anlagen. Erst recht gibt es keine gesicherte Langzeit-Deponie für diese gefährlichen Abfälle.«[228]

Einigermaßen ernüchternd hat dann Mitte 2009 sicherlich auch auf die

---

228 Angaben von: GREEN WORLD, Sosnovy Bor, St. Petersburg region, phone/fax +7 81369 72991.

Betreiber die Nachricht aus Italien gewirkt, dass mehr als 10.000 Tonnen litauische Holzpellets radioaktiv verunreinigt waren und die italienischen Behörden deswegen den Verkauf dieser Waren sofort gestoppt hatten.[229] Für die Betreiber war bis dahin nur das Gutachten für Ignalina III von Bedeutung, das von der finnischen Gesellschaft Poyry Energy Oy und dem Litauischen Energie-Institut Ende 2007 vorgelegt wurde und das zwangsläufig keine Antwort hinsichtlich der Sicherheit der bestehenden Anlagen noch hinsichtlich der Behandlung des Atommülls anbietet.[230] Dazu hatte der Abteilungsleiter Atomenergie im Litauischen Energie-Institut seinerzeit auf die durchgeführte Umweltverträglichkeitsprüfung und auf öffentliche Informationsveranstaltungen in Litauen und in Lettland hingewiesen. Aus eigener Anschauung kann ich allerdings sagen, dass die Informationsveranstaltung im lettischen Daugavpils eine Farce war, auch weil die teilnehmende Bevölkerung nicht gewohnt ist, kritische Fragen zu stellen oder relevante Informationen zu beschaffen.

Auf der Website des staatlichen Energieunternehmers Lietuvos Energija wird der gesamte Umweltaspekt für Ignalina III mit den folgenden Zeilen abgehandelt:

*»The EIA process consists of three stages [231]:*

▶ *Screening: This was not undertaken for the construction project of the new nuclear power plant, as it was known that in this case the EIA was mandatory;*

▶ *Scoping – preparation of the EIA program: Scoping is made with an aim to identify issues requiring detailed examination, potential direct or indirect impacts and alternatives which will be further investigated in the EIA Study and measures to avoid or mitigate the effects of important negative impacts, etc. During this EIA stage the content of the EIA Report will be established along with the methods to be applied in forecasting negative impacts and the elements of the environment to be described.*

▶ *The EIA Study and preparation of the EIA Report: The EIA study*

---

229 Süddeutsche Zeitung, 15.6.2009: Italien nimmt radioaktive Holzpellets vom Markt.
230 ELTA, Vilnius, 16.11.2007: Environmental impact of new Ignalina Nuclear Power Plant assessment programme ratified. Pöyry ist eine weltweit operierende Consulting Firma mit den Schwerpunkten im Bereich Energie, Forstindustrie, Umwelt. Pöyry setzte 2007 rd. 720 Mio. Euro um und beschäftigt 8.000 Fachleute.
231 www.le.lt/en/main/atom/PAV_nuclear.

*is a systematic, reproducible and interdisciplinary prediction, identification and evaluation of the impacts of the proposed development. Information that is generated during the Study is presented in the EIA Report. This phase of the EIA focuses on several main tasks: baseline environmental information; identification and forecasting of potential impacts, elaboration on the nature of impacts, extensive analysis of impacts, and assessment of the significance of the impacts, their acceptability and the needs for mitigation measures.*

*The Ministry of Environment of the Republic of Lithuania assigned the participants of the EIA of the new nuclear power plant. They are:*

- ▶ *Competent authority (makes decision): Ministry of Environment.*
- ▶ *EIA parties (coordinate the EIA documents): State Nuclear Power Safety Inspectorate (VATESI); Radiation Protection Centre; Fire and Rescue Department; State Public Health Service; Utena Region Environmental Protection Department; Cultural Heritage Protection Department; Utena County Governor's administration; Administration of Visaginas Municipality; Other authorities.*
- ▶ ***The public***
- ▶

*The EIA Program for the new nuclear plant is being prepared by a consortium consisting of Poyry Energy Oy and Lietuvos Energetikos Institutas, selected by Lietuvos Energija using a simplified open competitive tendering procedure.«*

D.h., *The public*/die Öffentlichkeit ist als formales Stichwort genannt. Aber keinerlei Hinweise darauf, *ob* und *wie* die interessierte Gesellschaft an diesem Großprojekt beteiligt werden soll und kann.

## ESTLANDS ENERGIEPOLITIK

Estlands Energiepolitik steht bislang sehr fest auf einem Bein, nämlich der Verstromung des einheimischen Ölschiefers. Die produzierte Jahresmenge von 12–14 Mio. Tonnen Ölschiefer stellt rd. 60% der estnischen Primärenergie, liefert aber mehr als 100% der benötigten elektrischen Energie, so dass Estland Strom exportieren kann. Bis 2011 soll ein weiteres Ölschieferkraftwerk zur Stromerzeugung errichtet werden, auch um die Regionalwirtschaft in Ost-Estland wieder zu beleben. Der einheimischen und souveränen Stromerzeugung steht weiterhin – wie bei den baltischen Nachbarn auch – die völlige Abhängigkeit von Russland bei der Gas-Versorgung gegenüber. Gas stellt heute gut 16% der eingesetzten Primärenergie. Als Teil einer Diversifizierungspolitik flackert immer mal wieder die Diskussion um ein eigenes estnisches Atomkraftwerk auf – nicht zuletzt als Reaktion auf die intransparente litauische Atompolitik. Die Insel Suur-Pakri in Nord-Estland wird seit dem Sommer 2009 ernsthaft als möglicher Standort eines estnischen AKW geprüft. In Estland selber regt sich zunächst der Widerstand gegen den Standort, weil er in einem der Natura 2000 Naturschutzgebiete liegt.

Estland hatte – wie alle ehemaligen sowjetischen Republiken – nach der Unabhängigkeit einen erheblichen Rückgang beim Energiebedarf zu verzeichnen, weil die industrielle Fertigung zusammengebrochen war. Die absolute Menge an genutztem Ölschiefer hatte sich zwischen 1991 und 2006 von 61 TWh auf nur noch knapp 35 TWh gemindert – mit der entsprechend verringerten Umweltbelastung. Aber in den letzten zwei Jahren vor der Großen Krise zeigte die Energiebedarfskurve wieder sanft nach oben, weil im Städte- und Gebäudebau noch immer keine Energieeffizienz regiert und weil der Dienstleistungsbereich inzwischen nach der Industrie zum größten Energieverbraucher avanciert ist und bisher maßgeblich zum BIP-Wachstum beigetragen hat.

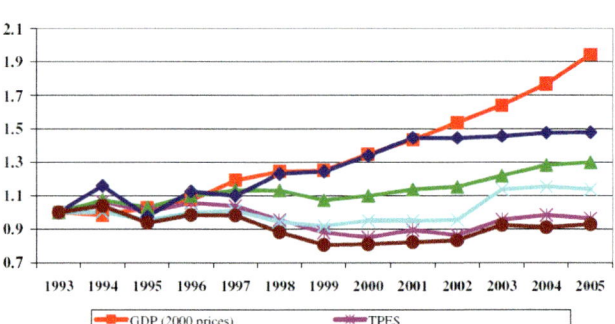

**Figure 2.1. Trends of the main Estonian energy sector indices compared with the GDP growth**

Mit welcher wirtschafts- und finanzpolitischen Strategie Estland aus der schwersten Krise seiner Geschichte ab 2009 herausfinden will, ist derzeit noch ziemlich offen – und damit auch die mittelfristige Energiepolitik. Allerdings hat der Druck der Beitrittsverhandlungen auch sehr nachdrücklich für eine höhere Effizienz in den Stromgewinnung aus Ölschiefer geführt. Zunächst wurde nach 1991 der $SO_2$-Ausstoß, dann auch die $CO_2$- und die $NO_x$-Emissionen eingeschränkt und damit die Umweltbelastung für Luft, Wasser und Boden erheblich gemindert. Im Jahr 2003 fielen in den Kraftwerken der Eesti Energia noch 81.600 Tonnen $SO_2$ an; 2006 waren es nur noch 50.100. Unbeeindruckt lautet die Richtgröße der EU-Kommission allerdings 25.000 Tonnen für 2012.[232] Gleichzeitig geht die EU-Kommission von einem steigenden Anteil an erneuerbaren Energien auf 25 % des Energiebedarfs bis zum Jahr 2020 aus. Dadurch leitet sich die Hauptsorge der estnischen Regierung aus dem politischen Druck der EU-Kommission ab, aus der umwelt- und klimaschädigenden Ölschiefernutzung bis 2012 auszusteigen und sich dabei zugleich von russischen Gas- und Ölimporten unabhängiger zu machen. Hilfreich ist dabei, dass sich die wirtschaftliche Entwicklung etwa ab 2001 vom Energieeinsatz abkoppeln ließ.[233]

---

232 Eesti Energia AS: Annual Report 2006, Tallinn.
233 Statistical Yearbook of Estonia 2006, Tallinn sowie Stockholm Environment Institute: Baltic Sustainable Energy Strategy, Tallinn, 2008.

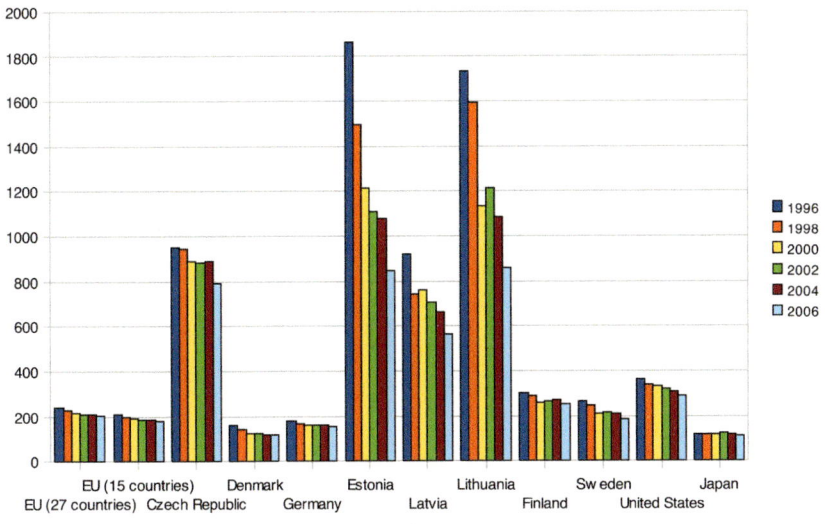

Zu den stärksten Hemmschuhen, den Effizienz-Pfad weiter auszubauen, gehört bislang der staatliche Energieversorger Eesti Energia. Privaten Initiativen zur Produktion von Windenergie wird vom Staatsunternehmen kein Zugang zum Netz gewährt mit dem Argument, dass die Produktionstechnik und die Netzbedingungen nicht kompatibel seien. Das markanteste Beispiel dafür ist der Viru-Nigula Wind Park an der Nordküste. Dort wird vermutet, dass Eesti Energia jegliche Konkurrenz vom Markt der Zukunftsenergien fernhalten will, weil das staatliche EVU damit u.a. die Ausstiegsgeschwindigkeit aus dem Ölschiefer besser kontrollieren könne bzw. seine dortigen Investitionen besser abschreiben könne. Es war daher für die breitere Öffentlichkeit überraschend, dass gerade *Eesti Energia* im Juni 2009 einen eigenen Windpark mit 13 Turbinen und 39 MW Leistung an der Westküste in Aulepa eingeweiht hat und damit seither über das größte Windenergieunternehmen im Baltikum verfügt.

234 Vgl. auch die Publikation von Römpczyk/Oja (eds.): Energy Policy Dialogues in the Baltic Sea Region – Energy efficiency in housing, Tallinn 2008, die aus einer internationalen Konferenz in Estland heraus entstanden ist, bei der intensiv vorliegende Erfahrungen mit Energieeffizienz im Hausbau und der Stadtentwicklung aus Estland, Lettland, aber auch aus Skandinavien und Deutschland diskutiert wurden.

In der folgenden Übersicht spiegelt sich auch der estnische Einstieg in die Umrüstung der Energieversorger. Denn einerseits steht gemäß den EU-Vereinbarungen zum Jahreswechsel 2012/13 die vollständige Öffnung des Energiemarktes bevor. Die staatliche Eesti Energia will aber auch danach einen Marktanteil zwischen 80 und 90 % behalten. Das setzt zwangsläufig hohe Investitionsbereitschaft in die Modernisierung der bestehenden Kraftwerke voraus. Eesti Energia konzentriert sich dabei auf seine Tochtergesellschaft Narva Elektrijaamad und deren beide Töchter, die Kraftwerke *Eesti* Elektrijaam und Balti Elektrijaam im Nordosten, im Großraum Narva. Dort wird vor allem Strom aus Ölschiefer erzeugt, aber auch 30-50 % der Leistungen zur Wärmeerzeugung genutzt.[235] Als Beispiel für Estlands klimabewusste Umrüstung wird allerdings vor allem auf das weitaus kleinere Kraftwerk zur Stromversorgung Iru Elektrijaam in Maardu nahe Tallinn verwiesen.

Hier wurde schrittweise mit der Umrüstung der mit Erdgas betriebenen Blöcke auf Brenner mit geringem Stickoxidausstoß begonnen. Gleichzeitig wird die Umstellung der anderen Kraftwerke auf ein neues Verfahren zur Verbrennung von Ölschiefer vorangetrieben. Das Wirbelschichtsystem, das bereits in jeweils einem der Blöcke der Kraftwerke im Raum Narva eingesetzt wird, hat offenbar zu einer deutlichen Effizienzsteigerung sowie zur Minderung von Schadstoff-Emissionen geführt (Schwefeldioxid). Beachtliche Investitionen sieht Eesti Energia für die nahe Zukunft zugunsten weiterer Effizienzsteigerungen in den Verteilernetzen vor, die derzeit noch mit Transportverlusten von rd. 9 % p.a. operieren.

Als drittes Element wurde die Anbindung an das finnische Energienetz betrieben. Am erfolgreichsten erwies sich bisher die 100 km lange Energiebrücke *Estlink I* zwischen dem estnischen Harku und dem finnischen Espoo, über die Estland Strom nach Finnland exportiert (die Fließrichtung lässt sich bei Bedarf auch umkehren). Seit Januar 2007 arbeitet das von ABB fertiggestellte 350 Megawatt Kabel. Projektträger sind auf baltischer Seite neben der estnischen Eesti Energia im Übrigen auch der lettische Versorger Latvenergo und

---

235  Vgl. auch die Einschätzungen von Jan Triebel: Modernisierung des estnischen Energiesektors kommt voran. Eesti Energia forciert sein Engagement / Marktöffnung erst Ende 2012 in Sicht; in BfAI: www.bfai.de/DE/Content/__SharedDocs/Links-Einzeldokumente-Datenbanken/fachdokument,templateId=renderSE.html?fIdent=MKT20060823111843&source=Google&sourcetype=SE.

der litauische Versorger Lietuvos Energija.[236] Ende März 2009 nahm die EU-Kommission das erfolgreiche Projekt Estlink I zum Anlass, die Fertigstellung von Estlink II mit 100 Mio. Euro zu unterstützen. Das neue Projekt soll eine doppelt so große Leistung erreichen (600 – 800 MW$_c$) und ab 2015 ebenfalls zwischen Estland und Finnland Strom austauschen.

**Entwicklung der Stromproduktion in Estland, in GWh** [237]

|  | 1991 | 1995 | 2003 | 2004 | 2005 | 2006 |
|---|---|---|---|---|---|---|
| Gross production* | 14627 | 8693 | 10159 | 10304 | 10205 | 9731 |
| Net production | 13061 | 7607 | 9101 | 9232 | 9114 | 8728 |
| Own use in power plants | 1566 | 1086 | 1058 | 1072 | 1091 | 1003 |
| Losses | 1086 | 1773 | 1192 | 1112 | 1103 | 1077 |
| Consumption in Estonia | 7204 | 5074 | 6013 | 6326 | 6403 | 6901 |
| incl. In: industry | 3368 | 1943 | 2361 | 2460 | 2434 | 2640 |
| construction | 82 | 120 | 96 | 96 | 97 | 107 |
| agriculture | 2004 | 366 | 210 | 224 | 222 | 219 |
| transport | 172 | 191 | 98 | 101 | 103 | 83 |
| commercial and publ. services | 654 | 1387 | 1654 | 1827 | 1927 | 2177 |
| households | 924 | 1067 | 1594 | 1618 | 1620 | 1675 |
| per capita (kWh) | 592 | 743 | 1178 | 1199 | 1203 | 1247 |
| Exports** | 4771 | 760 | 1896 | 1794 | 1608 | 750 |

Estland hat es mit seinem energiepolitischen Ansatz inzwischen geschafft, dass die EU-Kommission eine Ergänzung ihrer Energie-Charta[238] in dem Sinne vorgenommen hat, dass die Bedürfnisse kleiner und isolierter Energie-Märkte (sprich: Estland) gesondert berücksichtigt werden. Estland hatte dafür beim EU-Gipfel Anfang 2008 die politische Unterstützung der beiden

236 Das Kooperationsabkommen schreibt Eesti Energia den beherrschenden Kapitalanteil mit 39.9 % der Aktien zu; Latvenergo und Lietuvos Energija jeder 25 %; und die restlichen 10.1 % sind zwischen den beiden finnischen Gesellschaften aufgeteilt – Pohjolan Voima und Helsingin Energia.
237 SEI: Baltic Sustainable Energy Strategy, Tallinn 2008, S. 15.
238 Vgl. die Erläuterungen auf Seite 179 und Fussnote No. 205 (s. auch : www.encharter.org/fileadmin/user_upload/document/GE.pdf).

baltischen Nachbarn sowie von Zypern erhalten.[239] Diese Ergänzung bedeutet für Estlands Ölschiefer-Industrie, dass die Kommission die CO2-Emissionen etwas weniger restriktiv behandelt. Das wird allerdings zu höheren Klimabelastungen führen, als die EU sich selber zugesteht. Estland hofft jetzt auf weitere EU-Unterstützung im Forschungs- und Entwicklungsbereich, um u.a. die Verbrennungsaschen des Ölschiefers in harmlose mineralische Abfallstoffe zu verwandeln.[240] Vor Sichtbarwerden der Großen Krise hatte es die EU-Auflage gegeben, dass Energieeffizienz und Umweltschutz bis Juli 2009 deutlich sichtbar werden müssten, weil Estland sonst mit empfindlichen Strafzahlungen zu rechnen hätte. Einige politische Stimmen hatten auch deswegen bereits 2007 vorsichtige Überlegungen beim staatlichen Energiekonzern Eesti Energia zum Bau eines estnischen Atomkraftwerks unterstützt. Dagegen hat allerdings die Partei der Grünen von den Oppositionsbänken herunter sehr vehement ihr Veto eingelegt, so dass diese Diskussion sich bisher nur bis o.g. Geländeprüfung auf der Insel Suur-Pakri entwickeln konnte.

## LETTLANDS ENERGIEPOLITIK

Lettland steht – im Vergleich zu Estland und zu Litauen – noch ein wenig unentschlossen im Raum, teilt aber mit seinen baltischen Nachbarn seit den 90er Jahren die traumatischen Erfahrungen, von russischen Energielieferungen abhängig und erpressbar zu sein und geht verbal die Wege mit, diese noch immer große Bedrohung abzubauen.

Lettland produziert bisher keinerlei Erdöl und ist absolut abhängig von Treibstoff- und Derivate-Importen. Insgesamt werden ca. zwei Drittel der Endenergie (Strom, Wärme) importiert. Rund 30 % der Primärenergie bezieht Lettland noch immer in Form von Erdöl und zwar vor allem aus den GUS-Staaten. Die wichtigste Öl-Importgesellschaft ist Latvijas Nafta, in der Hand eines der drei Tycoons Lettlands, Aigars Lembergs (s. Abschnitt »*Stolperstein*

---

239 Eesti Päevaleht, 15.3.2008, S. 10; Äripäev, 17.3.2008, S. 3; BNS/News Bulletin 53, 17.3.2008: Estonia won EU's recognition of its energy market.

240 Umweltpolitisch problematisch ist die Ölschieferverbrennung, weil hierdurch 88 % des estnischen Gesamtausstoßes an Stickstoff und 95 % des Staubes (feste Partikel) entstehen. 60 % des verbrannten Ölschiefers bleiben als Asche zurück, die auf Halden gelagert wird. Hinzu kommen Grundwasserverschmutzung und Landschaftszerstörung durch den Ölschiefer-Tagebau.

*Politische Kultur«*, S. 48). Zusammen mit den russischen Partnern von Lat-RosTrans Ltd. sorgen Lembergs Unternehmen für den Transport des sibirischen Öls in den lettischen Hafen Ventspils. Die wichtigste Pipeline ist seit 1968 die vom russischen Polotsk nach Ventspils mit bis zu 16 Mio. Tonnen Kapazität. Der Ölhafen Ventspils ist allerdings längst in Sorge wegen der Konkurrenz durch den Ölhafen Tallinn und den litauischen Ölhafen Butinge und zwangsläufig wegen der russischen Bemühungen um den Ausbau der eigenen Exportkapazität im Ostseeraum in Pimorsk im Golf von Finnland. Inzwischen bemüht sich Lettlands Regierung um die Ausbeutung einer kleinen Erdölblase vor der eigenen Ostseeküste an der litauischen Grenze. Umweltschützer sind mehr als besorgt, weil durch die befürchteten Spillagen die ohnehin schwer belastete Ostsee unter zusätzlichen ökologischen Druck geraten könnte.

Die zweite Seite der lettischen Abhängigkeit betrifft den Import von russischem Gas via Gazprom an das zu 96 % privatisierte Unternehmen Latvijas Gaze. Zusammen mit der Antimonopol-Kommission (seit 1.1.2002) legt Latvijas Gaze die Gaspreise für die lettischen Abnehmer fest. Die drei Hauptaktionäre und damit Herren der Unternehmenspolitik von Latvijas Gaze sind allerdings Gazprom, E.on und Itera Latvija.[241] Faktisch arbeiten dabei Gazprom und Itera engstens zusammen, wodurch der russische Einfluss auf die lettische Gaspolitik beinahe einer Monopolposition entspricht. Dagegen fallen die staatlichen 4 % Kapitalbeteiligung an Latvijas Gaze weniger als bescheiden aus. Teil der Bemühungen um mehr nationale Energie-Souveränität war die lettische Idee, den größten Gasspeicher im sog. Baltikum – *Inculkans* in Süd-Lettland – von bisher 21 Mrd. Kubikmeter auf ca 53 Mrd. auszubauen, um einerseits über größere Manövriermasse zu verfügen und um andererseits dieses lettische Gas weiterzuverkaufen, z.B. nach Schweden. Aus diesen Plänen ist bisher keine Realität geworden. Das hängt zweifellos auch damit zusammen,

---

241 Auch in Lettland selbst ist nicht jedermann bekannt, dass die turkmenische Gashandelsfirma Itera in einer sehr speziellen engen Verbindung zu Gazprom steht, die sich aus der ersten Phase der Privatisierung von Gazprom herleitet: Der Turkmene Igor Makarow begann seine Karriere als Broker für Gazprom und seine Firma Itera entwickelte sich zum Haupttexporteur von turkmenischem Gas. Von Vorteil waren dabei auch die Beziehungen von Valeri Otschertsow, 1991 – 1996 turkmenischer Finanz- und Wirtschaftsminister, der 1997 in führender Position zu Itera wechselte. In der zweiten Hälfte der 1990er Jahre explodierten die Geschäfte bei Itera und die kleine Firma stieg zum zweitgrößten Gaslieferanten der GUS-Staaten auf. Gazprom half über verwickelte Transaktionen nicht nur bei der Expansion von Itera, sondern Itera konnte auch das Pipeline-Netz von Gazprom kostenfrei nutzen. Nach dem Machtwechsel bei Gazprom in 2001 verlor Itera zwar einige lukrative Aufträge, kooperiert aber weiterhin eng mit Gazprom, so dass der tatsächliche Einfluss von Gazprom auf den lettischen Gasmarkt noch größer ist.

dass Gazprom seit 2009 im Mecklenburg-Vorpommern und Brandenburg die Bedingungen für weitere große Gaslager untersuchen lässt. Es könnte dabei das größte Gas-Depot Europas entstehen und wäre der logische ergänzende Schritt zum Bau der Ostsee-Pipeline.[242]

Auch in 2009 wird weiter intensiv der Bau eines neuen Gas-Kraftwerkes bei Riga und sogar eines neuen Kohle-Kraftwerks bei Liepaja in Kurland diskutiert.[243] Ein Gaskraftwerk wäre sehr im Sinne von Gazprom, würde allerdings Lettlands Energiesicherheit mit Sicherheit nicht erhöhen. Bei Kohleverstromung hebt die EU-Kommission warnend den Finger wegen der Klima-Effekte. Ebenso wie in Estland wird außerdem gelegentlich im Wirtschaftsministerium über ein eigenes lettisches Atomkraftwerk nachgedacht. Hier hatte die Animationsreise des kanadischen Handelsministers Day im Mai 2009 eine zusätzliche push-Wirkung.

---

**Canadian minister on the tour in the member states of the European Union aimed at the "support for nuclear energy"**

The goal of this trip is to introduce Canada's nuclear power technology, CANDU reactors and their advantages. "The new nuclear power plant is intended to be built by 2016. And our industry would manage to do that by the set deadlines," Canadian International Trade Minister Stockwell Day said at a news conference, speaking about a possible contract with Lithuania.

♦ According to Minister Day, CANDU produces nuclear energy reactors of capacity ranging from 700 MW to 1,600 MW, thus, they can satisfy any needs.

♦ Moreover, the reactors, the minister claims, cost less than those of rivals and the technologies used are competitive both in the European market and the global market.

♦ In addition, Day says, the construction of the AE itself and most of other work of the project are essentially based on local workers, which is very beneficial for the contracting party.

♦ The Canadian minister also stressed that his country having about 150 nuclear energy companies could become a strategic partner in the erection of the Visaginas AE.

♦ Day notes that Canada's banking system has remained stable in the face of the crisis and neither banks nor other financial situations needed additional support from the state.

(Quelle: ELTA, Vilnius, May 4, 2009)

---

Dabei kann Lettland auf einen enormen Ausbau seiner regenerativen Energiequellen verweisen, deren Anteil an der gesamten Primärenergie seit 1990 von 14% auf inzwischen 36% angestiegen ist. Im Paket der regenerativen Energien besitzt die Hydroenergie einen festen Platz durch drei große Stau-

---

242 Quelle: Süddeutsche Zeitung, 28.2.2009: »Erschütterungen in der Mark Brandenburg. Nördlich von Berlin plant der russische Konzern Gazprom das größte Erdgas-Depot Westeuropas. In Deutschland funktionieren bisher schon 46 Erdgasspeicher mit einem Speichervolumen von zusammen rd. 20 Mrd. m³«

243 International Internet Magazine, 01.04.2008: Economy minister of Latvia: Investors need to be involved in the development of the new power plants.

dämme und viele kleine Wasserkraftwerke. Aus ökologischen Gründen lässt sich die Anzahl der Wasserkraftwerke allerdings nicht ausbauen. Dafür hat die lokale Nutzung von Holz, Stroh und anderer Biomasse erheblich zugenommen. Der Großunternehmer Andris Šķēle sieht noch Steigerungsmöglichkeiten und bietet als Sahnehäubchen den eher aberwitzigen Vorschlag an, die gesamten lettischen Torfbestände zu verstromen, um sich endgültig von Energie-Importen – sei es aus Russland oder aus Litauen oder aus Schweden – unabhängig zu machen. Lettland hat auf dem Papier gute Chancen, in der regenerativen Energiesicherung einen großen Schritt nach vorn zu tun: Die Regierung hat ihren politischen Willen formuliert, dass im Jahr 2010 der Anteil von erneuerbaren Energien an der Elektroenergieerzeugung rd. 49% erreichen wird bzw. der Anteil erneuerbarer Energien für Strom und Wärme auf 33% steigen soll. In dieser Beziehung hat Lettland die höchste Kennzahl aller zehn neuen EU-Länder. Gleichzeitig wird seit Oktober 2009 ein Anteil von bis zu 5% Biotreibstoffe dem Normalbenzin und Diesel beigemischt. Wie fast überall in Europa wird allerdings auch in Lettland die eine große Energiequelle völlig vernachlässigt: effizienter Einsatz von Energie und in Verbindung damit Energie-Sparen.

**Struktur und Entwicklung der Primärenergie-Quellen in Lettland[244]**

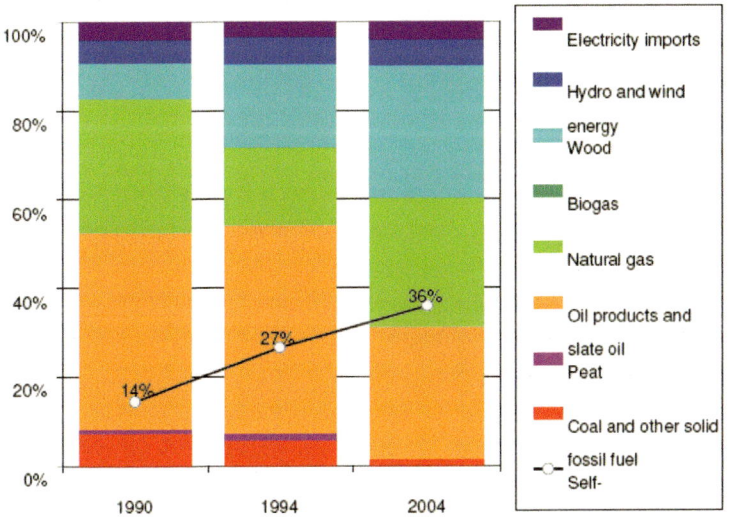

244 Ministry of Economics, Latvia (Riga) 2007: Guidelines for Energy Sector Development 2007.

Eine Diskussion über Effizienz-Potenziale mit Faktor vier bis Faktor zehn gewinnt noch keine Aufmerksamkeit in Lettland, obwohl gerade die Nutzung regenerativer Energien in Verbindung mit effizienter Rohstoffverwertung auf Lettland gut anwendbar sind: In der Landwirtschaft, im Hochbau, beim Schienentransport und im Straßenverkehr dürften sich mit kontinuierlicher Steigerung bis 2050 zwischen 40 und 65 % des heutigen Energiekonsums einsparen lassen.[245] Für den aktuellen 10-Jahreszeitraum hat die lettische Regierung *Leitlinien zur Entwicklung des Energiesektors von 2007 bis 2016* vorgelegt, die u.a. begrüßenswerte Zielvorgaben für die Energieeffizienz enthalten, darunter:

▶ Im Bereich **Wärmeversorgung**:
▶ Steigerung der durchschnittlichen Nutzleistung von Wärmequellen von 68 % auf 80 – 90 % bei gleichzeitiger Reduzierung von relativen Energieverlusten in Fernwärmenetzen von 17 % auf 14 %
▶ Senkung der **Energieintensität** (Entkopplung von Energieeinsatz pro Wirtschaftsleistung)
auf 0,35 TOE/1000 EUR in 2010
auf 0,28 TOE/1000 EUR in 2015
auf 0,22 TOE/1000 EUR in 2020
▶ Reduzierung des anteiligen **Wärmeverbrauchs in Gebäuden** von 235 kWh/m$^2$ in 2004 auf 150 kWh/ m$^2$ in 2020[246]
▶ Erzielung von **Primärenergieeinsparungen** von 1 % pro Jahr im Endverbrauch

Ein weiterer Plan ist der **Erste nationale Energieeffizienz-Aktionsplan 2008 – 2010**, der für diesen Zeitraum eine gesamte Energieeinsparung von 67 GWh vorsieht. Den größten Anteil soll daran der Wohnungsbau haben, nämlich 52 GWh. Die Europäische Kommission hatte Mitte Oktober 2007 der lettischen Regierung allerdings schon eine letzte Aufforderung überstellt, um die EU-Mindestanforderungen an Energieeffizienz von Gebäuden – einschließlich Energieausweise für Gebäude – umzusetzen. Lettland entzieht

245  Die Arbeiten des Wuppertal-Instituts in Deutschland sind noch nicht auf ein Land wie Lettland bezogen. Die dort angestellten Berechnungen und Forderungen gelten aber für Transformationsländer wie die baltischen ebenso wie für Deutschland.
246  Nur zur Orientierung: Die besten Wärmeverbrauchswerte pro m² Gebäudefläche in der ehemaligen DDR weist 2008 Mecklenburg-Vorpommern mit einem Wert von 102 Kilowattstunden (kWh) auf.

sich solchen Auflagen u.a. durch sehr wenig nachvollziehbare Angaben zum relativen Energieverbrauch. Insofern sind die hier genannten Planzahlen nur bedingt aussagekräftig, weil die tatsächlichen Referenzdaten nicht vorliegen (auch Eurostat kann lettischen Energieverbrauch nur unvollständig darstellen). Die lettischen Regierungen der vergangenen Jahre zeichnen sich durch eine Fülle vorgelegter Planungspapiere aus, denen gemeinsam ist, dass keine detaillierteren Implementierungsplanungen folgen, die nicht nur zeigen müssten, wie realitätsnah die diversen Planungen erfolgt sind, sondern auch, wie viel politischer Umsetzungswille auf Regierungsebene dafür überhaupt besteht. Die Große Krise wird von allen politischen Akteuren leider nur als großes Verhängnis gesehen, nicht als Chance, die oberflächlich formulierten Zielansätze für die kommenden Entwicklungsschritte zu präzisieren und mit Handlungswillen zu versehen.

*Die wichtigsten politischen Pläne im Energiebereich, Lettland 2004 – 2010*

| | |
|---|---|
| Nationales Programm Produktion und Einsatz von Biokraftstoffen in Lettland 2003 – 2010 | Min. für Landwirtschaft |
| Nationale Strategie zur Energieeffizienz 2004 (besonders wenig aussagekräftig) | Min. für Wirtschaft |
| Strategie zum Aufbau des Strom-Marktes 2004 | Min. für Wirtschaft |
| Nationales Programm zur Abschwächung des Klimawandels 2005 – 2010 | Min. für Umwelt |
| Nationale Energie-Strategie 2007 – 2016 | Min. für Wirtschaft |

Anwendungsorientierte Planungen, die von einer perspektivischen Entwicklung der lettischen Städte- und Gebietsplanung, erwünschter Industrieansiedlungen, moderner Verkehrsplanung und vor allem von mehr Energieeffizienz im Wohnungsbau ausgehen müssten, liegen diesen Zielvorstellungen erkennbar nicht zugrunde – also etwa die inzwischen eingeleitete Gebietsreform durch eine Schwerpunktförderung von Blockheizkraftwerken zu unterstützen. Ein solcher Schritt würde erheblich erleichtert, wenn die lettischen Regierungen den Auflagen der EU-Kommission (unter dem vorherigen lettischen Kommissar Piebalgs) nachkämen und den staatlichen Energieversorger Latvenergo aus seiner Monopolistenrolle entließen. Eine dezentralisierte Energieproduktion und -versorgung könnte den durchaus vorhandenen alternativen Energieanbietern den Zugang zu den überaus interessierten Bürgern ermöglichen.[247] Zwar wurde auf dem Papier eine Entzerrung im Energiesektor vorgenommen: unternehmensrechtliche Trennung zwischen Energieversorger und Verfügung über das Leitungsnetz. Aber damit ist der gewaltige Unterschied zwischen der Verordnung und ihrer Durchsetzung, zwischen Papier und Praxis nicht aufgehoben. *Latvenergo* hat 90 % der Energieversorgung unter seiner Kontrolle und die Regierung hat keinerlei Interesse oder nicht die Macht das *de facto* zu ändern. Investoren, ausländische zumal, möchten aber sehen, dass aus der seit Ende 2008 offenkundigen Systemkrise des Landes zukunftsweisende Konsequenzen gezogen werden, darunter auch der Einstieg in eine rationalere Energiepolitik mit transparenten Marktregeln und sozialverträglichen Endpreisen.

Anstelle struktureller Modernisierungen des nationalen Energiemarktes bemühten sich die letzten beiden lettischen Regierungen (Godmanis [2008]; Dombrovskis [2009]) etwas zielgerichteter um das Thema Energiebrücke nach Skandinavien. Riga war mit Stockholm im Gespräch, konnte sich aber über Jahre nicht mit Litauens Regierung hinsichtlich eines baltisch-schwedischen Strom-Kabels abstimmen. Seit Mitte 2009 haben die Aussichten auf eine funktionierende Energiebrücke wie zwischen Tallinn und Helsinki konkretere Formen angenommen, da ein formeller gemeinsamer Antrag Litauens, Lettlands und Schwedens an die EU-Kommission gerichtet wurde, um das gemeinsame Projekt »Nord-Balt« finanziell mit 175 Mio. Euro zu unterstützen. Gemeinsame Projektträger von Nord-Balt werden die staatlichen Energieversorger Lietuvos Energija (Litauen), Latvenergo (Lettland) und Svenska Kraftnat (Schweden) sein. Die EU-Kommission hat unter der Bedingung eine Zusage gegeben, dass mit dem Bau der Energiebrücke 2010 begonnen wird.

---

247 4.4.2006: »The European Commission launched infringement procedures against 17 EU member states which have failed to adopt EU rules to their internal markets. These rules are essential in reaching a high level of growth and competitiveness in Europe, stressed the European Commission yesterday. Apart from Latvia, letters of formal notice were sent also to Austria, Belgium, the Czech Republic, Germany, Estonia, Spain, Finland, France, Greece, Ireland, Italy, Lithuania, Poland, Sweden, Slovakia and the United Kingdom. The European Commission, unsatisfied with the present situation, where consumers cannot benefit from competitiveness on the market, has taken the first steps to initiate infringement procedures against several member states, which could even lead to proceedings at the EU Court.« (lt. LETA, Riga, 5.4.2006)

# BALTISCHER REGIONALANSATZ ALS VISION

Die baltischen Staaten haben zwei große Optionen für ihre Energiesicherungspolitik im Blick: eine Vernetzung mit dem skandinavischen Energiemarkt (die
Ostsee-Lösung) und / oder den großen Brückenschlag vom baltischen Raum
zum Schwarzen Meer, westlich an Russland vorbei. Beide Optionen setzen allerdings die reale Bereitschaft zur nachhaltigen Zusammenarbeit untereinander
voraus. Die vorherigen Abschnitte haben verdeutlicht, dass diese Voraussetzung
in den drei Transformationsländern eher behindert als ausgebaut wird.

## OPTION: OSTSEE – SCHWARZES MEER

Die geopolitisch interessanteste Perspektive für eine baltische Energiepolitik
und für die EU-Nachbarschaftspolitik insgesamt liegt wohl in der aktiven
Mitgestaltung einer Ostsee-Schwarzmeerbrücke für die Energie- und auch
andere Kooperationen. Von einer solchen Brücke ist immer wieder die Rede.
Im Mai 2006 hatten die Präsidenten der betroffenen Länder, einschließlich
Russland, ein entsprechendes Gipfeltreffen in Vilnius durchgeführt. Wahrscheinlich war das Ziel zu groß gewählt, denn es sollte ein Dialog über die
Verbesserungen von Demokratie und Zusammenarbeit zwischen dieser hete-
rogenen Ländergruppe geführt werden. Es sollte zugleich über die Rolle von
EU und NATO als Katalysatoren für verbesserte Zusammenarbeit zwischen
den Staaten diskutiert werden. Die Energiepolitik war dabei eines der zentralen eingebundenen Themen. Dieser *Gipfel* konnte die US-NATO-Rake-
tenpolitik mit Standorten in Tschechien[248] und Polen nicht verhindern und
auch nicht den späteren Ausbruch des Georgien-Krieges. Dennoch kam es im

---

248 Die USA und Tschechien hatten Anfang Juli 2008 einen Vertrag über den Bau einer Radarstation
  unterschrieben, den ersten Teil des geplanten US-Raketenabwehrschildes. Doch das Projekt wurde von
  vielen Bürgern abgelehnt (sichtbar u.a. durch die Bürgerinitiative »Ne zakladnam« – Keine Stationierung). Ob die Anlagen gebaut würden, war vor allem seit Barack Obamas Präsidentschaft offen. Und
  tatsächlich verabschiedete sich Obama im Herbst 2009 offiziell von dem Raketenprojekt.

Oktober 2007 wieder in Vilnius zu einem weiteren Treffen von Vertretern der Regierungen und der Erdölkonzerne aus Aserbaidschan, Georgien, Litauen, Polen und der Ukraine – diesmal ohne Russland –, bei dem die Gründung eines gemeinsamen Konzerns (»Sarmatium«) verabredet wurde, um eine Öl-Pipeline vom Kaspischen Meer in die Ostseeregion zu bauen – ohne dabei russisches Territorium zu berühren. Erdöl aus Aserbaidschan sollte danach ab 2011 durch die Ukraine bis Danzig fließen – was allerdings automatisch die NATO-Mitgliedschaft der Ukraine stärker ins Spiel bringt und damit auf mittlere Sicht unrealistisch bleibt.

## OPTION: BALTISCHER ENERGIEVERBUND

Deutlich realistischer ist eine Ostsee-Lösung. Dafür gab es in den letzten vier Jahren mehrere Ansätze mit unterschiedlichen Zielsetzungen. Bei den drei baltischen Regierungen hatte eine 40%ige Gaspreiserhöhung von Gazprom im Januar 2006 gewaltigen Stress ausgelöst. Er bewirkte die zumindest formelle Einigung der drei baltischen Staatspräsidenten auf die schon erwähnte »Energy-Road-Map« mit folgenden Schwerpunkten:[249]

- ▶ Formulierung einer gemeinsamen Energie-Strategie für die baltischen Staaten bis Ende 2006
- ▶ Stabilisierung des baltischen Energiemarktes bis 2009 in Anlehnung an das Vorbild der skandinavischen Staaten (*Nord Pool*)
- ▶ Ausbau des Stromnetzes zwischen den baltischen Staaten und der übrigen EU
- ▶ Aktive Unterstützung für den Bau eines neuen AKW, Ignalina III.

Real blieb der Fokus der »road-map« ziemlich eng auf das Thema Atom-Energie, d.h. Ignalina, fixiert. Das ist verständlich, denn die bisherige

---

249 Bei ihrem Treffen im litauischen Trakai am 27.2.2006 verabschiedeten die Regierungschefs genau genommen zwei wichtige Dokumente: die Declaration als Aufforderung an die EU-Kommission, zielgerichteter an einer europäischen Energiesicherungspolitik zu arbeiten, in der auch die baltischen Staaten zu berücksichtigen seien, und das Communiqué, das die konkreten nächsten Schritte einer abgestimmten baltischen Energiepolitik festhielt (s.o.).

Versorgungsleistung für Litauen aus diesem problematischen Tschernobyl-AKW-Typ beträgt 70% des gesamten Strombedarfs. Daneben wird auch Lettland in geringerem Maße von Ignalina versorgt. Schwer nachvollziehbar ist allerdings, dass Litauens Regierungen sich nicht mehr an den Integrationsvertrag mit der EU erinnerten, wonach Litauen 5 1/2 Jahre Zeit hatte, sich um die Ausstiegsalternative für Ignalina zu kümmern, die Zeit vielmehr weitestgehend verstreichen ließ. Selbst die eigenen baltischen Nachbarn zeigten sowohl auf wissenschaftlich analytischer Ebene wie auf höchster politischer Ebene ihre Enttäuschung über die litauischen Regierungen der letzten Jahre. Die »road-map« von Anfang 2006 war eine gute Chance, die baltischen Nachbarn in eine Ausstiegsstrategie so mit einzubinden, dass auch die EU-Kommission hätte überzeugt werden können. Tatsächlich enthält die »Road-map« keinen Auftrag zur Energiebedarfsanalyse in Verbindung mit Entwicklungszielen der drei Länder oder gar der gemeinsamen Region. Die »road-map« enthält auch keinen Auftrag zu einer Effizienzstrategie und zur Entwicklung der notwendigen Innovationen, um den Energiebedarf zuallererst zu senken und für den Restbedarf einen Aktionsplan zu formulieren. Die »Road-map« hätte die Möglichkeit geboten, den Blick auf industrielle Sektoren mit hohem Energiebedarf und/oder auf den Hausbau und/oder auf die Stadt- und Verkehrsplanung zu lenken, um in Einklang damit die Entwicklung regenerativer Energien (RE) einzuleiten bzw. auszubauen und die dezentrale Produktion von RE zu projizieren. Die Potenziale dafür sind gegeben: Wind an der Küste, Bioenergien in den Wald- und Landwirtschaftsgürteln und möglichst überall Kraftwärmekopplung. Da das Dokument äußerst allgemein gehalten wurde, ergibt sich der Verdacht, dass es sich in erster Linie um eine »Strategie« zur Beibehaltung des Status quo der drei staatlichen Energie-Monopolisten Lietuvos Energija, Latvenergo und Eesti Energia handelte und zur weiteren Nutzung ihrer längst abgeschriebenen Altanlagen. Gewinn-Mitteilungen mitten in der Großen Krise konnten daher kaum überraschen: »*Eesti Energia hat im Haushaltsjahr 2008/09 einen Nettogewinn von 1,4 Mrd. Kronen eingefahren (ca. 95 Mio. Euro), was einem Zuwachs von mehr als 21% gegenüber der Vorperiode entsprach. Dabei stieg der Verkauf von Energie an die privaten Haushalte am stärksten.*«[250]

---

250 LETA, 26.6.2009 (Tallinn): Eesti Energia earned 1.4 billion kroons of profits last year.

Ein weiterer Anstoß zur Formulierung einer regionalen Energie-Strategie erfolgte durch das *Grünbuch* der EU[251], ebenfalls von Anfang 2006. Darin waren genügend weiterführende Ansätze für die Konkretisierung einer regionalen Energiestrategie zusammengefasst und – was den Transformationsländern immer als entscheidender Anreiz dient – im Grünbuch sind politische und materielle Förderungen durch die EU-Kommission angesprochen. Die baltischen Regierungen fühlten sich aber offenbar nicht ausreichend betroffen. Erst drei Jahre später, im Frühjahr 2009, setzten sich wieder die drei baltischen Regierungschefs zusammen, um erneut einen gemeinsamen Energiemarkt zu definieren. Nur einer der Ministerpräsidenten von 2006 war noch dabei, Andrus Ansip aus Estland. Für Lettland sprach nun Valdis Dombrovskis, der vorherige Europaabgeordnete, und für Litauen der Christdemokrat Andrius Kubilius anstelle des Altkommunisten-Sozialdemokraten Algirdas Brazauskas. Die Gesamtlage hatte sich wegen der Großen Krise verschoben: Die EU hatte immer noch keine gesamtheitliche Energiepolitik formuliert, die Unsicherheiten bei der Versorgung mit russischen Primärenergien waren nicht geringer geworden, aber es hatten inzwischen weitere Abstimmungsgespräche mit den Skandinaviern stattgefunden. Es lag daher nahe, sich gemeinsam und abgestimmt mit *Nord Pool*, dem skandinavischen Energienetzwerk zu verknüpfen. Es darf vermutet werden, dass der Wahlsieg der neuen litauischen Staatspräsidentin Dalia Grybauskaite am 17. Mai 2009 seine Ausstrahlung auch auf diese strategischen Energiegespräche hatte. Denn von Frau Grybauskaite erwartet man in Litauen jetzt, dass sie ihre Europaerfahrungen als Kommissarin einbringt und dabei auch mehr Professionalität in die litauische Staatsführung einziehen lässt.[252]

---

251 Kommission der Europäischen Gemeinschaften: GRÜNBUCH – Eine europäische Strategie für nachhaltige, wettbewerbsfähige und sichere Energie, Brüssel, den 8.3.2006.
252 Grybauskaite hatte als Unabhängige 69 % Zustimmung erhalten und damit den zweitplazierten, Sozialdemokrat Algirdas Butkevicius, mit seinen 12 % deutlich distanziert. Allerdings wird es konkreter Schritte vor allem in der Wirtschaftspolitik und der Korruptionsbekämpfung der neuen Präsidentin bedürfen, um das Vertrauen der litauischen Wähler in die nationale Politik wiederherzustellen. Gerade einmal 51 % betrug die Wahlbeteiligung.

## EU-INITIATIVEN: FÜR EUROPA UND DIE OSTSEE-REGION

Gegenüber den halbherzigen Bemühungen der verschiedensten baltischen Regierungen der letzten Jahre wirken die Initiativen des bisherigen lettischen EU-Kommissars für Energiefragen – Andris Piebalgs – erheblich zielgerichteter. Er arbeitete von Brüssel aus an den zwei entscheidenden energiepolitischen Fronten: die Europäische Union mit _einer_ energiepolitischen Stimme sprechen zu lassen und die Versorgung der europäischen Gemeinschaft durch ein möglichst breit aufgespanntes Versorgungsnetz ausgewogen und sicher zu gestalten. Piebalgs war dabei u.a. geschäftig nach Ankara unterwegs, um die türkischen Begehrlichkeiten als Torhüter der geplanten Nabucco-Gasleitung und der transkaukasischen Pipeline BTC (Baku-Tiflis-Ceyhan) auf erträgliche Maße zu begrenzen. Denn die Türkei will zwangsläufig nicht nur Transitland sein, sondern gewissermaßen als Großhändler kaspisches, irakisches und vielleicht dereinst auch iranisches Gas in den EU-Raum verkaufen. Neben dem Preisaufschlag würde das ein unsägliches Pfand in türkischen Händen bedeuten, um das Land in die EU aufzunehmen. Die Türkei würde ein »zweites Russland« für Westeuropa. Piebalgs war gleichzeitig bei den eigentlichen Lieferanten in Aserbaidschan, auch in Georgien unterwegs. Er versuchte den französischen Egoismus in Nordafrika auszuhebeln und den Maghreb, Algerien, fester _an Europa_ zu binden, nicht nur an Frankreich. Die Lieferungen aus Nordafrika – Algerien, Libyen, Ägypten – könnten zusammengenommen in 10 – 15 Jahren auf gleichem Niveau liegen wie die russischen.

Piebalgs verhandelte vor allem auch mit dem schon jetzt zweitwichtigsten Gaslieferanten der EU, mit Norwegen. Wenn die seit 2007 bekannten neuen großen Lagerstätten in der norwegischen Barentsee gefördert werden und an die EU geliefert würden, würde Russland dadurch auf Platz Zwei der europäischen Versorger abrutschen.[253] Kommissar Piebalgs arbeitete also an einer europäischen Vision zur europäischen Energiesicherung. Damit spielte er allerdings den Energie-Don Quijote, denn die _nationalen_ Energiepolitiken sind wie riesige

---

253 Norwegen verfügt über die größten Gasreserven in Europa. Auf norwegischem Staatsgebiet liegt rund die Hälfte der verbliebenen Erdöl- und Gasreserven Europas. Nicht einmal ein Viertel der Erdölreserven Norwegens wurde bisher gefördert.

Windmühlenflügel und ließen ihn klein und verloren erscheinen. Und in seiner baltischen Heimatregion werden seine Bemühungen keineswegs immer so verstanden, wie sie gedacht sind: Durch eine »europäische Energiesicherung« hätten auch die baltischen Transformationsländer den individuell größten Nutzen.

Freilich ist mit der Solarenergie-Initiative von einem Dutzend europäischer Großkonzerne – *Desertec* – dem Energie-Kommissar (Piebalgs ebenso wie Oettinger) ein bisschen das Heft aus der Hand genommen worden. Am 30. Oktober 2009 war die Firma Desertec Industrial Initiative (DII) gegründet worden, um das größte je gedachte Energieprojekt zu planen und durchzuführen. Das schon seit längerem diskutierte Vorhaben würde einen Finanzbedarf von etwa 400 Mrd. Euro über 40 Jahre verteilt bedeuten und könnte möglicherweise ab 2050 Solarstrom im Umfang von 15 % des europäischen Bedarfs aus der Sahara liefern. Die Planungsgesellschaft DII hat allerdings nicht nur – aber auch – die Standortfrage für die erforderlichen 130 × 130-km-Projektfläche zu klären (Marokko…), sondern muss den unvermeidbaren Konflikt zwischen der französischen Atomindustrie und den deutschen Projektträgern analysieren. Projektträger sind vor allem die Münchener Rück und die Energiekonzerne RWE, E.ON, Siemens sowie die Deutsche Bank, begleitet vom Club of Rome. Dem steht das französische Atomunternehmen AREVA und das von Präsident Sarkozy deutlich geäußerte Interesse Frankreichs an atomarer Kooperation mit Nordafrika entgegen. Genau hier liegt ein kleiner Bezug zur Ostsee-Region. Denn AREVA ist der verantwortliche Vertragspartner für das finnische AKW Olkiluoto und hat dort durch technisch, finanziell und planerisch schlechte Arbeit erheblich an Ansehen verloren. Auf die höhere politische Ebene gehoben, könnte dieser Konflikt auch der Konflikt zwischen der französischen Mittelmeer-Initiative und der deutschen Osteuropa-Initiative innerhalb der EU werden. Denn inzwischen ist Deutschland ein überzeugender Anbieter von beiden regenerativen Energien: Sonne und Wind. Und in dem Maße, in dem sich die Risiken der Atomenergie wieder deutlich zeigen (AKW Krümmel bei Hamburg; Nuklear-Deponie Asse südlich von Braunschweig), aber die regenerativen Energien immer entschiedener von den Bürgern nachgefragt werden, bieten sich solche deutschen Erfahrungen für die großen ländlichen Regionen im Baltikum und entlang der Ostseeküsten eher an als neue französische oder russische AKW.

**Die Chance des »Verbundplans für den baltischen Energiemarkt«**

2005 forderte das Europäische Parlament die Formulierung einer Ostsee-Entwicklungsstrategie. Der Europäische Rat hat diese Formulierung dann in Auftrag gegeben. Sie sollte zur Jahresmitte 2009 vorliegen und bildete damit passgenau den politischen Handlungsrahmen für die schwedische EU-Präsidentschaft ab 1. Juli 2009. Die schwedische Regierung war nicht gerade untätig bei der Erstellung der Ostsee-Strategie gewesen (vgl. den Abschnitt *»Schwedens pro-baltische Initiative«*, S. 273); ebenso wie sie ihren Vorsitz im Ostseerat nutzte, um die Ostsee-Anrainerstaaten zu mehr Kohäsion zu drängen. Auf starkes schwedisches Betreiben hin besteht innerhalb des Ostseerates (CBSS) seit 2007/2008 ein sehr ähnliches Interesse an der Brücke Ostsee – Schwarzes Meer, wie es 2006 in Vilnius schon von den baltischen Staaten und einigen GUS-Staaten formuliert wurde. Eines der sogenannten »Leuchtturm-Projekte« des CBSS beschäftigt sich mit dem Fragenkomplex »Challenges for the 21st century: Environmental protection as a prerequisite for sustainable development – Sharing experience between the countries of the Black Sea and the Baltic Sea regions«.[254] Der Akzent liegt damit nicht nur auf dem Thema Energiesicherung, vielmehr geht es um die Sicherung der Entwicklungsbedingungen überhaupt. Die über Energieprobleme hinausweisenden Themen, die dringender überregionaler Kooperation bedürfen, lauten für CBSS: Eurofinanzierung zugunsten beider Binnenmeere, Überprüfung der Einführung Öko-fremder und Öko-feindlicher Arten, Alternativen für Überfischung und nicht-nachhaltige Produktions- und Konsummuster sowie Kontrollen der durch Pipeline-Leckagen und durch Ölverluste bei Schiffstransporten bewirkten großen Meeresverschmutzung.

Ob die lettische Staatsführung diese übergreifende CBSS-Sichtweise verstanden hatte, blieb offen, als der lettische Staatspräsident 2008 seine lessons learnt gegenüber einer internationalen Unternehmer-Versammlung so formulierte: *»Wir sind ein kleines Land. Aber wir können – in Zusammenarbeit mit anderen – große Dinge erreichen. Wir haben Erfahrung darin, wie wirtschaftliche Schwierigkeiten zu überwinden sind, wie kurzfristige Herausforderungen angegangen werden müssen und wie langfristige Planungen auszusehen haben. Aber vor allem besitzen wir die Fähigkeiten, auf (alle möglichen) Herausforderungen konstruktiv zu reagieren. Wir besitzen eine einzigartige Kombination aus flexiblem, gut*

---

254 Genauere Hinweise finden sich in Baltic 21 Newsletter, z.B. issue 2/2008.

*ausgebildetem Arbeitsmarkt, dynamischem Steuersystem und besonderer Erfahrung, wie in den Nachbarstaaten der EU [Russland, GUS-Staaten] Geschäfte gemacht werden. Das alles macht die lettische Wirtschaft sehr anpassungsfähig an die neue internationale Wirtschaftsordnung und gleichzeitig sehr europäisch. Es macht uns auf globaler Ebene konkurrenzfähig.«*[255]

Die sehr europäische Ausrichtung, von der Präsident Zatlers sprach, würde Lettland in der Tat gut anstehen, aber das müsste sich u.a. in der Energiepolitik widerspiegeln, was – wie gezeigt wurde – nicht der Fall ist. Bedenklich an diesem politischen Marketing-Versuch ist allerdings der beeindruckende Realitätsverlust des Staatspräsidenten. Er bietet diese Beschreibung des lettischen Potenzials, während schon überall die Menetekel der Großen Krise von den Wänden leuchten und Lettland von der EU, vom IMF, von den skandinavischen Nachbarn wie kein anderes EU-Mitglied gestützt werden muss, um nicht im Staatsbankrott zu versinken. Glücklicherweise hängt das Gelingen einer Ostsee-Schwarzmeer-Kooperation nicht vom lettischen Staatspräsidenten ab.

Zur ebenfalls von Schweden geförderten Ostsee-Strategie der EU gehört der *Verbundplan für den baltischen Energiemarkt* als ein besonderer Schwerpunktbereich.[256] Es gibt darin drei zentrale politische und ökonomische Komplexe, auf die die baltischen Regierungen und ihre staatlichen Energieversorger sich in den vergangenen 3 – 4 Jahren hätten konzentrieren sollen anstelle der dargestellten nationalstaatlichen Abgrenzungsmanöver. Zwei der zentralen Komplexe befassen sich vor allem mit den »alten« EU-Ländern. Der dritte Komplex hat jedoch seinen Schwerpunkt im Baltikum:

▶ Nordischer Masterplan
Er umfasst Großprojekte zwischen den nordischen Ländern wie *Fenno-Skan II* (Verbindung zwischen Finnland und Schweden, Großer Belt in Dänemark, Nea – Järpströmmen zwischen

---

255 Wer immer diese Rede für den lettischen Staatspräsidenten geschrieben hat, müsste angesichts der realen wirtschaftlichen und sonstiger Standortbedingungen des Landes wegen mutwilliger Image-Schädigung des Staatsoberhauptes belangt werden. Ähnliches dachten sicher auch die Wirtschaftsfachleute beim Baltic Sea Region Business Forum 3-4 June 2008 – denn sie kennen die lettische Realität. Quelle: »Address by the President of the Republic of Latvia, H.E. Mr Valdis Zatlers at the opening of the Baltic Sea Region Bussiness Forum, 2008-06-03.« In: Latvijas Valsts prezidenta kanceleja. Prezidenta preses dienests. Pils laukums 3, Riga-50, LV-1900, tālr. 7092122, fakss 7320404, prese@president.lv, www.president.lv.
256 www.euractiv.com/en/energy/eu-ministers-endorse-final-energy-project-list/article-183865.

Schweden und Norwegen, South Link in Schweden, Skagerrak IV zwischen Dänemark und Norwegen).

▶ Verbundnetze
Diese Vernetzung dient dem Fluss elektrischer Energie über die Ländergrenzen hinweg. Besonderes Augenmerk ist dabei auf den Austausch regenerativ erzeugten Stroms (Wind) zwischen Deutschland und Polen gerichtet. Diese Vernetzung ist wiederum Teil der älteren Idee eines Energierings rund um die Ostsee.

▶ Baltische Projekte
Dazu gehören die zuvor schon als bilaterale Initiativen dargestellten Projekte, die die baltischen Länder mit ihren unmittelbaren Nachbarn energetisch verbinden, also Estlink (Estland-Finnland) oder *Nord-Balt* (Litauen-Schweden). Innerhalb dieses Komplexes müssten dringend auch die Initiativen von Ignalina III (baltische Länder plus Polen) und neue Ideen zum dezentralisierten Aufbau eines Verbundes zum grenzübergreifenden Austausch regenerativer Energien aufgenommen werden.

Wie tragfähig diese Ostsee-Initiatve ist und wie viel der Verbundplan zur energiepolitischen Integration der baltischen Länder in die westeuropäische EU-Gemeinschaft tatsächlich beitragen kann, kann sich erst lange nach Beendigung der schwedischen Präsidentschaft zeigen, vielleicht ab 2011. Bis dahin müssen Chancen der energiepolitischen Integration des Baltikums in das übrige Europa an den schon eingeleiteten Initiativen abgelesen werden.

Die energiepolitische Einigung im Sinne des Verbundplanes betrifft jedenfalls nach *Estlink I* (Tallinn-Helsinki) zunächst den Bau des zweiten Stromkabels zwischen Litauen und Schweden: *Baltlink*. Es wird eine Länge von rd. 350 km, einen Projektwert von 435 Mio. Euro und eine Leistung von 700 – 1.000 MW besitzen. Wenn der Bau tatsächlich 2010 startet, wird sich die EU-Kommission mit 175 Mio. Euro an den Kosten beteiligen. Dann bestünde auch die Chance, dass die geplante Inbetriebnahme 2016 erfolgen kann. So weit die technische Einigung auf Regierungsebene. Mehr als befremdlich ist dabei allerdings, dass die Tinte unter der neuen Erklärung noch nicht getrocknet war, als der Chef des staatlichen (!) lettischen Energieversorgers Latvenergo, Karlis

Mikelsons, erklärte, das Projekt verhindern zu wollen, falls Litauen tatsächlich der baltische Standort würde. Derselbe staatliche Energieversorger Latvenergo verklagt gleichzeitig die staatliche lettische Preisbehörde, weil Latvenergo seine Stromtarife in diesen Krisenzeiten nicht anheben darf. Dieser Konflikt wirkt wie überzogenes politisches Kabarett, wirft aber nur ein weiteres Licht auf das politische Management in der lettischen Regierung: denn sowohl die staatliche Preisbehörde als auch Latvenergo operieren unter dem Dach des Wirtschaftsministeriums. Es ist daher noch nicht wirklich gesichert, ob das Stromkabel nach Schweden ein *baltisches* Projekt wird oder nur ein *litauisches* bleibt oder wegen ungesicherter Finanzierung gar nicht zustande kommt. Ein Rückschlag für die Ostsee-Option ergibt sich allerdings auch von skandinavischer Seite. Der Grund sind die angespannten Beziehungen zwischen Estland und *Nord Pool*. Nord Pool war seinerzeit zur Privatisierung der Energieversorgung in Skandinavien gegründet worden. Inzwischen kritisiert das Netz die estnische Regierung, weil dort die Privatisierung des Energiemarktes keinerlei Fortschritte macht. Sehr ähnlich den anderen baltischen Staaten wurde *Eesti Energia* von den Regierungen der letzten 18 Jahre nicht zu Dezentralisierung und nicht zu umweltverträglicher Energiegewinnung nachdrücklich angehalten. Estland hält seinerseits den Skandinaviern politische Realitätsferne entgegen, weil die nicht sehen wollen, dass Russland ohne staatliche estnische Kontrolle sofort den privatisierten Energiemarkt unterwandern und dem Land damit erhebliche zusätzliche Probleme schaffen würde. In jedem Fall ist dieser Konflikt für den weiteren Ausbau des Energieverbundes im Ostseeraum äußerst nachteilig.

Vorgesehen war, möglichst schnell *Estlink II* zu bauen. Nord Pool will das Projekt nicht stilllegen, aber möglichst auf 2018 verschieben.

---

### NORD POOL:

1991 wurde die Gründung von Nord Pool durch das norwegische Parlament mit der Absicht eingeleitet, den Energiemarkt der skandinavischen Staaten zu deregulieren. In der jetzigen Form funktioniert Nord Pool seit Ende 2007. Der Sitz ist in Oslo. Die Eigner sind die Energieversorger aus Norwegen, Schweden, Dänemark und Finnland: Statnett (20 %) und Nord Pool ASA (20 %), Svenska Kraftnät (20 %), Energinet.dk (20 %), Fingrid (20 %).

Es lässt sich mindestens ein dreifacher Nutzen des nordischen Energiemarktes ausmachen:

▶ unmittelbare gegenseitige Unterstützung der vier skandinavischen Länder, wenn irgendwo eine Elektrizitätslücke
auftritt

▶ Komplementarität der unterschiedlichen Primärenergien, die
in den vier Ländern zur Stromproduktion eingesetzt werden:
Kernenergie, Kohle sowie Wasserkraft und andere regenerative Energien

▶ Optimierung der gesamten regionalen Stromproduktion und
damit die Möglichkeit, die Energiekosten vergleichsweise
niedrig zu halten, oder anders: Erst der vernetzte Markt
ermöglicht auch sozio-ökonomischen Mehrwert

Baltisch-skandinavische Verbundprojekte könnten auch mehr leisten als nur
die technische Zusammenarbeit zwischen den Ländern mit gemeinsamer
europäischer Finanzierung. Finnland könnte seine sehr kostspieligen und
langjährigen Erfahrungen mit dem Bau seines jüngsten AKW Olkiluoto für
das litauische Ignalina III zur Verfügung stellen, um dieselben technischen,
finanziellen und Management-Fehler zu vermeiden (wenn Ignalina III denn
überhaupt gebaut werden soll). Finnland brauchte schnell viel Energie für seine wachsende Papier- und Holzverarbeitung und es wollte die $CO_2$-Auflagen
von Kyoto erfüllen. Entsprechend wurde schon 2001 der Bau des neuen Reaktors in Olkiluoto an der Ostsee, nicht allzu weit von Tampere, vom finnischen
Parlament bewilligt, dann 2005 endlich begonnen. Über die Jahre wies das
Vorhaben allerdings eine derart große Fülle technischer Probleme und Bau-
fehler auf, dass die ursprüngliche Kostenkalkulation von rd. vier Mrd. Euro
auf inzwischen sechs Milliarden anstieg und sich immer noch kein konkretes
Datum der Inbetriebnahme voraussagen lässt. Es sollte ein Vorzeigeprojekt
der modernen Energieversorgung werden. Aber die französische Reaktor-
Baufirma Areva ist inzwischen nicht nur in Finnland, sondern auch in den
USA und in Frankreich selbst mit ihrem Produkt auf die Schwarze Liste geraten. Dabei ist ein Punkt auch für die baltischen Nachbarn bzw. für die Atom-
energie-Diskussion im Baltikum von Interesse: Areva arbeitet mit Dutzenden
von Unterauftragnehmern zusammen, deren Mitarbeiter offenbar teilweise

unqualifiziert für die ausgeschriebenen Tätigkeiten sind, und die rd. 4.000 Arbeitskräfte einer Schicht sprechen mindestens acht verschiedene Sprachen, aber offenbar ohne sich immer gegenseitig richtig zu verstehen, so dass die kuriosesten Fehler beim Bau auftraten.[257]

## Russlands eigene Energie-Initiative

Russland ist generell in die Initiativen des Ostseerates eingebunden, weil es ein Element der *Northern Dimension* bildet. Schwedens Ostsee-Initiative bezieht deswegen auch Russland systematisch mit ein. Nur Russland selbst lässt sich extrem ungern in solche Initiativen einbinden. Mit Blick auf den baltischen Raum führt es vielmehr vier energiepolitische Offensiven, die den *Verbundplan für den baltischen Energiemarkt* erheblich behindern. Meist diskutiert ist das Nord-Stream-Projekt. Es ist eindeutig gegen die baltischen Interessen gerichtet (s. o. den Abschnitt *»Nord Stream: anti-baltisches Gas-Projekt?«*, S. 287). Die zweite Offensive betrifft das neue Atomkraftwerk in Kaliningrad. Es stellt einerseits die größte Konkurrenz zum litauischen AKW-Projekt Ignalina III dar, wird aber mit hoher Wahrscheinlichkeit nach Fertigstellung (ca. 2015) auch den Balten (preisgünstigen) russischen Strom anbieten. Die dritte Offensive ist das Bemühen um einzelstaatliche Zusammenarbeit, wie etwa die Errichtung eines neuen Gas-Kraftwerks in Lettland oder der Einstieg in die größte baltische Raffinerie in Mažeikiu (Litauen).[258] Hierher gehört auch das Angebot einer direkten Verkabelung Estlands mit dem russischen AKW Sosnovy Bor im Oblast St. Petersburg. Die Reaktion der Einzelstaaten fällt unterschiedlich aus, je nachdem wie enge Bindungen die herrschenden Eliten noch mit Russland pflegen. Den meisten Widerstand erfährt Russland in dem

---

257 Ein detaillierterer Bericht zu Olkiluoto findet sich u.a. bei James Kanter: In Finland, Nuclear Renaissance Runs Into Trouble, New York Times, May 28, 2009.

258 Die Rückgewinnung der ehemaligen sowjetischen Raffinerie hatte die litauische Regierung erfolgreich abgewehrt, indem sie dem polnischen Konzern ORLEN inzwischen das gesamte Unternehmen verkauft hat. ORLEN hatte damit geholfen, die Angebote der russischen Rosneft und Lukoil abzuwehren. ORLEN besitzt dadurch neben Norwegens Statoil und Russlands Lukoil maßgeblichen Einfluss auf den Benzin- und Dieselmarkt der gesamten baltischen Region. Dahinter wird allerdings auch das besondere polnische Interesse deutlich. Denn außer der starken Stellung im baltischen Kraftstoffbereich drängt Polen die litauischen Regierungen auch zu einer schnellen Umsetzung der Ausbaupläne für Ignalina III und sogar Ignalina IV. Eine starke polnische Stellung innerhalb der litauischen Atomenergie würde Litauen allerdings – über Mažeikiu hinaus – auffällig stark von einem Polen abhängig machen, das keineswegs immer ein verlässlicher EU-Partner ist. Bei viel Sympathie für Polen kommt in Litauen dennoch gelegentlich die Frage auf: Polen statt Russland? Die Frage wird noch deutlicher gestellt, seit der polnische Staatskonzern ORLEN seine neue Raffinerie in Orlen Lietuva umbenannt hat.

kleinsten der drei baltischen Staaten. Das ist vor allem durch den Präsidenten-wechsel von *Arnold Rüütel* zu *Toomas Hendrik Ilves* deutlich geworden. Estland ist zugleich das effizienteste der baltischen Länder und auf gutem Wege, seine nationale Energiesicherungspolitik gegen russische Abhängigkeitsinteressen durchzusetzen. Russland – in Gestalt von Baltenergo – hat dennoch der estni-schen Regierung das Angebot für ein 1.000 MW Unterwasserkabel gemacht, durch das Atomstrom vom AKW Sosnovy Bor nach Estland fließen könnte – und von dort gfl. auch weiter in den skandinavischen oder baltischen Ener-giemarkt.

Dieser Idee steht der lettische Energiemonopolist Latvenergo aufgeschlos-sen gegenüber, wohl weil das Unternehmen nach wie vor unter starkem russi-schen Einfluss steht. Latvenergo sähe vor allem keine Probleme für russischen *Atom*-Strom, der durch Estland nach Lettland fließen könnte. Die estnischen Fragen nach nuklearer Sicherheit, nach Umweltverträglichkeit etc. werden in Lettland auf Regierungsebene nicht gestellt (vgl. die fehlende öffentliche Information zum AKW Ignalina und auch sonst). Baltenergo, im Besitz des staatlichen russischen Atomenergieunternehmens RosAtom plus einer Grup-pe von Privatinvestoren, hatte zunächst bei Finnland angefragt, dort aber eine Abfuhr erhalten. Nachdem Estland ebenfalls abgelehnt hatte, intensivierte die russische Regierung ihre Anfrage gegenüber Finnland und Finnland gab nach. Nun wird es wahrscheinlich zur Lieferung von russischem Atomstrom vom Südufer des Golfs von Finnland zur Halbinsel Mussalo nahe dem finni-schen Kotka kommen. Mit diesem Projekt ließe sich der Energietransfer von Russland nach Finnland um rd. zwei Drittel erhöhen – und es dürfte sich um Dumping-Preise für diesen Atomstrom handeln. Automatisch werden zumin-dest drei Fragen aufgeworfen:

▶ Welche neuen Energieabhängigkeiten von Russland akzeptiert Finnland durch den Atomstrom aus Sosnovy Bor?
▶ Welche zusätzlichen Umweltbelastungen für die Ostsee akzep-tiert Finnland durch das neue Stromkabel, das der alten AKW-Anlage in Sosnovy Bor eine verlängerte Laufzeit ermöglicht?
▶ Wie stark beeinflusst dieses Seekabel die intensivere Zusam-menarbeit zwischen den EU-Mitgliedern Estland und Finnland (oder: Wie erfolgreich konnte Russland einen Keil zwischen EU-Staaten treiben)?

Auf diese Fragen werden die Antworten wohl erst gegeben, sobald sich die baltischen Regierungen aus ihrer Nationalstaatlichkeit lösen können und der Europäische Rat (die Regierungschefs) beginnt, die eigene Ostsee-Strategie ernst zu nehmen.

Auf eine vierte Initiative Russlands, die man als direkt gegen den *Verbundplan für den baltischen Energiemarkt* gerichtet verstehen kann, geben zumindest Litauen und Lettland seit dem Frühjahr 2009 eine klare Antwort: auf Russlands Angebot, den Produktionsverlust des AKW Ignalina durch *langfristige Stromversorgung* aus Russland zu kompensieren.

Während die meisten Beobachter der litauischen Energie-Szene noch auf die Lösung der Atom-Debatte mit oder gegen die EU-Vereinbarung warteten, hatte der in Litauen operierende russische Stromverteiler Energijos Realizacijos Centras (ERC) im Laufe des Frühjahres 2009 gleich zwei Verträge mit seinem russischen Mutterkonzern und russischen Strom-Monopolisten Inter RAO UES über die Versorgung Litauens mit russischer elektrischer Energie abgeschlossen. Insgesamt wurden dabei russische Stromlieferungen für zwanzig Jahre festgeschrieben. Laut Vertrag werden über den »litauischen« Stromverteiler ERC auch die anderen baltischen Länder mit russischem Strom versorgt. Im September 2009 kam zunächst der entsprechende Vertrag mit dem lettischen Staatsunternehmen Latvenergo zustande. Während also in der Energie-Road-map der drei baltischen Regierungen von 2006 noch die oberste Priorität auf Unabhängigkeit von russischer Energieversorgung lag, hat die desaströse Atomenergiepolitik der litauischen Regierungen de facto dazu geführt, dass die Abhängigkeit von russischer Energieversorgung noch vergrößert wurde. Es spricht dabei für den russischen Humor, dass der Direktor von ERC, Vidas Cebatariunas, die Verträge mit Inter RAO UES als Einstieg in einen freien (liberalen) baltischen Energiemarkt bezeichnet, der den Grundzügen des skandinavischen *Nord-Pool*-Marktes entspreche. Estland hat allerdings – wie gezeigt – schon den direkten Weg zum skandinavischen Energiemarkt gefunden und wird seine Vorbehalte gegen die russische Strom-Initiative wohl aufrecht halten.

# EXKURS: THESEN ZUR ENERGIESICHERHEIT

Vor dem Hintergrund der hier skizzierten Entwicklungen und unter Einbeziehung ihrer weiter greifenden osteuropäischen Erfahrungen, hat die Friedrich Ebert Stiftung 2008 in zehn Thesen ihre Erfahrungen zum Thema Energiesicherheit auf den Punkt gebracht. Darin spiegeln sich auch die Lernprozesse aus den baltischen Ländern:

### *Zehn Thesen zur Energiesicherheit* [259]

### *Hintergrund*

*Der Klimawandel und die drohende Erschöpfung der fossilen Energiereserven machen einen tiefreichenden Umbau der energetischen Grundlagen der Industriegesellschaft erforderlich. Dieser Umbau ist eine »kurzfristige Langfristaufgabe«; er muss jetzt beginnen und mit hinreichender Intensität vorangetrieben werden, wenn die Gefahren, die sich in den kommenden Jahrzehnten zur Katastrophe verdichten könnten, abgewendet werden sollen.*

*Die Shareholder-Ökonomie und die Reduktion von Entwicklung auf wirtschaftliches und finanzielles Wachstum [260] haben seit einigen Jahren den Besitz von und den Handel mit Energie in den Mittelpunkt politischen Handelns gerückt. Dabei wird ein Großteil der Wachstumsgewinne privat angeeignet.*

*Einige wenige multinationale Energiekonzerne und Energie-Lieferstaaten verstärken die großen Widersprüche zwischen effizienter Nutzung*

---

259 Diermoser/Leimbach/Römpczyk: 10 Thesen zur Energiesicherheit (draft version), FES, Berlin Dez. 2007.

260 Es gehört zu den wenigen erfreulichen Wirkungen der globalen Finanz- und Wirtschaftskrise, dass nun selbst einige der exponierten Vorkämpfer der Shareholder-Value-Ökonomie auf Distanz zu derselben gehen: »Shareholder Value ist die blödeste Idee der Welt«, lautete Anfang März 2009 die späte Erkenntnis von Jack Welch, vormaliger Chef von General Electric, gegenüber der New Yorker Financial Times. Aber wichtig und richtig war dabei vor allem sein Satz: »Shareholder Value ist ein Ergebnis, keine Strategie.« Genau darin bestand bisher die eigentliche Konfusion in der Shareholder-Value-Ökonomie.

*knapper Energieressourcen und maximiertem Shareholder-Value. World-summit-Beschlüsse – wie etwa Kyoto – sind dabei alles andere als ein ernstzunehmendes Hindernis.*

**1** *Voraussetzung für den energetischen Umbau der Industriegesellschaft ist, dass politische Grundsatz- bzw. Richtungsentscheidungen getroffen werden, dass sie regional und international durchgesetzt und die Beschlüsse implementiert werden. Diese zielen vor allem auf die Antizipation negativer Folgen komplexer Prozesse, es geht also um globales Risikomanagement.*

**2** *Der Transformationsprozess erfordert Gestaltung und Steuerung. Vorrangig gilt es Übergangsformeln zu entwickeln, die eine zielstrebige Annäherung an die klima- und ressourcenpolitischen Zielvorgaben gewährleisten. Die demokratischen Parlamente, Regierungen und die organisierte Zivilgesellschaft sollten gemeinsam mit der Energiewirtschaft und -forschung in Form von Politikdialogen an dieser Gestaltungsaufgabe beteiligt sein.*

**3** *Der Entwicklung technologischer Alternativen zu fossilen Brennstoffen kommt eine zentrale Bedeutung zu, denn eine neue energetische Grundlage der Industriegesellschaft existiert technologisch bislang lediglich in Ansätzen. Energieforschung und die Neu- und Weiterentwicklung von Energietechnologien, sowohl national und als auch im internationalen Verbund, muss deshalb eine hohe Priorität eingeräumt werden. In diesen Bereich fällt auch die Nutzung von Einsparpotenzialen als Energiequelle. Da nur begrenzte Zeit zur Verfügung steht, ist eine gezielte Forschungs- und Technologiepolitik sowie strategisch orientiertes Innovationsmanagement notwendig.*

**4** *Von der Shareholder-Ökonomie sind weder die grundlegenden Weichenstellungen noch das Management des Transformationsprozesses zu erwarten. Deshalb muss der Staat Ziele setzen und Eckpunkte festlegen. Allerdings kommt marktwirtschaftlichen Mechanismen bei der Zielerreichung eine wesentliche Bedeutung zu. Dies schließt nicht zuletzt die konsequente Durchsetzung kartellrechtlicher Bestimmungen gegen Oligopole,*

*Kartelle und marktbeherrschende Allianzen von Großunternehmen ein sowie die Abstimmung nationaler Politiken mit entwicklungspolitischen Zielsetzungen.*

**5** *Oft wird vergessen, dass selbst wenn das Umsteuern der Energiesysteme heute eingeleitet würde, die Probleme und Risiken des derzeitigen v.a. auf fossilen Energieträgern beruhenden Energiesystems noch einige Jahrzehnte lang weiterexistieren würden. Weil die Produktion von Öl und Gas in den OECD-Ländern zurückgeht, wird im Jahr 2020 die Hälfte der weltweiten Öl- und Gasproduktion aus Ländern kommen, die in den heutigen Hochrisikozonen liegen. Energiesicherheit wird so gesehen wesentlich davon abhängen, ob es gelingt zu verhindern, dass Spannungen, Krisen und internationale Konflikte den Investitions- und Ressourcenfluss beeinträchtigen. Konfliktmanagement ist gefragt.*

**6** *Die kurzfristigen Risiken für die Energiesicherheit (Katastrophen, Terror, Konflikte, Kriege) lassen sich durch strategische Vorräte, Kooperation und die Institutionalisierung von Solidaritätsmechanismen kontrollieren. Um größere Energiesicherheit zu erreichen, muss die Reservenpolitik der EU einschließlich der Zugriffsrechte der Mitgliedsstaaten aber weiterentwickelt werden. Zur Erhöhung der Flexibilität und damit zu größerer Sicherheit würden auch Fortschritte bei der Integration des europäischen Strom- und Gasmarktes beitragen, sowie die Intensivierung der Kooperation im Bereich der alternativen Technologien und bei der Steigerung der Energieeffizienz.*

**7** *Viele Länder setzen auf die direkte wirtschaftliche, politische, diplomatische und eventuell auch militärische »Beeinflussung« energiereicher Regionen. Es dominieren neo-realistische Ansätze, die auf die Ausweitung von Einfluss und den Ausbau von Machtpositionen abzielen und denen zufolge Kooperation nur gesucht werden soll, wenn dadurch Vorteile zu erwarten sind. Kooperative Bemühungen, sei es im europäischen Rahmen, sei es zur Schaffung multilateraler Governance-Strukturen, die auf Footprint-Kompatibilität und damit auf eine sichere Energieversorgung für alle abzielen, werden im politischen Diskurs beschworen, sind in der Praxis aber nicht prioritär. Die Priorisierung der bilateralen Beschaffungsdiplomatie gegen-*

*über kooperativen Lösungen und die Nutzung von Energie als Machtins-
trument durch die Exportländer leisten einer zunehmenden Politisierung
der Energiemärkte Vorschub und stellen angesichts der vielfältigen Konfliktlinien und Frontstellungen (Großmachtkonflikte, Nord-Süd-Konflik-
te, Produzenten-Verbraucher-Konflikte, Großverbraucherkonkurrenz u.a.)
ein erhebliches Konflikt- und Gefahrenpotential dar. Europa sollte in dieser
Konstellation eine aktive Rolle als Katalysator eines fairen und effektiven
Multilateralismus übernehmen.*

**8** *Da der Energie-Einsatz massiv die gegenwärtigen Klimaveränderungen beeinflusst, sollten alle Parameter der Energiegewinnung, -Transfor-
mation und -Nutzung auf Umsteuerung zugunsten klima- und natur-
freundlicher Energieformen konzentriert werden. Zielhorizont: nationaler
Footprint*

*Das beinhaltet vor allem*

▶ *Steuerliche Anreize zur massiven Begünstigung regenerativer
Energieproduktion und -nutzung*

▶ *Massive Forschungsförderung für energiesparende Techniken und
Prozessabläufe, insbesondere im Heizungs-, Kühlungs- und
Transportsektor sowie bei kombinierter Energienutzung
(Kraftwärmekopplung)*

▶ *Massive Umsteuerung in der Bildungs- und Ausbildungspolitik
sowie öffentliche Einflussnahme zugunsten energiebewussten
Konsumentenverhaltens*

**9** *Die energiepolitischen Ansätze der EU-Mitgliedsstaaten klaffen weit
auseinander. Energiepolitische Patenschaften zwischen fortschrittlichen
Ländern und insbesondere Transformationsländern sollen eingerichtet
werden. Ihre Zusammensetzung soll möglichst tripartiten Charakter haben.*

Die Forderungen aus den energiepolitischen Thesen der FES nach Umsteuerung in den Energiepolitiken der alten wie der neuen EU-Mitglieder verlieren
auch durch die Wirtschafts- und Finanzkrise nichts von ihrer Dringlichkeit –
zumal hinsichtlich der Entkoppelung von Energieverbrauch und Wirtschafts-

wachstum große Entwicklungssprünge zwischen den klassischen kapitalistischen Ländern und den ehemaligen sozialistischen Republiken von Eurostat
dargestellt werden.

# NACHHALTIGER GREEN NEW DEAL: WEG AUS DER GROSSEN KRISE FÜR GANZ EUROPA

## GREEN NEW DEAL UND SEINE BESTEHENDEN UNSCHÄRFEN

Die Unklarheiten und Widersprüche in den verschiedenen energiepolitischen Initiativen einzelner EU-Regierungen und der EU-Kommission als Ganzer sind nicht besonders hilfreich für die energetische Sicherheit von Mitgliedsländern wie den baltischen. Deren eigene eklatante politischen Schwächen werden an dieser Stelle ausgeklammert. Angesichts der Großen Krise sind allerdings nicht nur konzeptionelle Änderungen in der Energiepolitik dringend erforderlich, um europäische Versorgungssicherheit zu erlangen und den Einstieg in eine Klimastrategie der EU zu schaffen. Mit den neuen Spielregeln des Lissabon-Reformvertrages muss sich vor allem das Europäische Parlament für einen großen Wurf zur Erneuerung des europäischen Entwicklungsverständnisses stark machen. Dabei kann die Vision von einem neuen *New Deal* hilfreich sein, die Vision vom **Green New Deal**. Marktliberale Staaten wenden sich angesichts der gewaltigen Wirtschafts- und Finanzkrise vorsichtig den Prinzipien der *sozialen* Marktwirtschaft zu und intervenieren direkt, um den Zusammenbruch des Bankensystems und der strategischen Industriebereiche zu verhindern; um die Liquidierung nationaler Unternehmern abzubremsen und um die soziale Kluft in der Gesellschaft nicht zu vergrößern (Prekarisierung). Aber der Green New Deal sollte gerade nicht dieselben Unternehmensbereiche subventionieren, deren Missmanagement in die Krise geführt hat, wie etwa die traditionelle Autoindustrie (GM, Ford, Daimler, BMW, Porsche). Da das Abschmelzen der Polkappen, der Gletscher des tibetischen Plateaus wie auch der Alpen noch schneller erfolgt als im letzten Weltklimabericht prognostiziert und schon jetzt sichtbar die Lebensbedingungen von vielen hundert Millionen Menschen (Südost-Asien) bedroht, muss es zwar den großen Wurf geben, den Green New Deal, aber mit einer radikal anderen Zielsetzung für die Energiegewinnung und für die Energieverwendung – sei es im Gütertransport und der Bürgermobilität; sei es im Wohnungsbau. Vor allem muss die Überwindung der Großen Krise durch den Green New Deal vom kompromisslosen Einstieg in erneuerbare Primärenergien und in eine Sparpolitik gegenüber allen nicht-erneuerbaren Rohstoffen begleitet sein. Auch die kleinen baltischen Staaten haben die Chance und die Verpflichtung, sich an der Konkretisierung eines europäischen Green New Deal zu beteiligen.

Ein erfahrener »grüner« Politiker, wie Bremens Senator Reinhard Loske, formuliert die Zielsetzungen eines pragmatischen Green New Deal in mehreren Punkten so schlicht, wie er auch für baltische Politiker akzeptabel sein sollte[261]:

▸ Öffentliche Investitionen in vorhandene und neue Gebäude, um sie energetisch zu optimieren und deren Energieverbrauch und $CO_2$-Ausstoß drastisch abzusenken. Hierbei sollte der Einsatz erneuerbarer Energien so hoch wie möglich sein. Dies betrifft vor allem Verwaltungsgebäude, Schulen, Universitäten, Sporthallen, Theater und Museen.

▸ Neue Technologien für intelligente Stromnetze, die in Zukunft anderen Anforderungen genügen müssen als bei der heute noch überwiegend zentralistischen Kraftwerksstruktur.

▸ Es wäre deshalb ein Riesenfehler, wenn der Staat durch Subventionen und andere Maßnahmen Innovationsdruck von der Wirtschaft zu nehmen versucht. Kohlekraftwerken, Spritschluckern und Ölheizungen gehört nun einmal nicht die Zukunft.

Denn Bezugspunkte des Green New Deal sind die begrenzten Vorräte an Kohlenwasserstoffenergien, ist der notwendige Umbau des Arbeitsmarktes zugunsten **grüner Ökonomien** und vor allem die Vermeidung von noch stärkerer **Klimabelastung**. Der Weltklimarat IPCC warnt seit 2008 so insistent wie nie zuvor und bringt inzwischen selbst die Militärs dazu, mittels *Geo En-*

261  Reinhard Loske: Die Krise als Chance. Lieber grüner »New Deal« als Geldverbrennung, in: ZEIT ONLINE  1.4.2009.

*gineering*[262] über den Einsatz von Tankflugzeugen oder Kampfjets dreimal am Tag hoch in der Stratosphäre nachzudenken, die dort Tausende von Tonnen Schwefel in die Atmosphäre pusten könnten. Ziel der Operation wäre es, eine Dämpfung des Sonnenlichts durch die feinen Schwefelpartikel wenigstens um ein paar Prozentpunkte zu erreichen, um den vom IPCC befürchteten beschleunigten Anstieg der Temperaturen auch an den Polkappen zu reduzieren.

Genau genommen mangelt es nicht an innovativen Ideen zur Minderung der Klimakatastrophe. Es mangelt an der produktiven Synergie zwischen den großen und den kleinen gesellschaftlichen Akteuren, um Green New Deal einzuleiten und es mangelt an tatsächlicher Einsicht in die neuen Notwendigkeiten bei den wirklich Mächtigen innerhalb der G20, der neuen Weltregierung. Der deutsche Bundespräsident – selber ehemaliger Direktor des Weltwährungsfonds – spricht mutig öffentlich von den globalen Finanzakteuren als »*Monstern*«, *bei denen keine tiefer gehende Selbstreflexion zu erkennen ist, das heißt kein Nachdenken über die Krise im eigenen Haus, über die Wertekrise im eigenen Denken und Handeln.*[263]

Aber die einflussreichsten Politiker unserer Zeit verstricken sich in eine Inflation von Gipfel-Treffen, bei denen ein Gipfel die Stafette an den nächsten weiterreicht und damit auch die Verantwortung für problembewusstes Handeln. Der Weltfinanzgipfel am 2. April 2009 in London ist exemplarisch. Für diesen so wichtigen Gipfel hatten sich die einflussreichsten Politiker der Welt **beinahe einen vollen Tag** Zeit genommen![264] Präsident Barack Obama erklärte den Gipfel kategorisch zum Wendepunkt der Krise, zum Ausgangspunkt der Erholung der Weltwirtschaft. Die Regierungschefs und Finanzminister und die Notenbankpräsidenten der G20 feierten aus ihrer Sicht die wichtigste politische Maßnahme zur Überwindung der Großen Krise: die Bereitstellung

262 Alan Robock von der Rutgers State University of New Jersey hat diesem Thema einen wissenschaftlichen Unterbau im Rahmen der American Geophysical Union (AGU) geschaffen.

263 Aus der Rede von Dr. Horst Köhler am 5 .Oktober 2009 in Berlin anlässlich des 60. Jahrestages des DGB (www.bundespraesident.de/-,2.657980/Die-Reform-der-Weltfinanzordnu.htm).

264 Die G20: Die »Gruppe der 20« (kurz: G20) wurde 1999 ins Leben gerufen, um die Kooperation in Fragen des internationalen Finanzsystems zu verbessern. Ihr gehören alle Mitglieder der Gruppe der acht wichtigsten Industriestaaten (G8) an: USA, Japan, Deutschland, Großbritannien, Frankreich, Italien, Russland und Kanada. Dazu kommen die G5 der wichtigsten Schwellenländer, also China, Indien, Brasilien, Mexiko und Südafrika; außerdem Argentinien, Australien, Indonesien, Saudi-Arabien, Südkorea, die Türkei und die Europäische Union. Die G20 repräsentiert somit zwei Drittel der Weltbevölkerung, fast 90 Prozent der weltweiten Wirtschaftskraft und rund 80 Prozent des Welthandels. Die Finanzminister und Zentralbankchefs der G20 treffen sich seit 1999 jährlich.

von 1.100 Milliarden Dollar zur Stützung der ärmsten Länder und des Welthandels, mit dem Geld der Bürger ihrer Länder, das es so natürlich gar nicht gab. Der Beschluss beinhaltete, dass die Abwicklung dieser unvorstellbaren Finanzmittel über den Internationalen Währungsfonds (IWF) in Washington erfolgen solle. Die Beschlüsse wiederholten vorsichtshalber noch einmal den zentralen Beschluss des vorangegangenen Weltfinanzgipfels vom November 2008 in Washington, dass in Zukunft schärfere Regeln für die globalen Finanzmärkte erlassen sowie die Steueroasen wirksam bekämpft werden würden. Aber wer unter den interessierten Bürgern kann diese Finanzgipfel-Absurditäten noch ernst nehmen, wenn der Gipfel von Washington (Mitte November 2008) einen Aktionsplan mit fast 50 Punkten verabschiedet, von denen mehr als die Hälfte bis März 2009 abgearbeitet sein sollten; wenn der Kern aller Beschlüsse darin lag, alle Finanzmärkte, Produkte und Akteure zu regulieren oder zu überwachen – auch die Rating-Agenturen; wenn die Staats- und Regierungschefs sich dann aber nicht festlegen konnten, **wie** die schärferen Regeln global überwacht werden sollen. Irgendwie sollten die klassischen drei Institutionen weiterhin genutzt werden: Internationaler Währungsfonds (IWF), Forum für Finanzstabilität und Bank für Internationalen Zahlungsausgleich (BIZ). Aber gleichzeitig wurde festgehalten, dass diese drei selber erst einmal reformiert werden müssten![265]

### *Das Mantra von der IWF-Reform*

Die Jahrestagung von Weltbank und IWF 2006 in Singapur hatte endlich zu einem formalen Reformmandat für den IWF geführt, weil z.B. die USA als einer von 185 Mitgliedsstaaten allein 17 % Stimmenanteile besitzt und 45 afrikanische Länder zusammen weniger als 5 %. Gleichzeitig hat sich die klare Hegemonie der Europäer beim IWF-Vorsitz und der USA beim Weltbank-Vorsitz durch die Entwicklung der Schwellenländer in der Sache überholt. China verfügt inzwischen über etwa 1.000 Milliarden Dollar-Reserven und könnte den US-Finanzmarkt und große Teile des globalen Finanzsystems schwer durcheinander bringen, wenn es diese Reserven gegen die USA einsetzen würde. China ist daher nicht nur Mitglied in G20, sondern zusammen mit Russland und Brasilien und Indien Mitglied der Gruppe BRIC,

265 Reuters Deutschland: Finanzgipfel mit Aktionsplan für neue Finanzordnung; 16. November 2008.

die inzwischen ihrerseits dem IMF finanziell unter die Arme greifen, indem sie IWF-Anleihen kaufen. Aber die BRIC-Gruppe akzeptiert nicht länger die Verschleppung der Singapur-Reformbeschlüsse. Nur hatten es die traditionellen Mitglieder des Finanzgipfels von London – die G7 – für sehr kurze Zeit noch einmal geschafft, die Machtverteilung im IWF nicht auszudiskutieren. Aber das alte Mantra des IWF, nach einheitlichen Regeln die Weltökonomie und die globalen Finanzen steuern zu müssen, hat wie eine alte Schallplatte einen Sprung, der nicht mehr zu reparieren ist. Die Schwellenländer haben begonnen, ihre eigenen finanz- und wirtschaftspolitischen Instrumente einzurichten, so wie die kürzlich gegründete *Banco del Sur* in Lateinamerika. Diese Entwicklung zeigt, dass IWF und Weltbank für die sich entwickelnde Welt an Bedeutung verlieren könnten, sollten ihre Spielregeln sich nicht rechtzeitig an die veränderten Verhältnisse anpassen.

Die Beschlüsse des Londoner Weltfinanzgipfels vom April 2009 bestätigten also vor allem die Beschlüsse des Washingtoner Finanzgipfels vom November 2008 und wiederholten das immer gleiche Prinzip: globale, große Lösungsentwürfe, bei denen die Steuerzahler (»der Staat«) unvorstellbar hohe Kosten übernehmen müssen, um die individuellen und die systemischen Fehler des Bankensystems und der staatlichen Spielregeln zu reparieren. Erkennbar wird aber nicht, dass dieses falsch justierte Bankensystem als System korrigiert werden soll und muss (nicht nur besser überwacht!), weil es im Wesentlichen der Versuch ist, die *Triade*-Struktur der Welt-Ökonomie zu stabilisieren. Die Reaktionen der informellen »Weltregierung« der G20 auf die Große Krise erbrachte damit schon für die Länder der G20 selbst keine überzeugenden neuen Orientierungshilfen, aber noch viel weniger für die abhängigeren Transformationsländer. Der Ruf der G20 nach mehr Bankenkontrolle behält auch im Nachhinein seinen schalen Beigeschmack. Denn es gibt in Deutschland eine Bankenaufsicht; es gibt auch die (leider nur US-amerikanischen) Rating-Agenturen. Aber diese Kontrollmechanismen haben nicht besser funktioniert als die in Lettland. Keine Aufmerksamkeit fand bei G20 jedenfalls das Thema Green New Deal. Das ist erstaunlich deswegen, weil gerade auch Präsident Obama in eine ähnliche Rolle wie F.D. Roosevelt schlüpfen möchte und sein »green economic recovery program« Teil des gewaltigen Anschub-Programms seiner Regierung ist.

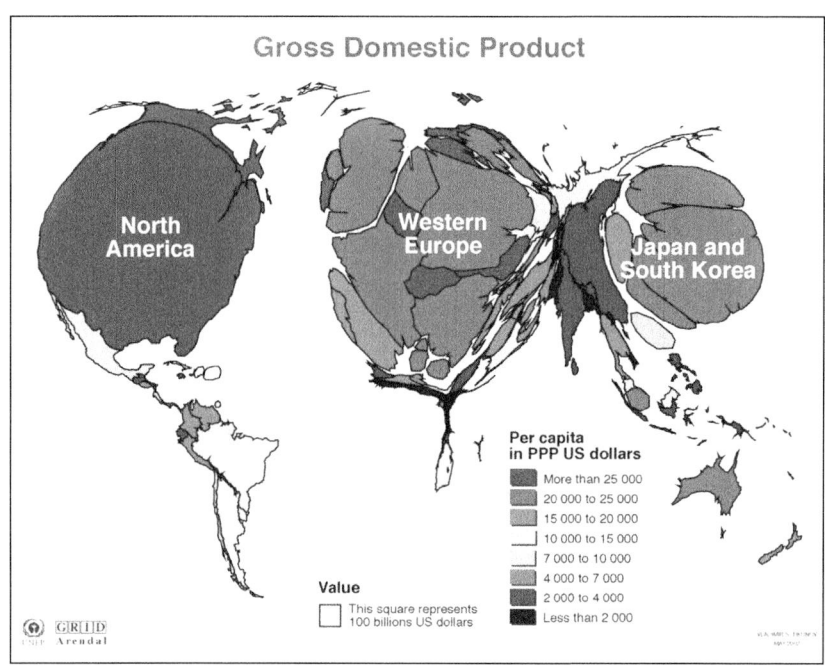

Gross Domestic Product

North
America

Western
Europe

Japan and
South Korea

Per capita
in PPP US dollars

More than 25 000
20 000 to 25 000
15 000 to 20 000
10 000 to 15 000
7 000 to 10 000
4 000 to 7 000
2 000 to 4 000
Less than 2 000

Value

This square represents
100 billions US dollars

*Bisherige politisch-ökonomische Machtverteilung zwischen der Triade*

Die Sicherung der gesamtgesellschaftlichen Entwicklung wird allerdings auch durch solche politischen Rahmenbedingungen behindert, wie die geltende EU-Agrar- und Energie- und Klimapolitik, weil sie lediglich einen Flickenteppich aus politischen Kompromissen, Subventionen und Lobbyisten-Einfluss abbilden. Für ein Green New Deal der EU ist ein neues starkes Bündnis aus bildungsaktiven Umweltschützern, nachhaltig produzierenden Industrien, auf Zukunftsfähigkeit achtenden Gewerkschaften und auf organische Produktion bedachten Landwirten notwendig.

Für einen europäischen Green New Deal stellt die Europäische Kommission während Präsident Barrosos erster Amtszeit das nächstliegende Hindernis dar. Als Beispiel dient die liberal-konservative Neelie Kroes, bisherige Kommissarin für Wettbewerbsfragen, wenn sie ausgerechnet das deutsche Sparkassensystem als antiquiert kritisiert und eine deutlichere globale Aufstellung des deutschen Kapitalmarktes fordert: *»Das deutsche Dreisäulenmodell – also Privatbanken, Genossenschaftsbanken und Sparkassen – ist überholt. ... Ich verstehe ja, dass die Menschen es mögen, wenn sie ihre Bank gleich um die Ecke haben und*

*Kleinunternehmer sich bei ihrem Kreditinstitut in vertrauten und guten Händen wähnen. Aber ...*« Frau Kroes schiebt tatsächlich diesem wichtigen strukturellen Halt im deutschen Kapitalsystem die Schuld für die vielen Milliarden Staatskredite und Bürgschaften zu.[266] Sie hätte im Übrigen auch die Bürgschaftsbanken erwähnen können, diese privaten Selbsthilfeeinrichtungen. Abgesichert durch Bund und Länder hatten sie alleine in 2008 rd. 44.000 kleine und mittlere Unternehmen mit insgesamt über 5 Mrd. Euro aus deren Engpässen geholfen. Besonders wichtig dabei: Gescheitert sind weniger als 3 % der Hilfsprojekte. Diese Instrumente haben im Übrigen ihren Anteil an der vergleichsweise besseren Krisenbewältigung in Ostdeutschland gegenüber Westdeutschland.[267] Kommissarin Kroes hätte auch das skandinavische und das kanadische Banken- und Wirtschaftssystem nennen können, sogar das brasilianische, das die Krise exzellent abgewehrt hat. Sie alle haben mit ihrer stärker volkswirtschaftlichen als globalen Ausrichtung die Große Krise eindeutig in besserer Verfassung ausgehalten als etwa die US-Großbanken.

Diese einflussreichen Stimmen aus Brüssel sprechen nicht einmal von »nachhaltigem Wirtschaften«, viel weniger von »nachhaltiger Entwicklung«. Es ist eindeutig: Die Denkansätze in »Brüssel« müssen dringend weiterentwickelt werden, sie sind zu einseitig auf die Interessen des großen Finanz- und Produktivkapitals ausgerichtet und offenbar nicht auf den Menschen, der sich »in vertrauten und guten Händen wähnen« möchte.[268] Insofern kam von der informellen Weltregierung der G20 ebenso wenig strategische Denkhilfe zur Vermeidung weiterer ähnlicher Krisen wie der aktuellen noch kamen überzeugende Signale von der EU-Kommission und auch die deutsche Regierung verkämpfte sich zugunsten *eines* bestimmten Autokonzerns ohne wirklich an einer tragfähigen neuen Entwicklungsperspektive für das Land oder die europäische Gemeinschaft zu arbeiten. Also wenig Orientierungshilfe für kleine Länder wie die baltischen.

---

266 »Das deutsche Bankensystem ist überholt«. Interview mit der EU-Wettbewerbskommissarin Neelie Kroes über nötige Reformen in der Finanzwirtschaft, in Süddeutsche Zeitung, 3.6.2009.
267 Jahresbericht der Bundesregierung zum Stand der Deutschen Einheit 2009.
268 An dieser Stelle kann nicht differenzierter auf eine ganze Reihe struktureller deutscher Probleme eingegangen werden, darunter das Föderalismusproblem. Denn besonders stark sind in Deutschland die Landesbanken durch die Große Krise getroffen. Man sagt auch, sie seien die »Finanzierungs-Institute der Ministerpräsidenten«. Das bedeutet auch, sie sind politisch ziemlich unberührbar. Aber wird an dieser Stelle konsequent aufgeräumt?

## EINE NEUE NACHHALTIGKEITS-POLITIK IST UNABWEISBAR

Als Sprecherin des größten EU-Mitgliedslandes hat sich die deutsche Bundeskanzlerin im Rahmen der Krisenbewältigung mit einem Projekt weit vorgewagt, das zu den Green-New Deal-Vorstellungen des Umweltprogramms der Vereinten Nationen passen könnte. Sie hat eine *UN Charta des nachhaltigen Wirtschaftens* vorgeschlagen. Als frühere Umweltministerin darf man Frau Dr. Merkel unterstellen, dass sie sehr genau weiß, weshalb sie sich auf Wirtschaften reduziert und nicht von Entwicklung spricht. Frau Merkel hat für ihre Charta-Idee zwar die generelle Zustimmung der informellen »Weltregierung« der G20 erhalten, nämlich zur *langfristigen Einrichtung eines Weltwirtschaftsrates, möglichst im Rahmen der Vereinten Nationen. Dazu bieten sich zu gegebener Zeit weitere Diskussionen im Rahmen der Vereinten Nationen, auch unter Einbeziehung der Schwellen- und Entwicklungsländer, an. Der Rat wäre damit Element eines Ordnungsrahmens, der eine nachhaltige, stabile und ausgewogene Entwicklung der Weltwirtschaft ermöglicht.*

Aber die Antworten auf eine Kleine Anfrage der Grünen-Fraktion im Bundestag zu diesem Vorschlag legen nahe, dass es bei dieser Idee weitestgehend um den Erhalt der alten Strukturen und Mentalitäten geht – so wie es auch die spektakulären Hilfsmaßnahmen gegenüber deutschen Landesbanken, der Hypo-Real-Estate-Bank, dem Autobauer Opel und der Subventionierung nicht-nachhaltiger Auto-Technologie (»Abwrackprämie«) demonstriert hatten.[269] Also genau das, was im Zentrum der kritischen Anmerkungen von Bundespräsident Köhler gestanden hatte (s.o.).

Kritisch bewerten muss man an dem Charta-Vorschlag von Frau Merkel zudem die Verortung bei den Vereinten Nationen. Gegen die Vereinten Nationen als Hüter der Charta für nachhaltiges Wirtschaften spricht die Erfahrung, dass solche Grundpositionen entweder sehr schnell unter die Kontrolle des Dreigestirns IWF–Weltbank–WTO geraten oder es erfolgt durch die

---

269 Deutscher Bundestag Drucksache 16/12214, 16. Wahlperiode 11. 03. 2009, Seite 1, März 12, 2009, / data/bt_vorab/1612214.fm, Frame: Antwort der Bundesregierung auf die Kleine Anfrage der Abgeordneten Thilo Hoppe, Ute Koczy, Dr. Gerhard Schick, weiterer Abgeordneter und der Fraktion BÜNDNIS 90/DIE GRÜNEN – Drucksache 16/11714 – Zur Forderung nach der Gründung eines »UN-Wirtschaftsrats« und der Entwicklung einer »UN-Charta für nachhaltiges Wirtschaften«.

Vollversammlung und an anderer Stelle eine so starke Politisierung, dass die Charta bald ähnlich beiseitegelegt würde, wie das ganze Bündel wichtiger Beschlüsse der UN-Konferenzen für Umwelt und Entwicklung, angefangen in Stockholm 1972 über Rio de Janeiro 1992 bis Johannisburg 2002. Alle wichtigen Themen einer nachhaltigen Entwicklung (nicht nur Wirtschaft) wurden bereits in diesen Jahren von der Weltgemeinschaft beschlossen: Agenda 21; Artenschutz-Konvention (Biodiversität), Klimaschutz-Konvention, Wald-Deklaration, Rio-Deklaration zu Umwelt und Entwicklung und endlos viele weitere Beschlüsse. Es mangelt daher nicht an wichtigen Beschlüssen und schon gar nicht an den Vereinten Nationen als Plattformen für solche Beschlüsse. Es mangelt an fortschrittlichem Handlungswillen und am politischen Willen, aus der Großen Krise zu lernen und Konsequenzen zu ziehen. Jüngstes tristes Beispiel bot die Serie von Vorbereitungs-Gipfeln für den Klima-Gipfel im Dezember 2009 in Kopenhagen – also nicht nur der Klima-Gipfel selber. Innerhalb der EU gehörte insbesondere die zweiwöchige UN-Konferenz in Bonn mit ihren 4.000 Delegierten dazu, die zur Vorbereitung der Kyoto-Nachfolge-Beschlüsse zusammengekommen waren. Auf ihrer Agenda befand sich eine lange Liste strittiger Fragestellungen. Aber Beobachter konnten lediglich feststellen, dass weder die Vertreter der Industriestaaten noch die der Schwellen- und Entwicklungsländer sich im Entwurfstext auf feste Zusagen bei der Minderung ihrer Treibhausgas-Emissionen einließen. Selbst die Frage, ob die nächste Verpflichtungsperiode zur Verringerung des $CO_2$-Ausstoßes bis 2017 oder bis 2020 dauern solle, blieb offen. Im Streit über die Lastenverteilung zwischen Industrie- und Entwicklungsländern kam die Bonner Konferenz jedenfalls keinen Schritt weiter, urteilte der Bund für Umwelt und Naturschutz Deutschland (BUND).[270] Ein ganz wesentlicher Grund lag offensichtlich auch darin, dass die Obama-Administration aus anderen Gründen als die Bush-Administration dem Kyoto-Prozess distanziert gegenübersteht. Am Ende der Bonner Klimakonferenz präsentierte die US-Delegation schließlich ihren eigenen Vorschlag für ein neues Klimaschutz-Abkommen, mit drastischen Reduktionszielen bei Treibhausgasen für Industrie- und für Entwicklungsländer. Dieses Abkommen soll an die Klimaschutz-Konvention der Rio-Konferenz (1992) anschließen. Möglicherweise beschleunigt die US-Initiative den Kli-

270 Welt-Online: Vereinte Nationen treten im Klimaschutz auf der Stelle (von Daniel Wetzel), Bonn 12. Juni 2009.

maschutz mehr, als es die Kopenhagener-Konferenz im Dezember 2009 je könnte; möglicherweise hatte der US-Vorschlag in erster Linie innenpolitische Gründe, da Obamas Position innerhalb des ersten Regierungsjahres schon erheblich geschwächt wurde und er auf internationaler Ebene Profilierung betreiben muss. Als Friedensnobelpreisträger konnte sich Barack Obama allerdings nicht mehr der persönlichen Teilnahme am Kopenhagener Klimagipfel verschließen.

Aber es blieb ein unfruchtbarer Blitzbesuch Obamas beim Kopenhagener Klimagipfel. Das machte jedermann deutlich, dass es auch einem US-Präsidenten und Friedensnobelpreisträger immer zuerst um die Innenpolitik geht. Wenn er innenpolitisch nicht wenigstens eines seiner grossen Themen innerhalb der ersten zwei Jahre seiner Amtszeit geregelt bekommt, werden seine Impulse für die grossen globalen Fragen zwangsläufig sehr schnell schwächer werden. Die Nachwahl in Massachusetts für den Senat nach Ted Kennedy Tod ging im Januar 2010 völlig überraschend an den Republikaner Scott Brown. Damit wird Obamas wichtigstes Großprojekt – die Gesundheitsreform – zum Zombie. Damit müssen sich aber auch alle EU-Staaten sehr schnell und konkret auf sich selbst besinnen.

Beide – Kanzlerin Merkel aber auch Präsident Obama – könnten trotz des gescheiterten Kopenhagen-Gipfels immer noch wegweisende Impulse beim Thema nachhaltiger Entwicklungswege setzen, wenn sie den Prozess stärker dynamisieren würden, an dem sich auch die europäischen Institutionen ohne ausreichende politische Unterstützung abmühen:

Die Implementierung der EU-Strategie zur nachhaltigen Entwicklung. Dazu wurde der erste Bericht 2007 vorgelegt und ist in zehn Bereiche gegliedert, die für alle 27 EU-Mitgliedsländer gleichermaßen zutreffend sind: [271]

1. sozioökonomische Entwicklung

2. nachhaltiger Verbrauch und Produktion

3. soziale Integration

4. demographischer Wandel

5. allgemeine Gesundheitsversorgung

6. Klimawandel und Energie

7. umweltverträglicher Transport

---

271 Eurostat: Measuring progress towards a more sustainable Europe. 2007 monitoring report of the EU sustainable development strategy.

8. Ressourcenschutz

9. globale Partnerschaft

10. good governance

Diese zehn Kategorien der EU machen deutlich, dass Green New Deal ein komplexer Prozess ist, auf den sich verantwortliche Politiker mit Lösungswillen einlassen müssen. Dasselbe gilt für das komplexe Akteurs-Szenario, das auf diese zehn Kategorien massiv einwirkt und bisher so gut wie gar nicht in den Analysen und Projektionen der baltischen Politiker oder der akademischen Berater Berücksichtigung gefunden hat.

Eine kleine Gruppe von **Akteuren** (G7 oder G8 oder G20, dazu die immer geringere Anzahl mit immer stärkerem Einfluss von transnationalen Konzernen plus große Banken und Fonds und ihre intensiv tätigen Lobbyisten) formulieren ihre **Handlungsziele** (Beherrschung des globalen Warenhandels, der Finanzmärkte, des Kommunikationssektors einschließlich Medien) und dazu ein differenziertes *Set* an **Instrumenten**: UN-Veranstaltungen sind die Schaubühne. Weltbank, Währungsfonds, Welthandelsorganisation helfen bei der Durchsetzung der sogenannten liberalen Marktwirtschaft und Reparaturdienst am Finanzsystem notleidender Staaten.

Dazu werden Synergieleistungen zwischen den politischen und den wirtschaftlichen Akteuren durch Veranstaltungen wie das jährliche Weltwirtschafts-Forum in Davos ermöglicht, dessen Durchführung sich im Januar 2010 zum 10. Mal jährte. Auf Davos versuchen die Organisationen der weltweiten Zivilgesellschaften durch ihr jährliches Weltsozial-Forum zu reagieren, das wie zu Anfang (2001) im Januar 2010 wieder in Porto Alegre/Brasilien durchgeführt wurde.

Zu den Instrumenten gehört aber auch der Respekt vor den Instrumenten. Dabei helfen z.B. die Nobelpreise für Wirtschaft, die auffallend häufig an US-amerikanische Wirtschaftswissenschaftler vergeben werden bzw. an Vertreter der sogenannten Freien Marktwirtschaftslehre (Hayek, Milton Friedman). Instrumentell zur Marktbeherrschung im Nahrungsmittelbereich und in der Pharmazie dient schließlich die Verfügung über handelbare geistige Eigentumsrechte (egal auf welche Weise sie den Völkern in Asien oder Lateinamerika entwendet wurden: Neem-Baum in Indien, Ayahuasca bei den amazonischen Schamanen).

Ein Blick auf das nachfolgende Schema, auf die Akteure, auf ihre Ziele und ihre Instrumente macht die ganze Komplexität des Handelns deutlich und die Herausforderungen, die an das Konfliktmanagement dieser widerstreitenden Interessen auf EU-Ebene wie auf den nationalen Ebenen gestellt sind.

Mit den Wirkungen dieses komplexen Szenarios müssen sich die Staaten, die nicht zum Kreis der strategischen Akteure gehören und vor allem ihre Völker so gut sie können auseinandersetzen. Als Wirkungen müssen die zunehmende globale Armut und der Zerfall der Gesellschaftsstrukturen gelten, aber auch der Verlust an kultureller Identität durch Überfrachtung mit kulturfremden Produkten des globalen Marktes.

*Akteurs-Szenario zur Klärung nachhaltiger Entwicklungsziele*

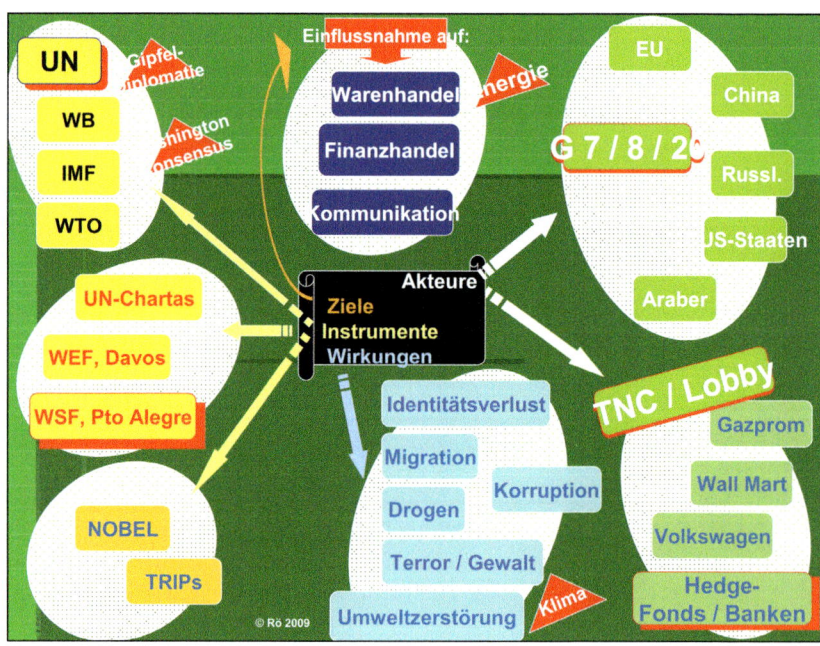

*Abkürzungen:*

*UN = Vereinigte Nationen, WEF/Davos = Weltwirtschaftforum, WB = Weltbank,*

*WSF/Pto Alegre = Weltsozial-Forum*

Die Migrationsflüsse zwischen Staaten und Kontinenten aus Not (Afrikas Boatpeople nach Spanien) oder aus Kalkül (Moslems nach Deutschland oder Skandinavien) sind ebenfalls zum großen Teil der verfehlten globalen Entwicklungspolitik der vergangenen Jahrzehnte geschuldet. Illegale, aber sehr einflussreiche ökonomische »Nebenwirkungen« haben sich besonders in den letzten zwei Jahrzehnten massiv verstärkt, wie hochgradige Korruption auf allen Ebenen und in allen Staatsformen, begleitet von sehr kapitalintensivem Drogenhandel, von innergesellschaftlicher Gewalt, von exportierten (d.h. vom Ausland induzierten) Kriegen und sich verselbständigendem Terrorismus (auch weil in Deutschland, in Israel, in der Tschechischen Republik, in den USA, in Russland der Waffenhandel zum wichtigen Teil der Volkswirtschaft geworden ist und damit globale Gewalt zwangsläufig antreibt). Letztendlich ist die »Modernität« des globalen Handels und der globalisierten Produktionsformen mit einer unglaublichen Verschwendung an nicht-erneuerbaren Rohstoffen verbunden (z.B. in den Hotspots der Artenvielfalt, wie dem Amazonas-Regenwald) und verstärkt die katastrophale Umweltzerstörung und Klimaveränderungen – lokal und global.

Eine aktive Nachhaltigkeitspolitik muss professionell in dieses Szenario lenkend eingreifen. Das schafft keines der großen und erst recht keines der kleinen Länder allein. Aber eine Staaten-Gemeinschaft, eine Europäische Union hat eine Chance.

### EINSTIEG IN DEN BALTISCHEN *GREEN NEW DEAL*

Kleine Gesellschaften und Staaten, wie die baltischen, besitzen eigentlich günstigere Voraussetzungen, um die Umsteuerung nach der Großen Krise einzuleiten, als die großen westeuropäischen Länder und gar ein Land mit einer erheblichen föderalen Bürde wie Deutschland. Wegen der eigenen politischen Kultur in den Transformationsländern bedurfte es bisher meist politischen Drucks von außen und gleichzeitiger Organisationshilfe und weiterer Professionalisierung der staatlichen und der nicht-staatlichen Organisationen (NGO), um auch von innen auf nachhaltige Entwicklungspfade zu drängen, möglichst im Sinne eines Green New Deal.

Für die nationalen baltischen Politiken besteht zunächst auf der Meta-Ebene die zentrale Herausforderung, die auch durch die G20-Beschlüsse durchscheint: die Verknüpfung des Finanz- mit dem Wirtschaftssystem, die Einbindung der volatilen Finanzkapitale in zukünftiges Wirtschaften, erst recht in nachhaltiges Wirtschaften. Für die Umsetzung dieses strategischen Oberziels müssten auch in den Transformationsländern bestimmte Schlüsselfelder miteinander in Beziehung gesetzt werden:

▶ kybernetische Politik: Sie erfordert produktive Kommunikation zwischen Industrie und Landwirtschaft und Ressourcenschutz; oder anders: Politiker arbeiten weniger hinter verschlossenen Türen und hetzen von einem Gipfel zum anderen, sondern öffnen sich für interdisziplinäre Runde Tische und Task Forces und wissenschaftliche Beratung.

▶ organisierte Zivilgesellschaft: Sie muss sich in Form ihrer NGOs (plus Gewerkschaften und Kirchen) für Umwelt, Energie, Wasser, gesunde Nahrung, öffentlichen Nahverkehr, politische Partizipation ständig weiter professionalisieren und vernetzen, um als Dialogpartner des öffentlichen Sektors stärker Mitverantwortung zu übernehmen und für das Monitoring der politischen Entscheidungen befähigt zu sein.

▶ Banken als Finanzdienstleister der gesamtgesellschaftlichen Entwicklung: Die wegen der Großen Krise ständig geforderte Kontrolle der Banken ist nicht das Problem, sondern ihr Rollenverständnis, ihre Losgelöstheit von gesellschaftlicher Entwicklung, schon gar von nachhaltiger Entwicklung. Ihre Arbeitsgrundlage muss lauten: zuerst Wohlstandsindikatoren verbessern, dann Shareholder-Interessen befriedigen.

▶ Produzenten und Händler als Marktdienstleister: Ihre Rolle soll lauten: wohlstandsfördernde Transformation der Rohstoffe (kein giftiges Plastikspielzeug); naturnahe Nahrungsmittel; mehr regionale als globale Handelswege; Rückeroberung der Stadtkerne für Märkte und Kaufhäuser nach menschlichem Maß anstelle ausgelagerter Einkaufszentren im Auto-Maßstab.

▶ Bildungs- und Kommunikationsdienstleistungen: Lebenslanges Lernen (akademisches und handwerkliches), kommu-
nikatives Lernen, Informationsverarbeitungs-Lernen. Bereitschaft zur gesellschaftlichen Mitverantwortung lernen (was
gibt die Gesellschaft mir – was gebe ich der Gesellschaft?).

Nicht alles an diesen Zielformulierungen ist absolut neu. Schon im Juni 2006
hatte der Europäische Rat unter Österreichs Vorsitz seine zweite (aktuelle)
Fassung der Nachhaltigkeits-Strategie verabschiedet und *Lettlands* Regierung
war dringend angehalten worden, seinen beim Johannisburg-Gipfel (2002)
vorgelegten Länderreport zu überarbeiten. In der ersten Jahreshälfte 2007 lag
ein Regierungsentwurf vor. Wichtiger als die Buchstaben darin war zunächst
ein gesellschaftspolitisches Nebenergebnis: Mit Unterstützung der deutschen
Friedrich Ebert Stiftung hatten zum selben Zeitpunkt auch zehn lettische
NGOs einen eigenen Schatten-Bericht zur Entwicklung Lettlands während
der zurückliegenden fünf Jahre mit Schlussfolgerungen für eine zukünftige
nachhaltige Entwicklung vorbereitet.[272] Es gelang, dass die NGO-Gruppe zu
gemeinsamen Gesprächen mit den zuständigen Ministerien zugelassen wurde und dass die Regierung den NGO-Bericht als Anhang zu ihrem offiziellen Bericht an die EU-Kommission übernahm.[273] Politisch gesehen ein erster
Schritt der Anerkennung professioneller NGO-Arbeit durch die Regierung
und der Bereitschaft, den Dialog mit der organisierten Zivilgesellschaft zu
führen.

Dennoch wurden Lettland und auch Litauen in der letzten Evaluierung
der EU-Strategie zur Nachhaltigen Entwicklung (2008) expressis verbis als
Mitglieder genannt mit »sehr niedriger Übereinstimmung mit der EU-Strategie und mit sehr wenigen verfügbaren Informationen zur aktuellen Umsetzung der Strategie im Lande«.[274] Das heißt, es fehlt in beiden Ländern nicht
nur an einer überzeugenden umfassenden Nachhaltigkeitsstrategie, sondern es
fehlt bislang auch das Verständnis dafür, dass Nachhaltigkeit nicht einfach nur

272 Die deutsche Friedrich Ebert Stiftung im Baltikum hatte in den Jahren 2004 bis 2008 als eine ihrer
   Arbeitslinien die Förderung nachhaltiger Entwicklungspolitik aufgebaut. Darin fand sich besonders
   die organisatorische und professionelle Unterstützung von NGOs, die bereit waren, sich mit der
   Regierung zum Dialog zusammenzusetzen (Latvijas zaļās kustiba, Liepājas zaļā centrs, Makšķernieku
   asociācija, Mežaparka attīstibas biedriba, Fonds Krustceles, Latvijas dabas fonds, Zaļās brivibas,
   Ekotūrisma asociācija, Latvijas biogāzes asociācija und Latvijas zemes draugi).
273 www.mk.gov.lv/lv/mk/tap/?pid=30298748&mode=mk&date=2007-06-26.
274 Ebda., z.B. S. 144.

bedeutet: *mehr wirtschaftliches Wachstum* (wie es auch bei Dr. Merkels Charta-Vorschlag anklingt).

Fachleuten in der Region ist dieser weiße Fleck in der Entwicklungs-Matrix der Landesregierungen bekannt. Als halb-offizielles politisches Dokument hatte Ende 2007 die staatliche Agrarbank Latvijas Hipoteku un Zemes Banka ein sogenanntes Strategiepapier unter dem Titel *Latvia's Sustainable Development – Strategy 2030* vorgelegt. Der Inhalt enthält in geraffter Form Fragestellungen, Überlegungen, Vorschläge, die den zuständigen Ministerien als Orientierung hätten nützlich sein können (Ministerium für Umwelt, für Regionalentwicklung, für Landwirtschaft, für Wirtschaft und Energie). Und es enthält die Erkenntnis: »Die bestehende Ungleichheit zwischen wirtschaftlicher Konkurrenz, sozialer Integration und nachhaltigen Umweltzielen führt in eine Situation, in der ökonomische Konkurrenzfähigkeit über die Prinzipien von nachhaltiger Entwicklung dominiert.«[275] Damit wurde deutlich, dass die Anmahnungen der EU-Kommission auch von den Fachleuten im politischen System als rechtens angesehen wurden. Aber als Mitte 2008 die Universität von Lettland von sich aus daran arbeitete, die grundlegenden Bedingungen für den Entwurf einer Strategie der nachhaltigen Entwicklung zu erfassen, wurde bei ihren Erhebungen u.a. deutlich, dass über 80% der befragten Bevölkerung zu Protokoll gaben, sie hätten noch nie etwas über Nachhaltigkeit oder Ähnliches gehört.

Das lässt verschiedene Interpretationen zu. Eine für Lettlands Regierungen sehr wahrscheinliche lautet: Strategiepapiere, wie das der Hypo-Bank, lässt man schreiben, damit die Papiere existieren und (international) vorgezeigt werden können, nicht um sich damit auf politischer Ebene auseinanderzusetzen. Die Befragung der Universität zeigte aber auch, dass von Seiten der Bürger keinerlei Druck auf die Regierung, das Parlament, die zuständigen Ministerien zu erwarten ist, um – aus der Großen Krise heraus – ein zukunftsfähiges Land aufzubauen. Darin liegt die Systemschwäche des Transformationslandes: zu wenige NGOs haben sich formiert und können sich über einige Jahre hin durch kontinuierliches Arbeiten ausweisen, so dass die (politische) Kommunikation zwischen Staat und organisierter Gesellschaft immer noch extrem schwach entwickelt ist (s. auch den Abschnitt *»Zivilgesellschaft als politischer Akteur«*, S. 200).

---

275  Latvia's sustainable development strategy 2030 – background review, october 2007; erstellt im Auftrag der staatlichen Latvijas hipoteku un zemes banka, dort S..38.

| Facts | |
|---|---|
| ... think short term | The time horizon of an average Latvia's inhabitant is 18 months. Notwithstanding, in 2007 there were 0.4 loans per inhabitant. An average medium to long term loan term was 18 years. An average amount due every month is 350 USD. 86 % of all funds are kept in low yield form with yield not more than 50% of inflation. |
| do not care much about sustainability | 81% of inhabitants have not heard anything about sustainability or sustainable life style |
| ...getting older | In 2030 demographic dependency ratio would be 57% (currently 46%), an average age 44 and the population decrease by 12.6% from the current. |
| ...brain drain for real | In 2004 and 2005 49976 inhabitants acquired higher (University level) education, and 18% went to work outside the country (not continue studies). |

*»Sustainability – what?« Aktuelle Analyse der Universität von Lettland, 2008 (unveröff.)*

So wie die erwähnte Mitarbeit von zehn NGOs an der staatlichen Nachhaltigkeits-Strategie trotz der zitierten Befragungsergebnisse noch Hoffnung auf wachsende politische Partizipation zulässt, so gibt es auch einzelne Initiativen, die auf fruchtbaren Boden fallen können. Ein Beispiel ist die Privatinitiative für das praxisnah geschriebene Buch *»Wir wollen Nachhaltige Entwicklung«*, das sowohl über das Bildungsministerium an die Sekundarschulen verteilt wurde, um hier eine informationelle Lücke zu füllen, als auch an die Bibliotheken im Lande und in den Medien vorgestellt wurde.[276] Der Autor wurde daraufhin von Schulen und verschiedenen Universitäten im Lande eingeladen, um über das Thema *nachhaltige Entwicklung* mit Lehrern und Studenten bzw. Schülern Fachunterricht abzuhalten. Denn an zahlreichen Schulen sind die interessierten Lehrkräfte vorhanden, die sich sehr gerne auf diese oder ähnliche Formen der persönlichen Kooperation einlassen – da es der Staat auch schon vor der Großen Krise an genereller und an besonderer Unterstützung fehlen ließ.

Inzwischen hat sich auch das jüngste *Baltische Wirtschaftsforum* vom 12. Juni 2009 in Riga sehr vorsichtig diesen Kernfragen der Krisenbewältigung genähert. Die zentralen Beiträge der Ministerpräsidenten von Lettland und Litauen, des bisherigen estnischen EU-Kommissars Kallas und der mehr als

276  Das von Elmar Römpczyk verfasste Buch »Wir wollen nachhaltige Entwicklung« reflektiert die internationale Nachhaltigkeitsdebatte, trägt Erfahrungen auch aus aussereuropäischen Ländern zusammen und schlägt schließlich den Bogen zu den baltischen Staaten. Auf Lettisch erschienen als: »Gribam Ilgtspejigu Attistibu«, Riga 2007 und vom Umweltministerium als Volltext auf dessen Website übernommen.

500 Teilnehmer aus Wirtschaft und Wirtschaftswissenschaft, Vertreter des IMF, der Weltbank u.a. waren um vier Fragen organisiert: »Possible Scenarios and Main Indicators for the Baltic States in 2009 and Further«, »How to Endure the Economic Crisis in Central and Eastern Europe«, »Euro Introduction Perspectives for the Baltic States« und *»Energy Issues: Energy Efficiency, Renewable Energy Sources, Nuclear Energy«*. Innovatives Denken blitzte kurz auf, als Litauens Ministerpräsident die Vorteile ansprach, die eine engere wirtschaftliche Zusammenarbeit zwischen den drei baltischen Ländern haben könnte.

In *Estland* zeigen sich inzwischen Wirkungen der internationalen Zusammenarbeit mit estnischen NGOs und mit estnischen staatlichen und kommunalen Entscheidungsträgern: 2011 wird Tallinn *Kulturhauptstadt Europas* sein und es möchte eine »grüne« Hauptstadt sein, eine Stadt mit umweltverträglichem öffentlichem Nahverkehr, mit sauberer Luft für die Bürger und mit möglichst vielen Elektro-Autos. Für diese wurde medienwirksam Ende September 2009 schon die erste – kostenfreie – Stromtankstelle durch Tallinns Bürgermeister am zentralen Freiheitsplatz eingeweiht. Solche Ansätze von Green New Deal gibt es in Europa inzwischen vielfach: auf Stadtebene gilt das z.B. für die schwedischen Städte Göteborg und Växjö, ebenso für Deutschlands grüne Hauptstadt Freiburg. Auf der Ebene ländlicher Gemeinden für Jühnde bei Göttingen oder Schönau im Schwarzwald. Diese vielfachen Initiativen auf lokaler/kommunaler Ebene müssen sich jetzt »nur« noch stärker innerhalb der EU vernetzen und müssen »nur« noch auf die nationale politische Ebene gehoben und als Bestandteil der nationalen Politik für nachhaltige Entwicklung übernommen werden. Dann wäre das der Einstieg in den Umstieg aus den Bedingungen der Großen Krise.


DER OSTSEERAUM ALS PROBENBÜHNE DER EU

Der Ostseeraum ist heute das Laboratorium für eine effizientere Integration neuer und alter EU-Mitglieder in freundschaftlicher Nachbarschaft zu Nicht-Mitgliedern (Norwegen) einschließlich des wichtigsten Nachbarn der EU, Russland. Oder er ist die Probenbühne zur Einübung neuer Rollen dieser Akteure. Ein bisschen lässt sich dabei sogar an die Zeit der Hanse denken, die auch erheblich tiefer in das europäische Hinterland hineingewirkt hat als nur in ihren Hafenstädten und dabei mehr bewirkt hat, als den »Pfeffersäcken« den Beutel zu füllen.[277] Zwischen den skandinavischen Staaten und Gesellschaften und ihren Nachbarn im sogenannten Baltikum wie auch mit Russland im Osten und Polen und Deutschland im Westen funktionieren nach dem Zusammenbruch der alten Sowjetunion auf diversen Ebenen Kooperation und Austausch. Allerdings sind diese auf absehbare Zeit noch durch viele nicht aufgearbeitete Themen belastet, wie andere Kapitel dieses Buches deutlich machen. Aber die Tatsache, dass ein Viertel der EU-Bevölkerung in diesem Raum lebt und dass dieser Wirtschaftsraum Ostsee ein Drittel des EU-Bruttosozialprodukts erwirtschaftet, ist schon Grund genug, mit offenen Augen auf die Ostseeregion als Impulsgeber für eine neu ausgerichtete europäische Gemeinschaft zu schauen.

Als erfahrener Nachbar Russlands hatte Finnland schon 1997 die Ziele der *Northern Dimension* formuliert, die für alle Ostsee-Anrainer bis heute von Bedeutung sind – und sich in den meisten Punkten mit den Kriterien des Green New Deal treffen, in anderen über ihn hinausweisen (Sicherheitspolitik, Rechtsstaatlichkeit):

*Schwerpunkte der Northern Dimension*[278]

▶ **Wirtschaftliche Zusammenarbeit**, einschließlich der Förderung von Handel, Investitionen, Klein- und Mittelindustrien, funktionierende Arbeitsmärkte, Ausbau der Infrastruktur, Energie-Beziehungen, Ausbau von Telekommunikation und Informationstechnologie

▶ **Freiheit, Sicherheit und Rechtsstaatlichkeit**, einschließlich verbesserter Mensch-zu-Mensch-Beziehungen, verbesserter Grenzbeziehungen, *good governance*, Rechtshilfe in Kriminalfällen und gegenüber organisierter Kriminalität, Kooperation

---

277 In den Zeiten ihrer größten Ausdehnung waren beinahe 300 See- und Binnenstädte des nördlichen Europas in der Städtehanse zusammengeschlossen. Die Hanse war zwischen dem 12. und 17. Jahrhundert nicht nur auf wirtschaftlichem, sondern auch auf politischem und auf kulturellem Gebiet ein gewichtiger Integrationsfaktor des gesamten Ostseeraums.

278 Das Konzept der nördlichen Dimension der EU wurde von Finnland im Jahre 1997 vorgelegt und wurde u.a. aktuell diskutiert in: Nordeuroparforum, Heft 1 (2008): The EU's Northern Dimension – Blurring frontiers between Russia and the EU North? Vgl. auch http://ec.europa.eu/external_relations/north_dim/#The%20Northern%20Dimension%20Geo.

gegen Menschenhandel und Drogenhandel sowie gegen illegale Migration

- ▶ **Sicherheitspolitik:** die Beziehungen zu Russland
- ▶ **Forschung, Bildung, Kultur**, einschließlich Austauschprogramme für Wissenschaftler und Jugend, gemeinsame kulturelle Veranstaltungen, Stärkung der regionalen kulturellen Identität und des kulturellen Erbes
- ▶ **Umwelt, nukleare Sicherheit, Naturschutz**, einschließlich Bekämpfung der Meeresverschmutzung; für Umweltschutz der Ostsee und der Barentsee; für den Erhalt der Artenvielfalt, des Fischbestandes und Erhalt der arktischen Ökosysteme; Zusammenarbeit beim Wasser- und Klimaschutz und in der Umweltgesetzgebung sowie bei der Modernisierung der Verwaltungsstrukturen
- ▶ **Wohlfahrt und Gesundheit**, einschließlich Seuchenbekämpfung.

In diesem Katalog wird deutlich, dass der russische Nachbar Finnland auf Kooperation mit Russland setzt und nicht auf Konfrontation. Die politische Unterstützung für Northern Dimension war bisher in der übrigen EU allerdings eher verhalten, weil der Mittelmeerraum über eine sehr viel stärkere Lobby innerhalb des Europäischen Rates verfügt. Die Ostsee-Region erhielt erst wieder politische Aufmerksamkeit durch Schwedens EU-Vorsitz im zweiten Halbjahr 2009 und die dazu gehörige Ostsee-Initiative der EU (vgl. den Abschnitt *»EU-Initiativen: Für Europa und die Ostsee-Region«*, S. 323). Die Northern Dimension verbindet die mittelfristige *Wiederbelebung der Küstenfischerei* durch nachhaltiges Küstenzonen-Management mit dem weiterreichenden Thema *Renaturierung der Ostsee als europäischem Binnenmeer*; oder anders: Der systematische Wiederaufbau der einheimischen Flora und Fauna der Ostsee kann nur gelingen im Verbund mit der Regulierung umweltbewusster Güter- und Gefahrguttransporte (Rohöl, Erdgas, chemische Produkte). Als Einstieg in den baltischen Green New Deal ist genau ein solches Thema gut vorstellbar: nachhaltiger Küstenschutz. Für die östlichen Regionen aller drei baltischen Staaten bietet sich als zweiter hinreichend komplexer Bereich nachhaltige Waldwirtschaft an. Ein dritter Einstieg in den Green New Deal sollte und kann für alle drei Länder eine sozialverträgliche und klimafreundliche Energiewirtschaft sein.

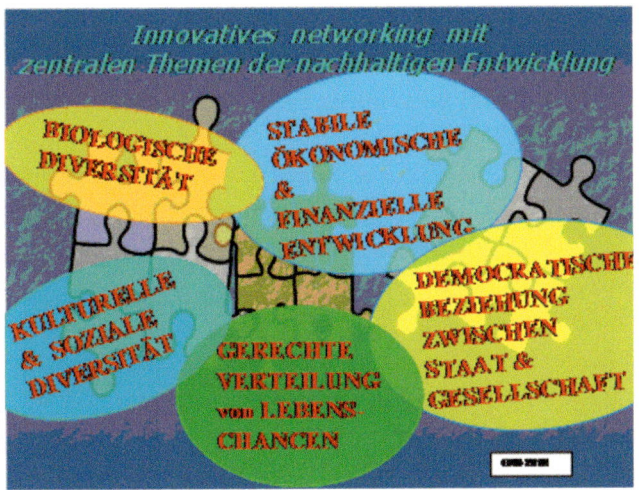

*Netzwerk-Puzzle für nachhaltige Entwicklung*

Die Kategorien der *Northern Dimension* lassen sich wie ein Puzzle behandeln, das sich durch die Vernetzung der einzelnen Entwicklungsthemen nach und nach zu einem konsistenten Ganzen fügt.

An genau dieser Stelle sollte die Ostsee-Initiative der EU unterstützend ansetzen (vgl. auch den Abschnitt *»Schwedens pro-baltische Initiative«,* S. 273). Der Aktionsplan wurde im vorherigen Kapitel vor allem unter dem Gesichtspunkt der baltischen Energiepolitik betrachtet. Es hängt jetzt auch von den baltischen Regierungen und den (wenigen) aktiven NGO ab, wie hilfreich diese Strategie und dieser Aktionsplan auch für das Zusammenfügen des Nachhaltigkeits-Puzzles sein kann. Da könnte es bis Jahresmitte 2010 noch hilfreich sein, dass der Vorsitz des Ostseerates (CBSS) 2009/2010 von Dänemark an Litauen übergeht.

Damit ist die zentrale Frage noch nicht beantwortet, ob sich die einzelnen baltischen Staaten und ihre Gesellschaften so weit zusammenraufen können, um – hoffentlich gemeinsam mit der neuen EU-Kommission – überzeugend genug den bisherigen Nationalismus zugunsten einer besseren gemeinsamen regionalen Zukunft zu überwinden. Die Antworten auf solche Fragen hängen letzten Endes vom Bewusstseinsstand und dem Engagement der Bürger und ihrer organisierten Zivilgesellschaft ab. Sie hängen ab von der Konfliktfähigkeit der Akteure. Sie hängen ab von der Innovationswilligkeit der Gesellschaften. Sie hängen ab vom Willen, neue Einsichten nicht nur auf ein neues Stück Papier zu schreiben, sondern vor allem an deren Umsetzung zu arbeiten und die Wirkungen zu prüfen. Die richtigen Antworten hängen jedenfalls nicht in Westeuropa und nicht im sogenannten Baltikum allein von technischen Entwicklungen ab oder allein von monetären Investitionsmöglichkeiten.

In den baltischen Republiken war bis zu den Europawahlen 2009 insgesamt noch nicht genügend politischer Wille erkennbar, den korrupten Eliten nicht länger zu folgen. Das Wahlergebnis in Estland (mit dem einzelkämpferischen Systemkritiker Tarrand und seinem faszinierend hohen Stimmenanteil) wie auch das lettische Ergebnis der Bürgermeisterwahlen in Riga (mit der klaren Stimmenmehrheit für das russisch-freundliche Linksbündnis Harmonie-Zentrum) deuten an, dass etwas in Bewegung zu kommen scheint. Nur mit neuen Akteuren lassen sich solche Entwicklungs-Puzzles zur nachhaltigen Bewirtschaftung des Ostseeraumes und die beiden folgenden, ebenso wichtigen Entwicklungs-Puzzles in politisches Handeln umsetzen.

## NOTWENDIG UND MACHBAR:
## NACHHALTIGE WALDNUTZUNG

Einen anderen Einstieg in nachhaltiges Wirtschaften oder gar nachhaltige Entwicklung bietet die nachhaltige Inwertsetzung der Waldgebiete. Weiter oben wurde auf den Export eines der wenigen Rohstoffe Lettlands verwiesen – Rundholz – , dessen Ausbeutung nicht unbedingt im Einklang mit den Entwicklungsbedürfnissen der Landbevölkerung steht. Die kleinen lettischen Einzelgehöfte existieren wegen der planlosen Zerschlagung der russischen Sowchosen und Kolchosen nach der Unabhängigkeit, aber auch wegen der einseitigen Subventionspolitik der EU-Agrarier häufig nicht einmal auf Subsistenzniveau. Wenn heute ein lettischer Kleinbauer über 10 ha Land verfügt, steht z.B. auf der Hälfte davon Wald. Seine Feldfrüchte – Kartoffeln, Gerste, Obst, Gemüse – haben keine Marktchance gegen die teils hochsubventionierte Konkurrenz aus Westeuropa oder Übersee. Oder aus »übergeordnetem Interesse« verbietet die EU-Kommission sogar das traditionelle Anbauprodukt des lettischen Kleinbauern: Zuckerrüben. Die Zuckerfabriken werden zwangsweise geschlossen. Um seine Cash-Flow-Situation zu verbessern und sich nicht weiter zu verschulden, verkauft der Kleinbauer Teile des Waldes als Rundholz an schwedische oder andere Papierfabriken, ohne Mehrwertschaffung in seiner Region oder kaum anderswo im Land. Dabei bleiben ihm praktisch keine Mittel zur Wiederaufforstung. Damit begibt er sich in die ökonomische Abwärtsspirale und ist Teil der tendenziellen Verarmung der Landbevölkerung und der daraus resultierenden Migration. Das lettische Wirtschaftsministerium in Zusammenarbeit mit dem Umweltministerium und der Forstbehörde könnte sich ohne übergroße Mühe mit den Bauern, der Landwirtschaftsuniversität und den lokalen NGOs zusammensetzen, um ein Konzept zur wirtschaftlichen, sozialverträglichen und ökologischen Landnutzung zu entwickeln. Wald hält überall auf der Welt je nach Zusammensetzung (Baumarten, Alter, Struktur etc.) verschiedene Produkte und Dienstleistungen bereit, die von der Gesellschaft gebraucht und konsumiert werden: Erholung (Gesundheit, Tourismus); Artenreichtum (Fauna und Flora); Luftqualität (Filter); Wasserfabrik/Wasserspeicher; und natürlich Holzmenge und -qualität als solche. Viele dieser Produkte und Dienstleistungen haben öffentlichen Charakter und fallen als Koppelprodukte der Holzproduktion an. Der Staat müsste hier die volkswirtschaftliche Gewinn- und Verlustrechnung aufstellen, von der der ehemalige Umwelt-Kommissar Stavros Dimas schon sprach (s.S. 93), zusammen mit den Antworten auf einige zentrale Fragen der nachhaltigen Bewirtschaftung:

▶ Welche Waldprodukte und -dienstleistungen werden von der Bevölkerung in der Region nachgefragt?
▶ Welche Waldprodukte und -dienstleistungen werden heute vom Wald bereitgestellt und wie verändern sie sich unter verschiedenen Bewirtschaftungsvarianten?
▶ Wie gut werden die Bedürfnisse der Bevölkerung und des Staates (Steuern; return on investment) befriedigt?

Derselbe Wald könnte auch in Lettland völlig anders aussehen als die folgenden realen Abbildungen und ein Beispiel für umweltverträgliches Wirtschaften abgeben oder sogar den Einstieg in nachhaltige regionale Entwicklung bedeuten, also auch die Schaffung höherwertiger Produkte durch besser qualifizierte regionale Arbeitskräfte. Es wäre ein kleiner, aber machbarer Beitrag angesichts der gewaltigen Wertverluste durch genetisch verarmende Waldflächen. Seit Ausbruch der Großen Krise redet alle Welt zwar von den Verlusten der Börsen und Banken, aber viel zu wenig von denen der Ökosysteme. Dabei sind diese Verluste größer und bedrohlicher für die weitere Entwicklung jeden Landes und natürlich des Klimas insgesamt.

Außer dem Holzeinschlag sind in der Praxis zwei typische »Waldnutzungen« zu beobachten:

*abgeernteter Wald ohne Wiederaufforstung*   *ungesicherte Müllhalde einer Gemeinde im Wald*

Ähnlich wie für die Überfischung der Meere und für die Kosten der Klima-Schädigung (Nicholas Stern Review)[279] liegen auch Kalkulationen für den Wert der nicht nachhaltig bewirtschafteten Wälder vor, wie die TEEB-Studie. *Pavan Sukhdev,* Leiter der TEEB-Gruppe, spricht zusammenfassend bei den berechneten Verlusten durch die globale Waldzerstörung von bis zu fünf Billionen Dollar pro Jahr. Die Effekte treffen vor allem Menschen in armen Ländern, deren Lebensgrundlagen verschwinden. In diesem Sinne sind auch die baltischen Länder arm. Mitte 2010 soll die TEEB-Studie fertig sein. Dann wollen die Forscher um Sukhdev ihre Berechnungen auf die wirtschaftlichen Effekte der Eingriffe in Ozeane, Küstenregionen und Polargebiete kalkuliert haben.[280]

279  Noch kurz vor Sichtbarwerden der Großen Krise hatte Lord Nicholas Stern im Auftrag der britischen Regierung seinen Bericht über die Kosten vorgelegt, die durch die fortlaufende Veränderungen der Klimabedingungen kalkuliert werden müssten: The Stern Review on the Economics of Climate Change, London 2006.

280  The Economics of Ecosystems and Biodiversity, TEEB, deren Zwischenbericht 2008 vorgelegt wurde: (http://ec.europa.eu/environment/nature/biodiversity/economics/pdf/teeb_report.pdf).

**Kalkulierter Waldschaden: TEEB-Studie**

Die Menschheit verliert durch die Umweltzerstörung mehr Geld als bei der weltweiten Finanzkrise seit 2008. Besonders teuer ist die _Abholzung von Wäldern_ weltweit. Sie verursacht Schäden von bis zu fünf Billionen Dollar pro Jahr.

Zum Vergleich: Das Kapitalsicherungsprogramm der USA belief sich auf 0,700 Billionen Dollar und das der deutschen Bundesrepublik auf etwa 0,600 Billionen (je nach Wechselkurs).

Der Waldschadensverlust wird in der Studie _The Economics of Ecosystems and Biodiversity_ in dieser Größenordnung kalkuliert, eine Untersuchung, die von der deutschen Regierung 2007 während ihrer EU-Präsidentschaft veranlasst wurde. Die Überforstung der Wälder in den meisten Gebieten der Erde bewirkt neben den einfacher kalkulierbaren materiellen Einbußen auch mittelbare Minderungen der Lebensqualität für Menschen und Natur; wenn etwa nicht mehr die gewohnten Mengen an Trinkwasser – vor allem an qualitativem Wasser – produziert werden oder wenn Luftbelastungen durch die beschleunigte Urbanisierung und das steigende Verkehrsaufkommen nicht mehr von den zurückgehenden Wäldern ausgeglichen werden können.

## NOTWENDIG UND MACHBAR: EFFIZIENTE UND SPARSAME ENERGIEVERWERTUNG

Wegen der langen Wintermonate und der hohen Kosten findet das Thema »Energie« grundsätzlich viel Aufmerksamkeit im Baltikum. In den baltischen Ländern zeigt vor allem der unhaltbare Umgang mit Wärme-Energie zur Heizung der meisten Wohnungen und Büros, dass der Effizienzgedanke und das generelle staatliche Interesse an einer nachhaltigen Energiepolitik nur punktuell, aber nicht als politisches Konzept oder als Handlungsstrategie erkennbar sind.

Bestechend ist das mangelnde Effizienzdenken bei der Wärmeversorgung von Häusern, Schulen, Kindergärten aus der sowjetischen Zeit, aber auch bei

Häusern, die lange nach der Unabhängigkeit gebaut wurden, mit regulierbaren Radiatoren ausgestattet sind, aber gleichwohl ab Spätherbst gleichmäßig ihre Wärme in alle Räume abstrahlen müssen und erst im Frühjahr wieder zentral von der kommunalen Energieversorgung abgeschaltet werden. Energieverluste von landesweit 20% entstehen durch das staatlich verordnete »Zwangsheizen«, aber auch durch überalterte Heizungssysteme, schlechte Gebäudeisolierung und Transportverluste wegen überalterter Leitungssysteme.[281]

Die Gewinner bei der *Nicht-Renovierung* sind die Energieversorgungsunternehmen, denn ihre Umsätze bleiben zwangsläufig hoch. Besonders kritikwürdig ist dabei allerdings, dass die staatlichen Energieversorger praktisch ein Monopol in den drei baltischen Ländern besitzen und die Regierungen also über alle Möglichkeiten verfügen, auf Energie-Effizienz und auf $CO_2$-Einsparung Einfluss zu nehmen, um ähnlich dem Nachhaltigkeits-Puzzle gezielt bestimmte Elemente zusammenzufügen. Elemente eines Energie-Effizienz- und Energie-Spar-Puzzle: Anreize für die innovative Herstellung von Baumaterialien ausgehend vom einheimischen Holz und Lehm und Ton; dazu steuerpolitische Anreize für Energiesparen und vor allem die beschleunigte Produktion regenerativer Energien durch den staatlichen Versorgungs-Monopolisten sowie interessierte private Unternehmer (die bisher durch die Monopolisten »ausgebremst« werden); immer leistungsstärkere und zugleich kostengünstigere Solar-Panele auf den öffentlichen Gebäuden (mit Demonstrationseffekten bei Schulen, Universitäten, Ministerien, Rathäusern) und in den großen Wohnsilos; bedarfsgerechter Verbrauch von Wärmeenergie anstelle des Zwangsheizens; Kopplung von Strom- und Wärmeproduktion in dezentralen Blockheizkraftwerken.

Wenn wenigstens essentielle Teile dieses Energie-Puzzles umgesetzt werden, kann es auch im Baltikum zu Energie-Effizienz im Wohnungsbau kommen, wie bei einem Musterprojekt der energetischen Gebäudesanierung in Riga, das zu einer Energieeinsparung von 60% geführt hatte:

---

281 Daten des Stromversorgers Latvenergo und des Wärmeversorgers Rigas Siltum verschiedener Jahre; übernommen aus: A vision for Latvia based on INFORSE's Vision 2050 Mitte Juli 2007 zusammengestellt von Gunnar Boye Olesen, INFORSE-Europe in Zusammenarbeit mit Alda Ozola-Matule von der Lettischen Grünen Bewegung und Janis Brizga von der lettischen NGO Grüne Freiheit.

## Reales Beispiel für Effizienzgewinne bei Wärmeversorgung eines Hausblocks in Riga[282]

| Wärmeverluste/ Gewinne | Vor Sanierung | | Nach Sanierung | | Zu-/ Abnahme | | Vermin- derung |
|---|---|---|---|---|---|---|---|
| | Q | Anteil | Q | Anteil | ΔQ | Anteil | |
| | kWh/a | % | kWh/a | % | kWh/a | % | % |
| Transmissionsverluste | | | | | | | |
| Längswände | 318.071 | 33,62 | 63.934 | 13,78 | 254.137 | 52,69 | 79,90 |
| Giebelwände | 58.435 | 6,18 | 18.261 | 3,94 | 40.174 | 8,33 | 68,75 |
| Oberste Geschossdecke | 47.267 | 5,00 | 13.023 | 2,81 | 34.245 | 7,10 | 72,45 |
| Kellerdecke | 29.542 | 3,12 | 21.704 | 4,68 | 7.838 | 1,62 | 26,53 |
| Fenster | 197.642 | 20,89 | 88.598 | 19,10 | 109.044 | 22,61 | 55,17 |
| Summe Transmission | 650.957 | 68,80 | 205.520 | 44,31 | 445.437 | 92,35 | 68,43 |
| Lüftungswärmeverluste | 295.180 | 31,20 | 258.282 | 55,69 | 36.897 | 7,65 | 12,50 |
| Summe Verluste | 946.137 | 100,00 | 463.802 | 100,00 | 482.335 | 100,00 | 50,98 |
| Solare Wärmegewinne | 56.055 | 5,92 | 43.349 | 9,35 | 12.706 | 2,63 | 22,67 |
| Interne Wärmegewinne | 98.875 | 10,45 | 98.875 | 21,32 | 0 | 0,00 | 0,00 |
| Summe Gewinne | 154.930 | 16,38 | 142.224 | 30,66 | 12.706 | 2,63 | 8,20 |
| Jahres-Heizwärmebedarf | 696.593 | 73,62 | 275.198 | 59,34 | 421.396 | 87,37 | 60,49 |

Die Einspargewinne in Riga erfolgten allein durch verbesserte Wärmeiso-
lierung. Aber die langjährigen Erfahrungen mit der Kombination aus Wär-
meisolierung, Energieeffizienz insgesamt und ins Hausdach integrierte Photovoltaik zeigt den Spielraum, der auch im Baltikum noch genutzt werden
kann und muss. Ohne deren Lehrgeld zu zahlen, können heute überzeugende
Erfahrungen der Freiburger Bürger im Stadtteil Vauban auch von den meisten nordeuropäischen Städten der EU genutzt werden. Der nächste Schritt
kann dann heißen »Energie in Bürgerhand«, wie ihn die Bürger der Gemeinde
Schönau im Schwarzwald erfolgreich praktizieren. Sie betreiben konsequent
den Ausstieg aus der Atomenergie und den Einstieg in dezentralisierte, regenerative Energiegewinnung.[283]

Theoretisch hätte die schon 1999 erstmals formulierte gemeinsame baltische Energiepolitik der drei Regierungen eine Grundlage für die Neuori-

282  IEMB (Institut für Erhaltung und Modernisierung von Bauwerken e.V. an der TU Berlin): Energie
     Initiative Riga – ein Kooperationsprojekt der Städte Berlin und Riga zur energetischen Sanierung von
     Wohngebäuden, 2005, S. 6 (s. auch www.iemb.de/moe/moe20/riga.pdf).
283  Die Elektrizitätswerke Schönau: atomstromlos. klimafreundlich. bürgereigen.
     Der Strom stammt aus regenerativen Quellen und kommunaler klimaschonender Kraft-Wärme-Kopp-
     lung. Seit dem 1. Juli 1997 betreiben die EWS das Schönauer Stromnetz. Die Zahl der Stromkunden
     hat sich in neun Jahren von 1.700 auf rund 83.000 Kunden vervielfacht. Mit dem Förderprogramm
     der EWS konnten bereits rund 1300 ökologische Stromerzeugungsanlagen in Bürgerhand entstehen
     (Sonne, Kraft-Wärme-Kopplung, kleine Wasserkraft, Wind und Biomasse) (www.ews-schoenau.de/).

entierung der Energiepolitik und damit einer nachhaltigen Entwicklungspolitik im Sinne des Green New Deal abgeben müssen. Auch die zweite
gemeinsame baltische Initiative der Regierungen, die Energy Road Map
von Anfang 2006 blieb ein Stück belangloses Papier. Weiter oben wurden
die leeren Stellen in dieser Road map schon aufgeführt: Energieeffizienz,
Energiesparen, entsprechende Innovationen, Förderung regenerativer Energie und folglich die fehlende Umsetzung der Kyoto-Ziele oder der nicht be-
rücksichtigte Handel mit Emissionszertifikaten. Diese Themen sind für die
Phase nach der Großen Krise von noch größerer Wichtigkeit als vier oder
_fünf Jahre zuvor.

Anstelle der Regierungen oder der staatlichen Energieversorger haben
NGOs wichtige Daten zusammengetragen und wichtige Beiträge für die Formulierung einer nachhaltigen Energiepolitik geschaffen. Konkretes Beispiel ist
ein Arbeitspapier, das von zwei lettischen Umwelt-NGOs in Zusammenarbeit
mit INFORS unter dem Arbeitstitel *A vision for Latvia based on INFORSE's
Vision 2050* Mitte Juli 2007 vorgelegt wurde.[284]

*Windenergie-Vision für Lettland, 2007 – 2030*

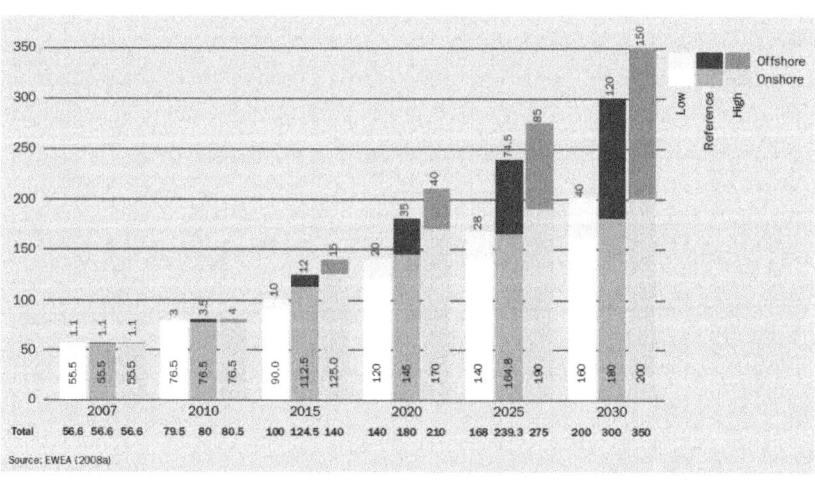

Das Arbeitspapier enthält breit zusammengetragenes Zahlenmaterial zum
Energieverbrauch der einzelnen gesellschaftlichen Sektoren und vor allem

284  A vision for Latvia based on INFORSE's Vision 2050. Background note, July 23, 2007, INFORSE-
Europe.

zum Einsparpotenzial und den Möglichkeiten der regenerativen Energiegewinnung im konkreten Fall Lettland. Die beteiligten Autoren – darunter einige baltische und skandinavische NGOs und Institute – sehen in der Absichtserklärung der Regierungen, sich in den westeuropäischen Energiemarkt zu integrieren, den zentralen Ansatzpunkt, um zu einer langfristig umwelt- und klima-verträglichen Energiepolitik zu gelangen. Dabei bedürfen die Ausstiegsforderungen aus der aktuellen Energiepolitik der baltischen Länder (Ölschiefer, Atom, Petro) der Gegenrechnung durch andere Energieformen. Solche Gegenrechnungen liegen vor und werden weiterhin angestellt. Als ausbaufähige Energiequellen werden dabei vor allem zwei angeführt: *Windenergie* und *Bioenergien*. Die Ansätze und Möglichkeiten variieren je nach Land, sind aber durchaus gegeben.

## ERNEUERBARE ENERGIE: WIND

Da die lettische Bevölkerung, wie auch die der beiden baltischen Nachbarstaaten, nicht besonders gut über die diversen Alternativen zu Öl, Gas, Kohle und Uran informiert sind und handlungsorientierte Fachdiskussionen eher in kleineren Zirkeln geführt werden, fühlen sich die Regierungen und die Parlamente nur in Ausnahmen gehalten, diverse vorhandene RE-Potenziale als Bestandteil der Energiepolitik aktiv zu verfolgen (RE = Renewable Energies).

Außer Wasserkraft könnte gerade auch in allen drei baltischen Ländern Bio-Kohle zur Stromgewinnung und insbesondere als Heizenergie produziert werden. Die sogenannte »grüne« Kohle oder auch Pflanzenkohle lässt sich unter starkem Druck und hohen Temperaturen aus Pflanzenreststoffen wie Grünschnitt oder Stroh und sogar aus der Biotonne in wenigen Stunden herstellen und gewinnt die energetischen Eigenschaften von Braunkohle. Freilich muss die Technik noch weiterentwickelt werden, damit bei geschickter Prozessführung auch die gesamte Energiebilanz des Verfahrens tatsächlich klimafreundlich bleibt. Bisher spricht für die Veredelung von Bio-Reststoffen zu »grüner« Kohle, dass bei der Kompostierung von Pflanzenabfällen ein Großteil des in der Biomasse enthaltenen Kohlenstoffs als $CO_2$ in die Atmosphäre entweicht. Bei der »Verkohlung« wird dagegen praktisch der gesamte Kohlenstoff in den Bio-Briketts gebunden.

Neben Bio-Kohle könnte in der baltischen Region sogar Solarenergie zumindest zur Wärmegewinnung genutzt werden, und zwar mittels der jüngsten, sehr kostengünstigen Generation von Solar-Panelen, aber auch mittels Photovoltaik zur Stromerzeugung. Es bestehen – wie überall in Europa – auch Chancen zur Nutzung der Geothermie. Aber am leichtesten ließen sich großdimensionierte Windkraftanlagen vor allem an der lettischen und litauischen Westküste und off-shore errichten.

Die baltischen Küsten sind nicht vergleichbar mit den dänischen oder den deutschen oder den spanischen, die dem europäischen Windenergieanteil seit 2006 einen sehr deutlichen Schub gegeben haben und die windgestützte Stromerzeugung in Europa zwischen 1995 und 2007 von 0 % auf 7 % haben springen lassen. Aber für die EU-Staatengemeinschaft gelten bis 2030 ehrgeizige und notwendige Produktionsziele für Windenergie, um dadurch frei werdenden Finanzen aus der traditionellen Energiesicherung für andere Bereiche der nachhaltigen Entwicklung Europas zur Verfügung zu haben. Dazu muss jedes einzelne Mitgliedsland seinen Beitrag leisten. Die Küstenländer Litauen, Lettland, Estland erreichen bisher maximal 0,1 % ihres Energiebedarfs durch Windkraft. Und dieser Anteil soll und kann kurz- und mittelfristig erkennbar gesteigert werden.

Für die drei baltischen Staaten liegen also Zielprojektionen zunächst bis 2010 vor.

In Estland hat der staatliche Energiekonzern Eesti Energia seinen langjährigen Widerstand fallen lassen und im Juni 2009 einen eigenen Windpark mit 13 Turbinen und 39 MW Leistung an der Westküste in Aulepa eingeweiht.

Auch in Lettland gibt es einen Windpark an der Westküste kurz vor Liepaja mit etwa 20 Turbinen und einen sehr kleinen bei Ainazi an der Grenze mit Estland.

| Table S.4: Cumulative installations of wind power in the EU and projections for 2010 (in MW) | | | | | | | | | |
|---|---|---|---|---|---|---|---|---|---|
| | Cumulative Installations | | | | | | | | |
| Country | 2000 | 2001 | 2002 | 2003 | 2004 | 2005 | 2006 | 2007 | 2010 |
| Estonia | | | 2 | 2 | 6 | 32 | 32 | 58 | 150 |
| Latvia | | 24 | 27 | 27 | 27 | 27 | 27 | 27 | 100 |
| Lithuania | | 0 | 0 | 6 | 6 | 48 | 50 | 100 | |

aus: European Wind Energy Association: *Wind Energy - The facts*, 2009

Dennoch zögern die politisch Verantwortlichen in beiden Ländern bei den Zielvorgaben aus Brüssel. Am Beispiel Lettland lassen sich einige der systemischen Gründe dafür herausarbeiten: Der staatliche Energieversorger Latvenergo hat praktisch eine Monopolstellung als EVU inne. Latvenergo kontrolliert 90% der landesweiten Energieversorgung. Das Unternehmen besitzt damit die politischen wie die finanziellen und die logistischen Voraussetzungen, um sich durch Windenergie auch praktisch weniger von Russland abhängig zu machen. Tatsächlich hängt Latvenergo weiterhin zu etwa zwei Drittel vom Import der wichtigsten Primärenergien ab – Kohle und Gas und Öl. Diese Importe erfolgen vor allem aus Russland und Weißrussland. Weshalb Lettlands Regierung an dieser Abhängigkeit festhält, macht wiederum der wichtigste Gasversorger in Lettland deutlich, die seit 1997 privatisierte *Latvijas Gaze*.

Eigentümer von Latvijas Gaze sind die russische GAZPROM, die deutsche E.on-Ruhrgas und die private Gashandelsgesellschaft Itera Latvija.[285] Aus dem Kreis dieser Unternehmer stammt zwangsläufig der Vorschlag, zur Energiesicherung anstelle von Windparks besser ein neues Gaskraftwerk für Lettland zu bauen. Diese Unternehmergruppe hat die politische Unterstützung der beiden ehemaligen Ministerpräsidenten Andris Šķēle und Aigars Kalvitis (beide auch ehemalige Vorsitzende der bis 2008 stärksten Regierungspartei, der Volkspartei). Der ehemalige Finanzminister – ebenfalls Volkspartei – hatte eine entsprechende Novellierung des Energiegesetzes im April 2008 durchs Parlament gedrückt. Damit hätte der Weg für ein neues Gaskraftwerk frei sein können. Allerdings machte sich zum Jahresende 2008 der Wirtschaftsminister für die

---

285 Mit Stand 31.12.2007 sind die Aktienanteile wie folgt aufgeteilt: E.ON Ruhrgas International AG, 47,23% ; JSC Gazprom, 34,00% ; Ltd. ITERA Latvija, 16,00% . Hinsichtlich Itera wurde eingangs schon darauf hingewiesen, dass die turkmenische Gashandelsfirma Itera in einer sehr speziellen engen Verbindung zu Gazprom steht, die sich aus der ersten Phase der Privatisierung von Gazprom herleitet: Nach dem Machtwechsel bei Gazprom 2001 verlor Itera zwar einige lukrative Aufträge, kooperiert aber weiterhin eng mit Gazprom, so dass der tatsächliche Einfluss von Gazprom auf den lettischen Gasmarkt grösser als diese Prozentangaben ist.

Alternative stark: anstelle eines neuen Gaskraftwerks besser ein neues Kohlekraftwerk zu bauen. Auch dafür soll es Investoren, wie E.on und skandinavische und sogar US-amerikanische, geben. Es war dasselbe Kabinett, das sich hier präsentierte. Hinter den Ministern stehen allerdings unterschiedliche Lobbyisten, solche mit einer starken Bindung an Russland und die anderen. Keine der beiden Gruppierungen beachtet die Interessenlage der Bevölkerungsmehrheit. Die Fachwissenschaft legt Projektionen für einen umwelt- und klimafreundlicheren Ausstieg aus der russischen Abhängigkeit dem Energie-Ausschuss im lettischen Parlament vor.[286] Im Transformationsland können dann aber selbst internationale Diskussionen merkwürdig verlaufen, wie die von der Stockholm School of Economics (Riga) und dem lettischen Centre for Economic Policy Studies organisierte Veranstaltung zur Frage: *Besitzt Lettland wirklich einen Plan zur Einführung der Windenergie?* Die dazu eingeladenen und zuständigen Vertreter der Regierung (Wirtschaftsministerium) erschienen – trotz Zusage – schlichtweg nicht. Der auf Erfahrung gegründete Verdacht bei den Organisatoren lautete: Es gibt eine schriftliche Aussage des Kabinetts zugunsten alternativer Energien; Es gibt aber keinerlei Aktionsplan. Es bestehe wohl auch Angst auf Regierungsseite, sich zum Kleingedruckten der jüngst formulierten Ausschreibungsbedingungen zur Errichtung von Windkraftanlagen zu äußern. Denn die Ausschreibungsbedingungen wurden so abgefasst, dass sich kein seriöser Bieter finden konnte: es wurden Höchstpreise für die Angebote vorgegeben. Die Anbieter von Windkraftanlagen müssten also darunter bleiben, um den Zuschlag zu bekommen. Die Erfahrung mit solchen Ausschreibungen ist auch in Lettland bekannt: In einer Abwärtsspirale kommt es zu Unterbietungen der Konkurrenten. Der Sieger wird am Ende den Tiefstpreis nicht halten können und es wird mit genau dem Argument nicht zum Bau der Windkraftanlagen kommen. Da dieser Prozess vorhersehbar ist, konnten die Diskussionsteilnehmer aus Dänemark, Schweden, Deutschland, der EU und natürlich Lettland den Schluss ziehen, dass es eigentlich nur einen Masterplan zur *Verhinderung von Windenergie* als alternative Ergänzung zu Öl, Kohle und Gas gibt.[287] Die organisierte Zivilgesellschaft (Umwelt-NGOs, Universitätsinstitute) hatte in Ergänzung zu der o.g. Studie *INFORSE's Vision 2050* einen Entwurf für eine

286 LETA, 4.11.2008: Energy Experts: There are enough renewable energy resources in order to fulfil the stipulations set by EU and the Cabinet of Ministers«
287 Anwaltskanzlei BNT: Legal News Lettland-Litauen-Estland-Belarus, 11/08 Nr.11; darin die Bekanntmachung zur »Ausschreibung Windenergie in Lettland« (www. bnt.eu).

alternative Energiepolitik für Lettland und für seine beiden Nachbarn ausgearbeitet und sie stellen sich damit den Regierungen zur Diskussion.[288] Die Bevölkerung äußert sich mehrheitlich zustimmend zum Einstieg in erneuerbare Energien. Eine Befragung vom November 2008 ergab, dass 86% der Befragten sich für Windenergie aussprachen, 84% für Solarenergie und 80% für Hydroenergie.[289] Nur die Regierung bewahrt Distanz.

## ERNEUERBARE ENERGIEN: BIO-ENERGIEN

Bio-Energien werden im Baltikum von einigen Rapsfeldern als Bio-Diesel und bei einer handvoll Mülldeponien als Deponie-Gas gewonnen. Bioenergie-Zusätze werden seit 1.Oktober 2009 dem Normalbenzin und dem Diesel zwischen 4 und 5% beigemischt. Als Bio-Energien werden auch zunehmend Holzpellets in Privathäusern eingesetzt. Am Beispiel der Holzpellets kann der Balte allerdings den Mehrwertzyklus eines Produkts studieren, wie er normalerweise für sogenannte Entwicklungsländer angesagt ist: Ein waldreiches Land wie Lettland exportiert das Rundholz an das technisch höher entwickelte Dänemark. Dort wird das Rohholz zum Produkt »Pellets« veredelt und anschließend nach Lettland exportiert. Im benachbarten Litauen funktioniert allerdings schon eine Pellets-Industrie. Der hat das AKW Ignalina einen unerwarteten Dämpfer versetzt, als die italienischen Behörden im Juni 2009 feststellten, dass mehr als 10.000 Tonnen litauische Holzpellets radioaktiv verunreinigt waren. Der Verkauf dieser Pellets wurde daraufhin sofort gestoppt.[290] Ein herber Rückschlag für ein alternatives Energieprodukt.

Neben der verstärkten Holzpelletsnachfrage zur Energieerzeugung in Verbrennungsanlagen aller Leistungsklassen ist auch ein zunehmendes Interesse am Einsatz von so genannten Agropellets erkennbar. Es sind Rest- und Nebenprodukte aus der Landwirtschaft wie Stroh oder aus der Biokraftstoffherstellung sowie der Lebensmittelverarbeitung – sogenannter »Agromüll«. Auch kleinere Biogasanlagen unterstützen damit dezentralisierte Energieversorgung

288 Stockholm Environment Institute: Baltic Sustainable Energy Strategy, Tallinn, Riga, Kaunas 2008.
289 Stockholm School of Economics/Baltic International Centre for Economic Policy Studies (beide Riga): Wind Energy. Is there a Latvian Master Plan? (Occasional Paper No. 5), Riga, (Dec.) 2008.
290 Süddeutsche Zeitung, 15.6.2009: Italien nimmt radioaktive Holzpellets vom Markt.

zu optimierten Kosten. Aber der entscheidende Vorteil von Bioenergien – ihre flächige Dezentralisierung – wird noch nicht strategisch eingesetzt. Verschiedenste organische Ausgangsstoffe können über unterschiedliche Konversionstechnologien in Strom oder Wärme umgewandelt werden. In allen drei baltischen Ländern besteht die Chance, Bio-Kohle zur Stromgewinnung und insbesondere als Heizenergie zu produzieren. Die sogenannte »grüne« Kohle oder auch Pflanzenkohle lässt sich unter starkem Druck und hohen Temperaturen aus Pflanzenreststoffen wie Grünschnitt oder Stroh und sogar aus der Biotonne in wenigen Stunden herstellen und gewinnt die energetischen Eigenschaften von Braunkohle. Freilich muss die Technik noch weiterentwickelt werden, damit bei geschickter Prozessführung auch die gesamte Energiebilanz des Verfahrens tatsächlich klimafreundlich bleibt. Bisher spricht für die Veredelung von Bio-Reststoffen zu »grüner« Kohle, dass bei der Kompostierung von Pflanzenabfällen ein Großteil des in der Biomasse enthaltenen Kohlenstoffs als $CO_2$ in die Atmosphäre entweicht. Bei der »Verkohlung« wird dagegen praktisch der gesamte Kohlenstoff in den Bio-Briketts gebunden. So wie Estland sich im IT-Sektor immer wieder an die Spitze setzt, könnten und sollten alle drei baltischen Staaten sich auch in alternativen Energiefragen innovationsfreudig zeigen.

Dezentrale oder zentrale Konzepte entscheiden dabei über die Art der regionalen Wertschöpfung – eine ganz entscheidende Frage für die wirtschaftspolitische Argumentation innerhalb des Green New Deal. Ähnliche Fragen zur Anschubförderung durch den Staat stellen sich, wenn etwaige Nutzungs- und Flächenkonkurrenzen vermieden werden sollen (*food or fuel*) und wenn es um die Entwicklung der gesamten Bereitstellungskette geht: von der Gewinnung, Produktion und Aufbereitung des Brennstoffes über den Transport bis hin zur Kraftwerksanlage (möglichst BHKW).

Jede Anhebung des Bioenergie-Anteils kann die Abhängigkeit vom russischen Gas mindern, insbesondere dann, wenn andere RE-Energien (Wind, Solar) und eine konsequente Effizienzpolitik hinzukommen. Speziell bei den Bio-Energien haben die skandinavischen Nachbarn den baltischen Energieversorgern wie auch den daran interessierten NGOs und privaten Produzenten seit zwei bis drei Jahren verschiedentlich darlegen können, dass die Verhältnisse beim Primärenergieeinsatz nicht so bleiben müssen, wie sie sich derzeit etwa beim Vergleich Litauen

– Schweden darstellen.[291] Ähnliche Entwicklungen lassen sich durchaus in den Landwirtschafts- und den Waldgürteln der baltischen Länder wiederholen. Vielleicht nimmt sich die EU-Kommission in der zweiten Amtszeit von José Manuel Barroso ernsthafter der Fragen nachhaltiger Entwicklung im Sinne des Green New Deal an und setzt die Bewilligungskriterien für den Kohäsionsfonds oder den Strukturfonds entschiedener auf modernes »grün«.

*Vergleich Wärmeenergie-Einsatz[292] Litauen – Schweden, 2005*

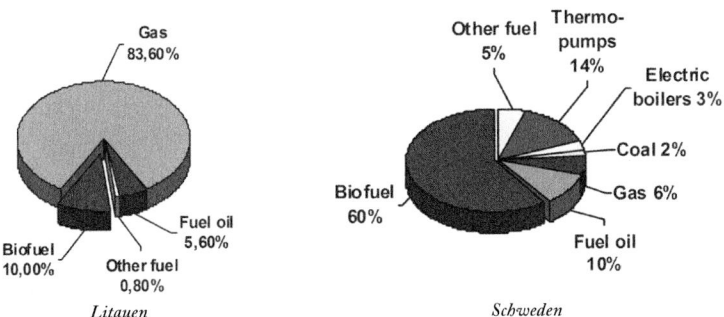

Engere europäische Zusammenarbeit (*Kohäsion*) ist jedenfalls auch im Bereich Energiepolitik zwischen Ost- und Nord- und Westeuropa angesagt. Denn aus dem waldreichen Lettland und den ebenso waldreichen baltischen Nachbarländern sind Hunderttausende als Saisonarbeiter oder für länger nach Westeuropa emigriert, und zwar häufig aus eben den Waldregionen, weil sie dort keine Arbeit finden. Aber weder die nationalen Regierungen noch die Agenturen für Regionalentwicklung leisten hier von sich aus tragfähige Beratung oder arbeiten gar unter Nutzung der EU-Strukturhilfen mit daran, die Holzveredelung in den baltischen Regionen als nachhaltigen Wirtschaftsprozess zu organisieren.

---

291  Übernommen aus dem Vortrag von Elmar Römpczyk: »Energy Security in the Baltic Region through sustainable development« an der Universität Lund (Schweden), November 12, 2008.
292  Daten zusammengestellt aus: Lithuanian District Heating Association 2008.

## ALLIANZEN FÜR KOMMUNALE ENERGIEPOLITIK

Zur Durchsetzung einer Green-New-Deal-Politik in den baltischen Ländern wäre die EU-Förderung sicherlich hilfreich. Seit 2005 fördert die EU-Kommission das Programm »Green Building« für wirtschaftlich genutzte Gebäude. Sehr hilfreich wäre mit Sicherheit, solche Programme durch vernetztes Handeln zu ergänzen. Dazu bieten sich auf europäischer Ebene auch andere Initiativen als nur die NGOs und ihre Netzwerke an, insbesondere wenn es um die städtischen Bereiche geht, in denen sich gerade Energiepolitik am schnellsten umstellen lässt (Beispiele Växjö, Freiburg u.a.m.). Eine außerordentlich große Chance für baltische Städte bietet das neu gebildete Abkommen zwischen rund 500 europäischen Städten, genannt *Covenant of Mayors*. Der Verbund mit seinen teilweise schon sehr weit entwickelten Mitgliedsstädten geht über das »Green Building«-Programm hinaus und konzentriert sich auf energiesparsamen Wohnungsbau, nachhaltige Stadtplanung, klimaschonende Verkehrspolitik. Die Covenant-Städte haben sich verpflichtet, ihre $CO_2$-Emissionen bis 2020 um 20 % zu senken, für die Städte Aktionspläne für nachhaltige Energiewirtschaft aufzustellen und vor allem, die Öffentlichkeit regelmäßig und zeitnah über die Umsetzung dieser Pläne zu informieren. Wer sich nicht an diese und ähnliche Selbstverpflichtung hält, wird aus der Vereinigung ausgeschlossen. Der ehemalige lettische Energie-Kommissar in Brüssel (also der von der lettischen Regierung ernannte Kommissar) Andris Piebalgs stellte sich uneingeschränkt hinter diese Städte-Initiative: »Die Selbstverpflichtung dieser Bürgermeister bietet eine demokratische Reaktion auf den Klimawandel. Die Bekämpfung des Klimawandels von der städtischen Ebene her geht einher mit der Schaffung neuer Arbeitsplätze und wachsender Lebensqualität für die Bürger – der ganz ursprüngliche Sinn von Stadt überhaupt ...«[293]

Für die Initiative des Covenant bieten eine Reihe von Städten empirische Erfahrungen mit dem Einstieg in den Green New Deal unter Berücksichtigung der von Kommissar Piebalgs genannten Kriterien: Es sind gerade auch die schon genannten Städte, wie Växjö in Süd-Schweden oder Freiburg im

---

293 Presentation and launch of the Covenant of Mayors by Commissioner A. Piebalgs, Charlemagne S3 Brussels, 29 January 2008: The Covenant of Mayors Why a Covenant of Mayors?

Breisgau oder Oviedo in Nord-Spanien, wo mittelgroße Energieversorger ihre Technik komplett auf eine regionale und erneuerbare Versorgung umgestellt haben: Dazu gehören Mini-Blockheizkraftwerke, Bürgerbeteiligungen an Solarprojekten, Förderung von Wasserkraft- und anderen regenerativen Projekten, aber auch von Schulen und das energieeffiziente städtische Verkehrssystem. Besonders der Einsatz von Solarpanelen zur Gewinnung von Photovoltaik-Strom hat sich allein seit Herbst 2008 durch neue Produktionsanlagen und neue Technologien um etwa 50 % verbilligt und hebelt immer mehr die »Notwendigkeit« von Atom-Strom aus.[294] Die meisten Covenant-Städte könnten die andere Art von Städtepartnerschaft mit baltischen Städten betreiben: weniger den Sommer-Tourismus der kommunalen Parlamentsausschüsse als vielmehr Aktions-Partnerschaften zur Entwicklung und Umsetzung des Green New Deal im Baltikum.[295] Die Teilnehmer solcher Aktions-Partnerschaften würden sich sinnvollerweise nicht nur aus den Covenant-Dezernaten zusammensetzen, sondern auch aus den NGO-Netzwerken wie INFORSE (nachhaltige Energiewirtschaft) oder Universitäten, wie Göttingen mit seinem Arbeitsfeld »Energie und Gesellschaft« oder Stockholm, wo das Thema »Green New Deal für Schweden« schon Bestandteil praxisorientierter Forschung ist.

---

294 SPIEGEL ONLINE – 13.03.2009: Öko-Boom. Billig-Solarzellen revolutionieren Strombranche. Einen erheblichen Anteil an dieser Preissenkung haben die chinesischen Produzenten der Panele. Da die Qualitätssicherung dieser Produkte noch offen steht, muss die reale Preisentwicklung weniger enthusiastisch gesehen werden.

295 Z.B. gibt der European Green Cities Inspirations Guide einen Überblick über den Bau von Energiesparhäusern in Europa: www.europeangreencities.com.

# LESSONS LEARNT

## LEKTION I: GREEN NEW DEAL FÜR DEN OSTSEE-RAUM DURCH ENERGIEPOLITIK

In der Ostsee-Region werden wichtige Elemente eines Green New Deal diskutiert, aber nicht in allen Anrainer-Staaten und nicht von allen erforderlichen Akteuren. In den baltischen Staaten ist die Energiepolitik der Regierungen ein geeigneter Ansatzpunkt, um über die Große Krise hinaus den Einstieg in einen nachhaltigen Entwicklungsprozess zu betreiben.

In den Medien hängt die europäische Energiedebatte weitgehend am Stichwort »Energiesicherheit«. Das ist die Umschreibung für das empfundene Mengen- oder Versorgungsrisiko. Im Ostseeraum bewegt die Bürger und die Industrie allerdings vor allem das Preis-Risiko. In den baltischen Ländern ist das hohe Preisniveau zugleich der Indikator für die Ineffizienz der öffentlichen Versorger und für politische Verantwortungslosigkeit der einzelnen Regierungen. Unter den Fachleuten wächst die Sensibilität für die politische Instabilität in der sogenannten *strategischen Ellipse* im Mittleren Osten – zumindest soweit Energiesicherheit an die dortigen Erdöl- und Erdgasreserven geknüpft wird – und im Umfeld der Energiedebatte wächst die Sensibilität für benachbarte Themen, die zum Green New Deal gehören und Verhaltensänderungen notwendig machen:

**Erwärmung der Erdatmosphäre und die damit einhergehenden wirtschaftlichen Schäden**, die in der britischen *Stern*-Studie größer veranschlagt werden als sie durch beide Weltkriege zusammen verursacht wurden. In seinem Bericht (2006) beziffert der ehemalige Weltbank-Chefökonom Nicholas Stern die möglichen Kosten des Klimawandels auf 5,48 Billionen Euro. Nichthandeln gegen den Klimawandel könne eine neue Weltwirtschaftskrise auslösen, während die Ursachen der aktuellen Großen Krise noch längst nicht beseitigt sind.

**Energetisch widersinnige Handelsströme** (zunächst innerhalb Europas). Sie müssen im Zuge des hohen und weiter steigenden innereuropäischen Handels dringend reguliert werden (mehr Bahn- und Schiffstransporte mit dem klaren Ziel, tendenziell weniger Tonnage zu bewegen (*buy local*) und es vor allem energiebewusster zu tun). Die aktuelle Große Krise hat in den baltischen Ländern zumindest zum Rückgang des übersteigerten individuellen Autoverkehrs geführt und zum verstärkten Konsum einheimischer Produkte.

**Sensibilisierung für alternative Energien** ist Teil der immer dringlicheren Förderung des Umweltbewusstseins – das allerdings schon jetzt unter den Bürgern stärker entwickelt ist als unter den Regierenden. Unter dem Ziel der nachhaltigen Entwicklungspolitik lassen sich dezentrale Produktion von Solar-, Wind- und Bioenergien aufbauen und insgesamt effizientere Nutzung von Energien durchsetzen.

## LEKTION II: ENERGIE-EFFIZIENZ IM OSTSEE-RAUM

Die bisherigen staatlichen Energieversorgungsunternehmen müssen sowohl unter kartellrechtlichen wie auch unter Gesichtspunkten der optimierten gesamtwirtschaftlichen Kostenrechnung in umweltverträglichere dezentrale Einheiten reorganisiert werden. Dazu bedarf es eindeutiger gesetzlicher Grundlagen mit zeitlicher Fristsetzung, um Investitionen zur Energie-Effizienz und in regenerative Energien zu fördern.

Neue Bauten, sowohl private wie vor allem öffentliche, sollten verpflichtet werden, ihre Fassaden und/oder Dachflächen so zu gestalten, dass ein großer Teil zur Installation von Solar- bzw. Photovoltaikanlagen zur Verfügung steht (Beispiele: Freiburg in Deutschland oder Växjö in Schweden). Dasselbe gilt für Autobahnbegrenzungen, Schallschutzwände und andere geeignete flächige Bauwerke.

Energie-Effizienz kann und muss so schnell als möglich durch reale (nicht nur verbale) politische Priorisierung und *steuerpolitische Förderung* regenerativer Energien unterstützt werden. Der politische Konflikt zwischen den Energie-Oligopolen und der Bürgerschaft muss von Seiten des neuen EU-Parlaments und der EU-Kommission zugunsten der Bürger unterstützt werden. Demokratisierung der Energiepolitik kann am besten durch Entscheidungsbeteiligung der organisierten Zivilgesellschaft gesichert werden (NGOs, Gewerkschaften, Forschung).

Die EU-Kommission soll europäische Fördergelder an die Nutzung europäischer Lessons learnt binden, wie z.b. den Prozess »Energie in Bürgerhand« im Raum Freiburg.

LEKTION III: ENERGIEMARKT UND ÖKOSOZIALPRODUKT

Statt Ökologie und Ökonomie gegeneinander auszuspielen, sollte *Nachhaltige Entwicklung* das Leitmotiv aller modernen Entwicklungspolitik sein, gerade auch in Osteuropa. Der Ostseeraum bietet die Chance, klassische kapitalistische Industrieländer mit ehemaligen sowjetisch-sozialistischen Gesellschaften in diesen Fragen zusammenzuführen. Der Energiesektor ist derzeit der am meisten diskutierte Bereich nachhaltiger Entwicklung. Aber auch er allein benötigt schon eine neue, politisch gestaltende Rolle des Staates. Daran mangelt es besonders stark in den baltischen Republiken, die seit 2004 EU-Mitglieder sind. Eine schwierige, aber extrem notwendige Neubewertung der betriebs- und der volkswirtschaftlichen Leistungen muss vom Staat durchgesetzt werden: weg von der klassischen Volkswirtschaftlichen Gesamtrechnung, die den baltischen Ländern zu der Etikette »Tiger-Staaten« verholfen hatte (und sie dabei strukturell pauperisiert hat) und hin zum **Ökosozialprodukt (ÖSP)**. Genau hierbei benötigen die Transformationsstaaten die intensive Begleitung westeuropäischer Institute und Fachleute, um dem Green New Deal real Nachhaltigkeit zu verleihen. Denn nach der Definition der Wohlstandstheorie dient wirtschaftliches Handeln der Verminderung von Knappheit. So wie Wachstum jedoch bislang definiert ist, erzeugt dieses Wachstum auch neue Knappheit, etwa durch die Übernutzung der Energiequellen und anderer Rohstoffe oder durch die menschinduzierten Störungen in den natürlichen Stoffkreisläufen. Die Plünderung des natürlichen Kapitals wird nicht als Verlust in das Bruttosozialprodukt eingerechnet, sondern als Leistung in Form der Aufwendungen für Umweltsanierungen. Die Berechnungen im *Stern Review on the Economics of Climate Change, London 2006* oder die Kostenkalkulation der *Economics of Ecosystems and Biodiversity, TEEB*, deren Zwischenbericht 2008 vorgelegt wurde, dürfen nicht länger ignoriert werden – auch nicht in den kleinen baltischen Staaten.

# AUSWAHL GENUTZTER QUELLEN

Association of Estonian Transit: *Official memorandum to the Government of Estonia*, May 7, 2007

BNS, Riga, 7.2.2008: *Suicides of men cause losses of eur 400 mln to latvia every year*

BTI 2008: *Latvia Country Report*, Gütersloh 2007; www.bertelsmann-transformation-index. de/37.0.html

Bundesregierung: *Jahresbericht zum Stand der Deutschen Einheit 2009*

C. Demmke/M. Bovens/T. Henökl/K. van Lierop/T. Moilanen/G. Pikker/A. Salminen: *Regulating Conflicts of Interest for Holders of Public Office in the European Union. A Comparative Study of the Rules and Standards of Professional Ethics for the Holders of Public Office in the EU-27 and EU Institutions* (a study carried out for the European Commission Bureau of European Policy Advisers (BEPA)), Brüssel 2007

Ceruzis, Raimonds, *Lettland im 20. Jh., Tatsachenberichte*, Das Lettland Institut 1999-2001

Deutsch-Baltische Handelskammer (AHK): *Lage und Erwartungen der Unternehmen mit deutscher Beteiligung in den baltischen Staaten im Jahre 2008. Ergebnisse der Konjunkturumfrage ...*, Riga, Juni 2008

Diermoser/Leimbach/Römpczyk: *10 Thesen zur Energiesicherheit* (draft version) FES, Berlin Dez. 2007

Dimants, A.: *Editorial Censorship 2005*, p. 122

Eesti Energia AS: *Annual Report 2006*, Tallinn

El País, 6.6.2009 im Leitartikel: *Editorial: Berlusconi al desnudo. Las imágenes no desvelan la privacidad del primer ministro, sino su deriva autoritaria*

Estland/Ministry of Economic Affairs and Communication: *Long-term National Development Plan fort he Fuel and Energy Sector until 2015*, Tallinn 2004

EU-Kommission: *Grünbuch »Eine europäische Strategie für nachhaltige, wettbewerbsfähige und sichere Energie (Annex)«*, Brüssel, März 2006

EU-Kommission, Dok. 390 (2007) vom 6.7.2007: *Bericht der Kommission an das Europäische Parlament und den Rat. Schutz der finanziellen Interessen der Gemeinschaften – Betrugsbekämpfung.* Jahresbericht 2006

European Economic and Social Committee, Brüssel, 12.3.2008, Press Release No 24/2008

European Wind Energy Association: *Wind Energy – The facts*, 2009

Eurostat: *Measuring progress towards a more sustainable Europe. 2007 monitoring report of the EU sustainable development strategy*

Halliki, H.: *The Baltic and Norwegian journalism market 2005*, p. 108

Handelsblatt, 21.04.2009: *Krise im Osten bedroht deutsche Banken*

IMF: *Republic of Latvia – Selected Issues*, Approved by the European Department, September 19, 2006

IMF: *Staff report for the 2007 Article IV Consultation.* Prepared by Staff Representatives fort he 2007 consultation with the Republic of Estonia, July 10, 2007

Indans, Ivars: *Baltijas Valstu Imigracijas Politika*, Riga 2007

Initiative für Transparenz und Demokratie e.V.: *Lobby Control* (Heidi Klein und Tillmann Höntzsch Kurzstudie zum Thema: »Fliegende Wechsel – die Drehtür kreist. Zwei Jahre danach – Was macht die Ex-Regierung Schröder II heute?«), Köln, Nov. 2007

Kanter, James: *In Finland, Nuclear Renaissance Runs Into Trouble*, New York Times, May 28, 2009

Kaufhold, Carolin (Universität Chemnitz): »The Media's 18th birthday« (Riga, Lettland)

LETA (Daily Press Review), Riga [LETA Ltd., www.leta.lv]

Lettland Ministry of Economics, Latvia (Riga) 2007: *Guidelines for Energy Sector Development 2007*. Project

Lettland Ministry of Regional Development and Local Government: *Latvia National Development Plan 2007 – 2013*, Riga 2006

Lettland National Report on Strategy for Social Protection and Social Inclusion 2006 – 2008

Lettland/Ministry of Economics: *Guidelines for Energy Sector Development 2007 – 2016. Project.* Riga 2007

Lettland: *The Human Development Index – going beyond income.* HDI Report 2007/08. Riga 2008

Litauen: *National Energy Strategy.* Approved by Resolution No. X-1046 of the Seimas of the Republic of Lithuania of January 18, 2007

*Living Planet Report 2008*, Grafik S. 17

Nagle, Kehre: *Media ownership 2004*, p.256

Nordeuropaforum, Heft 1 (2008): *The EU's Northern Dimension – Blurring frontiers between Russia and the EU North?*

Pavuk, Olga: *Šķēle's Empire – from rise to fall*, in: Baltic Course, 30.11.2006

Przeworski, Adam: *Spiel mit Einsatz – Demokrati-*

sierungsprozesse in Lateinamerika, Osteuropa und anderswo. Transit, Heft 1/1990, S. 190 – 124

Reetz, Axel: Die Entwicklung der Parteiensysteme in den baltischen Staaten – Vom Beginn des Mehrparteiensystems 1988 bis zu den dritten Wahlen, 2004

Reinhard Loske: Die Krise als Chance. Lieber grüner »New Deal« als Geldverbrennung, in: ZEIT ON-LINE, 1.4.2009

Reiß, Ulla: EU payments for Latvia 1992 – 2013, vorgelegt bei FES-Lettland (Riga), Januar 2008)

Reuters Deutschland: Finanzgipfel mit Aktionsplan für neue Finanzordnung; 16. November 2008

Richtlinie 96/71/EG des Europäischen Parlaments und des Rates vom 16. Dezember 1996 über die Entsendung von Arbeitnehmern im Rahmen der Erbringung von Dienstleistungen. Amtsblatt Nr. L 018 vom 21/01/1997

Römpczyk, E./Ahto Oja: Energy Policy Dialogues in the Baltic Sea Region. Do we face a failed debate on energy policy in the Baltic Sea Region?, Tallinn 2008

Römpczyk, E./Ahto, Oja (eds.): Energy Policy Dialogues in the Baltic Sea Region – Energy efficiency in housing, Tallinn 2008

Römpczyk, E./Atis Lejins: The Baltic Sea Regional Dimernsion and EU-Russia Relations. Interests-Perceptions-Perspectives, Riga, April 2008

Römpczyk, Elmar: Vajame Säästvat Arengut (»Wir wollen nachhaltige Entwicklung«), Riga 2008

Römpczyk, Elmar: »Zwischen symbolischer Solidarität und echter Sorge – die Sicht aus dem Baltikum«, in: Krieg um Südossetien : Analysen und Perspektiven aus Hauptstädten der Welt/Friedrich-Ebert-Stiftung, Internationale Politikanalyse. Pia Bungarten ... (Hrsg.) Berlin, (Okt.) 2008

Römpczyk, Elmar: Baltische Tiger in der Wachstumsfalle oder Lettlands missverstandene Marktwirtschaft (Politische Kurzanalyse No. 28 für FES Berlin), Riga, 9.8.2007

Römpczyk, Elmar: Die Zukunft bewegt sich längst. Staaten und Zivilgesellschaften kämpfen um Nachhaltigkeit, Bad Honnef 1999

Römpczyk, Elmar: Gribam IlgtspejiguAttistibu (»Lasst uns nachhaltig entwickeln«), Riga 2007

Statistical Yearbook of Estonia 2006, Tallinn sowie Stockholm Environment Institute: Baltic Sustainable Energy Strategy, Tallinn, 2008

Stockholm Environment Institute: Baltic Sustainable Energy Strategy, Tallinn 2008

Stockholm School of Economics/Baltic International Centre for Economic Policy Studies (beide Riga): Wind Energy. Is there a Latvian Master Plan? (Occasional Paper No.5), Riga, (Dec.) 2008

Süddeutsche Zeitung, 15.6.2009: Italien nimmt radioaktive Holzpellets vom Markt

The Baltic Times, Sep. 10, 2008: ›We are not crooks‹ by Monika Hanley

The Economist Intelligence Unit's index of democracy : The world in 2007

The Economist: Eastern Europe's economies. Worrying about a crash, Jul 5th 2007 | RIGA

Transparency International Latvia (Riga)

UN: Handbook for the UN System for Environmental and Economic Accounting (SEEA), Erstveröffentlichung N.Y. 1993

University of Tartu Study: »Me. The World. Media 2005«

UNODC: Annual Report 2008 on drugs

## ÜBER DEN AUTOR

| | |
|---|---|
| 2009 | Consultant für Nachhaltige Ent- |
| | wicklung |
| 2004–2008 | Koordinator der Friedrich Ebert |
| | Stiftung für die baltischen Staaten |
| | Estland, Lettland, Litauen mit |
| | Sitz in Riga |
| 2004–2006 | Vorträge/Lehrveranstaltungen an |
| | der Stradina-Universität und Universität von Lettland, |
| | Riga (Sozialwissenschaften) |
| 2000–2003 | Projektleiter für verschiedene Umweltpolitik-Projekte |
| | der deutschen Entwicklungs-Gesellschaft GTZ in |
| | Kolumbien |
| 2001–2003 | Lehrauftrag an der Universidad Nacional de Colombia, |
| | Bogotá (Politische Wissenschaften) |
| 1993–1999 | Beauftragter für Umweltpolitik der Friedrich Ebert |
| | Stiftung, Bonn |
| 1994–1998 | Lehrauftrag für Politische Wissenschaften an der Uni- |
| | versität Bonn (Soziologie, Politische Wissenschaften) |
| | zwischen 1989 und 1993 Repräsentant der Friedrich |
| | Ebert Stiftung in Santiago de Chile |
| bis 1989 | Lateinamerika-Referent der Friedrich Ebert Stiftung in |
| | Bonn |
| zwischen 1987 und 1989 Lehrauftrag an der Universität Bonn (Soziologie) | |
| 1981–1982 | freier Consultant beim Afrika-Asien-Büro, Köln mit |
| | Projektentwicklungsauftrag für die EG in Haiti |
| 1979–1981 | Beauftragter des Deutschen Entwicklungs-Dienstes |
| | DED in Peru |

**Berufliche Ausbildung**
Studium der Sozialwissenschaften in Deutschland
Promotion mit dem Thema »Internationale Umweltpolitik und Nord-Süd-
Beziehungen«